Los Evangelios en paralelo

Cecilio McConnell M.

Juan Carlos Cevallos A.
Editor

EDITORIAL MUNDO HISPANO

EDITORIAL MUNDO HISPANO
7000 Alabama Street, El Paso, TX 79904, EE. UU. de A.
www.editorialmundohispano.org

Nuestra pasión: Comunicar el mensaje de Jesucristo y facilitar la formación de discípulos por medios impresos y electrónicos.

Diseño de portada: Sie7e Media
Mapas: Gloria Williams-Méndez

Primera edición: 2001
Tercera edición: 2017

Clasificación Decimal Dewey: 226.1
Temas: Biblia, NT, Evangelios

ISBN: 978-0-311-04303-3
EMH: Art. Núm. 04303

2 M 5 17

Impreso en Colombia
Printed in Colombia

CONTENIDO

ABREVIATURAS Y SIGNOS

*	Nota explicativa al texto bíblico.
★	Cambio del orden común de los Evangelios.
§	Sección en que se ha dividido el material bíblico.
{ }	Materia bíblica que se ha traspuesto para concordar con el orden en otro Evangelio.
a. de J.C.	Antes de Jesucristo
AT	Antiguo Testamento
cursiva	Cita del AT
comp.	Compárese con
d. de J.C.	Después de Jesucristo
Es decir	Introduce equivalencias o notas explicativas semejantes.
Gr., gr.	Griego
lit.	Traducción literal del griego
LXX	Versión griega del AT llamada Septuaginta o de los Setenta; data desde el siglo III a. de J.C.
ms., mss.	Manuscrito, manuscritos
O:	Traducción con palabra(s) sinónima(s) o muy afines.
O sea	Introduce equivalencias o notas explicativas semejantes.
Otra(s) trad(s).	Otra(s) palabra(s) o frase(s) traduce(n) el mismo texto, con variación mayor que con "O:".
p. ej.	Por ejemplo
s., ss.	Siguiente, siguientes
ver	Señala un pasaje paralelo o de cierta afinidad de tema que puede ayudar a entender el texto.
" "	Comillas inglesas. Indican cita directa.
' '	Comillas simples. Se emplean para encerrar una palabra o frase incluidas dentro de un texto entrecomillado más extenso.
— —	Rayas. Se usan para encerrar una palabra o frase incluida dentro de un texto entre comillas simples.

PREFACIO

"Me ha parecido bien... escribírtelas en orden... para que conozcas bien la verdad de las cosas en las cuales has sido instruido..." (Luc. 1:3, 4). Así se expresa el propósito del tercer Evangelio, y el de los otros sería parecido. Luego, pero de manera mucho más humilde, es el propósito de este esfuerzo actual por presentar la vida del Señor Jesucristo en un orden cronológico en *LOS EVANGELIOS EN PARALELO*, o como dirían algunos: Una armonía de los cuatro Evangelios.

Ciertamente, el presentar los Evangelios de esta manera no tiene como fin reemplazar el estudio de los Evangelios en particular, pues este tiene mucho valor. Un trato cronológico, colocando los relatos en el orden probable de acontecimientos, con las columnas paralelas de lo dicho por los otros Evangelios da otra perspectiva provechosa para el estudio de la vida de Cristo. Así estos paralelos resultan ser un instrumento utilísimo para el estudio en seminarios teológicos, escuelas bíblicas, y por pastores de iglesias, maestros de la Escuela Dominical y hermanos cristianos que quieren profundizar en la verdad bíblica. Por cierto, para presentar un mensaje sobre algún pasaje de los cuatro Evangelios, convendría mucho ver lo que otro Evangelio expresa sobre el tema, ¡En esta obra suele estar allí al lado, si es que hay algo parecido y que represента un mismo acontecimiento!

Mi primera expresión de gratitud, después de la que ofrezco al mismo Señor, es al doctor A. T. Robertson, uno de mis profesores ya hace muchísimos años, cuya obra fue traducida y publicada como *Una Armonía de los Cuatro Evangelios* por la Casa Bautista de Publicaciones (El Paso, TX) en 1954, más de veinticinco años después de aparecer en inglés. En casi todos los pasos hemos usado el bosquejo y subpuntos (pero simplificados) del libro de Robertson. También, hemos incorporado muchas de sus interpretaciones en las notas al final de cada sección. A la obra de Robertson me siento muy deudor. Sin embargo, vale mencionar que el texto bíblico usado en 1954 era la versión Reina-Valera de 1909. En esta presente obra hemos usado la versión Reina-Valera Actualizada (1999), en cuya preparación también tuve parte.

Otra obra que nos resultó útil fue *Layman's Harmony of the Gospels* (Nashville, Broadman, 1961) del doctor John E. Carter. Asimismo, nos ayudó mucho *Synopsis of the Four Gospels* (editado por Kurt Aland para United Bible Societies, 1983). Recibí información de otras fuentes diversas, además de mis propios estudios de los Evangelios durante muchos años, especialmente relacionados con el Seminario Teológico Bautista de Santiago de Chile, aunque también en el Seminario Teológico Bautista Internacional de Cali, Colombia y, por períodos más cortos, en otros países hispanos. Agradezco la ayuda muy útil de diversas personas de la Casa Bautista de Publicaciones y, en especial, la del doctor Juan Carlos Cevallos A., de dicha Casa, por su valiosísimo aporte de ideas y en la presentación de la materia misma y por colocarla en las columnas que caracterizan una obra de esta índole. También, dejo grata constancia de la ayuda e inspiración venidas de mi recordada esposa María Elizabeth, quien me acompañó por más de 57 años, y de la atención solícita de nuestras cuatro hijas: Grace de Alarcón, Martha de Jelsma, Anna de Hollander y Elizabeth de Finch, y sus respectivas familias. ¡Qué hermoso es estar rodeado de seres queridos como ellos!

En algunos casos es difícil fijar el tiempo relativo para ciertos acontecimientos en la vida de nuestro Señor pero, junto con el doctor Robertson y otros, hemos indicado un probable orden en cuanto al tiempo. Mediante las respectivas porciones de la Palabra divina, las notas explicativas y los mapas, nuestro anhelo es que esta sea una obra que Dios pueda bendecir y las iglesias e instituciones bíblicas utilizar.

—Cecilio McConnell M., D. en T.

DESCRIPCIÓN GENERAL

Esta obra comienza con una sección que se la ha llamado **INTRODUCCIÓN A LOS EVANGELIOS**, que incluye una serie de datos que facilitarán la comprensión de los Evangelios y que se hallan presentados en un formato práctico de preguntas y respuestas.

El **PARALELO** tiene los siguientes elementos:

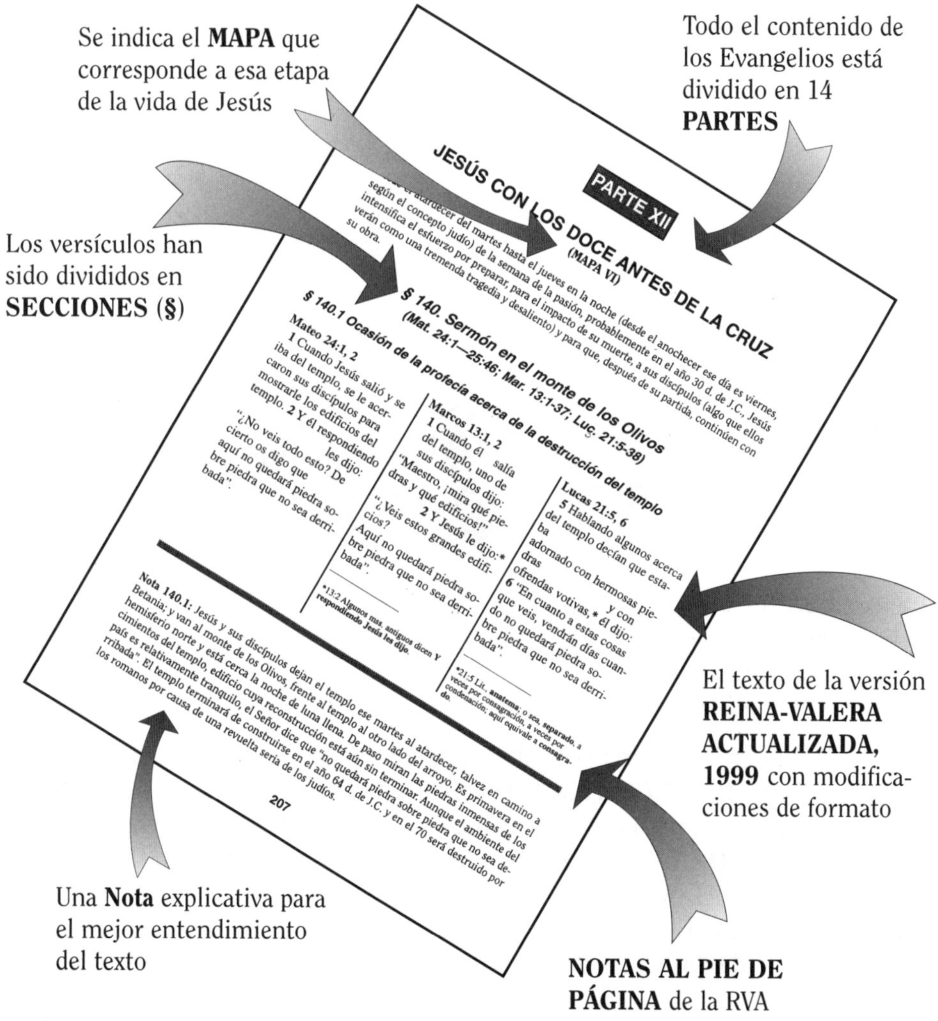

El **PARALELO** es una herramienta de trabajo que ofrece las siguientes ventajas para el estudio:

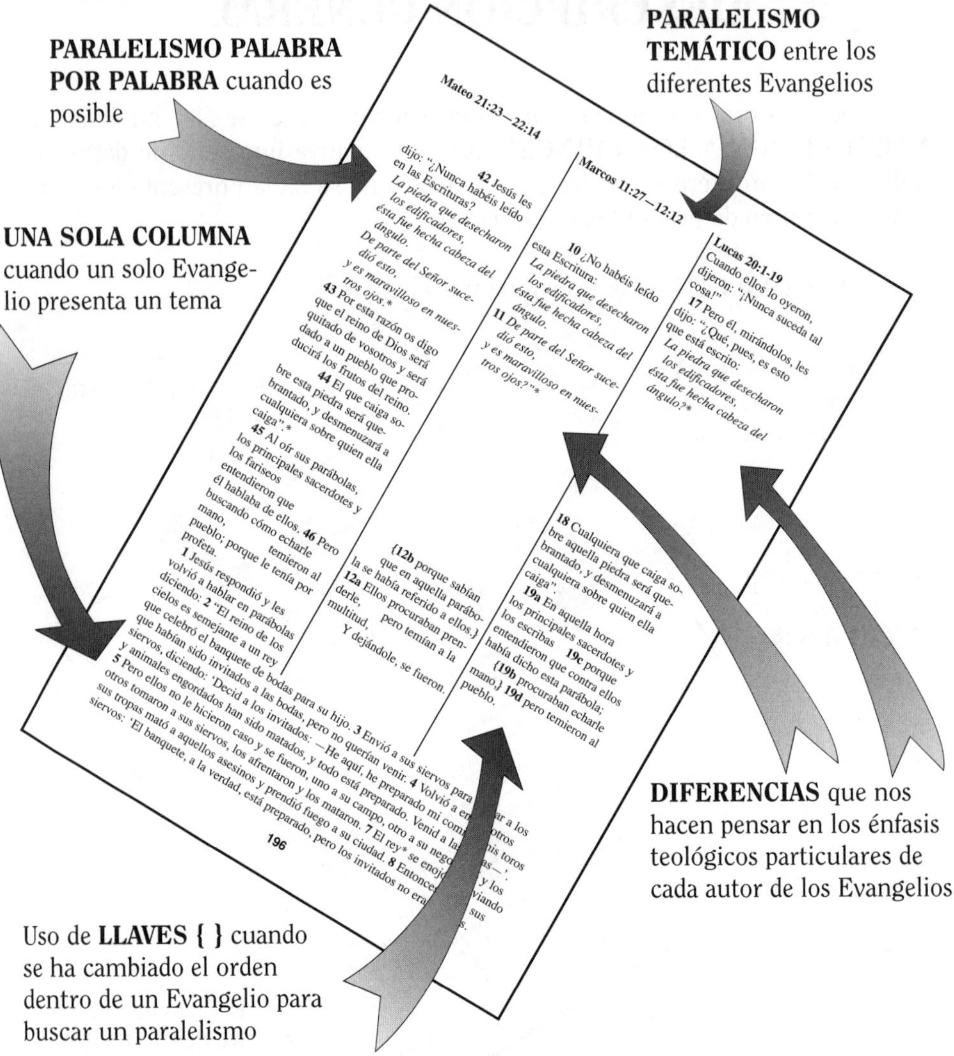

Finalmente hay una serie de herramientas para el mejor uso del **PARALELO**: **GUÍA PARA ENCONTRAR UN PASAJE**, la cual es una manera sencilla para encontrar cada pasaje de los Evangelios en los diferentes párrafos y páginas. Un **ÍNDICE DE CITAS DEL ANTIGUO TESTAMENTO** y un **ÍNDICE DE REFERENCIAS AL ANTIGUO TESTAMENTO** útiles para ver las relaciones que hay con esta parte de la Biblia. Una serie de **MAPAS** para poder seguir, en forma continuada, los viajes de Jesús desde su infancia hasta su ascensión.

Nota: Los espacios en blanco, en las columnas, nos indican que uno o más de uno de los autores de los Evangelios no comparten entre sí cierto material.

INTRODUCCIÓN

Quizás alguien pregunte: **¿Qué significa "Los Evangelios en paralelo"?** Aquí se trata de los Evangelios de la Biblia —Mateo, Marcos, Lucas y Juan— que hemos puesto en forma paralela en una misma página si es que dos o más Evangelios tratan un asunto, supuestamente en una misma ocasión, que cada inspirado autor presenta de acuerdo con el propósito de su escrito. Si un solo Evangelio contiene cierta materia, desde luego, esa sección tendrá una sola columna. Algunos eruditos han llamado una obra como esta una "Armonía de los Evangelios", pues es un esfuerzo por "armonizar" los escritos bíblicos de acuerdo con el desarrollo histórico de la vida de nuestro Señor Jesucristo. Pero aquí hemos preferido decir "en paralelo" por creer que se entiende mejor. Colocando la materia así, el estudiante de la Biblia puede comparar fácilmente cómo cada evangelista presenta un mismo acontecimiento o enseñanza de Cristo. Se han hecho diversos esfuerzos para aunar los relatos acerca de Jesús, siendo el primero de ellos (que tenemos noticia) el de Taciano, 170 d. de J.C., en su famoso *Diatessaron*, en el cual intercaló los cuatro Evangelios en un solo documento.

¿Cómo se combinan estos cuatro escritos para presentar la vida de Jesucristo? Hemos procurado anotar los relatos de la vida del Señor en el orden probable en que sucedieron. Mateo, Marcos, Lucas y Juan colocaron los acontecimientos de acuerdo con el propósito de sus respectivos escritos, por lo cual no siempre concuerdan entre sí en cuanto al orden. Aquí, en general, hemos seguido el orden que tiene Marcos en los temas que él incluye, por creer que la evidencia favorece el pensamiento de que Mateo y Lucas utilizaron mucho de lo que él tenía. Marcos es el más corto de los Evangelios, de modo que los otros contienen una abundancia de datos que él no incluye. Mateo, Marcos y Lucas son parecidos en su presentación, por lo cual son llamados Evangelios sinópticos (que significa "con un mismo ojo" o "vistazo en conjunto"). Como lo veremos, Juan tiene un método muy diferente de presentación. Aun con todo lo que contienen los cuatro escritos, no alcanza a ser una biografía del Señor Jesús, estrictamente hablando, pues hay muchos vacíos en cuanto a los hechos de su vida. Por ejemplo, sabemos poco de su niñez y su juventud, y Juan reconoce que hay mucho más sin que tengamos detalles (Juan 21:25) en los Evangelios.

¿Evangelios? ¿Por qué se llaman Evangelios? "Evangelio" significa "buena noticia", una noticia favorable. Es un grato mensaje de parte de Dios. Pero es más de lo que *Dios dijo*, por importante que esto sea; es lo que *Dios dio*: "Ha dado a su Hijo unigénito, para que todo aquel que en él cree no se pierda, mas tenga vida eterna" (Juan 3:16). En buenas cuentas, ¡el evangelio es una Persona! Es Cristo Jesús. Porque estos escritos relatan autorizadamente algunos eventos de la vida de Jesús, por muchos siglos han sido llamados Evangelios. Contienen la buena noticia de la salvación y de nuestra esperanza en Jesús. Este es el propósito básico de los escritos, y no tan solo presentar una biografía de la vida de Jesús de Nazaret.

1. La preparación de los escritos

¿Quiénes son los que escribieron estos Evangelios? Al final de cuentas el autor de los Evangelios es Dios. Pero él no dictó los contenidos como a un secretario. Habló por medio de seres humanos, quienes escribieron con sus propias palabras basándose en las diferentes experiencias humanas. Así lo escrito es palabra de Dios dada en palabras de los hombres. Es a la vez revelación e historia.

¿Indican los mismos escritos los autores humanos? No, salvo en los títulos que fueron puestos algún tiempo después. El Evangelio según Juan (21:20, 24) identifica a su autor como un participante activo en los acontecimientos. Lucas (1:3) dice que el autor tuvo que recoger datos "con diligencia"; en Hechos existe una serie de pasajes llamada "secciones nosotros" (Hech. 16:10-17; 20:5-15; 21:1-18; 27:1-28). Al usar la primera persona del plural, da a entender que el autor de Lucas y Hechos era compañero de Pablo. Mateo y Juan eran discípulos de Jesús, y Marcos era ayudante de Pedro (según 1 Ped. 5:13 y el testimonio de antiguos escritores cristianos como Ireneo, Tertuliano y Clemente de Alejandría) e hijo de María, en cuya casa los discípulos solían reunirse (Hech. 12:12). Incluso es posible que haya sido en su casa donde Jesús celebró su última cena con los apóstoles (**§ 154**).

¿En qué basaron su trabajo estos escritores? No sabemos del todo, pero tenía relación con el propósito de cada uno (**§ 1**). Parece que Marcos escuchó mucho de labios de Simón Pedro; pues su manera de expresarse tiene semejanza a la de Pedro. Parece probable que una de las fuentes de Lucas, como también de Mateo, sea el mismo Evangelio según Marcos, juzgando por la similitud entre los tres Evangelios en unos cuantos relatos. (En verdad, hay solo treinta versículos de Marcos que los otros no utilizaron.) A la vez, además de los recuerdos personales de Mateo y el material de Marcos, Mateo y Lucas parecen haber tenido una fuente común. A ese supuesto documento se le ha llamado "Q" (del alemán *quelle*, que significa fuente). Se cree que "Q" fue una serie de dichos sapienciales de Jesús que circularon en el primer siglo, llamados "logia". Probablemente Lucas también haya entrevistado a diversas personas, talvez a la misma madre de Jesús (Luc. 2:19, 51). Parece cierto que Juan escribió muchos años después de los otros y dio preferencia a cosas que los otros no trataron, con énfasis en la naturaleza divina y salvadora de Jesucristo, basándose en sus propios recuerdos e interpretación de los hechos.

¿En qué escribieron? El material más barato, pero muy frágil, era el papiro (de donde viene nuestra voz "papel"), hecho de la parte esponjosa del tallo de un junco, elaborada en hileras y secada. Más costoso y muchísimo más permanente era el pergamino, que era cuero preparado de una manera especial. Aún existen pergaminos bíblicos del siglo cuarto d. de J.C. y de siglos posteriores, y algunos fragmentos de papiro anteriores. Se escribía con pluma y una tinta hecha de pigmento y goma.

¿Para quiénes escribieron los autores humanos? Sin duda el Espíritu Santo, quien los inspiró, incluía en su intención hasta a los pueblos lejanos y futuros que los evangelistas ni soñaron que existieran. Parece que *Marcos* pensaba mayormente en los agresivos romanos al dar énfasis al poder de Jesús y su acción sanadora como Hijo de Dios y Mesías judío. Por ejemplo, una voz griega que se ha traducido como "en seguida", "de inmediato", "pronto", etc., aparece unas 40 veces en Marcos, tantas como en los demás libros neotestamentarios en conjunto.

Mateo escribió especialmente para el pueblo judío. Empieza con una lista impresionante de los antepasados legales de Jesús, desde Abraham a través de David y los reyes de Judá. Más que los otros Evangelios, muestra cómo los acontecimientos en la vida de Jesús son en cumplimiento de las profecías del libro sagrado de los judíos. Su tema central es el reino de los cielos (de Dios), y termina su obra hablando de "toda autoridad" (28:18). Da atención especial a los discursos del Señor, más que Marcos y Lucas.

En su escrito, el médico *Lucas* destaca la obra de Jesús para "el hombre total", especialmente a favor de las mujeres y los niños, además de su compasión hacia los necesitados. Mientras Mateo explica el nacimiento de Jesús desde el punto de vista de José, Lucas lo hace a través del testimonio de María. En la parte después indicada como los capítulos 10 al 19 de su Evangelio, presenta muchos datos sobre las enseñanzas y los hechos de Jesús durante la última parte de su ministerio. Muestra la simpatía del Salvador por todo el mundo, en especial por los oprimidos. También, prepara una obra que llamamos "Hechos de los Apóstoles" que relata sobre lo que Jesús siguió haciendo después de su ascensión mediante la obra del Espíritu Santo en los creyentes, especialmente en Pedro y Pablo. Al estilo de literatos griegos de su tiempo, dedica sus obras a una persona destacada, en este caso a un creyente llamado Teófilo.

A estos tres Evangelios se les ha llamado "sinópticos" porque usan muchos de los mismos datos para mirar la vida del Señor Jesús, aunque desde una perspectiva diferente.

El cuarto Evangelio es diferente. El Evangelio según *Juan* se escribió muchos años después de aparecer los otros, cuando el autor humano ya era anciano laborando en regiones alrededor de Efeso en lo que hoy es Turquía. En general, incluye datos que los otros omiten, o presenta algo que tiene en común con ellos como trasfondo para hacer su interpretación. Tres de estos casos son: el bautismo de Jesús (**§ 24** y **27**), en la alimentación de los cinco mil (**§ 72-74**) y en el ungimiento que hizo María de Betania unos días antes de la crucifixión (**§ 142**). Empezando con los acontecimientos del aposento alto (**§ 150)** hay muchos eventos en común. En cuanto a lo que sabemos, Juan fue el único de los apóstoles que no huyó, sino que permaneció al pie de la cruz de su Señor (Juan 18:15 ss.; 19:26 ss.). Con todo, basándose en su rica experiencia en comunión con Cristo, escribió para todos a fin de ganarles a una fe en el Redentor.

¿Cómo suelen presentar a Jesús de Nazaret a sus lectores? Alguien acertadamente ha comparado los cuatro Evangelios con las cuatro caras de los seres vivientes de Ezequiel 1:5-12 y de Apocalipsis 4:6-8; glorifican a Dios y enseñan a los humanos las caras de hombre, de león, de toro y de águila. Lucas presenta al Hombre integral (2:52). Mateo pinta al León de la tribu de Judá, al Rey del reino de Dios (16:28). Marcos retrata al Siervo sufriente, al toro o becerro, al servicio de la humanidad (10:45). Juan retrata al águila que vuela alto por los cielos, al Dios-Hombre por encima de todo (1:9).

¿Cuándo escribieron estos evangelistas? No indican fecha, y eruditos bíblicos posteriores han sugerido varios años diferentes. Pero nos parece preferible suponer que, de los relatos que tenemos, Marcos escribió primero, alrededor del año 60 d. de J.C. Si Mateo escribió su Evangelio original en arameo (su idioma natal), como algunos han creído desde el tiempo de Papías en el siglo segundo, no se han encontrado copias de él. En la forma griega que ahora conocemos habrá aparecido un poco después de la obra de Marcos. Muchos pensamos que Lucas escribió Los Hechos luego de salir Pablo de la cárcel en Roma (Hech. 28:30) cerca del año 63 d. de J.C.; y el Evangelio se habría preparado un par de años antes de eso (Hech. 1:1), talvez mientras esperaba a Pablo quien estaba preso dos años en Cesarea (Hech. 24:27). Juan habrá escrito su Evangelio hacia fines del siglo primero.

¿Cómo se explican las variaciones en cómo uno u otro escritor sagrado presenta un mismo relato y hasta en las citas de labios de nuestro Señor? No podemos dar una respuesta acabada, pero algo podemos decir. Hay que tomar en cuenta que hoy en día nosotros estamos leyendo el texto en español, traducido del griego en que escribieron los evangelistas, pero Jesús y los otros personajes mencionados en el texto hablaban en arameo, una lengua hermana del antiguo hebreo. Muchas veces se puede traducir algo de dos o tres maneras pero que vienen a decir lo mismo. Además, en muchos casos el texto no incluye todo lo acaecido o expresado en un caso dado, y cada escritor escoge las partes que mejor se relacionan con su inspirado propósito. Otras veces, como es normal, los testigos no siempre se fijan exactamente en las mismas cosas (**§ 66** y **126**).

¿De dónde vino la división del texto bíblico en capítulos y versículos, si es que los autores originales no la hicieron? Efectivamente, ellos no la hicieron. En las copias más antiguas que conocemos de los manuscritos, ni hay división entre palabras ni hay marcas de puntuación, sino que el sentido marcaba la separación. La división del NT para formar "lecturas" (que ahora se llaman "capítulos"), para el uso del culto, fue hecha alrededor del año 1200 d. de J.C. bajo la dirección de Esteban Langton, arzobispo de Canterbury, en Inglaterra. Roberto Estienne (o Stephanus en latín), erudito e impresor francés en Suiza, en su segunda edición del NT en griego (1551 d. de J.C.) incluyó una innovación: Para facilitar la ubicación de un pasaje que alguien deseara encontrar dividió los capítulos en versículos. Lógicamente usó el texto neotestamentario que él mismo había elaborado, basándose en la obra que Erasmo había preparado una generación antes. Para formar su texto ellos utilizaron los pocos manuscritos bíblicos entonces conocidos. Posteriormente el hallazgo de muchos otros manuscritos y el desarrollo de la crítica textual de la Biblia explican por qué hay diferencias de menor importancia entre las traducciones del texto conocido en el siglo diecisiete y las que usan fuentes basadas en descubrimientos más recientes. Casiodoro de Reina y Cipriano de Valera usaron los manuscritos que ellos alcanzaron a conocer en su época, en especial, la obra de Stephanus. Incluso Reina usó el sistema de versículos que Stephanus había introducido tan solo diecinueve años antes. En su Prefacio, Reina lamenta no haber recibido un importante documento antiguo a tiempo para usarlo en su ahora famosa "Biblia del Oso", 1569. La Reina-Valera Actualizada (la que aquí utilizamos) y algunas de las otras versiones de nuestros tiempos han aprovechado los avances más actuales de las ciencias bíblicas.

¿Por qué hay variaciones en un mismo pasaje bíblico entre los diversos manuscritos? Porque Dios confía en seres humanos como nosotros para hacer su obra. Antes de haber imprentas de tipo movible (1440 d. de J.C.) todas las copias tenían que hacerse a mano; y es muy fácil errar, sobre todo si se trabaja en lugares de poca luz. Al hacer copias de conocidos pasajes bíblicos vez tras vez, es fácil que la memoria confunda lo que está en un Evangelio con lo que está en otro o, también, al llegar al final de un renglón que el copista salte una línea, especialmente si empieza con la misma letra. Además, parece que a veces un copista escribe un comentario en el margen y el que lo copia después cree que es una corrección de algo omitido antes y lo pone en el texto, y otras cosas de esta índole. Felizmente las variaciones pueden ser tales que no afectan las doctrinas básicas de nuestra fe.

¿Hay otros escritos antiguos sobre la vida de Jesús? Al igual que los libros apócrifos del AT (algunos de los cuales son aceptados por las Iglesias Romana y Griega), así los hay del NT (no aceptados como inspirados por casi todas las iglesias de la cristiandad). Lucas en el prólogo de su Evangelio (1:1) se refiere a algunos escritos ya existentes, uno de los cuales sería el de Marcos. Otros no han sobrevivido. Después de algunos años sí empezaron a aparecer relatos diversos, como por ejemplo de los supuestos milagros del niño Jesús en los que habría usado sus poderes en contra de sus compañeros de juego, cuentos extravagantes acerca de María, etc. El énfasis de esos escritos es muy diferente al de los cuatro Evangelios que están en la Biblia.

Entonces, ¿podemos confiar plenamente en los Evangelios que tenemos? No correspondería aquí dar una respuesta cabal, pero los esfuerzos de los incrédulos no han podido comprobar los "errores" en las Escrituras. La experiencia de los creyentes a través de los siglos señala el poder transformador del mensaje bíblico en ellos mediante la fe en Jesucristo, un hecho reconocido por millares que ni pretenden ser cristianos. Además, está el testimonio de la voz del Espíritu dentro de nosotros al escudriñar las Escrituras. Al final es asunto de fe. Con todo, sin descartar la importancia de ciertos estudios científicos al respecto, nos basta la Santa Palabra.

2. El mundo al cual vino Cristo

¿En qué parte del mundo vivían Jesús, su familia y sus discípulos? Nuestro Señor nunca viajó largas distancias, comparadas a las posibilidades de hoy. Sin duda, su viaje más extenso fue cuando fue llevado como bebé desde Belén hasta Egipto (Mat. 2:14) y uno un poco más largo al regresar de Egipto a Nazaret (vv. 21 ss.), en cada ocasión algo más de 300 kilómetros; en todo caso una distancia considerable para caminar o ir sobre un burro, y en su mayor parte sobre terreno áspero y seco. La Tierra Santa, en general, era (y es) montañosa con profundos valles, algo seca en el norte y muy seca en el sur. La región del sudoeste del continente de Asia, al oriente del mar Mediterráneo, era más conocida como corredor entre los poderosos imperios de Asiria o Babilonia al noreste y Egipto al sudoeste en el tiempo del AT. Luego formó parte del imperio griego y después, en los tiempos del NT, de las regiones orientales del imperio romano.

¿Se podría decir algo más sobre el trasfondo histórico de la tierra en que vivía nuestro Señor? Se podría decir mucho, pero aquí debemos mencionar solo unas pocas cosas. Con la posible excepción del tiempo de David y Salomón, durante el período del AT la tierra bíblica estaba bajo la influencia, si no el dominio, de uno u otro de los grandes imperios de la antigüedad. Durante el reinado de Roboam, hijo de Salomón, se dividió el reino de Israel (975 a. de J.C.), y quedó el nombre con la mayor parte del territorio en el norte. La tribu de Judá integrada con Benjamín y Simeón permaneció con descendientes de David como sus reyes, y se llamaba Judá; su gente llevaba el nombre de judíos.

En el 721 a. de J.C. los principales de Israel fueron llevados al cautiverio asirio; y, a su vez, otros pueblos cautivos fueron puestos en su lugar. La mezcla de razas resultó en los samaritanos. Asimismo, culminando en el 587 a. de J.C. en Judea, el reino del sur, los principales de los judíos fueron llevados al cautiverio babilónico, del cual algunos regresaron unos 70 años después, cuando los persas le quitaron el dominio a los babilonios (539 a. de J.C.). Durante ese período se estaba cerrando la voz profética del AT. En el 330 a. de J.C. Alejandro Magno venció a los persas, y Judea empezó a sentir la fuerte influencia griega. La opresión religiosa de parte de uno de los reyes griegos trajo la revuelta de los macabeos (166 a. de J.C.), la cual resultó en cien años de relativa libertad; pero en el 63 a. de J.C. el poderío de Roma empezó a sentirse en Judea. En el 37 a. de J.C. los romanos instalaron a Herodes el Grande como rey de los judíos, quien ocupaba el trono sobre todo Israel cuando nació el hijo de María en Belén. El poder romano dominaría en esa parte del mundo por varios siglos.

Al fallecer Herodes el Grande en el año 4 a. de J.C., los romanos dividieron el reino de él en tres partes: Arquelao como etnarca de Judea, Idumea y Samaria (4 a. de J.C. - 6 d. de J.C.); Herodes Antipas como tetrarca de Galilea y Perea (4 a. de J.C. - 39 d. de J.C.) y Herodes Felipe como tetrarca de Iturea y Traconite, al norte y este de Galilea (4 a. de J.C. - 34 d. de J.C.). Decápolis era una confederación de ciudades (originalmente eran diez) de cultura griega, que en su mayor parte estaban dentro de los territorios de Antipas y Felipe, al oriente del río Jordán, pero cuyo gobierno estaba aparte de ellos. Por el mal manejo del gobierno en su territorio, en el 6 d. de J.C. Arquelao fue depuesto como etnarca y reemplazado por procuradores romanos. De éstos el que ocupó el puesto más tiempo fue el quinto, Poncio Pilato (26-36 d. de J.C.).

Así, el Señor Jesús durante su niñez y su juventud, y en sus posteriores viajes por Galilea y Perea, estaba bajo el gobierno de Herodes Antipas; al salir hacia el norte (**§ 78-88**) o cerca de Gadara o de otra ciudad de Decápolis estaba en el distrito de Herodes Felipe, y en sus viajes por Samaria y Judea estaba en el territorio de uno de los procuradores, mayormente de Pilato, quien fue el que decretó su muerte.

¿Cómo afectó todo eso la vida cultural de la gente en la época del NT? Mucho, desde luego. Casi todo el AT se escribió en hebreo, porque ese era el idioma del pueblo. Pero, durante los setenta años del destierro entre los babilonios aprendieron a hablar el arameo (Aram y Siria son nombres de una misma tierra), idioma dominante donde habitaban; y los que regresaron a Judea seguían hablándolo. No es extraño, entonces, que algunos de los últimos libros del AT contengan términos o secciones en arameo. Las dos lenguas son parecidas. Todavía el arameo era el idioma popular entre la gente en el tiempo de Cristo (**§ 166**), mientras que los oficiales y dirigentes hablaban griego y/o latín (romano).

Los judíos piadosos resistían los esfuerzos por helenizar su nación. Por ejemplo, no les parecía aceptable que Herodes el Grande construyese estadios, pues los atletas solían actuar desnudos y los juegos eran dedicados a dioses paganos. Algunos centros de fuerte influencia grecorromana eran Cesarea, capital política de la etnarquía (y no Jerusalén); Séforis, primera sede de gobierno de Herodes Antipas antes que edificara Tiberias; y Sitópolis, antigua Betsán, que durante el ministerio de Cristo era la única ciudad de Decápolis al poniente del Jordán. Y de éstas, Séforis estaba solo al otro lado de la colina desde Nazaret, y casi cada vez que Jesús y otros viajaban entre Galilea y Jerusalén pasaban al frente de Sitópolis; pero ni una ni otra se menciona en los Evangelios. Como en el caso con la raza mestiza de los samaritanos, los judíos trataban de tener el menor contacto posible con ellas, política que no siguió el Maestro (**§ 34** y **35**).

¿Cómo era la vida religiosa del pueblo judío en ese entonces? Parece que en la primera parte del AT el énfasis para el sábado era el reposo. Los actos de adoración eran familiares o personales salvo, desde el tiempo de Moisés, para las primeras tres fiestas nacionales: Pascua, Pentecostés y Tabernáculos. La Pascua era la más importante, se celebraba en primavera (hemisferio norte) para conmemorar la salida de Egipto; Pentecostés, cincuenta días después, celebraba las cosechas de verano; y Tabernáculos en otoño (hemisferio norte) era ocasión para agradecer a Dios por las cosechas finales y recordar las peregrinaciones de Israel en el desierto. En esas épocas del año los varones, a lo menos, debían procurar acudir al tabernáculo o, después, al templo en Jerusalén. El Día de Expiación, el más sagrado del año, se observaba en casa con ayunos y confesión de pecados unos días antes de Tabernáculos. Después fueron agregadas las fiestas de Purim (tiempo de Ester) y Dedicación (tiempo de los Macabeos).

Probablemente fue durante el cautiverio babilónico que se popularizó el uso de una sinagoga en cada ciudad, aun en el extranjero, como lugar de reunión cada sábado con tal que hubiera un mínimo de diez varones para atenderla. La función central del templo era el sacrificio; para la sinagoga era la lectura e interpretación de las Escrituras. Los samaritanos no acudían al templo en Jerusalén sino al monte Gerizim (**§ 35**).

¿Qué papel cumplían las Escrituras en la época de Cristo? Desde luego para los judíos las Escrituras eran lo que los cristianos llamamos el AT, y eran muy importantes como Palabra de Dios (Juan 5:39; 10:34 ss.). Estaban divididas en tres secciones: La Ley (es decir, los cinco libros de Moisés); los Profetas (Josué, Jueces, Samuel, Reyes, Isaías, Jeremías, Ezequiel y Profetas Menores); y los Escritos (los demás libros empezando con Salmos y terminando con Crónicas). La Ley era la parte más importante. Sin embargo, para los fariseos las interpretaciones autorizadas de las Escrituras, hechas por algunos rabinos famosos, llegaban a ser casi más importantes que las Escrituras mismas. Empezando probablemente en el tercer siglo antes de Cristo, se hizo en Egipto una traducción de las Sagradas Escrituras hebreas al griego, comúnmente llamada la Septuaginta (LXX), la que tuvo mucha influencia, incluso en los escritores del NT al citar el AT. Hay unas cuantas diferencias menores entre el texto de la LXX y del hebreo que nos ha llegado. A veces vemos que hay citas del NT tomadas de la LXX que no son exactamente iguales a lo citado del AT. Una muestra se ve comparando Lucas 4:18 ss. con Isaías 61:1; 58:6, donde las ideas son iguales pero no hay exactitud en cada término.

3. Las agrupaciones entre el pueblo judío

¿Había diversos grupos religiosos entre los judíos? Sí. El grupo de mayor raigambre entre el pueblo eran los *fariseos*. El apóstol Pablo se sentía orgulloso de ser uno de ellos (Hech. 23:6; 26:5; Fil. 3:5) aun muchos años después de llegar a ser cristiano. Representaban el partido popular. El propio Señor Jesús sentía más simpatía con sus enseñanzas que con ningún otro grupo, pero no estaba de acuerdo con su hipocresía ni con todas las enseñanzas agregadas a lo que enseña la Biblia. Sobre ellos dijo a sus discípulos: "Todo lo que os digan hacedlo y guardadlo; pero no hagáis según sus obras, porque ellos dicen y no hacen" (Mat. 23:3). Eran guardianes celosos de la ley y creían en todas las

Escrituras. También creían en la existencia de ángeles y en una vida después de la muerte tanto para justos como para injustos. Pero su énfasis estaba en lo externo, y eran criticones. Jesús se sentía frustrado con ellos porque estaban tan lejos de la verdad, estando tan cerca.

Los *saduceos* eran diferentes. En general, eran sacerdotes que estaban dispuestos a claudicar sus principios judíos para así quedar bien con los dirigentes extranjeros. Por lo mismo el sumo sacerdote nombrado anualmente por los romanos y otros oficiales principales eran saduceos. Se interesaban más en asuntos políticos que religiosos, y no se oponían a Jesús hasta que surgía el tema del Mesías. Entonces sí, pues el mesianismo judío, en el pensamiento popular, implicaba liberación de Roma; y los puestos de ellos estarían en peligro. Aceptaban las Escrituras judías, pero daban mayor importancia a los cinco libros de Moisés. Rechazaban la creencia en la resurrección del cuerpo y en los ángeles. Asimismo, rechazaban las tradiciones de los ancianos, a las que los fariseos daban mucha atención. No eran populares con el pueblo común. Quizás por eso el Señor Jesús no se preocupaba mucho por ellos.

Los *levitas* eran los descendientes masculinos de Leví, entre los cuales Moisés, Aarón y Bernabé eran muestras ejemplares. Según la antigua ley, ellos tenían el privilegio y la responsabilidad de dedicarse a los propósitos del culto. No recibieron tierra como heredad en la división que hizo Josué, sino que habitaban en sus ciudades dentro de las heredades de las otras tribus y vivían de los diezmos de los demás.

Dentro de los levitas, Aarón y sus descendientes masculinos eran designados como *sacerdotes*, los que dirigían los rituales del culto. Según la ley de Moisés, el hijo mayor del hijo mayor, a través de las generaciones, debía ser el sumo sacerdote mientras viviera. Pero los conquistadores romanos, para proteger su autoridad, tomaron sobre sí el privilegio de nombrar al sumo sacerdote anualmente (**§ 155**).

Los *escribas* eran judíos que se dedicaban a hacer copias de las Sagradas Escrituras. Al repasarlas tantas veces algunos llegaban a ser especialistas en su interpretación. Con el tiempo el término daba más atención al interpretar que al copiar. Eran llamados "intérpretes de la ley", "maestros de la ley" o "rabí" (mi maestro). Eran ellos los defensores de la ley que transmitían las "tradiciones de los ancianos". La mayor parte de ellos eran fariseos. Desconfiaban mucho de Jesús oponiéndosele (ver **§ 47**), pues nuestro Señor rechazaba muchas de sus tradiciones como también la hipocresía de muchos de ellos.

¿Qué otros grupos se deben mencionar aquí? Entre ellos, el *Sanedrín*, según una tradición no confirmada basada en los 70 ancianos nombrados para ayudar a Moisés (Núm. 11:16), era el concilio judicial más importante entre los judíos durante el período del NT. Era precedido por el sumo sacerdote y compuesto por ancianos de la aristocracia de sacerdotes y escribas. El Sanedrín decidía muchos casos legales, solo que los romanos no les permitían aplicar la pena de muerte. Por ello, en el caso de la condena de Jesús se tuvo que traspasar ese asunto a Pilato, el representante romano (**§ 156, 158** y **160**). Había también tribunales regionales.

Los *herodianos* eran un grupo político que prefería que los Herodes gobernasen sobre los judíos, es decir, ni los romanos directamente ni el anhelado gobierno netamente judío, talvez por creer imposible lo segundo. Para ellos los fariseos eran nacionalistas extremistas. Sin embargo, podían juntarse con los fariseos en contra de Jesús (**§ 51** y **134**).

Durante el tiempo de los romanos los *publicanos* eran los que recolectaban los derechos de aduana sobre productos que pasaban de una parte a otra. Las sedes principales estaban en Cesarea, Capernaúm y Jericó. En general los puestos eran dados al mejor postor, quien se quedaba con lo que sobraba de lo tratado. La gente pocas veces gozaba al pagar estos impuestos, y los judíos que hacían un trabajo tal eran odiados por su colaboración con una potencia extranjera opresora y por cobrar tantas veces en exceso de lo justo. De ellos, Mateo llegó a ser un apóstol, y Zaqueo un creyente (**§ 47** y **127**).

Los *zelotes* o *cananitas* compartían el espíritu patriótico de los fariseos, pero estimaban que, para lograr los judíos la libertad del yugo romano, había que ir a las armas. Eran admirados por muchos judíos, como vemos en el deseo popular de hacer que Jesús fuese rey (**§ 73**), y la presencia de dos espadas prohibidas entre los apóstoles (Luc. 22:38) ¡con el conocimiento de todos ellos! Es interesante observar que en el grupo apostólico estaban Mateo, ex publicano, y Simón, quien aún llevaba el apodo de zelote (Luc. 6:15), con ideologías muy diferentes.

El término *esenios* no aparece en nuestras Escrituras; pero existían en los tiempos neotestamentarios, como consta en los escritos de Josefo (historiador) y Filón (filósofo). Además, el hallazgo de los Rollos del Mar Muerto en 1947 y otros documentos posteriormente, junto con las excavaciones hechas cerca de dicho mar, les ha traído más atención en nuestros tiempos. Los esenios no eran numerosos. Muchos se retiraban de las ciudades y vivían en colonias sin propiedad privada. Pocos se casaban, y nuevos reclutas venían de hijos de otros. Daban mucho énfasis al estudio de la Ley. Algunos han creído que Juan el Bautista era un esenio, porque él vivía en un lugar apartado, con una vida muy sencilla. Pero Juan no llevaba una vida solamente de contemplación sino una vida activa entre la gente.

4. Puntos especiales

¿Cuándo nació el Señor Jesús? En eso hay dos asuntos diferentes: el año y el día.

Durante el tiempo del imperio romano los años se calculaban en relación con la fundación de la ciudad de Roma (**§ 4**). Pero en el siglo sexto d. de J.C. el abad Dionisio Exiguo propuso la idea de contar los años desde el nacimiento de Cristo e indicó el año 754 de Roma como el primero del calendario cristiano. La idea cundió, pero siglos después se descubrió que Dionisio había errado ligeramente en cuanto a la fecha. Por datos dados por Josefo, el historiador judío, se sabe que Herodes el Grande murió un tiempo antes de la Pascua del año romano 750. Jesús nació mientras Herodes aún vivía. Así nuestro Señor nació, a más tardar, en el año 4 a. de J.C. y talvez hasta tres años antes. Algunos han tratado de relacionar la "estrella en el oriente" que veían los magos con una conjunción de Júpiter y Saturno con Marte en el año romano 748, pero nunca se veían como una sola estrella; y no creemos que eso sea la explicación de la acción de los magos (**§ 14**).

En cuanto a la época del año en que nació Cristo, sería muy difícil que fuese en diciembre, invierno en Judea y tiempo de las lluvias. Es muy dudoso que los pastores hubiesen estado de noche en los campos con sus ovejas. Tampoco se habría fijado el invierno como fecha para el empadronamiento; y habría sido sumamente difícil que José y María, ella a punto de dar a luz, viajaran tan lejos en tales circunstancias (**§ 10**). Los antiguos señalaron varias fechas para el nacimiento: 20 de mayo (Clemente de Alejandría, *c.* 200 d. de J.C.), 20 de abril, 25 de diciembre y 5 de enero. Durante los primeros tiempos los cristianos celebraban la resurrección cada semana, pero no en forma regular el nacimiento. Alrededor del año 300, en las iglesias bajo la influencia de la iglesia de Roma, prevalecía la idea de observar, cada 25 de diciembre, la venida de Jesús al mundo. Este era un día que ya se observaba como festivo dentro de las comunidades paganas. Las iglesias griegas celebraban el 6 de enero y aún lo hacen así.

¿Cómo es que un evangelista, especialmente Lucas, presenta cosas que Jesús hizo o dijo en forma diferente a algo muy parecido a lo que da otro? Puede haber varias razones. Como hemos visto arriba, cualquier Evangelio determinado no incluye necesariamente todo lo que hizo Jesús, sino que usa la parte que cuadra con su propósito. Por lo mismo, a menudo presenta las cosas no en orden cronológico. También, nuestro Señor, al igual que otros maestros, decía algo parecido en diversos lugares y circunstancias.

¿El Sermón del monte contado por Mateo es igual al Sermón de la llanura relatado por Lucas? Creemos que sí, y así lo hemos presentado (**§ 54**); si bien hay otros que estiman que son dos ocasiones diferentes, lo cual es posible. Lo dicho por Mateo es más largo, pero es probable que ni uno ni otro haya anotado todo lo que dijo nuestro Maestro. Las bienaventuranzas según Mateo son espirituales; las bienaventuranzas y ayes según Lucas son más morales y sociales. Mateo señalaba el lugar como un monte con la presencia de los discípulos (5:1), pero al final las multitudes se maravillaban de sus enseñanzas (7:28). Lucas indicaba una llanura (6:17) con sus discípulos (6:20), y el pueblo escuchaba (7:1). En el lugar tradicional de ese discurso, los Cuernos de Hattin, hay un amplio espacio llano entre dos cumbres.

¿Por qué no son iguales las cuatro listas de los apóstoles? Las listas están en Marcos y Lucas (**§ 53**), Mateo (**§ 70**) y Hechos 1:13. Realmente son iguales, salvo que en Marcos y Mateo Judas, hermano de Jacobo, es llamado Tadeo, talvez un apodo. De modo parecido Marcos y Mateo hablan de Simón el cananita; y

Lucas y Hechos, de Simón el Zelote. Significan lo mismo (celoso): el primero del arameo y el segundo del griego. Es interesante observar que no están en el mismo orden, y que en todos Simón Pedro es primero y Judas Iscariote es último. También en todos Felipe está en quinto lugar, y Jacobo hijo de Alfeo en noveno lugar. Parecería que los apóstoles formaban tres grupos, dirigido cada uno por Pedro, Felipe y Jacobo hijo de Alfeo respectivamente. Dentro de cada grupo están las mismas personas aunque en orden diferente.

Entre los apóstoles hay dos pares de hermanos: Simón Pedro y Andrés, y Jacobo y Juan hijos de Zebedeo, todos en el primer grupo. Ya que en el idioma griego original Lucas y Hechos dicen: "Judas de Jacobo", puede ser que la frase no se trate de la expresión "hijo de Jacobo" sino "hermano de Jacobo", en cuyo caso habría tres pares de hermanos. Cada par de parientes estaría en el mismo grupo: Pedro y Andrés, y Jacobo y Juan en el primero, y Jacobo hijo de Alfeo y Judas de Jacobo en el tercero.

¿Cuánto tiempo duró el ministerio público de Cristo? No estamos seguros, pero fue cuando menos algo más de dos años. Empezó su ministerio antes de la fiesta pascual de Juan 2:13, 22 (**§ 31** y **32**). En Juan 6:4 (**§ 72**) se menciona otra Pascua para la cual Jesús no fue a Jerusalén. La Pascua que vio la crucifixión del Señor se menciona varias veces en los Evangelios (**§ 128**, etc.). De acuerdo con eso el ministerio duró más de dos años. Sin embargo, hay razones para pensar que fue más largo. Las actividades en Jerusalén y otras partes de Judea, en Samaria y lo mucho hecho en el gran ministerio en Galilea, otro viaje a Jerusalén, más mucho trabajo de nuevo en Galilea y alrededores (**§ 31-71**), parecen muchas actividades para un solo año. Por ello creemos que hubo otra Pascua que sería la segunda, sin que se mencione como tal. En Juan 5:1 (**§ 49**) se habla de una fiesta sin identificar, la que bien podría haber sido esa Pascua. En tal caso el ministerio terrenal de Jesucristo habría sido a lo menos más de tres años. En nuestros comentarios en esta obra hemos aceptado ese criterio.

¿Cómo se explica que Juan 19:14 tiene a Jesús ante Pilato "como a la hora sexta" y Marcos 15:25 indica que el Señor fue crucificado "en la hora tercera"? A nuestro modo de ver, la solución descansa sobre una diferencia en la manera de contar las horas. Marcos, Mateo y Lucas usaron el sistema judío: el nuevo día empieza al anochecer, doce horas, y luego doce horas de la luz del día. Así la hora tercera de la crucifixión sería como a las nueve de la mañana, según Marcos. Igualmente las tinieblas desde la hora sexta hasta la novena (Mar. 15:33 y pasajes paralelos; **§ 166**) serían desde el mediodía hasta las tres de la tarde. Pero Juan, escribiendo muchos años después en territorio gentil, posterior a la destrucción de Jerusalén y de la nación judía, usaría el día civil romano, el que empieza a la medianoche, tal como lo es para nosotros hoy en día. Todas las otras referencias al tiempo que hacía Juan en su Evangelio cuadran con esa idea. Así los discípulos de Juan se juntaron con Jesús a las diez de la mañana y "se quedaron con él aquel día" (Juan 1:39). Jesús, "cansado del camino", conversó con la samaritana como a las seis al atardecer (Juan 4:6). También, el hijo del oficial se libró de la fiebre a las siete después del medio día (Juan 4:52). Otra indicación de horario está en Juan 20:19, donde Juan dijo: "Al anochecer de aquel día"; lo cual nos hace creer que estaba utilizando el sistema romano, pues esa noche sería el comienzo de un nuevo día según la costumbre judía. Lucas trató de la misma reunión y dio a entender que dos creyentes de Emaús caminaron unos once kilómetros para llegar después del atardecer (24:13, 29, 33).

¿Cuánto tiempo estuvo nuestro Señor en el sepulcro? Algunos han tenido problemas tratando de relacionar "al tercer día" (Luc. 24:7) con "después de tres días" (Mar. 9:31), y luego con el ejemplo que Jesús mismo dio del profeta Jonás: "tres días y tres noches" (Mat. 12:40). Pero debemos recordar que todos los pueblos tienen su manera diferente de decir las cosas. ¿Entre nosotros no es común hablar de una "quincena" al hablar de dos semanas? Y al decir "de aquí a ocho días", ¿no estamos hablando del mismo día de la semana próxima? Estamos contando la parte del día del comienzo y también la parte del día del término. Así, no se ve ningún problema al decir Mateo 17:23: "al tercer día resucitará"; mientras Marcos 9:31, presentando la misma ocasión, dice: "resucitará después de tres días". Del mismo modo, Mateo cuenta cómo los dirigentes judíos responsables por la muerte del Señor fueron a Pilato y citaron a Cristo: "Después de tres días resucitaré", y luego pidieron una guardia para el sepulcro "hasta el tercer día" (Mat. 27:63 ss.). Entonces, se ha de entender lo dicho por Jesús: "Como Jonás estuvo tres días y tres noches en el vientre del gran pez, así estará el Hijo del Hombre en el corazón de la tierra tres días y tres noches" (Mat. 12:40) como una manera enfática de decir lo mismo.

Entonces, concluimos que nuestro Salvador murió el viernes como a media tarde, y sus amigos se apresuraron a colocarlo en un sepulcro antes de la noche, el comienzo del sábado. Durante ese día sagrado no se hizo nada; pero al terminar el sábado al caer la oscuridad, las mujeres buscaron los elementos deseados para ungir el cuerpo para tener las cosas listas para la mañana siguiente, el primer día de la semana. Fueron temprano al sepulcro, pero ¡el cuerpo no estaba! ¡El muerto vivía! (Ver **§ 170**) Con este modo de calcular, Jesús estuvo en el sepulcro parte del día viernes, todo el día sábado y la madrugada del domingo.

¿No hay otras cosas que deban explicarse? Sí, muchas.

Algunas sugerencias se ofrecen en las notas de las diversas secciones de este libro. Hay varios comentarios sobre los Evangelios que están a nuestra disposición. Lo más importante de todo es la luz que el Espíritu Santo da al que escudriña las Escrituras con humildad y fe.

PARALELO

PARTE I

PROPÓSITO DE LOS EVANGELIOS

§ 1. Base de sus escritos

Mateo 1:1

1 Libro de la ge-
nealogía* de Jesu-
cristo, hijo de David,
hijo de Abraham.

* **1:1** O: ***historia***; comp. Gén. 5:1ss.; 10:1ss.; 36:1ss.; Núm. 1—3; 1 Crón.1—9.

Marcos 1:1

1 El principio del
evangelio de Jesu-
cristo, el Hijo de
Dios.

Lucas 1:1-4

1 Puesto que mu-
chos han intentado
poner en orden un
relato acerca de las
cosas que han sido
ciertísimas* entre
nosotros, **2** así co-
mo nos las transmi-
tieron los que desde
el principio fueron testigos oculares y ministros de la palabra, **3** me ha parecido bien
también a mí, después de haberlo investigado todo con diligencia desde el comienzo, es-
cribírtelas en orden, oh excelentísimo Teófilo, **4** para que conozcas bien la verdad de las
cosas* en las cuales
has sido instruido.

* **1:1** Otra trad., ***que han acontecido.*** ***1:4** Lit., ***palabras***; o sea, ***enseñanzas***.

Juan 20:31

31 Pero estas cosas
han sido escritas
para que creáis que
Jesús es el Cristo, el
Hijo de Dios, y para
que creyendo tengáis
vida en su nombre.

Nota 1: Bajo inspiración divina, los escritores de los cuatro Evangelios tratan la vida de Jesucristo. El médico Lucas presenta al Señor Jesús como el "Hombre ideal" "después de haberlo investigado todo con diligencia desde el comienzo". Como era costumbre en su tiempo, dedica su escrito a un hombre destacado, en este caso a Teófilo —al igual que su libro de Los Hechos— quien es creyente. Explica también el propósito de su escrito: "para que conozcas bien la verdad de las cosas en las cuales has sido instruido".

Los otros tres escritores no hablan de fuentes pues, a diferencia de Lucas, han estado más íntimamente relacionados con la humanidad de Jesucristo: Mateo y Juan como apóstoles y Marcos por su familia (Hech. 12:12), Pedro (1 Ped. 5:13) y talvez por experiencia propia (ver **§ 154**).

En cuanto a propósito, Juan dice explícitamente que su documento es espiritual y evangelístico: "para que creáis que Jesús es el Cristo, el Hijo de Dios, y para que creyendo tengáis vida en su nombre". Mateo muestra a Jesús como el prometido en el Antiguo Testamento: el Rey-Mesías de la familia de David. Marcos, que probablemente escribió antes que los otros, frente a una tendencia popular hacia un evangelio sentimental con elementos de mito, insiste en que el mensaje cristiano es más que una filosofía o un sentimiento. ¡El evangelio es una Persona! —prometida y llegada— quien enseñó, sirvió con maravillas, murió como Redentor y volvió a vivir.

PARTE II

PREEXISTENCIA DE CRISTO

§ 2. Jesús, el Verbo de Dios

Mateo	Marcos	Lucas	Juan 1:1-18
			1 En el principio era el Verbo* y el Verbo era con Dios,

y el Verbo era Dios. **2** Él era en el principio con Dios. **3** Todas las cosas fueron hechas por medio de él, y sin él no fue hecho nada de lo que ha sido hecho.* **4** En él estaba la vida, y la vida era la luz de los hombres. **5** La luz resplandece en las tinieblas, y las tinieblas no la vencieron.

6 Hubo un hombre, enviado por Dios, que se llamaba Juan. **7** Él vino como testimonio, a fin de dar testimonio de la luz, para que todos creyesen por medio de él. **8** No era él la luz, sino que vino para dar testimonio de la luz. **9** Aquél era la luz verdadera que alumbra a todo hombre que viene al mundo. **10** En el mundo estaba, y el mundo fue hecho por medio de él, pero el mundo no le conoció. **11** A lo suyo vino, pero los suyos no le recibieron. **12** Pero a todos los que le recibieron,* a los que creen en su nombre, les dio derecho de ser hechos* hijos de Dios, **13** los cuales nacieron* no de sangre, ni de la voluntad de la carne, ni de la voluntad de varón, sino de Dios.

14 Y el Verbo se hizo carne y habitó entre nosotros, y contemplamos su gloria, como la gloria del unigénito* del Padre, lleno de gracia y de verdad. **15** Juan dio testimonio de él y proclamó diciendo: "Este es aquel de quien dije: El que viene después de mí ha llegado a ser antes de mí, porque era primero que yo". **16** Porque de su plenitud todos nosotros recibimos, y gracia sobre gracia. **17** La ley fue dada por medio de Moisés, pero la gracia y la verdad nos han llegado por medio de Jesucristo. **18** A Dios nadie le ha visto jamás; el Dios* único* que está en el seno del Padre, él le ha dado a conocer.

1:1** O: ***la Palabra. ***1:3** Otra trad., ***y sin él no fue hecho nada. Lo que ha sido hecho 4 en él era vida, y la vida era...*** ***1:12** Otra trad., ***aceptaron***. ***1:12** Otra trad., ***poder de llegar a ser***. ***1:13** Otra trad., ***quienes fueron engendrados***. ***1:14** Otra trad., ***único***, en el sentido de ***único en su género***. ***1:18** Algunos mss. antiguos dicen ***Hijo***. ***1:18** Otra trad., ***unigénito***.

Nota 2: Solo en los escritos juaninos (Juan 1:1, 14; 1 Jn. 1:1 y Apoc. 19:13) vemos la referencia a Cristo como el Verbo (Logos) eterno en sentido doble: la idea de Dios y la expresión de Dios. Como término filosófico griego, desde el tiempo de Platón, llega a ser conocido en el mundo judío por los escritos de Filón en el sentido de persona divina.

PARTE III

GENEALOGÍA DE JESUCRISTO

§ 3. Ascendencia humana de Jesús

Mateo 1:2-17	Marcos	Lucas	Juan
2 Abraham engen- dró a Isaac; Isaac en- gendró a Jacob; Jacob			

engendró a Judá y a sus hermanos; **3** Judá engendró de Tamar a Fares y a Zéraj; Fares
engendró a Hesrón; Hesrón engendró a Aram; **4** Aram engendró a Aminadab; Aminadab
engendró a Najsón; Najsón engendró a Salmón; **5** Salmón engendró de Rajab a Boaz;
Boaz engendró de Rut a Obed; Obed engendró a Isaí; **6** Isaí engendró al rey David.
David engendró a Salomón, de la que fue mujer de Urías; **7** Salomón engendró a Ro-
boam; Roboam engendró a Abías; Abías engendró a Asa; **8** Asa engendró a Josafat; Jo-
safat engendró a Joram; Joram engendró a Uzías; **9** Uzías engendró a Jotam; Jotam en-
gendró a Acaz; Acaz engendró a Ezequías; **10** Ezequías engendró a Manasés; Manasés
engendró a Amón; Amón engendró a Josías; **11** Josías engendró a Jeconías* y a sus her-
manos en el tiempo de la deportación a Babilonia.
12 Después de la deportación a Babilonia, Jeconías* engendró a Salatiel; Salatiel en-
gendró a Zorobabel; **13** Zorobabel engendró a Abiud; Abiud engendró a Eliaquim; Elia-
quim engendró a Azor; **14** Azor engendró a Sadoc; Sadoc engendró a Aquim; Aquim en-
gendró a Eliud; **15** Eliud engendró a Eleazar; Eleazar engendró a Matán; Matán engen-
dró a Jacob. **16** Jacob engendró a José, marido de María, de la cual nació Jesús, llamado
el Cristo.*
17 De manera que todas las generaciones desde Abraham hasta David son catorce ge-
neraciones, y desde David hasta la deportación a Babilonia son catorce generaciones, y
desde la deportación a Babilonia hasta el Cristo* son catorce generaciones.

1:11, 12** O sea, **Joaquín**; ver 1 Crón. 3:16, 17; 2 Rey. 24:6-9. ***1:16, 17** O sea, ***el Mesías o ***el Ungido***.

Mateo	Marcos	Lucas 3:23-38	Juan
		23 Al comenzar su ministerio, Jesús tenía como treinta	

años. Él era (según se creía) hijo de José, **24*** hijo de Elí, hijo de Matat, hijo de Leví,
hijo de Melqui, hijo de Jana, hijo de José, **25** hijo de Matatías, hijo de Amós, hijo de
Nahum, hijo de Esli, **26** hijo de Nagai, hijo de Maat, hijo de Matatías, hijo de Semei,
hijo de José, hijo de Judá, **27** hijo de Joanán, hijo de Resa, hijo de Zorobabel, hijo de
Salatiel, **28** hijo de Neri, hijo de Melqui, hijo de Adi, hijo de Cosam, hijo de Elmodam,

Mateo	Marcos	Lucas 3:23-38	Juan
		hijo de Er, **29** hijo de Josué, hijo de Elie-zer, hijo de Jorim,	

hijo de Matat, **30** hijo de Leví, hijo de Simeón, hijo de Judá, hijo de José, hijo de Jonán,
hijo de Eliaquim, **31** hijo de Melea, hijo de Mainán, hijo de Matata, hijo de Natán,
32 hijo de David, hijo de Isaí, hijo de Obed, hijo de Boaz, hijo de Salá,* hijo de Najsón,
33 hijo de Aminadab, hijo de Admín,* hijo de Arní,* hijo de Hesrón, hijo de Fares, hijo
de Judá, **34** hijo de Jacob, hijo de Isaac, hijo de Abraham, hijo de Taré, **35** hijo de
Nacor, hijo de Serug, hijo de Ragau, hijo de Peleg, hijo de Heber, hijo de Sélaj, **36** hijo
de Cainán, hijo de Arfaxad, hijo de Sem, hijo de Noé, **37** hijo de Lamec, hijo de
Matusalén, hijo de Enoc, hijo de Jared, hijo de Mahalaleel, hijo de Cainán, **38** hijo de
Enós, hijo de Set, hijo de Adán, hijo de Dios.

*__3:24__ En esta lista genealógica los vv. 24, 28, 30, 32, 35 y 37 comienzan a la mitad del renglón. *__3:32__ Algunos mss. antiguos dicen ***Salmón***. *__3:33__ Algunos mss. antiguos tienen ***Aram***. *__3:33__ Algunos mss. antiguos omiten ***Arní***.

Nota 3: Mateo empieza la lista de antepasados con Abraham, siguiendo por David y los reyes sucesores, y termina con "José, marido de María, de la cual nació Jesús, llamado el Cristo" (1:16). En cambio, Lucas prosigue en sentido contrario, empezando: "Jesús... era (según se creía) hijo de José", yendo hacia atrás, no solo hasta Abraham, sino hasta "Adán, hijo de Dios" (3:36). Además, desde David hasta José, "padre" de Jesús, los nombres no son los mismos. Mateo dice: "David engendró a Salomón" (1:6), mientras que Lucas dice: "Natán, hijo de David" (3:31, 32). Muchos creemos que Mateo da la ascendencia legal a través de los reyes hasta José y que Lucas da la de María (salvo que indica al esposo en vez de a ella). Ella también es de la familia de David. Mateo presenta lo milagroso del nacimiento desde el punto de vista de José, y Lucas lo hace desde el punto de vista de María.

Mucho de estas genealogías se halla en 1 Crónicas 1—4.

PARTE IV

NACIMIENTO Y NIÑEZ DE JUAN EL BAUTISTA Y DE JESÚS

(MAPA II)

Posiblemente los acontecimientos abarcan desde el año 7 a. de J.C. hasta el año 7 d. de J.C.

§ 4. Anuncio del nacimiento de Juan el Bautista

Mateo	**Marcos**	**Lucas 1:5-25**	**Juan**
		5 En los días de Herodes, rey de Judea, había un sacer-	

dote llamado Zacarías, de la clase de Abías. Su esposa era de las hijas de Aarón y se llama-
ba Elisabet. **6** Ambos eran justos delante de Dios y vivían irreprensiblemente en todos los
mandamientos y ordenanzas del Señor. **7** No tenían hijo, porque Elisabet era estéril, y am-
bos eran de edad avanzada.

8 Aconteció que, cuando Zacarías ejercía el sacerdocio delante de Dios, en el turno de su
clase,* **9** conforme a la costumbre del sacerdocio, le tocó por sorteo entrar en el templo* del
Señor para quemar el incienso. **10** Toda la multitud del pueblo estaba fuera, orando a la ho-
ra del incienso. **11** Entonces el ángel del Señor se le apareció, puesto de pie a la derecha del
altar del incienso. **12** Zacarías se turbó cuando le vio, y el temor se apoderó de él. **13** Pero
el ángel le dijo: "¡No temas, Zacarías! Porque tu oración ha sido atendida. Tu esposa Elisa-
bet te dará a luz un hijo, y llamarás su nombre Juan. **14** Tendrás gozo y alegría, y muchos se
gozarán de su nacimiento, **15** porque él será grande delante del Señor.* Nunca beberá vino
ni licor, y será lleno del Espíritu Santo aun desde el vientre de su madre. **16** Y hará que mu-
chos de los hijos de Israel vuelvan al Señor su Dios. **17** Él mismo irá delante del Señor con
el espíritu y el poder de Elías, para hacer volver los corazones de los padres a los hijos y los
desobedientes a la prudencia de los justos, para preparar al Señor un pueblo apercibido".

18 Y Zacarías dijo al ángel: "¿Cómo podré estar seguro de esto?* Pues yo soy viejo, y mi
esposa es de edad avanzada".

19 Respondió el ángel y le dijo: "Yo soy Gabriel, que estoy delante de Dios, y he sido en-
viado para hablarte y anunciarte estas buenas nuevas. **20** He aquí, quedarás mudo e incapaz
de hablar hasta el día en que se realice esto, por cuanto no has creído a mis palabras, las
cuales se cumplirán a su debido tiempo".

21 El pueblo estaba esperando a Zacarías, y se extrañaba de que él pasara tanto tiempo en
el templo.* **22** Cuando salió, no les podía hablar; y se dieron cuenta de que había visto una
visión en el templo.* Él se comunicaba con ellos por señas y quedaba mudo.

23 Sucedió que, cuando se cumplieron los días de este ministerio, él se fue a su casa. **24** Y
después de aquellos días su mujer Elisabet concibió y se recluyó por cinco meses, diciendo:
25 "Así ha hecho conmigo el Señor en los días en que se dignó mirarme para quitar mi
afrenta entre los hombres".

1:8** Ver 1 Crón. 24:19; 2 Crón. 23:8. ***1:9, 21, 22** Otra trad., ***santuario. ***1:15** Algunos mss. antiguos dicen ***delante de Dios***. ***1:18** Lit., ***¿En qué conoceré esto?***

Nota 4: Hasta alrededor del año 525 d. de J.C. la cristiandad, junto con los demás del imperio romano, contaba los años desde la fundación de la ciudad de Roma. Entonces el monje Dionisio Exiguo propone contar los años desde el nacimiento de Jesucristo. Poco a poco la idea prospera, y 300 años después ya marca el calendario del imperio. Siglos después se descubre que Dionisio había errado ligeramente; Jesús había nacido de cuatro a seis años antes de lo que se había calculado. Por ello solemos decir que nuestro Señor nace entre los años 6 a 4 a. de J.C., y que el anuncio al sacerdote Zacarías ocurre en 7 ó 6 a. de J.C.

A Zacarías, por sorteo, le toca el turno ocasional de quemar incienso en el templo en Jerusalén. Tal como fue el caso de Abraham y Sara (Gén. 17:17), tanto él como su esposa Elisabet son ancianos y no tienen hijos, una situación triste para una familia judía. Mientras Zacarías ejerce su tarea, súbitamente el ángel Gabriel (Dan. 8:16; 9:21) se le aparece y le promete que tendrá un hijo, quien desarrollará un ministerio muy especial, el de preparar el camino para la venida del Mesías (Mal. 3:1; 4:5, 6).

§ 5. Anuncio del nacimiento de Jesús

Mateo	Marcos	Lucas 1:26-38	Juan
		26 En el sexto mes el ángel Gabriel fue enviado por Dios a	

una ciudad de Galilea llamada Nazaret, **27** a una virgen desposada con un hombre lla-
mado José, de la casa de David. El nombre de la virgen era María. **28** Cuando entró a
donde ella estaba, dijo: "¡Te saludo,* muy favorecida! El Señor está contigo".*
29 Pero ella* se turbó por sus palabras y se preguntaba qué clase de salutación sería
ésta. **30** Entonces el ángel le dijo: "¡No temas, María! Porque has hallado gracia ante
Dios. **31** He aquí concebirás en tu vientre y darás a luz un hijo, y llamarás su nombre
Jesús.* **32** Este será grande, y será llamado Hijo del Altísimo; y el Señor Dios le dará el
trono de su padre David. **33** Reinará sobre la casa de Jacob para siempre, y de su reino
no habrá fin".
34 Entonces María dijo al ángel: "¿Cómo será esto? Porque yo no conozco varón".
35 Respondió el ángel y le dijo: "El Espíritu Santo vendrá sobre ti, y el poder del
Altísimo te cubrirá con su sombra, por lo cual también el santo Ser* que nacerá será lla-
mado Hijo de Dios. **36** He aquí, también tu parienta Elisabet ha concebido un hijo en su
vejez. Este es el sexto mes para ella que era llamada estéril. **37** Porque ninguna cosa
será imposible para Dios".
38 Entonces María dijo: "He aquí la sierva del Señor; hágase conmigo conforme a tu
palabra". Y el ángel se fue de ella.

1:28** Saludo griego, parecido al "paz" de los hebreos; otras trads., ***Salve; o, ***Alégrate***. ***1:28** Algunos mss. antiguos incluyen ***Bendita eres tú entre las mujeres***; ver 1:42. ***1:29** Algunos mss. antiguos dicen ***Pero cuando ella lo vio,...*** ***1:31** Quiere decir ***salvación***. ***1:35** Otra trad., ***el que nacerá será llamado Santo, Hijo de Dios***.

Nota 5: Seis meses después de que Elisabet ha concebido, el mismo ángel Gabriel se aparece, en 7 ó 6 a. de J.C., a la joven María en Nazaret, anunciándole que dará a luz un hijo. En el primer caso Zacarías es el padre, pero el hijo de María no tendrá padre humano. Sin duda, muchas mujeres judías han anhelado ser madre del prometido Mesías (Cristo); pero en las circunstancias de María, el ser madre soltera la expone no solo a la vergüenza de su familia, al desprecio de sus vecinas y a la pérdida de su novio (Mat. 1:19), sino a la misma muerte (Juan 8:3). Pero la noble joven acepta las consecuencias, diciendo: "He aquí la sierva del Señor".

§ 6. Cántico de Elisabet

Mateo	Marcos	Lucas 1:39-45	Juan

39 En esos días se
levantó María y fue
de prisa a una ciu-
dad en la región montañosa de Judá. **40** Entró en casa de Zacarías y saludó a Elisabet.
41 Aconteció que, cuando Elisabet oyó la salutación de María, la criatura saltó en su
vientre. Y Elisabet fue llena del Espíritu Santo, **42** y exclamó a gran voz y dijo: "¡Ben-
dita tú entre las mujeres, y bendito el fruto de tu vientre! **43** ¿De dónde se me concede
esto, que la madre de mi Señor venga a mí? **44** Porque he aquí, cuando llegó a mis
oídos la voz de tu salutación, la criatura saltó de alegría en mi vientre. **45** Bienaven-
turada la que creyó, porque se cumplirá lo que le ha sido dicho de parte del Señor".

Nota 6: ¿Con quién puede compartir María su extraña experiencia? ¿Quién no se reiría o se escandalizaría ante tamaño anuncio? Hace un viaje largo a la tierra montañosa de Judea hasta donde la parienta anciana, que el ángel le había mencionado (1:36), debería poder comprenderla. El tímido anhelo de María se justifica: Elisabet reconoce la divina obra en la joven y exclama: "¡Bendita tú entre las mujeres, y bendito el fruto de tu vientre!" Y la llama, no "Madre de Dios", como muchos lo harán en siglos posteriores, sino "madre de mi Señor", una declaración de por sí de gran significado.

§ 7. Cántico de María

Mateo	Marcos	Lucas 1:46-56	Juan

46 Y María* dijo:
"Engrandece mi alma
al Señor;
47 y mi espíritu se alegra
en Dios, mi Salvador,
48 porque ha mirado
la bajeza de su sierva.
He aquí, pues, desde ahora
me tendrán por bienaventurada
todas las generaciones,
49 porque el Poderoso ha hecho
grandes cosas conmigo.
Su nombre es santo,
50 y su misericordia es
de generación en generación,
para con los que le temen.

Mateo	Marcos	Lucas 1:46-56	Juan
		51 Hizo proezas con su brazo; esparció a los soberbios	

en el pensamiento de sus corazones.
52 Quitó a los poderosos de sus tronos
y levantó a los humildes.
53 A los hambrientos sació de bienes
y a los ricos los despidió vacíos.
54 Ayudó a Israel su siervo,
para acordarse de la misericordia,
55 tal como habló a nuestros padres;
a Abraham y a su descendencia para siempre".
56 Y María se quedó con ella como tres meses, y regresó a su casa.

***1:46** Comp. 1 Sam. 2:1-10.

Nota 7: El corazón de María se reboza, y prorrumpe en un cántico de alabanza, siguiendo de cerca el modelo del cántico de Ana cuando dedicó a su hijito Samuel al Señor (1 Sam. 2:1-10). Comúnmente la canción de María se llama el "Magnificat", pues ese verbo es la primera palabra en las versiones latinas. Por el cántico podemos saber a lo menos cuatro cosas acerca de María: Conoce las Escrituras; siente más gratitud a Dios por el honor que miedo por las críticas que recibirá; reconoce a "Dios, mi Salvador"; y confía en que al final triunfará el bien sobre el mal. Ella se queda en las montañas de Judea con Elisabet hasta cerca del tiempo del nacimiento de Juan antes de regresar a Nazaret, para enfrentar allí la desaprobación de sus vecinas y la desilusión de su novio.

§ 8. Nacimiento y crecimiento de Juan el Bautista

Mateo	Marcos	Lucas 1:57-80	Juan
		57 Se cumplió para Elisabet el tiempo de su alumbra-	

miento, y dio a luz un hijo. **58** Los vecinos y los parientes oyeron que Dios había en-
grandecido su misericordia hacia ella y se regocijaron con ella. **59** Aconteció que al
octavo día vinieron para circuncidar al niño, y le llamaban con el nombre de su padre,
Zacarías. **60** Y su madre respondiendo dijo: "¡No! Más bien será llamado Juan".
61 Y le dijeron: "No hay nadie en tu familia que se llame con este nombre". **62** Pre-
guntaban por señas a su padre, cómo quería llamarle. **63** Y pidiendo una tablilla escribió
diciendo: "Juan es su nombre".* Y todos se maravillaron. **64** Al instante su boca fue
abierta, y se le soltó la lengua, y comenzó a hablar bendiciendo a Dios. **65** Cayó temor
sobre todos sus vecinos, y por toda la región montañosa de Judá se divulgaban todas
estas cosas. **66** Y todos los que las oían las guardaban en sus corazones, diciendo: "Pues,

Mateo	Marcos	Lucas 1:57-80	Juan
		¿quién será este niño?" Porque ciertamente la mano del	

Señor estaba con él. **67** Zacarías, su padre, fue lleno del Espíritu Santo y profetizó
diciendo:
68 "Bendito sea el Señor, Dios de Israel,
porque ha visitado y redimido a su pueblo.
69 Ha levantado para nosotros un cuerno* de salvación
en la casa de su siervo David,
70 tal como habló por boca de sus santos profetas
que fueron desde antiguo:
71 Salvación de nuestros enemigos
y de la mano de todos los que nos aborrecen,
72 para hacer misericordia con nuestros padres
y para acordarse de su santo pacto.
73 Este es el juramento
que juró a Abraham nuestro padre,
para concedernos que,
74 una vez rescatados de las manos de los enemigos,*
le sirvamos sin temor,
75 en santidad y en justicia
delante de él todos nuestros días.
76 Y tú, niño, serás llamado profeta del Altísimo;
porque irás delante del Señor
para preparar sus caminos;
77 para dar a su pueblo conocimiento de salvación
en el perdón de sus pecados;
78 a causa de la entrañable misericordia de nuestro Dios,
con que la luz de la aurora nos visitará* de lo alto;
79 para alumbrar a los que habitan
en tinieblas y en sombra de muerte;
para encaminar nuestros pies por caminos de paz".
80 Y el niño crecía y se fortalecía en espíritu, y estaba en el desierto hasta el día de su
manifestación a Israel.

1:63** Ver v. 13. ***1:69** O sea, ***un Salvador poderoso. ***1:74** Algunos mss. antiguos dicen ***nuestros enemigos***. ***1:78** Algunos mss. antiguos dicen ***nos visitó***.

Nota 8: El alumbramiento de la anciana Elisabet, allí en las montañas, es ocasión de celebración entre sus vecinos y parientes. La idea general es que el recién llegado debe llevar el nombre de su padre, pero Zacarías insiste que tiene que llamarse Juan, que significa "don de gracia de Jehovah". Desde luego, el nombre Zacarías también tiene significado ("Jehovah recuerda"), pero el ángel había dicho "Juan" (1:13). Inmediatamente el padre pierde su mudez, la que ha tenido desde la visita del ángel; y prorrumpe en un cántico, comúnmente llamado el "Benedictus", ya que en latín esa es la primera palabra. Contiene un mensaje de alabanza y profecía.

En breves palabras se resume la niñez y juventud de Juan, pendiente "hasta el día de su manifestación a Israel".

§ 9. Anuncio a José del nacimiento de Jesús

Mateo 1:18-25	**Marcos**	**Lucas**	**Juan**
18 El nacimiento de Jesucristo fue así: Su madre María estaba			

desposada* con José; y antes de que se unieran, se halló que ella había concebido del
Espíritu Santo. **19** José, su marido,*como era justo y no quería difamarla, se propuso de-
jarla* secretamente. **20** Mientras él pensaba en esto, he aquí un ángel del Señor se le
apareció en sueños y le dijo: "José, hijo de David, no temas recibir a María tu mujer,
porque lo que ha sido engendrado en ella es del Espíritu Santo. **21** Ella dará a luz un
hijo; y llamarás su nombre Jesús,* porque él salvará a su pueblo de sus pecados".
22 Todo esto aconteció para que se cumpliese lo que habló el Señor por medio del pro-
feta, diciendo:
23 *He aquí, la virgen concebirá*
y dará a luz un hijo,
*y llamarán su nombre Emanuel,**
que traducido quiere decir: *Dios con nosotros.**
24 Cuando José despertó del sueño, hizo como el ángel del Señor le había mandado, y
recibió a su mujer. **25** Pero no la conoció hasta que ella dio a luz un hijo,* y llamó su
nombre Jesús.

---

*__1:18__ O sea, ***estaba comprometida a casarse***. Según la costumbre antigua, ya estaban casados con compromiso legal, pero sin consumar las relaciones del matrimonio. ***1:19** O sea, ***novio***; ver nota sobre 1:18. ***1:19** O sea, ***decidió disolver el contrato matrimonial***. ***1:21** Quiere decir ***salvación***. ***1:23** Isa. 7:14 (LXX). ***1:23** Isa. 8:8 (LXX). ***1:25** Algunos mss. antiguos dicen ***a su hijo primogénito***.

Nota 9: Al llegar a Nazaret, ¿habrá tratado María de hacer saber a José la causa de su embarazo? Al intentarlo, ¿no sería agregar a su supuesta inmoralidad la blasfemia si procurase responsabilizar al Altísimo por ello? El compromiso matrimonial se ha hecho formalmente ante testigos; y ahora, frente a la evidencia observable de que María está encinta, José podría denunciarla y así quitar la sospecha de que él ha compartido la culpa. Pero José, "como era justo..., se propuso dejarla secretamente". Desde el punto de vista humano, esa actitud no solo es justa sino también bondadosa. Pero Dios se encarga de la situación, enviando a su ángel para tranquilizar a José. Y cuando "recibió a su mujer", según la instancia del ángel, acepta compartir la supuesta estigma moral de María. Como en el caso de Juan el Bautista, el ángel (en este caso no identificado) indica el nombre del niño: Jesús, o Josué, que significa "Jehovah es salvación", tal como lo había dicho anteriormente a María (Luc. 1:31). El nacimiento será obra del Espíritu Santo, relacionado con una profecía de Isaías 7:14. Efectivamente será Emanuel, "Dios con nosotros".

§ 10. Nacimiento de Jesús

Mateo	Marcos	Lucas 2:1-7	Juan
		1 Aconteció en aquellos días que sa- lió un edicto de parte	

de César Augusto, para levantar un censo de todo el mundo habitado. **2** Este primer cen-
so se realizó mientras Cirenio era gobernador de Siria. **3** Todos iban para inscribirse en el
censo, cada uno a su ciudad. **4** Entonces José también subió desde Galilea, de la ciudad
de Nazaret, a Judea, a la ciudad de David que se llama Belén, porque él era de la casa y
de la familia de David, **5** para inscribirse con María, su esposa, quien estaba encinta.
6 Aconteció que, mientras ellos estaban allí, se cumplieron los días de su alumbra-
miento, **7** y dio a luz a su hijo primogénito. Le envolvió en pañales, y le acostó en un
pesebre, porque no había lugar para ellos en el mesón.

Nota 10: Probablemente es el año 6 ó 5 a. de J.C. ¿No será este día el más portentoso de la historia, cuando el Dios-Hombre se hace presente corporalmente entre los humanos? Lo extraordinario se hace aún más maravilloso al considerar las circunstancias prosaicas: Un simple carpintero, con su esposa encinta, tiene que viajar a un pueblo lejano para ser empadronado, con el propósito de fijar los impuestos a cobrarse a favor de Roma. Al llegar a Belén no hay donde alojarse salvo una cueva donde se cobijan animales domésticos, pues muchos otros que vienen por la misma razón llegaron antes que ellos. ¡Allí nace el Príncipe de Gloria, envuelto en pañales de pobre y acostado en un cajón donde suele colocarse comida para los animales!

Al hacer el empadronamiento romano en Judea, se sigue la costumbre judía de realizarlo en el lugar ancestral; los antepasados de José eran de Belén. No es un asunto seguro la obligatoriedad de que la esposa vaya; pero podemos comprender, dada la situación especial en torno a la fecha del embarazo de María, por qué no quisieran que ella diese a luz sin la presencia de su marido. El largo viaje sería menos penoso que eso. Sin embargo, por los muchos que también van a Belén para la inscripción, el mesón ya está repleto cuando ellos llegan. Dios usa circunstancias muy terrenales para asegurar que el Mesías nazca en Belén, según la profecía (Miq. 5:2), en vez de Nazaret.

No sabemos en qué época del año nace Jesús, pero probablemente no sea en diciembre, invierno en Israel, cuando es dudoso que pastores estén en el campo de noche con sus rebaños. Esto sí que ocurre en "la plenitud del tiempo" (Gál. 4:4). Más de 300 años después, en las iglesias bajo la influencia de la de Roma, se empieza a celebrar el nacimiento el 25 de diciembre.

§ 11. Alabanzas de los ángeles y de los pastores

Mateo	Marcos	Lucas 2:8-20	Juan
		8 Había pastores en aquella región, que velaban y guar-	

daban las vigilias de la noche sobre su rebaño. **9** Y* un ángel del Señor se presentó ante
ellos, y la gloria del Señor los rodeó de resplandor; y temieron con gran temor. **10** Pero
el ángel les dijo: "No temáis, porque he aquí os doy buenas nuevas de gran gozo, que
será para todo el pueblo: **11** que hoy, en la ciudad de David, os ha nacido un Salvador,
que es Cristo el Señor. **12** Y esto os servirá de señal: Hallaréis al niño envuelto en
pañales y acostado en un pesebre".

Mateo	Marcos	Lucas 2:8-20	Juan
		13 De repente apareció con el ángel una multitud de las	

huestes celestiales, que alababan a Dios y decían:

14 "¡Gloria a Dios en las alturas,
y en la tierra paz
entre los hombres de buena voluntad!"*

15 Aconteció que, cuando los ángeles se fueron de ellos al cielo, los pastores se decían unos a otros: "Pasemos ahora mismo hasta Belén y veamos esto que ha sucedido, y que el Señor nos ha dado a conocer".

16 Fueron de prisa y hallaron a María y a José, y al niño acostado en el pesebre. **17** Al verle, dieron a conocer lo que les había sido dicho acerca de este niño. **18** Todos los que oyeron se maravillaron de lo que los pastores les dijeron; **19** pero María guardaba todas estas cosas, meditándolas en su corazón. **20** Los pastores se volvieron, glorificando y alabando a Dios por todo lo que habían oído y visto, tal como les había sido dicho.

*__2:9__ Algunos mss. antiguos incluyen ***he aquí***. *__2:14__ Algunos mss. antiguos dicen ***paz, y buena voluntad para con los hombres***.

Nota 11: El día sin par —el de la encarnación— causa júbilo en el cielo, y los primeros humanos que saben de ello son unos humildes pastores de ganado. La buena noticia no llega a las naciones poderosas como Grecia o Roma, y ni siquiera a la Santa Ciudad de Jerusalén, sino a los prados cercanos a la aldea de Belén. La redención alcanza hasta a los más pobres.

El canto angelical es conocido como "Gloria in Excelsis", por las palabras iniciales en la traducción al latín.

§ 12. Circuncisión de Jesús

Mateo	Marcos	Lucas 2:21	Juan
		21 Cuando se cumplieron los ocho días para circuncidar al	

niño, llamaron su nombre Jesús, nombre que le fue puesto por el ángel antes que él fuese concebido en el vientre.

Nota 12: "Nacido de mujer y nacido bajo la ley" (Gál. 4:4), de acuerdo con la ley (Gén. 17:12; Lev. 12:3), Jesús es circuncidado a los ocho días de edad, allí en Belén. Según la costumbre, una parte de la ceremonia es darle oficialmente un nombre, en este caso Jesús, el que le fue puesto por el ángel, dicho tanto a María (Luc. 1:31 en **§ 5**) como a José (Mat. 1:21 en **§ 9**). Además del significado espiritual del nombre, también es un nombre popular, a causa de varios héroes nacionales, empezando con Josué, sucesor de Moisés (Jos. 1:1).

§ 13. Presentación en el templo, y homenaje de Simeón y Ana

Mateo	**Marcos**	**Lucas 2:22-39a**	**Juan**
		22 Cuando se cum- plieron los días de la purificación de	

ellos* conforme a la Ley de Moisés, llevaron al niño a Jerusalén para presentarle al
Señor **23** (así como está escrito en la ley del Señor: *Todo varón que abre la matriz será
llamado santo al Señor**) **24** y para dar la ofrenda conforme a lo dicho en la ley del
Señor: *un par de tórtolas o dos pichones de paloma.**
25 He aquí, había en Jerusalén un hombre llamado Simeón, y este hombre era justo y
piadoso; esperaba la consolación de Israel, y el Espíritu Santo estaba sobre él. **26** A él le
había sido revelado por el Espíritu Santo que no vería la muerte antes que viera al
Cristo* del Señor. **27** Movido por el Espíritu, entró en el templo; y cuando los padres
trajeron al niño Jesús para hacer conforme a la costumbre de la ley, **28** Simeón le tomó
en sus brazos y bendijo a Dios diciendo:

29 "Ahora, Soberano Señor,
despide a tu siervo en paz
conforme a tu palabra;
30 porque mis ojos han visto tu salvación
31 que has preparado en presencia de todos los pueblos:
32 luz para revelación de las naciones
y gloria de tu pueblo Israel".

33 Su padre*y su madre se maravillaban de las cosas que se decían de él. **34** Y Simeón
los bendijo y dijo a María su madre: "He aquí, éste es puesto para caída y para levan-
tamiento de muchos en Israel y para señal que será contradicha, **35** para que sean descu-
biertos los pensamientos de muchos corazones. Y una espada traspasará tu misma
alma".
36 También estaba allí la profetisa Ana, hija de Fanuel, de la tribu de Aser. Ella era de
edad avanzada, pues había vivido con su marido siete años desde su matrimonio;* **37** y
había quedado como viuda hasta ochenta y cuatro años. No se apartaba del templo,
sirviendo* con ayunos y oraciones de noche y de día. **38** En la misma hora acudió al
templo y daba gracias a Dios, y hablaba del niño a todos los que esperaban la redención
en Jerusalén.
39 Cuando cumplieron con todos los requisitos de la ley del Señor,...

2:22** Es decir, de los judíos. ***2:23** Éxo. 13:2, 12, 15. ***2:24** Lev. 12:8. ***2:26** Otras trads., ***Ungido; o, ***Mesías***. ***2:33** Algunos mss. antiguos dicen ***José***. ***2:36** Lit., ***virginidad***; es decir, desde el tiempo en que era soltera (virgen), antes de casarse. ***2:37** Otras trads., ***adorando***, ***haciendo culto***; o, ***ministrando en el templo***.

Nota 13: "Conforme a la ley de Moisés", a los cuarenta días de edad el niño es llevado los ocho kilómetros al templo en Jerusalén para una ceremonia doble: 1) Siendo él el primogénito y un varón, pertenece a Dios —santo al Señor (Éxo. 13:2)— y ante un sacerdote debe ser "rescatado" (Núm. 18:15, 16), por el reemplazo de un levita, mediante el pago de un rescate de cinco siclos de plata (unos 55 gramos, es decir, el valor de unos cuatro días de trabajo de un obrero). A la vez, 2) su madre María trae su ofrenda de purificación al templo (Lev. 12:2-8), en este caso una ofrenda de pobre, "un par de tórtolas o dos pichones de paloma".

Estando en el patio del templo, la familia de Jesús se encuentra con dos personas que confirman la obra maravillosa de Dios en el niño. Simeón lo toma en brazos y entona el canto ahora llamado "Nunc Dimittis", pues considera que el anhelo de su vida ya se ha realizado; "mis ojos han visto tu salvación" (ver Isa. 42:6; 49:6; 52:10). Asimismo, la anciana Ana relaciona al niño con la redención en Jerusalén.

Observamos que Ana es de la tribu de Aser, la que en gran parte se había perdido con la destrucción del reino del norte hacía más de 700 años (2 Rey. 18:11). Algunos lograron regresar del cautiverio y formar parte de Judá.

Los cuatro cánticos de los primeros dos capítulos de Lucas —el "Magnificat" de María, el "Benedictus" de Zacarías, el "Gloria in Excelsis" de los ángeles y el "Nunc Dimittis" de Simeón— han enriquecido el culto de muchas iglesias durante los siglos.

§ 14. Los magos visitan a Jesús

Mateo 2:1-12	**Marcos**	**Lucas**	**Juan**

1 Jesús nació en Be-
lén de Judea en días
del rey Herodes. Y he
aquí unos magos* vinieron del oriente a Jerusalén, **2** preguntando: "¿Dónde está el rey
de los judíos, que ha nacido? Porque hemos visto su estrella en el oriente y hemos
venido para adorarle".
3 Cuando el rey Herodes oyó esto, se turbó, y toda Jerusalén con él. **4** Y habiendo con-
vocado a todos los principales sacerdotes y a los escribas del pueblo, les preguntó dónde
había de nacer el Cristo.* **5** Ellos le dijeron: "En Belén de Judea, porque así está escrito
por el profeta:
6 '*Y tú, Belén*, en la tierra de Judá,
de ninguna manera *eres la más pequeña*
entre los gobernadores de Judá;
porque de ti saldrá un gobernante
que pastoreará a mi pueblo Israel' ".*
7 Entonces Herodes llamó en secreto a los magos e indagó de ellos el tiempo de la apari-
ción de la estrella. **8** Y enviándolos a Belén, les dijo: "Id y averiguad con cuidado acerca
del niño. Tan pronto le halléis, hacédmelo saber, para que yo también vaya y le adore".
9 Ellos, después de oír al rey, se fueron. Y he aquí la estrella que habían visto en el ori-
ente iba delante de ellos, hasta que llegó y se detuvo sobre donde estaba el niño. **10** Al
ver la estrella, se regocijaron con gran alegría. **11** Cuando entraron en la casa, vieron al
niño con María su madre, y postrándose le adoraron. Entonces abrieron sus tesoros y le
ofrecieron presentes de oro, incienso y mirra. **12** Pero advertidos por revelación en
sueños que no volviesen a Herodes, regresaron a su país por otro camino.

---

*2:1 Término que los orientales usaban a veces para referirse a sabios, maestros, médicos u otros de alta estima. *2:4 O sea, ***el Mesías*** o ***el Ungido***, el libertador que los judíos esperaban de parte de Dios. *2:6 Miq. 5:2; 2 Sam. 5:2.

Nota 14: En tiempos pasados (incluso hasta la época de Cristóbal Colón) no hacían distinción entre la astrología y la astronomía, y su temario incluía diversas materias.

No sabemos cuántos magos hay; pero "vinieron del oriente", y ninguno de África como la tradición presenta. Se ha supuesto que son tres, por los tres regalos de oro, incienso y mirra que obsequian al niño. Llegan a Jerusalén preguntando por el "nacido rey". El rey títere, Herodes, un idumeo, ocupa el cargo por nombramiento del emperador romano y no goza del respeto popular, especialmente ahora a fines de su reinado. Al oír de la búsqueda de los magos, consulta a los sacerdotes y escribas, quienes explican que el profeta Miqueas (5:2) señaló a Belén como el lugar del nacimiento del esperado. Triste es pensar que los dirigentes judíos, oyendo a las visitas de lejos, al parecer no tienen interés suficiente para viajar la corta distancia a Belén para ver si efectivamente ha llegado el Mesías tan anhelado por el pueblo.

Los magos entraron en la casa, lo cual sugiere que la familia de Jesús ya ha encontrado donde vivir y que no planea regresar a Nazaret. ¿Sería para evitar escuchar la habladuría acerca del nacimiento tan pronto después de haberse casado?

El interés de Herodes en ubicar al "nacido rey" es bien grande, pero no es para ir a adorarlo. El que ha mandado matar a su cuñado por tener este más derecho al trono que él, a su suegra, a su esposa, a dos de sus propios hijos y a unos cuantos otros, por supuesto no va a permitir que nadie le quite el trono. Por dirección divina los magos "regresaron a su país por otro camino".

§ 15. Jesús es llevado a Egipto, y masacre de los niños

Mateo 2:13-18	Marcos	Lucas	Juan

13 Después que ellos
partieron, he aquí un
ángel del Señor apa-
reció en sueños a José, diciendo: "Levántate; toma al niño y a su madre, y huye a Egip-
to. Quédate allá hasta que yo te diga, porque Herodes va a buscar al niño para matarlo".
14 Entonces José se levantó, tomó de noche al niño y a su madre, y se fue a Egipto.
15 Y estuvo allí hasta la muerte de Herodes, para que se cumpliese lo que habló el
Señor por medio del profeta, diciendo: *De Egipto llamé a mi hijo*.*
16 Entonces Herodes, al verse burlado por los magos, se enojó sobremanera y mandó
matar a todos los niños varones en Belén y en todos sus alrededores, de dos años de
edad para abajo, conforme al tiempo que había averiguado de los magos. **17** Entonces se
cumplió lo dicho por medio del profeta Jeremías, diciendo:
18 "*Voz fue oída en Ramá;*
grande llanto y lamentación.*
Raquel lloraba por sus hijos,
y no quería ser consolada,
porque perecieron".*

*__2:15__ Ose. 11:1. *__2:18__ Algunos mss. antiguos dicen ***duelo y grande llanto***. *__2:18__ Jer. 31:15.

Nota 15: Probablemente es el año 5 a. de J.C. Dado el carácter de Herodes, no es extraño que procure destruir a quien teme que sea su rival para el trono. El niño Jesús tendrá ahora más de dos meses, y para estar seguro de incluirlo en la matanza el rey enfurecido manda destruir a todos los varoncitos de Belén menores de dos años. Pero José, advertido por un ángel, ya ha salido para Egipto, fuera de la jurisdicción de Herodes. Posiblemente el valor de los regalos preciosos de los magos ayude en los gastos.

Siglos antes Raquel, esposa de Jacob, quien falleció al nacer Benjamín (Gén. 35:19), fue sepultada cerca de Belén; y el profeta Jeremías pensaba oír su llanto desde la tierra por el sufrimiento de su pueblo (Jer. 31:15), y ahora también es una ocasión para lágrimas.

§ 16. El niño Jesús regresa de Egipto

Mateo 2:19-23

19 Cuando había muerto Herodes, he aquí un ángel del Señor apareció en sueños a José en Egipto,
20 diciendo: "Levántate, toma al niño y a su madre, y vé a la tierra de Israel, porque han muerto los que procuraban quitar la vida al niño".
21 Entonces él se levantó, tomó al niño y a su madre, y entró en la tierra de Israel.
22 Pero, al oír que Arquelao reinaba en Judea en lugar de su padre Herodes, tuvo miedo de ir allá; y advertido por revelación en sueños, fue a las regiones de Galilea.
23 Habiendo llegado, habitó en la ciudad que se llama Nazaret. Así se cumplió lo dicho por medio de los profetas, que había de ser llamado nazareno.*

*__2:23__ No es cita profética directa. Quizás venga de la palabra hebrea ***nétzer*** (retoño) de Isa. 11:1 o de Jue. 13:5, 7.

Marcos

Lucas 2:39b

39b volvieron a Galilea a su ciudad de Nazaret.

Juan

Nota 16: Después de un tiempo, cuando la noticia de que el cruel Herodes el Grande ha muerto llega a Egipto, José alista a su familia para regresar a Belén. Pero el reino de Herodes sobre Palestina ha sido dividido por los romanos entre algunos hijos de él. Judea, incluyendo a Belén, y Samaria quedan bajo Arquelao, quien tiene las malas características de su padre pero no las buenas. Por ello después de diez años los romanos le quitan el puesto y colocan a gobernadores romanos. Galilea, incluyendo a Nazaret, es dada a Herodes Antipas, quien es preferible como jefe de Estado. Advertido por el Señor, José se decide por Nazaret. Así, allí Jesús pasa su niñez y juventud.

§ 17. Niñez de Jesús en Nazaret

Mateo

Marcos

Lucas 2:40

40 El niño crecía y se fortalecía, y se llenaba de sabiduría; y la gracia de Dios estaba sobre él.

Juan

Nota 17: Así, en forma lacónica, se resume la niñez de Jesús en su hogar en la aldea de Nazaret, en una ladera de una colina de Galilea. Abajo se ve un valle lleno de historia y desde la cima se ve el mar y, allí cerca, la capital de la provincia, Séforis, ciudad que no se menciona en el Nuevo Testamento. Posiblemente este período es desde el año 4 a. de J.C. hasta el año 7 d. de J.C.

§ 18. Visita de Jesús a Jerusalén al cumplir doce años

Mateo	Marcos	Lucas 2:41-50	Juan
		41 Iban sus padres todos los años a Jerusalén, para la fies-	

ta de la Pascua. **42** Cuando cumplió doce años, subieron ellos a Jerusalén conforme a la costumbre de la fiesta. **43** Una vez acabados los días de la fiesta, mientras ellos volvían, el niño Jesús se quedó en Jerusalén; y sus padres* no lo supieron. **44** Suponiendo que él estaba en la caravana, fueron un día de camino y le buscaban entre los parientes y los conocidos. **45** Como no le encontraron, volvieron a Jerusalén buscándole.

46 Aconteció que después de tres días, le encontraron en el templo, sentado en medio de los maestros, escuchándoles y haciéndoles preguntas. **47** Todos los que le oían se asombraban de su entendimiento y de sus respuestas. **48** Cuando le vieron, se maravillaron, y su madre le dijo: "Hijo, ¿por qué has hecho así con nosotros? He aquí, tu padre y yo te buscábamos con angustia".

49 Entonces él les dijo: "¿Por qué me buscabais? ¿No sabíais que en los asuntos de mi Padre me es necesario estar?"* **50** Pero ellos no entendieron el dicho que les habló.

*__2:43__ Algunos mss. antiguos dicen ***José y su madre***. *__2:49__ Otra trad., ***...que debía ocuparme de los negocios de...***

Nota 18: Esta primavera (en el hemisferio norte) del año 7 u 8 d. de J.C. es especial para Jesús. Ya tiene doce años y goza del privilegio de acompañar a sus padres a Jerusalén para la fiesta de la Pascua en una caravana de caminantes. Ahora, según una frase rabínica, es "hijo del mandamiento" y deja de ser "niño". Pasados los días en Jerusalén bajan José y María hacia Jericó en camino hacia el hogar. Como es costumbre que los hombres caminen en un grupo y las mujeres en otro, no echan de menos al muchacho; pues José está acostumbrado a que los niños estén con sus madres, y María supone que Jesús ya está con los varones. Solo al juntarse para la noche, los padres lo echan de menos. Con ansias vuelven a subir hacia Jerusalén, otro viaje de un día. Al día siguiente "le encontraron en el templo" entre los maestros de la ley "escuchándoles y haciéndoles preguntas". ¿Habrá María compartido con Jesús las maravillas de su nacimiento, o será este el despertar en él del sentido de su misión divina? ¿Cómo se relacionan su humanidad y su divinidad? Sí sabemos que ya comprende su misión al afirmar que "en los negocios de mi Padre me es necesario estar".

"Tu padre y yo" (2:48) nos recuerda que, para fines prácticos, José ejerce el puesto de padre, como lo ha hecho desde el comienzo. Ya que José no vuelve a ser mencionado en los Evangelios, suponemos que fallece antes de que Jesús entre formalmente en su ministerio, por esto será conocido en Nazaret como "el hijo del carpintero" (Mat. 13:55) y también como "el carpintero" (Mar. 6:3).

§ 19. Los dieciocho años en Nazaret

Mateo	Marcos	Lucas 2:51, 52	Juan
		51 Descendió con ellos y fue a Nazaret, y estaba sujeto a	

ellos. Y su madre guardaba todas estas cosas en su corazón. **52** Y Jesús crecía en sabiduría, en estatura* y en gracia para con Dios y los hombres.

***2:52** Otra trad., **edad**.

Nota 19: Probablemente abarca desde el año 7 d. de J.C. hasta el año 26 d. de J.C.

Dos cosas se nos dice acerca de la juventud de Jesús; está sujeto a sus padres, y crece de cuatro maneras: intelectual, física, espiritual y socialmente. Por su humanidad tiene que crecer y compartir las experiencias nuestras; es "tentado en todo igual que nosotros, pero sin pecado". Así se logra "perfeccionar al Autor de la salvación... por medio de los padecimientos" (Heb. 4:15; 2:10). Si José ha muerto, Jesús llega a ser jefe del hogar y toma el oficio de carpintero. Es el "hombre ideal", algo que todos debemos aspirar a ser.

Salvo estos pocos datos, y lo que podemos inferir por sus referencias a la naturaleza, además de las costumbres de los niños judíos de su tiempo, no sabemos nada de la vida personal del Señor hasta que entra formalmente a su ministerio. Esta sencilla presentación de la niñez y juventud de Jesús es diferente a los extravagantes cuentos acerca de sus supuestas proezas milagrosas relatados en los llamados Evangelios Apócrifos de la Infancia. Como le es característico (Luc. 1:29; 2:19, 33, 51), María reflexiona sobre lo maravilloso de todo ello.

PARTE V

PRINCIPIO DEL MINISTERIO DE JUAN EL BAUTISTA

Probablemente representa un período de seis meses en el año 25 d. de J.C. en el desierto de Judá y en la región junto al río Jordán.

§ 20. Inicio de esta etapa

Mateo	Marcos	Lucas 3:1, 2	Juan
		1 En el año quince del gobierno de Tiberio César, siendo	

Poncio Pilato procurador de Judea, Herodes tetrarca de Galilea, su hermano Felipe tetrarca de las regiones de Iturea y de Traconite, y Lisanias tetrarca de Abilinia; **2** en tiempo de los sumos sacerdotes Anás y Caifás, vino palabra de Dios a Juan hijo de Zacarías, en el desierto.

Nota 20: Como lo hacen los buenos historiadores de su época, Lucas determina la fecha de los eventos relacionándolos con las actividades de los gobernantes.

Ya que Juan es hijo de sacerdote, probablemente tiene 30 años cuando comienza su ministerio (Núm. 4:3), edad que también tiene Jesús cuando empieza el suyo (Luc. 3:23).

§ 21. El mensaje y el mensajero

Mateo 3:1-6	Marcos 1:2-6	Lucas 3:3-6
1 En aquellos días apareció Juan el Bautista predicando en el desierto de Judea **2** y diciendo: "Arrepentíos, porque el reino de los cielos se ha acercado" * **3** Pues éste es aquel de quien fue dicho por medio	{**4** Así Juan el Bautista apareció en el desierto predicando el bautismo del arrepentimiento para perdón de pecados.}	**3** Entonces él anduvo por toda la región alrededor del Jordán, predicando el bautismo del arrepentimiento para perdón de pecados,
del profeta Isaías:	**2** Como está escrito en el profeta Isaías: *He aquí envío mi mensajero delante de ti,** *quien preparará tu camino.**	**4** como está escrito en el libro de las palabras del profeta Isaías, que dice:
Voz del que proclama en el desierto:	**3** *Voz del que proclama en el desierto:*	*Voz del que proclama en el desierto:*

Mateo 3:1-6

"Preparad el camino del
Señor;
*enderezad sus sendas".**

4 Juan mismo estaba vestido de pelo de camello y con un cinto de cuero a la cintura. Su comida era langostas y miel silvestre.
5 Entonces salían a él Jerusalén y toda Judea y toda la región del Jordán,
6 y confesando sus pecados eran bautizados por él en el río Jordán.

*3:2 Otra trad., **está cerca**. *3:3 Isa. 40:3 (LXX).

Marcos 1:2-6

"Preparad el camino del
Señor;
*enderezad sus sendas".**

{**6** Juan estaba vestido de pelo de camello y con un cinto de cuero a la cintura, y comía langostas y miel silvestre.}
5 Y salía a él toda la provincia de Judea y todos los de Jerusalén;
y* confesando sus pecados. {eran bautizados por él en el río Jordán,}

*1:2 Lit., **tu rostro**. *1:2 Algunos mss. antiguos añaden **delante de ti**; las citas son de Éxo. 23:20; Mal. 3:1; comp. Mat. 11:10; Luc. 1:76; 7:27. *1:3 Isa. 40:3 (LXX). *1:5 Algunos mss. antiguos aquí incluyen **todos**, sin incluirlo antes de **los de Jerusalén**.

Lucas 3:3-6

"Preparad el camino del
Señor;
enderezad sus sendas.
5 *Todo valle será rellenado,*
y toda montaña y colina
serán rebajadas.
Los senderos torcidos serán enderezados;
y los caminos ásperos,
allanados;
6 *y toda carne* verá la salvación de Dios".**

*3:6 O: **todo hombre**. *3:6 Isa. 40:3-5 (LXX).

Nota 21: Algunos han tratado de relacionar a Juan el Bautista con la secta de los esenios, ya que tienen características comunes: el vivir lejos de las ciudades, sencillez en vestido y comida, profunda religiosidad e interés por la venida del Mesías. También, Juan vivía en la parte del país donde los esenios aparentemente tenían una comunidad. Sin embargo, no vemos indicios de que Juan dé la atención a ciertas enseñanzas muy características, según lo que se conoce de los esenios. También él llama a la preparación para la venida inminente del Mesías.

Juan ve que el problema básico de su pueblo no es la onerosa opresión de los romanos sino su propio caminar en dirección errada. La necesidad fundamental es ¡regresar a Dios! Arrepentirse es dar media vuelta, cambiar de actitud. Es preciso que haya "arrepentimiento para perdón de pecados" (Mar. 1:4; Luc. 3:3). Mateo 3:2 reza: "Arrepentíos, porque el reino de los cielos se ha acercado". Como verdadero heraldo anunciando el paso de la realeza, Juan llama a la gente a allanar el camino para el Señor-Mesías (Isa. 40:3).

Juan predica en el desierto de Judea (Mat. 3:1), por donde muchos cruzan el río Jordán. Su predicación despierta gran expectación mesiánica, y muchos acuden a él, incluso dirigentes religiosos. Más tarde llegará una comisión para preguntarle si él es el Mesías (**§ 26**). Esta voz "mesías" viene del hebreo y "cristo" del griego, términos que significan "ungido" (Sal. 2:2; Isa. 61:1).

§ 22. Un ejemplo de la predicación de Juan el Bautista

Mateo 3:7-10

7 Pero cuando Juan
vio que muchos de
los fariseos y de los
saduceos venían a su bautismo, les decía:
"¡Generación de víboras! ¿Quién os en-
señó a huir de la ira venidera? **8** Producid,
pues, frutos dignos de arrepentimiento; **9** y
no penséis decir dentro de vosotros:
'A Abraham tenemos por padre'.
Porque yo os digo que aun de estas piedras
Dios puede levantar hijos a Abraham.
10 El hacha ya está puesta a la raíz
de los árboles. Por lo tanto, todo árbol que
no da buen fruto es cortado y echado al
fuego.

Marcos

Lucas 3:7-14

7 Juan, pues, decía
a las multitudes
que salían para ser
bautizadas por él:
"¡Generación de víboras! ¿Quién os en-
señó a huir de la ira venidera? **8** Producid,
pues, frutos dignos de arrepentimiento y
no comencéis a decir dentro de vosotros
mismos: 'A Abraham tenemos por padre'.
Porque os digo que aun de estas piedras
Dios puede levantar hijos a Abraham.
9 También el hacha ya está puesta a la raíz
de los árboles. Por lo tanto, todo árbol que
no da buen fruto es cortado y echado al
fuego".
10 Las multitudes le preguntaban dicien-
do: "Pues, ¿qué haremos?"
11 Respondiendo les decía: "El que tiene
dos túnicas dé al que no tiene, y el que
tiene comida haga lo mismo".
12 También fueron unos publicanos para
ser bautizados y le preguntaron: "Maestro,
¿qué haremos?"
13 Él les decía: "No cobréis más de lo
que os está ordenado".
14 También unos soldados le preguntaban
diciendo: "Y nosotros, ¿qué haremos?"
Él les dijo: "No hagáis extorsión ni de-
nunciéis falsamente a nadie, y contentaos
con vuestros salarios".

Juan

Nota 22: A los dirigentes religiosos Juan los desafía: "Producid, pues, frutos dignos de arrepentimiento" (Mat. 3:8). Si no hay fruto característico, ¿será una planta auténtica? Cuidado con el orgullo de la raza, la irresponsabilidad personal, el descuido de los necesitados y la injusticia. Una adecuada relación vertical con Dios se ve en el trato horizontal cotidiano.

La práctica de bautizar a un profesante no aparece en el Antiguo Testamento ni se ve en la literatura del tiempo entre los Testamentos. En la ley de Moisés se habla de lavar el cuerpo, pero es "lavarse". Los esenios practican el auto-bautismo, pero Juan lo administra a otros. Juan atribuye la práctica a Dios: "el que me envió a bautizar" (Juan 1:33).

§ 23. Descripción que Juan hace del Mesías antes de ver a Jesús

Mateo 3:11, 12

11 Yo, a la verdad, os bautizo en* agua para arrepentimiento; pero el que viene después de mí, cuyo calzado no soy digno de llevar, es más poderoso que yo. Él os bautizará en* el Espíritu Santo y fuego.
12 Su aventador está en su mano, y limpiará su era. Recogerá su trigo en el granero y quemará la paja en el fuego que nunca se apagará".

*3:11 Otra trad., **con**.

Marcos 1:7, 8

{**8a** Yo os he bautizado en* agua},
7 Y predicaba diciendo: "Viene tras mí... a quien no soy digno de desatar, agachado, la correa de su calzado. {el que es más poderoso que yo,}
8b pero él os bautizará en* el Espíritu Santo".

*1:8 Otra trad., **con**.

Lucas 3:15-18

15 Como el pueblo estaba a la expectativa, y todos especulaban en sus corazones si acaso Juan sería el Cristo,* **16** Juan respondió a todos, diciendo: "Yo, a la verdad, os bautizo en* agua.
Pero viene... de quien no soy digno de desatar la correa de su calzado. {el que es más poderoso que yo,} Él os bautizará en* el Espíritu Santo y fuego.
17 Su aventador está en su mano para limpiar su era y juntar el trigo en su granero, pero quemará la paja en el fuego que nunca se apagará".
18 Así que, exhortando con estas y otras muchas cosas, anunciaba las buenas nuevas al pueblo.

*3:15 O: **el Mesías** *3:16 Otra trad., **con**

Nota 23: Juan pudo haber tenido algún conocimiento de Jesús, ya que sus madres son parientes; pero, por lo dicho en Juan 1:33, no lo conocía como Mesías antes del bautismo. En cambio, sabía que el Mesías (Cristo) sería mucho más poderoso que él y que haría una obra más acabada, tanto en gracia como en castigo.

PARTE VI

PRINCIPIO DEL MINISTERIO PÚBLICO DE JESÚS

(MAPA III)

Posiblemente abarca un período entre los años 26 y 27 d. de J.C. Esta iniciación de su ministerio transcurre en gran parte de Palestina (su primer ministerio en Perea, en Galilea, en Judea y en Samaria). Trata su bautismo, su tentación y el comienzo de su obra pública, dados mayormente por el cuarto Evangelio. Durante estos varios meses (**§ 24-36**) Jesús llega a ser más conocido y su popularidad va en aumento.

§ 24. Juan bautiza a Jesús en el río Jordán

Mateo 3:13-17

13 Entonces Jesús vino de Galilea al Jordán, a Juan, para ser bautizado por él.
14 Pero Juan procuraba impedírselo diciendo: "Yo necesito ser bautizado por ti, ¿y tú vienes a mí?"
15 Pero Jesús le respondió: "Permítelo por ahora, porque así nos conviene cumplir toda justicia". Entonces se lo permitió.
16 Y cuando Jesús fue bautizado, en seguida subió del agua, y he aquí los cielos le fueron abiertos, y vio al Espíritu de Dios que descendía como paloma y venía sobre él.
17 Y he aquí, una voz de los cielos decía: "Este es mi Hijo amado, en quien tengo complacencia".*

*3:17 Ver Sal. 2:7; Isa. 42:1.

Marcos 1:9-11

9 Aconteció en aquellos días que Jesús vino de Nazaret de Galilea y fue bautizado por Juan en el Jordán.
10 Y en seguida, mientras subía del agua, vio que los cielos se abrían y que el Espíritu descendía sobre él como paloma.
11 Y vino una voz desde el cielo: "Tú eres mi Hijo amado; en ti tengo complacencia".*

*1:11 Ver Sal. 2:7; Isa. 42:1.

Lucas 3:21, 22

21 Aconteció que, en el tiempo en que todo el pueblo era bautizado, también Jesús fue bautizado. Y mientras oraba, el cielo fue abierto,
22 y el Espíritu Santo descendió sobre él en forma corporal, como paloma. Luego vino una voz del cielo: "Tú eres mi Hijo amado; en ti tengo complacencia".*

*3:22 Ver Sal. 2:7; Isa. 42:1.

Nota 24: Probablemente es el año 26 d. de J.C., Juan relaciona el bautismo con la confesión de pecados y resiste bautizar a Jesús, pues no ve pecado en él. Pero Jesús dice: "Así nos conviene cumplir" (Mat. 3:15). El rito representa, en primer término, un limpiamiento. Pero viene a significar en su forma, entre otras cosas, la propia muerte y resurrección de Jesús, con que va "a cumplir toda justicia"; y así se identifica con aquellos que sí son pecadores. Tanto el Padre, con su voz, como el Espíritu Santo, con su acción, expresan su aprobación del bautismo del Hijo. Este es uno de los pasajes en donde se puede ver claramente la Trinidad. Juan ha tenido conocimiento de la rectitud de Jesús, pero dirá después (Juan 1:32-34 en **§ 27**) que la manifestación divina en el bautismo le confirmó que Jesús es el Mesías prometido.

§ 25. Las tres tentaciones de Jesús

Mateo 4:1-11	**Marcos 1:12, 13**	**Lucas 4:1-13**
1 Entonces Jesús fue		**1** Entonces Jesús, lleno del Espíritu Santo, volvió del Jordán y fue
llevado por el Espíritu al desierto, para ser tentado por el diablo. **2** Y después de haber ayunado cuarenta días y cuarenta noches,	**12** En seguida, el Espíritu le impulsó al desierto, **13** y estuvo en el desierto cuarenta días, siendo tentado por Satanás. Estaba con las fieras,	llevado por el Espíritu al desierto, **2** por cuarenta días, y era tentado por el diablo.
tuvo hambre.		No comió nada en aquellos días; y cuando fueron cumplidos, tuvo hambre.
3 El tentador se acercó y le dijo: "Si eres Hijo de Dios, di que estas piedras se conviertan en pan".		**3** Entonces el diablo le dijo: "Si eres Hijo de Dios, di a esta piedra que se haga pan".
4 Pero él respondió y dijo: "Escrito está: '*No sólo de pan vivirá el hombre, sino de toda palabra que sale de la boca de Dios*' ".*		**4** Jesús le respondió: "Escrito está: '*No sólo de pan vivirá el hombre*' ".*
5 Entonces el diablo le llevó a la santa ciudad, le puso de pie sobre el pináculo del templo, **6** y le dijo: "Si eres Hijo de Dios, échate abajo, porque escrito está: '*A sus ángeles mandará acerca de ti,* *y en sus manos te llevarán, de modo que nunca tropieces con tu pie en piedra*' ".*		{**9** Y le llevó a Jerusalén y le puso de pie sobre el pináculo del templo, y le dijo: "Si eres Hijo de Dios, échate de aquí abajo. **10** Porque escrito está: '*A sus ángeles mandará acerca de ti para que te guarden,* **11** *y en sus manos te llevarán, de modo que nunca tropieces con tu pie en piedra*' ".*

Mateo 4:1-11

7 Jesús le
dijo: "Además está escrito:
'*No pondrás a prueba al
Señor tu Dios*' ".*
8 Otra vez el diablo le
llevó a un monte muy alto,
y le mostró todos los reinos
del mundo y su gloria. 9 Y
le dijo:
"Todo esto te daré,

si postrado me adoras".
10 Entonces Jesús le
dijo: "Vete, Satanás, porque
escrito está:
'*Al Señor tu Dios ado-
rarás
y a él solo servirás*' ".*
11 Entonces el diablo le
dejó,

y he aquí, los ángeles
vinieron y le servían.

*4:4 Deut. 8:3. *4:6 Sal. 91:11, 12.
*4:7 Deut. 6:16. *4:10 Deut. 6:13.

Marcos 1:12, 13

y los ángeles
le servían.

Lucas 4:1-13

12 Respondiendo Jesús le
dijo: "Dicho está:
'*No pondrás a prueba al
Señor tu Dios*' ".*}

5 Al llevarle* a una altura,*
le mostró todos los reinos de
la tierra en un momento. 6 Y
el diablo le dijo:
"A ti te daré
toda autoridad,* y la gloria
de ellos; porque a mí me ha
sido entregada, y la doy a
quien yo quiero. 7 Por esto,
si tú me adoras, todo será tuyo".
8 Respondiendo Jesús, le
dijo:
"Escrito está:
'*Al Señor tu Dios ado-
rarás,
y a él solo servirás*' ".*
13 Cuando el diablo acabó
toda tentación, se apartó de
él por algún tiempo.

*4:4 Algunos mss. antiguos incluyen **sino de toda palabra de Dios**; ver Deut. 8:3. *4:5 Algunos mss. antiguos tienen **Al llevarle el diablo a...** *4:5 Algunos mss. antiguos tienen **un monte alto**. *4:6 Otra trad., **este poder**. *4:8 Deut. 6:13. *4:11 Sal. 91:11, 12. *4:12 Deut. 6:16.

Nota 25: Las características inherentes de su naturaleza humana permiten que Jesús sufra tentaciones. Estas pruebas "en el desierto de Judea" durante el mismo comienzo de su ministerio no son las primeras ni las últimas que sufre (ver Juan 6:15; 12:23-27; Mat. 26:38-45 en **§ 76, 131** y **153**). En este caso Satanás trata de inducirlo a que use sus poderes mesiánicos para fines personales, y para buscar soluciònes fáciles y populares que al final no logren su propósito (Heb. 4:15).

Las tres tentaciones personales tienen que ver con apetito, avaricia y ambición: consumir cosas, acumular cosas y alcanzar cosas como la fama (ver Gén. 3:6; 1 Jn. 2:16). Sin embargo, la tentación también afecta cómo utilizar sus poderes en la realización de su ministerio. El diablo sugiere: primero, él puede atraer a la gente si satisface sus deseos físicos (pan); segundo, puede conseguir muchos seguidores usando medios espectaculares (echarse abajo); y tercero, conviene usar los métodos de Satanás ("esto te daré"). Pero Jesús sabe que los primeros dos tienen un uso muy limitado en un ministerio espiritual; y el tercero, ¡ni por nada! Y cada vez el Señor le responde con una cita bíblica, "la espada del Espíritu, que es la palabra de Dios" (Ef. 6:17).

§ 26. Testimonio de Juan el Bautista ante la comisión del Sanedrín

Mateo	Marcos	Lucas	Juan 1:19-28
			19 Este es el testimonio de Juan cuando los judíos le

enviaron de Jerusalén unos sacerdotes y levitas para preguntarle: "¿Quién eres tú?"
20 Él confesó y no negó, sino que confesó: "Yo no soy el Cristo".*
21 Y le preguntaron: "¿Qué, pues? ¿Eres tú Elías?"
Y dijo: "No lo soy".
"¿Eres tú el profeta?"*
Y respondió: "No".
22 Le dijeron entonces: "¿Quién eres?, para que demos respuesta a los que nos han
enviado. ¿Qué dices en cuanto a ti mismo?"
23 Dijo: "Yo soy la *voz de uno que proclama en el desierto: 'Enderezad el camino del
Señor'* "* como dijo el profeta Isaías.
24 Y los que habían sido enviados eran de los fariseos. **25** Le preguntaron y le dijeron:
"¿Entonces, por qué bautizas, si tú no eres el Cristo, ni Elías, ni el profeta?"
26 Juan les respondió diciendo: "Yo bautizo en* agua, pero en medio de vosotros está
uno a quien vosotros no conocéis. **27** Él es el que viene después de mí,* de quien yo no
soy digno de desatar la correa del calzado".
28 Estas cosas acontecieron en Betania,* al otro lado del Jordán, donde Juan estaba
bautizando.

---

*1:20 O: **el Mesías**. *1:21 Ver Deut. 18:15, 18. *1:23 Isa. 40:3 (LXX). *1:26 Otra trad., **con**. *1:27 Algunos mss. tardíos agregan **el cual es antes de mí;** comp. vv. 15 y 30. *1:28 Algunos mss. antiguos dicen **Betábara**.

Nota 26: Esto sucede en Betania, al oriente del Jordán, en Perea. Ya hace algunos meses, cuando Juan empezaba su predicación, muchos fariseos y saduceos se hicieron presentes (Mat. 3:7 en **§ 22**) para informarse acerca del flamante mensajero. Y ahora llega una comisión de Jerusalén para averiguar quién es. Ante la expectación popular preguntan si él es el Mesías, o si es Elías que ha sido enviado, como fue enseñado por Malaquías (4:5), u otro profeta (Deut. 18:15-18). Juan responde que no es el Mesías ni un profeta resucitado, sino un vocero (Isa. 40:3). Después Jesús lo identificará como el nuevo Elías (Mat. 11:14; 17:10-13 en **§ 57, 86**).

La comisión cuestiona el nuevo rito que Juan el Bautista usa, el bautismo. Este responde que él bautiza en agua, pero que otro mucho más importante ya está entre ellos.

El apóstol Juan escribe su Evangelio mucho después de los otros escritores y tiende a incluir lo que los anteriores no han tratado. También para él "los judíos" (1:19) comúnmente son los dirigentes y no necesariamente el pueblo.

§ 27. Juan identifica a Jesús como el Mesías

Mateo	Marcos	Lucas	Juan 1:29-34
			29 Al día siguiente, Juan vio a Jesús que venía hacia él y dijo:

"¡He aquí el Cordero de Dios que quita el pecado del mundo! **30** Este es aquel de quien
dije: 'Después de mí viene un hombre que ha llegado a ser antes de mí, porque era
primero que yo'. **31** Yo no le conocía; pero para que él fuese manifestado a Israel, por
eso vine yo bautizando en* agua".
32 Juan dio testimonio diciendo: "He visto al Espíritu que descendía del cielo como
paloma, y posó sobre él. **33** Yo no le conocía, pero el que me envió a bautizar en* agua
me dijo: 'Aquel sobre quien veas descender el Espíritu y posar sobre él, éste es el que
bautiza en* el Espíritu Santo'. **34** Yo le he visto y he dado testimonio de que éste es el
Hijo de Dios".

*1:31, 33 Otra trad., **con**.

Nota 27: Después de los 40 días de la tentación Jesús regresa a Betania, donde Juan predica y bautiza, al día siguiente de la visita de la comisión. Juan lo mira bien y lo anuncia como "el Cordero de Dios que quita el pecado del mundo" (ver Isa. 53:7).

§ 28. Los primeros discípulos de Jesús

Mateo	Marcos	Lucas	Juan 1:35-51
			35 Al día siguiente de nuevo estaba Juan con dos de sus

discípulos. **36** Al ver a Jesús que andaba por allí, dijo: "¡He aquí el Cordero de Dios!"
37 Los dos discípulos le oyeron hablar y siguieron a Jesús. **38** Jesús, al dar vuelta y ver
que le seguían, les dijo: "¿Qué buscáis?"
Y ellos le dijeron: "Rabí —que significa maestro—, ¿dónde moras?"
39 Les dijo: "Venid y ved." Por lo tanto, fueron y vieron dónde moraba y se quedaron
con él aquel día, porque era como la hora décima.*
40 Andrés, el hermano de Simón Pedro, era uno de los dos que habían oído a Juan y
habían seguido a Jesús. **41** Este encontró primero a su hermano Simón y le dijo:
"Hemos encontrado al Mesías" —que significa Cristo—.*
42 Él lo llevó a Jesús, y al verlo Jesús le dijo: "Tú eres Simón hijo de Jonás. Tú serás
llamado Cefas"* —que significa piedra—.
43 Al día siguiente, Jesús quiso salir para Galilea y encontró a Felipe. Y Jesús le dijo:
"Sígueme".
44 Felipe era de Betsaida, la ciudad de Andrés y de Pedro. **45** Felipe encontró a
Natanael y le dijo: "Hemos encontrado a aquel de quien Moisés escribió en la Ley, y
también los Profetas: a Jesús de Nazaret, el hijo de José".
46 Y le dijo Natanael: "¿De Nazaret puede haber algo de bueno?"

Mateo	Marcos	Lucas	Juan 1:35-51
			Le dijo Felipe: "Ven y ve". **47** Jesús vio que

Natanael venía hacia él y dijo de él: "¡He aquí un verdadero israelita, en quien no hay engaño!"

48 Le dijo Natanael: "¿De dónde me conoces?"

Respondió Jesús y le dijo: "Antes que Felipe te llamara, cuando estabas debajo de la higuera, te vi".

49 Le respondió Natanael: "Rabí,* ¡tú eres el Hijo de Dios! ¡Tú eres el rey de Israel!"

50 Respondió Jesús y le dijo: "¿Crees porque te dije: 'Te vi debajo de la higuera'? ¡Cosas mayores que éstas verás!"

51 Y les dijo: "De cierto, de cierto os digo que veréis* el cielo abierto y a los ángeles de Dios que suben y descienden sobre el Hijo del Hombre".

---

*1:39 O sea, **como a las 4:00 p.m.** (si el cálculo es según el sistema judío); **como a las 10:00 a.m.** (si es según el sistema romano). *1:41 O sea, **Ungido**. *1:42 Cefas viene del arameo **kefa**, como Pedro del griego **petros**; ambas palabras significan piedra. *1:49 O: **Maestro**. *1:51 Algunos textos tardíos aquí incluyen **de aquí en adelante**.

Nota 28: Al día siguiente, también en Betania, otra vez Juan señala a Jesús como "el Cordero de Dios" ante dos de sus propios discípulos: Andrés y otro que no es nombrado. Se ha creído que es Juan hijo de Zebedeo, el que escribe este cuarto Evangelio; pues nunca menciona a este apóstol por nombre. Como quizás haya planeado el Bautista, esos discípulos suyos conversan con Jesús y siguen como el núcleo del discipulado de su nuevo Maestro. Luego, Andrés busca a su hermano Simón con el fin de reclutarlo y lo lleva a Jesús. Jesús ve en Simón lo que podrá llegar a ser, y lo llama Pedro (Cefas o piedra). El Señor también "evangeliza" y gana a Felipe, quien a su vez atrae a Natanael, a quien los otros Evangelios llaman Bartolomé (Mat. 10:3 en **§70**), que significa "hijo de Tolomeo". Todos reconocen en Jesús al Cristo (Ungido o Mesías). Así avanza el evangelio: uno gana a otro, quien gana aun a otro (2 Tim. 2:2).

§ 29. El primer milagro de Jesús

Mateo	Marcos	Lucas	Juan 2:1-11
			1 Al tercer día se celebró una boda en Caná de Galilea, y

estaba allí la madre de Jesús. **2** Fue invitado también Jesús con sus discípulos a la boda.
3 Y como faltó el vino, la madre de Jesús le dijo: "No tienen vino".

4 Jesús le dijo: "¿Qué tiene que ver eso conmigo y contigo, mujer?* Todavía no ha llegado mi hora".

5 Su madre dijo a los que servían: "Haced todo lo que él os diga".

6 Había allí seis tinajas de piedra para agua, de acuerdo con los ritos de los judíos para la purificación. En cada una de ellas cabían dos o tres medidas.* **7** Jesús les dijo: "Llenad de agua las tinajas".

Y las llenaron hasta el borde. **8** Luego les dijo: "Sacad ahora y llevadlo al encargado del banquete".

Se lo llevaron; **9** y cuando el encargado del banquete probó el agua ya hecha vino, y

Mateo	Marcos	Lucas	Juan 2:1-11
			no sabía de dónde venía (aunque los sirvientes que habían

sacado el agua sí lo sabían), llamó al novio **10** y le dijo: "Todo hombre sirve primero el buen vino; y cuando ya han tomado bastante, entonces saca el inferior. Pero tú has guardado el buen vino hasta ahora".

11 Este principio de señales* hizo Jesús en Caná de Galilea, y manifestó su gloria; y sus discípulos creyeron en él.

*2:4 Un apelativo respetuoso en el tiempo de Jesús; comp. 4:21; 8:10; 19:26; 20:13, 15. *2:6 O sea, aprox. de 40 a 75 litros por tinaja, ya que esta clase de *medida* tenía entre 20 y 25 litros. *2:11 Ver 4:46-54; 5:1-9; 6:1-13; 6:16-21; 9:1-41; 11:1-44.

Nota 29: Caná de Galilea está a dos o tres días de camino, a pie, desde el lugar donde estaba con Juan el Bautista, y a unos ocho kilómetros de Nazaret. Las personas centrales de la boda que se celebra deben estar relacionadas con María, madre de Jesús, pues esta se siente afectada porque escasea el vino. Al parecer ella está acostumbrada a acudir a su Hijo mayor en tiempos de crisis, y lo hace ahora. Él se da cuenta de que, al acceder a su petición implícita, para él representa el principio del fin de su vida. Por eso dice: "Todavía no ha llegado mi hora". El llamar a su madre "mujer" no indica en su ambiente una falta de respeto (4:21; 8:10; 19:26; 20:13, 15 en **§ 35, 97, 165** y **174**), pero sí marca una separación creciente con su familia carnal al iniciar su ministerio público (Mat. 12:46-50 en **§ 63**). Con todo, Jesús suple lo que falta, pero primero algunos tienen que viajar al pozo de la aldea para traer más de 250 litros de agua antes de que lo traído en el último viaje se transforme en vino, el cual el encargado juzga superior al que ya se había servido.

El evangelista presenta este acontecimiento como principio de señales, una señal que enseña; y se confirma la confianza de sus discípulos.

§ 30. Jesús viaja a Capernaúm con sus familiares y sus primeros discípulos

Mateo	Marcos	Lucas	Juan 2:12
			12 Después de esto, él descendió a Capernaúm con su ma-

dre, sus hermanos y sus discípulos; y se quedaron allí no muchos días.

Nota 30: Capernaúm, pueblo a la orilla del mar (lago) de Galilea, está a unos 30 kilómetros de Caná y a 35 de Nazaret, y cerca de los hogares de algunos de sus nuevos discípulos. Este será el nuevo centro para el ministerio del Señor (Mat. 4:13 en **§ 40**). Su madre y sus hermanos (de parte de madre) seguirán viviendo en Nazaret (Mat. 13:54-56 en **§ 69**).

§ 31. La primera Pascua; el primer limpiamiento del templo

Mateo	Marcos	Lucas	Juan 2:13-22
			13 Estaba próxima la Pascua de los judíos, y Jesús subió

a Jerusalén. **14** Halló en el templo a los que vendían vacunos, ovejas y palomas, y a los
cambistas sentados. **15** Y después de hacer un látigo de cuerdas, los echó a todos del
templo, junto con las ovejas y los vacunos. Desparramó el dinero de los cambistas y
volcó las mesas. **16** A los que vendían palomas les dijo: "¡Quitad de aquí estas cosas y
no hagáis más de la casa de mi Padre casa de mercado!"
17 Entonces se acordaron sus discípulos que estaba escrito: *"El celo por tu casa me
consumirá"*.*
18 Los judíos respondieron y le dijeron: "Ya que haces estas cosas, ¿qué señal nos
muestras?"
19 Respondió Jesús y les dijo: "Destruid este templo, y en tres días lo levantaré".
20 Por tanto los judíos dijeron: "Durante cuarenta y seis años se construyó este templo,
¿y tú lo levantarás en tres días?"
21 Pero él hablaba del templo de su cuerpo. **22** Por esto, cuando fue resucitado de
entre los muertos, sus discípulos se acordaron de que había dicho esto y creyeron la
Escritura* y las palabras que Jesús había dicho.

---

*2:17 Sal. 69:9. *2:22 Sal. 16:10.

Nota 31: Algunos estudiosos estiman que el limpiamiento del templo en Jerusalén, que el cuarto Evangelio coloca aquí en los primeros meses del ministerio de Jesús (probablemente el año 27 d. de J.C.), es igual al que los otros tres Evangelios ponen (**§ 130**) durante la última semana de la vida terrenal del Maestro. Pero, ¿desde cuándo la corrección de malas prácticas no tiene que repetirse? Parece que el uso comercial del área del templo no se limita a la época de Cristo; el profeta Zacarías alude al abuso (14:21). El comercio es algo útil, y comprar un animal para el sacrificio ahí mismo puede ser más conveniente que traer uno de lejos. También, el templo no recibe monedas que lleven grabados de seres vivos —los consideran "imágenes" prohibidas— de modo que las monedas romanas y otras hay que cambiarlas por dinero judío sin retratos. Así, en el templo hay tres males: cobran demasiado por el cambio, para el negocio ocupan el patio de los gentiles, y todo eso estorba el ambiente para la adoración.

Los judíos —es decir, los dirigentes— airados por el acto atrevido de Jesús pero frenados talvez por su propia conciencia y la actitud del pueblo, se limitan por ahora a pedir que Jesús explique su autorización por lo hecho. Jesús responde con una referencia enigmática para ellos: la destrucción de este templo que en tres días sería levantado. Ellos quedan perplejos; pues Herodes el Grande ya hacía 46 años había empezado a reconstruir el segundo templo, construido por Zorababel y Jesúa (Esd. 5:8; 6:15), con algo más de magnificencia; y todavía en el tiempo del ministerio de nuestro Señor estaba sin terminar.

§ 32. Entrevista de Nicodemo con Jesús

Mateo	Marcos	Lucas	Juan 2:23—3:21

23 Mientras él esta-
ba en Jerusalén en la
fiesta de la Pascua,
muchos creyeron en su nombre al observar las señales que hacía. **24** Pero Jesús mismo
no confiaba en ellos, porque los conocía a todos, **25** y porque no tenía necesidad de que
nadie le diese testimonio acerca de los hombres, pues él conocía lo que había en el hom-
bre.

1 Y había un hombre de los fariseos que se llamaba Nicodemo, un gobernante de los
judíos. **2** Este vino a Jesús de noche y le dijo: "Rabí,* sabemos que has venido de Dios
como maestro; porque nadie puede hacer estas señales que tú haces, a menos que Dios
esté con él".

3 Respondió Jesús y le dijo: "De cierto, de cierto te digo que a menos que uno nazca
de nuevo* no puede ver el reino de Dios".

4 Nicodemo le dijo: "¿Cómo puede nacer un hombre si ya es viejo? ¿Puede acaso
entrar por segunda vez en el vientre de su madre y nacer?"

5 Respondió Jesús: "De cierto, de cierto te digo que a menos que uno nazca de agua y
del Espíritu, no puede entrar en el reino de Dios. **6** Lo que ha nacido de la carne, carne
es; y lo que ha nacido del Espíritu, espíritu es. **7** No te maravilles de que te dije: 'Os es
necesario nacer de nuevo'.* **8** El viento sopla de donde quiere, y oyes su sonido; pero
no sabes ni de dónde viene ni a dónde va. Así es todo aquel que ha nacido del Espíritu".

9 Respondió Nicodemo y le dijo: "¿Cómo puede suceder eso?"

10 Respondió Jesús y le dijo: "Tú eres el maestro de Israel, ¿y no sabes esto? **11** De
cierto, de cierto te digo que hablamos de lo que sabemos; y testificamos de lo que
hemos visto. Pero no recibís nuestro testimonio. **12** Si os hablé de cosas terrenales y no
creéis, ¿cómo creeréis si os hablo de las celestiales? **13** Nadie ha subido al cielo, sino el
que descendió del cielo, el Hijo del Hombre.* **14** Y como Moisés levantó la serpiente en
el desierto,* así es necesario que el Hijo del Hombre sea levantado, **15** para que todo
aquel que cree en él* tenga vida eterna.*

16 "Porque de tal manera amó Dios al mundo, que ha dado a su Hijo unigénito,* para
que todo aquel que en él cree no se pierda, mas tenga vida eterna. **17** Porque Dios no
envió a su Hijo al mundo para condenar al mundo, sino para que el mundo sea salvo por
él. **18** El que cree en él no es condenado; pero el que no cree ya ha sido condenado, por-
que no ha creído en el nombre del unigénito* Hijo de Dios. **19** Y ésta es la condenación:
que la luz ha venido al mundo, y los hombres amaron más las tinieblas que la luz, por-
que sus obras eran malas. **20** Porque todo aquel que practica lo malo aborrece la luz, y
no viene a la luz, para que sus obras no sean censuradas. **21** Pero el que hace la verdad
viene a la luz para que sus obras sean manifiestas, que son hechas en Dios".

---

*3:2 O: **Maestro**. *3:3, 7 Otra trad., **de arriba**. *3:13 Algunos mss. antiguos incluyen **que está en el cielo**. *3:14 Ver Núm. 21:9. *3:15 Algunos mss. tardíos aquí incluyen **no perezca, sino que...** *3:15 Algunas versiones terminan el parlamento aquí, o bien al final del v. 12. *3:16, 18 Otra trad., **único**, en el sentido de *único en su género*.

Nota 32: Allí durante la Pascua, entre los muchos de Jerusalén que han quedado impresionados por Jesús, hay un destacado fariseo, Nicodemo. Aunque Jesús "no confiaba en ellos", a Nicodemo sí le abre su corazón. Nicodemo llega de noche, talvez por no querer aún declararse como amigo o talvez por creer que después de caer la noche habría más tranquilidad para conversar. Con todo Jesús le atiende y presenta algunas de las doctrinas básicas del cristianismo: 1) el hombre natural está perdido, y tiene que nacer de nuevo; 2) el interés de Dios en el hombre le condujo al sacrificio supremo de entregar a su Hijo unigénito; 3) precisa que ese "Hijo del Hombre" sea levantado; y 4) el que no cree en él ya ha sido condenado.

El nacer "de agua y del Espíritu" parece referirse a los nacimientos físico y espiritual.

§ 33. Ministerios paralelos de Jesús y de Juan el Bautista

Mateo	**Marcos**	**Lucas**	**Juan 3:22-36**
			22 Después de esto, Jesús fue con sus discípulos a la

tierra de Judea; y pasaba allí un tiempo con ellos y bautizaba. **23** Juan también estaba
bautizando en Enón, junto a Salim, porque allí había mucha agua; y muchos venían y
eran bautizados, **24** ya que Juan todavía no había sido puesto en la cárcel.
25 Entonces surgió una discusión entre los discípulos de Juan y un judío* acerca de la
purificación. **26** Fueron a Juan y le dijeron: "Rabí,* el que estaba contigo al otro lado
del Jordán, de quien tú has dado testimonio, ¡he aquí él está bautizando, y todos van a
él!"
27 Respondió Juan y dijo: "Ningún hombre puede recibir nada a menos que le haya
sido dado del cielo. **28** Vosotros mismos me sois testigos de que dije: 'Yo no soy el
Cristo', sino que 'he sido enviado delante de él'. **29** El que tiene a la novia es el novio;
pero el amigo del novio, que ha estado de pie y le escucha, se alegra mucho a causa de
la voz del novio. Así, pues, este mi gozo ha sido cumplido. **30** A él le es preciso crecer,
pero a mí menguar".
31 El que viene de arriba está por encima de todos. El que procede de la tierra es terre-
nal, y su habla procede de la tierra. El que viene del cielo está por encima de todos.*
32 Testifica de lo que ha visto y oído, y nadie recibe su testimonio. **33** El que recibe su
testimonio atestigua que Dios es veraz. **34** Porque el que Dios envió habla las palabras
de Dios, pues Dios no da el Espíritu por medida. **35** El Padre ama al Hijo y ha puesto
todas las cosas en su mano. **36** El que cree en el Hijo tiene vida eterna; pero el que de-
sobedece al Hijo no verá la vida, sino que la ira de Dios permanece sobre él.

---

*3:25 Algunos mss. antiguos dicen **los judíos**. *3:26 O: **Maestro**. *3:31 Algunos mss. antiguos no incluyen **está por encima de todos**, de manera que se entiende **El que viene del cielo testifica de lo que ha visto y...**

Nota 33: Hay pocos datos sobre la naturaleza de este primer ministerio de Jesús en Judea fuera de Jerusalén, el cual dura algunos meses. Los discípulos del Señor todavía no lo acompañan constantemente; pero algunos van con él a Jerusalén para la Pascua (2:17 en **§ 31**), le ayudan con los bautismos (4:2 en **§ 34**) y están con él al pasar por Samaria de regreso hacia Galilea (4:8 en **§ 35**).

Al mismo tiempo Juan el Bautista predica en la parte norte de Judea o en el sur de Samaria, donde hay abundante agua para los bautismos. Parece que algún dirigente judío trata de despertar celos entre los discípulos de Juan al llamarles la atención cómo Jesús ahora atrae más atención que Juan. Al escuchar ese comentario, Juan explica que así conviene que sea: La novia es el pueblo de Dios, y el novio es Jesucristo, quien lógicamente recibe más atención que el amigo del novio. "A él le es preciso crecer, pero a mí menguar".

§ 34. Razones por las que Jesús sale de Judea; Juan es aprisionado

Mateo 4:12	**Marcos 1:14**	**Lucas 3:19, 20**	**Juan 4:1-3**
			1 Cuando Jesús se enteró de que los fariseos habían oído que Jesús hacía y bautizaba más discípulos que Juan **2** (aunque Jesús mismo no bautizaba, sino sus discípulos), **3** dejó Judea
		19 Pero el tetrarca Herodes, cuando fue reprendido por Juan respecto de Herodía, la mujer de su hermano,* y de todas las maldades que Herodes había hecho, **20** añadió a todo también esto: Encerró a Juan en la cárcel.	
12 Y cuando Jesús oyó que Juan había sido encarcelado, regresó a Galilea.	**14** Después que Juan fue encarcelado, Jesús se fue a Galilea predicando el evangelio de Dios,*		y se fue otra vez a Galilea.
	*1:14 Algunos mss. antiguos tienen **el evangelio del reino de Dios**.	*3:19 Algunos mss. antiguos incluyen **Felipe**.	

Nota 34: Según los diferentes Evangelios hay varias razones por qué Jesús se aleja de Judea. Mateo y Marcos lo relacionan con el aprisionamiento de Juan el Bautista (**§ 71**). El cuarto Evangelio indica que tiene que ver con una posible interpretación de rivalidad entre los discípulos de Jesús y los del heraldo Juan. Lucas lo atribuye sencillamente a la dirección del Espíritu Santo: Como Jesús lo dirá después en otras circunstancias: "Vamos a otra parte, a los pueblos vecinos, para que predique también allí; porque para esto he venido" (Mar. 1:38 en **§ 44**).

§ 35. Conversación de Jesús con una samaritana

Mateo	Marcos	Lucas	Juan 4:4-42
			4 Le era necesario pasar por Samaria; **5** así que llegó a

una ciudad de Samaria llamada Sicar, cerca del campo que Jacob había dado a su hijo José.* **6** Estaba allí el pozo de Jacob. Entonces Jesús, cansado del camino, estaba sentado junto al pozo. Era como la hora sexta.* **7** Vino una mujer de Samaria para sacar agua, y Jesús le dijo: "Dame de beber".

8 Pues los discípulos habían ido a la ciudad a comprar de comer. **9** Entonces la mujer samaritana le dijo: "¿Cómo es que tú, siendo judío, me pides de beber a mí, siendo yo una mujer samaritana?" —porque los judíos no se tratan con los samaritanos—.*

10 Respondió Jesús y le dijo: "Si conocieras el don de Dios, y quién es el que te dice: 'Dame de beber', tú le hubieras pedido a él, y él te habría dado agua viva".

11 La mujer le dijo: "Señor, no tienes con qué sacar, y el pozo es hondo. ¿De dónde, pues, tienes el agua viva? **12** ¿Acaso eres tú mayor que nuestro padre Jacob quien nos dio este pozo y quien bebió de él, y también sus hijos y su ganado?"

13 Respondió Jesús y le dijo: "Todo el que bebe de esta agua volverá a tener sed. **14** Pero cualquiera que beba del agua que yo le daré, nunca más tendrá sed, sino que el agua que yo le daré será en él una fuente de agua que salte para vida eterna".

15 La mujer le dijo: "Señor, dame esta agua, para que no tenga sed, ni venga más acá a sacarla".

16 Jesús le dijo: "Vé, llama a tu marido y ven acá".

17 Respondió la mujer y le dijo: "No tengo marido".

Le dijo Jesús: "Bien has dicho: 'No tengo marido'; **18** porque cinco maridos has tenido, y el que tienes ahora no es tu marido. Esto has dicho con verdad".

19 Le dijo la mujer: "Señor, veo que tú eres profeta. **20** Nuestros padres adoraron en este monte,* y vosotros decís que en Jerusalén está el lugar donde se debe adorar".

21 Jesús le dijo: "Créeme, mujer, que la hora viene cuando ni en este monte ni en Jerusalén adoraréis al Padre. **22** Vosotros adoráis lo que no sabéis; nosotros adoramos lo que sabemos, porque la salvación procede de los judíos. **23** Pero la hora viene, y ahora es, cuando los verdaderos adoradores adorarán al Padre en espíritu y en verdad; porque también el Padre busca a tales que le adoren. **24** Dios es espíritu; y es necesario que los que le adoran, le adoren en espíritu y en verdad".

25 Le dijo la mujer: "Sé que viene el Mesías" —que es llamado el Cristo—. "Cuando él venga, nos declarará todas las cosas".

26 Jesús le dijo: "Yo soy, el que habla contigo".

27 En este momento llegaron sus discípulos y se asombraban de que hablara con una mujer; no obstante, ninguno dijo: "¿Qué buscas?" o "¿Qué hablas con ella?" **28** Entonces la mujer dejó su cántaro, se fue a la ciudad y dijo a los hombres: **29** "¡Venid! Ved un hombre que me ha dicho todo lo que he hecho. ¿Será posible que éste sea el Cristo?"

30 Entonces salieron de la ciudad y fueron hacia él.

31 Mientras tanto, los discípulos le rogaban diciendo: "Rabí,* come".

32 Pero les dijo: "Yo tengo una comida para comer que vosotros no sabéis".

33 Entonces sus discípulos se decían el uno al otro: "¿Acaso alguien le habrá traído

Mateo	Marcos	Lucas	Juan 4:4-42
			algo de comer?” **34** Jesús les dijo: “Mi comida es que

yo haga la voluntad del que me envió y que acabe su obra. **35** ¿No decís vosotros:
‘Todavía faltan cuatro meses para que llegue la siega’? He aquí os digo: ¡Alzad vuestros
ojos y mirad los campos, que ya están blancos para la siega! **36** El que siega recibe
salario y recoge fruto para vida eterna, para que el que siembra y el que siega se gocen
juntos. **37** Porque en esto es verdadero el dicho: ‘Uno es el que siembra, y otro es el que
siega’. **38** Yo os he enviado a segar lo que vosotros no habéis labrado. Otros han labra-
do, y vosotros habéis entrado en sus labores”.
39 Muchos de los samaritanos de aquella ciudad creyeron en él a causa de la palabra
de la mujer que daba testimonio diciendo: “Me dijo todo lo que he hecho”. **40** Entonces,
cuando los samaritanos vinieron a él, rogándole que se quedase con ellos, se quedó allí
dos días. **41** Y muchos más creyeron a causa de su palabra. **42** Ellos decían a la mujer:
“Ya no creemos a causa de la palabra tuya, porque nosotros mismos hemos oído y sabe-
mos que verdaderamente éste es el Salvador del mundo”.*

*4:5 Ver Jos. 24:32 y Gén. 33:19. *4:6 O sea, **como a las 12:00 horas de mediodía** (si es según el sistema judío); o, **como a las 6:00 p.m.** (si es según el sistema romano). *4:9 Algunos mss. antiguos omiten **porque los judíos no se tratan con los samaritanos**. *4:20 El monte Gerizim donde antes tenían su centro de culto los samaritanos. *4:31 O: **Maestro**. *4:42 Algunos mss. tardíos tienen **Salvador del mundo, el Cristo**.

Nota 35: Talvez “le era necesario pasar por Samaria” (Juan 4:4) porque ya está en la parte norte de Judea y queda inmensamente más corto el viaje a Galilea que por la larga vuelta cruzando el Jordán, como los judíos suelen hacerlo debido a las relaciones no amistosas con los samaritanos. Por cierto, en este caso precisa pasar por Samaria porque hay gente dispuesta a oír su mensaje.

Obsérvese cómo es el trato que Jesús da a Nicodemo (3:1ss. en **§ 32**) y a esta mujer: un muy religioso varón judío y una mujer samaritana de mala vida. A los dos los trata con respeto y firmeza, empezando con algo que les interesa. Pero desarrolla su tema de maneras muy diferentes. Con ella usa lo que se ha llamado “las leyes de la venta”: consigue su atención pidiendo agua, luego su interés por conseguir agua sin el largo viaje al pozo, entonces su convicción de que él ofrece una solución, después su deseo de aceptar lo que se ofrece, su resolución de tomar el paso necesario, y finalmente su acción al volver a Sicar como testigo. Cada vez que ella intenta desviar el tema, él responde brevemente y regresa al asunto central.

El monte Gerizim había tenido un templo rival al de Jerusalén por 200 años después del tiempo de Nehemías. Fue destruido por los judíos 150 años antes de este encuentro en el pozo, pero los samaritanos han seguido haciendo del monte un lugar de su culto a Dios y a otras divinidades.

Por el testimonio de la mujer los de Sicar invitan a Jesús, y él les predica dos días con éxito.

§ 36. Jesús entra en Galilea

Mateo	Marcos	Lucas	Juan 4:43-45
			43 Pasados los dos días, salió de allí para Galilea,

44 porque Jesús mismo dio testimonio de que un profeta no tiene honra en su propia
tierra. **45** Luego, cuando entró en Galilea, los galileos le recibieron, ya que habían visto

Mateo	Marcos	Lucas	**Juan 4:43-45**
			cuántas cosas había hecho en Jerusalén en la fiesta; porque

ellos también habían ido a la fiesta.

Nota 36: Jesús hará a lo menos dos visitas más a Samaria después (**§ 95** y **120**), pero por ahora sigue al norte a Galilea, donde muchos lo aguardan con interés por haber sabido de lo que él hizo durante la Pascua en Jerusalén.

PARTE VII

EL GRAN MINISTERIO DE JESÚS EN GALILEA

(MAPA IV)

Probablemente desde el otoño (hemisferio norte) del año 27 hasta la primavera del año 29 d. de J.C. (como 18 meses o más).

En las **§ 37-71** Marcos da más detalles que Lucas, y Mateo presenta su materia más por asuntos que en orden cronológico. Juan da unos pocos incidentes que los otros no mencionan. Durante este período Jesús es muy popular con la gente, menos con los dirigentes religiosos. Él hace muchos milagros de sanidad y enseña principios religiosos y sociales. Según lo tratado en los Evangelios en esta parte, no se habla mucho acerca del Mesías ni de su muerte como Redentor.

En esta etapa de su ministerio distinguimos lo siguiente:

1. **§ 37-43**. Rechazo en Nazaret y el nuevo hogar en Capernaúm.
2. **§ 44-48**. Primer viaje por Galilea (con cuatro discípulos pescadores), el llamamiento de Mateo (Leví) al regresar, y la creciente popularidad de Jesús.
3. **§ 49-51**. Disputas respecto al sábado en Jerusalén y en Galilea.
4. **§ 52-54**. Jesús escoge a los doce; el Sermón del monte.
5. **§ 55-59**. Aumento de la influencia de Jesús; la indagación de parte de Juan el Bautista desde la prisión.
6. **§ 60-63**. Segundo viaje por Galilea (con los doce discípulos) y la intensa hostilidad de parte de los fariseos.
7. **§ 64-69**. Primer gran grupo de parábolas; la visita a la región de Gadara; la visita final a Nazaret.
8. **§ 70, 71**. Tercer viaje por Galilea (después de enviados los doce) y el efecto que produce en Herodes Antipas.

§ 37. Relato general de la enseñanza de Jesús en Galilea

Mateo 4:17

17 Desde entonces Jesús comenzó a predicar y a decir: "¡Arrepentíos, porque el reino de los cielos se ha acercado!"*

*4:17 Otra trad., **está cerca**.

Marcos 1:14, 15

14 Después que Juan fue encarcelado, Jesús vino a Galilea predicando el evangelio de Dios,* **15** y diciendo: "El tiempo se ha cumplido, y el reino de Dios se ha acercado.* ¡Arrepentíos y creed en el evangelio!"

*1:14 Algunos mss. antiguos tienen **el evangelio del reino de Dios**. *1:15 Otra trad., **está cerca**.

Lucas 4:14, 15

14 Entonces Jesús volvió en el poder del Espíritu a Galilea, y su fama se difundió por toda la tierra de alrededor.

15 Él enseñaba en las sinagogas de ellos, y era glorificado por todos.

Nota 37: El mensaje de Jesús se centra en el reino de Dios, para entrar al cual es necesario arrepentirse y creer en el evangelio.

§ 38. Jesús sana al hijo de un oficial

Mateo	Marcos	Lucas	Juan 4:46-54
			46 Vino, pues Jesús otra vez a Ca- ná de Galilea donde

había convertido el agua en vino.* Había un oficial del rey cuyo hijo estaba enfermo en
Capernaúm. **47** Cuando éste oyó que Jesús había salido de Judea y estaba presente en
Galilea, fue a él y le rogaba que descendiese y sanase a su hijo, porque estaba a punto
de morir. **48** Entonces Jesús le dijo: "A menos que veáis señales y prodigios, jamás
creeréis".

49 El oficial del rey le dijo: "Señor, desciende antes que muera mi hijo".

50 Jesús le dijo: "Vé, tu hijo vive".

El hombre creyó la palabra que Jesús le dijo y se puso en camino. **51** Mientras todavía
descendía, sus siervos salieron a recibirle diciendo que su hijo vivía.* **52** Entonces él les
preguntó la hora en que comenzó a mejorarse, y le dijeron: "Ayer, a la hora séptima* le
dejó la fiebre".

53 El padre entonces entendió que era aquella hora cuando Jesús le había dicho: "Tu
hijo vive". Y creyó él con toda su casa. **54** También hizo Jesús esta segunda señal cuan-
do vino de Judea a Galilea.

---

*4:46 Ver 2:1 ss. *4:51 Algunos mss. tienen **...a recibirle diciendo: Tu hijo vive.** *4:52 O sea, **la 1:00 p.m.** (si se calcula con el sistema judío) o, **las 7:00 p.m.** (si se calcula con el sistema romano).

Nota 38: En camino de Nazaret a Capernaúm pasa algunos días en Caná donde, meses antes, había estado para una boda, y de donde es también Natanael (Bartolomé). Jesús vuelve a hacer un milagro, esta vez de sanidad, la primera de esa clase, a menos que haya sanado a personas en Capernaúm (Luc. 4:23 en **§ 39**). También sana al hijo de un oficial a una considerable distancia.

§ 39. Primer rechazo en Nazaret

Mateo	Marcos	Lucas 4:16-30	Juan
		16 Fue a Nazaret, donde se había cria- do, y conforme a su	

costumbre, el día sábado entró en la sinagoga, y se levantó para leer. **17** Se le entregó el
rollo del profeta Isaías; y cuando abrió el rollo, encontró el lugar donde estaba escrito:

18 *El Espíritu del Señor está sobre mí,*
porque me ha ungido para anunciar
buenas nuevas a los pobres;
me ha enviado para proclamar*
libertad a los cautivos

Mateo	Marcos	Lucas 4:16-30	Juan
		y vista a los ciegos, *para poner en libertad* *a los oprimidos*	

19 *y para proclamar*
*el año agradable del Señor.**

20 Después de enrollar el libro y devolverlo al ayudante, se sentó. Y los ojos de todos
en la sinagoga estaban fijos en él. **21** Entonces comenzó a decirles: "Hoy se ha cumpli-
do esta Escritura en vuestros oídos".

22 Todos daban testimonio de él y estaban maravillados de las palabras de gracia que
salían de su boca, y decían: "¿No es éste el hijo de José?"

23 Entonces él les dijo: "Sin duda, me diréis este refrán: 'Médico, sánate a ti mismo.
Hemos oído que sucedieron tantas cosas en Capernaúm; haz lo mismo también aquí en
tu tierra' ". **24** Y añadió: "De cierto os digo, que ningún profeta es aceptado en su tierra.
25 Pero en verdad os digo que había muchas viudas en Israel en los días de Elías, cuan-
do el cielo fue cerrado por tres años y seis meses, y hubo una gran hambre en toda la
tierra; **26** pero a ninguna de ellas fue enviado Elías, sino a una mujer viuda en Sarepta
de Sidón.* **27** También había muchos leprosos en Israel en el tiempo del profeta Eliseo,
pero ninguno de ellos fue sanado, sino el sirio Naamán".*

28 Al oír estas cosas, todos en la sinagoga se llenaron de ira, **29** y se levantaron y le
echaron fuera de la ciudad. Luego le llevaron hasta un precipicio del monte sobre el
cual estaba edificada su ciudad, para despeñarle. **30** Pero él pasó por en medio de ellos y
se fue.

---

*4:18 Algunos mss. antiguos tienen **para sanar a los quebrantados de corazón, para proclamar...** *4:19 Isa. 61:1, 2; 58:6 (LXX). *4:26 Ver 1 Rey. 17:9. *4:27 Ver 2 Rey. 5:14.

Nota 39: Al llegar a la aldea de su niñez, y donde aún residen su madre y sus hermanos, Jesús hace lo que siempre ha hecho: el día sábado asiste al culto en la sinagoga. Lo invitan a hablar, quizás por ser conocida la calidad de su vida o quizás por la fama que le ha llegado por sus actividades en Judea. La lectura profética del día es del libro de Isaías. Jesús lee e interpreta 61:1, 2, y lo aplica a sí mismo. Jesús se atreve a mostrar del Antiguo Testamento que Dios ama también a otros pueblos. El mensaje no sólo es rechazado, sino que tratan de despeñarlo a él. Ni siquiera sus hermanos creen en él (Juan 7:5; 1:11 en **§ 94, 2**). Después Mateo y Marcos (**§ 69**) contarán de una segunda visita a Nazaret.

§ 40. El nuevo hogar en Capernaúm

Mateo 4:13-16	Marcos	Lucas	Juan
13 Y habiendo deja- do Nazaret, fue y habitó en Capernaúm,			

ciudad junto al mar en la región de Zabulón y Neftalí, **14** para que se cumpliese lo dicho
por medio del profeta Isaías, diciendo:

Mateo 4:13-16	Marcos	Lucas	Juan
15 *Tierra de Zabulón y tierra de Neftalí, camino del mar, al*			

otro lado del Jordán,
Galilea de los gentiles.
16 *El pueblo que moraba en tinieblas*
vio una gran luz.
A los que moraban en región y sombra de muerte,
*la luz les amaneció.**

*4:16 Isa. 9:1, 2.

Nota 40: Capernaúm es el pueblo más grande de la región, a la orilla del mar de Galilea con su reconocida pesca y su comercio, situado también sobre un importante camino y sede de una aduana. Aunque toda Galilea ha sido menospreciada por los judíos de Jerusalén, Mateo menciona que fue tema de profecía de parte de Isaías (9:1, 2). Lucas 4:31 también cuenta de este traslado **(§ 42)**.

§ 41. Jesús llama a cuatro pescadores

Mateo 4:18-22	Marcos 1:16-20	Lucas 5:1-11
		1 Aconteció que, mientras las multitudes se agolpaban sobre él y escuchaban la pa-

labra de Dios, Jesús estaba de pie junto al lago de Genesaret,* 2 y vio dos barcas que
estaban a la orilla del lago. Los pescadores habían salido de ellas y estaban lavando sus
redes. 3 Al entrar él en una de las barcas, la cual pertenecía a Simón, pidió a éste que la
apartase de tierra un poco. Luego se sentó y enseñaba a las multitudes desde la barca.
4 Cuando acabó de hablarles, dijo a Simón: "Boga mar adentro,* y echad vuestras redes
para pescar".

5 Simón le respondió y dijo: "Maestro, toda la noche hemos trabajado duro y no hemos pescado nada. Pero por tu palabra echaré la red".

6 Cuando lo hicieron, atraparon una gran cantidad de peces, y sus redes se rompían.
7 Hicieron señas a sus compañeros que estaban en la otra barca, para que viniesen a
ayudarles. Ellos vinieron y llenaron ambas barcas, de manera que se hundían. 8 Y Si-
món Pedro, al verlo, cayó de rodillas ante Jesús exclamando: "¡Apártate de mí, Señor,
porque soy hombre pecador!"

9 Por la pesca que habían logrado, el temor se apoderó de Pedro y de todos los que

Mateo 4:18-22	Marcos 1:16-20	Lucas 5:1-11
		estaban con él, 10 y de igual manera de Jacobo y Juan, hijos de Zebedeo, que eran socios de Simón.
18 Mientras andaba junto al mar de Galilea, Jesús vio a dos hermanos: a Simón,	16 Y pasando junto al mar de Galilea, vio a Simón	

Mateo 4:18-22	Marcos 1:16-20	Lucas 5:1-11
que es llamado Pedro, y a su hermano Andrés. Estaban echando la red en el mar, porque eran pescadores. **19** Y les dijo: "Venid en pos de mí, y os haré pescadores de hombres". **20** Y de inmediato ellos dejaron sus redes y le siguieron.	y a Andrés hermano de Simón, echando la red en el mar; porque eran pescadores. **17** Jesús les dijo: "Venid en pos de mí, y os haré pescadores de hombres". **18** Y de inmediato ellos dejaron sus redes y le siguieron.	Entonces Jesús dijo a Simón: "No temas; de aquí en adelante estarás pescando hombres".
21 Y pasando más adelante, vio a otros dos hermanos, Jacobo hijo de Zebedeo y Juan su hermano, en la barca con su padre Zebedeo, arreglando sus redes. Los llamó, **22** y en seguida ellos dejaron la barca y a su padre, y le siguieron.	**19** Al ir un poco más adelante, vio a Jacobo hijo de Zebedeo y a su hermano Juan. Ellos estaban en su barca arreglando las redes. **20** En seguida les llamó; y ellos, dejando a su padre Zebedeo en la barca junto con los jornaleros, se fueron en pos de él.	**11** Después de sacar las barcas a tierra, lo dejaron todo y le siguieron.

*5:1 Es decir, el mar de Galilea.
*5:4 Lit., **a donde esté hondo**.

Nota 41: Este evento sucede junto a un lago (21 por 11 kilómetros) —llamado el mar de Galilea por Mateo y Marcos; Lucas dice lago de Galilea; y Juan, mar de Tiberias, pues cuando él escribió su Evangelio, el lago o mar había cambiado de nombre— cerca de Capernaúm.

Si bien estos hombres ya conocían a Jesús desde hacía meses (**§ 28**) y habían estado con él en algunos de sus viajes (**§ 29** y **33**), no se daban de lleno a labores del discipulado. Ahora es diferente y, según cuenta Lucas, es precisamente cuando tienen una pesca sobresaliente que los llama a que dejen sus redes para dedicarse a acompañar a su Maestro. Sin duda, habría sido más fácil la decisión cuando no habían pescado nada. Los discípulos no solo van a aprender sino a producir.

§ 42. Curación de un endemoniado en un sábado

Mateo	Marcos 1:21-28	Lucas 4:31-37	Juan
	21 Entraron en Capernaúm. Y en seguida, entrando él en la sinagoga los sábados, enseñaba. **22** Y se asombraban de su enseñanza, porque les enseñaba como quien tiene autoridad y no como los escribas.	**31** Entonces descendió a Capernaúm, ciudad de Galilea, y les enseñaba los sábados. **32** Y se asombraban de su enseñanza, porque su palabra era con autoridad.	

Mateo	Marcos 1:21-28	Lucas 4:31-37	Juan
	23 Y en ese momento un hombre con espíritu inmundo estaba en la sinagoga de ellos, y exclamó 24 diciendo: "¿Qué tienes con nosotros, Jesús de Nazaret? ¿Has venido para destruirnos? Yo sé quién eres: ¡el Santo de Dios!"	33 Estaba en la sinagoga un hombre que tenía un espíritu de demonio inmundo, y él exclamó a gran voz: 34 "¡Ah!* ¿Qué tienes con nosotros, Jesús de Nazaret? ¿Has venido para destruirnos? Yo sé quién eres: ¡el Santo de Dios!"	
	25 Jesús le reprendió diciendo: "¡Cállate y sal de él!"	35 Jesús le reprendió, diciendo: "¡Cállate y sal de él!"	
	26 Y el espíritu inmundo lo sacudió con violencia, clamó a gran voz y salió de él. 27 Todos se maravillaron, de modo que discutían entre sí diciendo: "¿Qué es esto? ¡Una nueva doctrina con autoridad! Aun a los espíritus inmundos él manda, y le obedecen".	Entonces el demonio salió de él, derribándole allí en medio de todos, pero sin hacerle ningún daño. 36 Todos quedaron asombrados y hablaban entre sí diciendo: "¿Qué palabra es ésta, que con autoridad y poder manda a los espíritus inmundos, y salen?"	
	28 Y pronto se extendió su fama por todas partes, en toda la región alrededor de Galilea	37 Y su fama se divulgaba por todos los lugares de la región.	

*4:34 Algunos mss., uno antiguo, dicen **Déjanos. ¿Qué...**

Nota 42: Como es su costumbre, Jesús y sus discípulos asisten al culto en la sinagoga, y él acepta el ofrecimiento de que hable. Aquí no da su temario, pero ha de ser algo parecido a lo que expresará después en el Sermón del monte (Mat. 5:21ss. en **§ 54**); pues sus oidores se extrañan de cómo habla con autoridad y no como los escribas, quienes suelen citar a famosos rabinos del pasado para respaldar sus enseñanzas.

Un hombre con un demonio inmundo también se siente afectado. Esta es la primera referencia de varias en que Jesús echa fuera demonios, y después lo harán sus representantes. Esta acción causa mucho revuelo en toda la región.

§ 43. Jesús sana a la suegra de Pedro y a otras personas

Mateo 8:14-17	Marcos 1:29-34	Lucas 4:38-41
14 Entró Jesús en la casa de Pedro, y vio que su suegra estaba postrada en cama con fiebre.	29 En seguida, cuando salieron de la sinagoga, fueron con Jacobo y Juan a la casa de Simón y Andrés. 30 La suegra de Simón estaba en cama con fiebre; y de inmediato le hablaron de ella.	38 Levantándose Jesús, se apartó de la sinagoga y entró en casa de Simón. Y la suegra de Simón estaba postrada con una fuerte fiebre, y le rogaron por ella.
15 Él le tocó la mano, y la fiebre la dejó.	31 Él se acercó a ella, la tomó de la mano y la levantó. Y le dejó la	39 Él se inclinó hacia ella y reprendió a la fiebre, y la fiebre la dejó; y

Mateo 8:14-17	Marcos 1:29-34	Lucas 4:38-41
Luego ella se levantó y comenzó a servirle.	fiebre, y ella comenzó a servirles.	en seguida ella se levantó y comenzó a servirles.
16 Al atardecer, trajeron a él muchos endemoniados. Con su palabra echó fuera a los espíritus	**32** Al atardecer, cuando se puso el sol, le traían todos los enfermos y los endemoniados.	**40** Al ponerse el sol, todos los que tenían enfermos de diversas dolencias los trajeron a él. Y él, al poner las manos sobre cada uno de ellos,
	33 Toda la ciudad estaba reunida a la puerta.	
y sanó a todos los enfermos,	**34** Y él sanó a muchos que padecían de diversas enfermedades	los sanaba.
17 de modo que se cumpliese lo dicho por medio del profeta Isaías, quien dijo: *Él mismo tomó nuestras debilidades y cargó con nuestras enfermedades.**		
	y echó fuera muchos demonios.	**41** Y también de muchos salían demonios, dando gritos y diciendo: "¡Tú eres el Hijo de Dios!"
	Y no permitía a los demonios hablar, porque le conocían.	Pero él los reprendía y no les dejaba hablar, porque ellos sabían que él era el Cristo.

*8:17 Isa. 53:4.

Nota 43: Acontece en Betsaida, aldea pesquera al lado de Capernaúm, donde viven Andrés, Pedro y Felipe (Juan 1:44 en **§ 28**).

Simón Pedro, a quien algunos en siglos posteriores llegarán a llamar "el primer Papa", es hombre casado, cuya suegra es sanada de su fuerte fiebre por Jesús, a petición de la familia. "En seguida ella se levantó y comenzó a servirles" (Luc. 4:38, 39). Habiendo estado postrada, ahora tiene fuerzas.

No se menciona una oposición en Capernaúm por la sanidad del endemoniado y de la suegra de Pedro en día sábado, como la habrá después en otras ocasiones (Luc. 6:7; 13:14; Juan 9:14, 16 en **§ 51, 110** y **100**). Mucha gente desea también la sanidad y acude a donde está Jesús, pero toma la precaución de esperar "hasta el atardecer, cuando se puso el sol" (Mar. 1:32), y el sábado ha terminado, para traer a sus enfermos. El Maestro ponía "las manos sobre cada uno de ellos y los sanaba" (Luc. 4:40). No hace la obra sanadora "en masa" sino individualmente.

§ 44. Primer viaje por Galilea junto con algunos discípulos

Mateo 4:23-25	Marcos 1:35-39	Lucas 4:42-44
	35 Habiéndose levantado muy de madrugada, todavía de noche, Jesús salió y se fue a un lugar desierto y allí oraba. **36** Simón y sus compañeros fueron en busca de él. **37** Le encontraron y le dijeron: "Todos te buscan".	**42** Siendo ya de día, salió y se fue a un lugar desierto, y las multitudes le buscaban. Acudieron a él y le detenían para que no se apartara de ellos.
	38 Él les respondió: "Vamos a otra parte, a los pueblos vecinos, para que predique también allí; porque para esto he venido".	**43** Pero él les dijo: "Me es necesario anunciar el evangelio del reino de Dios a otras ciudades también, porque para esto he sido enviado".
23 Jesús recorría toda Galilea enseñando en las sinagogas de ellos, predicando el evangelio del reino y sanando toda enfermedad y toda dolencia en el pueblo. **24** Su fama corrió por toda Siria, y le trajeron todos los que tenían males: los que padecían diversas enfermedades y dolores, los endemoniados, los lunáticos y los paralíticos. Y él los sanó. **25** Le siguieron grandes multitudes de Galilea, de Decápolis, de Jerusalén, de Judea y del otro lado del Jordán.	**39** Y fue predicando en las sinagogas de ellos en toda Galilea, y echando fuera los demonios.	**44** E iba predicando por las sinagogas de Galilea.*

*4:44 Los mss. más antiguos tienen **Judea**.

Nota 44: Si Jesús se hubiese quedado en Capernaúm hasta atender a todos los necesitados de allí, ¿dónde estaría el evangelio hoy? Así, sin duda contra el deseo de Pedro y los demás, el Señor abandona la oportunidad local y conduce a sus discípulos en una gira por "toda Galilea enseñando en las sinagogas de ellos, predicando el evangelio del reino y sanando toda enfermedad y toda dolencia en el pueblo" (Mat. 4:23). Muchos de lugares cercanos y lejanos lo siguen. Están muy dispuestos a que él les haga favores.

§ 45. Curación de un leproso y aumento de la popularidad de Jesús

Mateo 8:2-4

2 Y he aquí vino un
leproso
y se postró ante él
diciendo:
"¡Señor, si quieres, puedes
limpiarme!"
3 Jesús
extendió la mano
y le tocó diciendo: "Quiero.
¡Sé limpio!"
Y al instante quedó limpio
de la lepra.

4 Entonces Jesús le dijo:
"Mira, no le digas a na-
die; pero vé, muéstrate
al sacerdote y ofrece la
ofrenda que
mandó Moisés,*
para testi-
monio de ellos".

*8:4 Ver Lev. 14:1-32; comp. Mar. 1:44; Luc. 5:14.

Marcos 1:40-45

40 Y vino a él un
leproso implorándole,
y de rodillas
le dijo:
"Si quieres, puedes
limpiarme".
41 Jesús, movido a com-
pasión, extendió la mano,
le tocó y le dijo: "Quiero;
sé limpio".
42 Y* al instante desa-
pareció la lepra de él, y
quedó limpio.
43 En seguida, le despidió
después de amonestarle
44 y le dijo:
"Mira, no digas nada a na-
die. Más bien vé, muéstrate
al sacerdote y ofrece lo que
mandó Moisés en cuanto a
tu purificación,* para testi-
monio a ellos".
45 Pero cuando salió, él
comenzó a proclamar y a
difundir mucho el hecho,
de modo que Jesús ya no
podía entrar abiertamente
en ninguna ciudad, sino
que se quedaba afuera en
lugares despoblados.

Y venían a él de todas
partes.

*1:42 Algunos mss. antiguos incluyen **una vez que le habló**. *1:44 Ver Lev. 14:1-32.

Lucas 5:12-16

12 Aconteció que, estando
Jesús en una de las ciuda-
des, he aquí había un hom-
bre lleno de lepra. Él vio a
Jesús, y postrándose sobre
su rostro, le rogó diciendo:
"Señor, si quieres, puedes
limpiarme".
13 Entonces
extendió la mano
y le tocó diciendo: "Quiero.
¡Sé limpio!"
Al instante la lepra desa-
pareció de él.

14 Y Jesús le mandó que no
se lo dijera a nadie; más
bien, le dijo:
"Vé y muéstrate
al sacerdote y da por tu
purificación* la ofrenda que
mandó Moisés,
para testi-
monio a ellos".

15 Sin embargo, su fama
se extendía cada vez más, y
se juntaban a él muchas
multitudes para oírle y para
ser sanadas de sus enferme-
dades. **16** Pero él se aparta-
ba a los lugares desiertos y
oraba.

*5:14 Ver Lev. 14:1-32.

Nota 45: En tiempos bíblicos la lepra era una enfermedad temida, pues no tenía remedio, y el enfermo debía aislarse de todo contacto con otro humano por temor del contagio. Levítico 13 y 14 explica la ley al respecto. Aun el que tocase a un leproso quedaría inmundo. En este caso el enfermo se siente seguro de la capacidad de Jesús pero no de la disposición: “si quieres, puedes”. La respuesta es: “Quiero; sé limpio” (Mar. 1:40, 41). Jesús lo sana tocándolo, y le instruye a que no lo divulgue, pues tal publicidad desvirtúa la centralidad de su mensaje espiritual. Pero el sanado lo cuenta a todos, “de modo que Jesús ya no podía entrar abiertamente en ninguna ciudad, sino que se quedaba afuera en lugares despoblados” (Mar. 1:45). De todos modos la gente llega.

§ 46. Curación de un paralítico bajado a través del techo

Mateo 9:1-8	Marcos 2:1-12	Lucas 5:17-26
1 Habiendo entrado en la barca, Jesús pasó a la otra orilla y llegó a su propia ciudad.	**1** Cuando él entró otra vez en Capernaúm después de algunos días, se oyó que estaba en casa.	**17** Y aconteció en uno de esos días
	2 Muchos acudieron a él, de manera que ya no cabían ni ante la puerta; y él les hablaba la palabra.	que Jesús estaba enseñando y estaban sentados allí unos fariseos y maestros de la ley que habían venido de todas las aldeas de Galilea, de Judea y Jerusalén. El poder del Señor estaba con él para sanar.
2 Entonces le trajeron un paralítico tendido sobre una camilla.	**3** Entonces vinieron a él trayendo a un paralítico cargado por cuatro.	**18** Y he aquí, unos hombres traían sobre una camilla a un hombre que era paralítico, y procuraban llevarlo adentro y ponerlo delante de Jesús.
	4 Y como no podían acercarlo a él debido al gentío, destaparon el techo donde Jesús estaba, y después de hacer una abertura bajaron la camilla en que el paralítico estaba recostado.	**19** Al no encontrar cómo hacerlo a causa de la multitud, subieron encima de la casa y juntamente con la camilla, le bajaron por el tejado en medio, delante de Jesús.
Y viendo Jesús la fe de ellos, dijo al paralítico: “Ten ánimo, hijo; tus pecados te son perdonados”.	**5** Y viendo Jesús la fe de ellos, dijo al paralítico: “Hijo, tus pecados te son perdonados”.	**20** Al ver la fe de ellos, Jesús le dijo: “Hombre, tus pecados te son perdonados”.
3 He aquí, algunos de los escribas dijeron	**6** Algunos de los escribas estaban sentados allí y razonaban en sus	**21** Entonces los escribas y los fariseos comenzaron a razonar

Mateo 9:1-8

entre sí:
"¡Este blasfema!"

4 Y conociendo Jesús sus pensamientos, les dijo: "¿Por qué pensáis mal en vuestros corazones?
5 Porque, ¿qué es más fácil decir: 'Tus pecados te son perdonados' o decir: 'Levántate y anda'? **6** Pero para que sepáis que el Hijo del Hombre tiene autoridad para perdonar pecados en la tierra, —entonces dijo al paralítico—: '¡Levántate; toma tu camilla y vete a tu casa!' "
7 Y se levantó y se fue a su casa.
8 Cuando las multitudes vieron esto, temieron* y glorificaron a Dios, quien había dado semejante autoridad a los hombres.

*9:8 Algunos mss. antiguos dicen **se maravillaron**.

Marcos 2:1-12

corazones: **7** "¿Por qué habla éste así? ¡Blasfema! ¿Quién puede perdonar pecados, sino uno solo, Dios?"
8 De inmediato Jesús, dándose cuenta en su espíritu de que razonaban así dentro de sí mismos, les dijo: "¿Por qué razonáis así en vuestros corazones?
9 ¿Qué es más fácil, decir al paralítico: 'Tus pecados te son perdonados'; o decirle: 'Levántate, toma tu camilla y anda'? **10** Pero para que sepáis que el Hijo del Hombre tiene autoridad para perdonar pecados en la tierra* —dijo al paralítico—: **11** A ti te digo, '¡levántate, toma tu camilla y vete a tu casa!' "
12 Y se levantó, y en seguida tomó su camilla y salió en presencia de todos, de modo que todos se asombraron y glorificaron a Dios, diciendo: "¡Jamás hemos visto cosa semejante!"

*2:10 Algunos mss. antiguos varían la posición de la frase **en la tierra**.

Lucas 5:17-26

diciendo: "¿Quién es éste, que habla blasfemias? ¿Quién puede perdonar pecados, sino sólo Dios?"
22 Pero Jesús, dándose cuenta de los razonamientos de ellos, respondió y les dijo: "¿Qué razonáis en vuestros corazones?
23 ¿Qué es más fácil? ¿Decir: 'Tus pecados te son perdonados', o decir: 'Levántate y anda'? **24** Pero para que sepáis que el Hijo del Hombre tiene autoridad en la tierra para perdonar pecados, —dijo al paralítico—: A ti te digo: '¡Levántate, toma tu camilla y vete a tu casa!' "
25 De inmediato se levantó en presencia de ellos, tomó la camilla en que estaba recostado y se fue a su casa glorificando a Dios. **26** El asombro se apoderó de todos, y glorificaban a Dios. Fueron llenos de temor y decían: "¡Hoy hemos visto maravillas!"

Nota 46: La popularidad de Jesús como sanador y predicador queda alta. En Capernaúm un paralítico cuyos amigos al no poder entrar por la puerta a la sala repleta optan por sacar parte del techo para bajar a su amigo. Jesús no se opone a la destechadura y accede a su petición. Pero trata primero la necesidad más apremiante: el perdón de pecados. Como se verá en forma creciente, hay quienes critican: los fariseos y los escribas objetan que Jesús exhiba su autoridad para perdonar pecados. Luego él demuestra su capacidad de perdonar mediante su capacidad de sanar.

§ 47. *Llamamiento de Mateo y banquete para honrar a Jesús*

Mateo 9:9-13

9 Pasando de allí, Jesús vio a un hombre llamado Mateo, sentado en el lugar de los tributos públicos, y le dijo: "¡Sígueme!" Y él se levantó y le siguió.

10 Sucedió que, estando Jesús sentado a la mesa en casa, he aquí muchos publicanos y pecadores que habían venido estaban sentados a la mesa con Jesús y sus discípulos.

11 Y cuando los fariseos le vieron, decían a sus discípulos: "¿Por qué come vuestro maestro con los publicanos y pecadores?"

12 Al oírlo, Jesús les dijo: "Los sanos no tienen necesidad de médico, sino los que están enfermos. **13** Id pues, y aprended qué significa: *Misericordia quiero y no sacrificio.** Porque yo no he venido para llamar a justos, sino a pecadores".*

*9:13 Ose. 6:6. *9:13 Algunos mss. antiguos incluyen **al arrepentimiento**.

Marcos 2:13-17

13 Jesús salió otra vez junto al mar, y toda la gente venía a él, y él les enseñaba. **14** Y pasando, vio a Leví* hijo de Alfeo, sentado en el lugar de los tributos públicos, y le dijo: "¡Sígueme!" Y levantándose, le siguió.

15 Sucedió que, estando Jesús sentado a la mesa en casa de Leví, muchos publicanos y pecadores estaban también sentados a la mesa con Jesús y sus discípulos, porque eran muchos y le habían seguido. **16** Y cuando los escribas de los fariseos* le vieron comer con los pecadores y publicanos, decían a sus discípulos: "¿Por qué come* con los publicanos y pecadores?"*

17 Al oírlo, Jesús les dijo: "Los sanos no tienen necesidad de médico, sino los que están enfermos. No he venido para llamar a justos, sino a pecadores".

*2:14 O sea, **Mateo**; comp. Mat. 9:9; Luc. 5:27. *2:16 Algunos mss. antiguos dicen **los escribas y los fariseos**. *2:16 Algunos mss. antiguos incluyen **y bebe**. *2:16 Otra trad., **¡Come y bebe con publicanos y pecadores!**

Lucas 5:27-32

27 Después de esto, Jesús salió y vio a un publicano llamado Leví, sentado en el lugar de los tributos públicos. Y le dijo: "¡Sígueme!" **28** El, dejándolo todo, se levantó y le siguió.

29 Entonces Leví le hizo un gran banquete en su casa, y había un gran número de publicanos y otros que estaban a la mesa con ellos.

30 Los fariseos y sus escribas murmuraban contra los discípulos de él, diciendo: "¿Por qué coméis y bebéis con los publicanos y pecadores?"

31 Respondiendo Jesús les dijo: "Los sanos no tienen necesidad de médico, sino los que están enfermos. **32** No he venido a llamar a justos, sino a pecadores al arrepentimiento".

Nota 47: Jesús sigue añadiendo discípulos que llegarán a ser apóstoles (enviados, misioneros). Esta vez en Capernaúm llama a Mateo o Leví, un publicano; oficio muy despreciado por los judíos. Los publicanos son judíos que cobran derechos de aduana a favor de Roma, una potencia extranjera que domina a Judá y a muchísimos otros pueblos. Además, el puesto suele ser vendido al mejor postor, quien extrae del pueblo lo que puede y entrega a los romanos una suma fija. Así suele ser rico, pero odiado. Mateo deja el puesto e invita a sus amigos y ex colegas a un banquete a fin de que conozcan a su nuevo Maestro. Jesús es criticado por asistir a la cena con tal clase de gente, y se defiende: "No he venido a llamar a justos, sino a pecadores al arrepentimiento" (Luc. 5:32).

§ 48. Parábolas en relación con el ayuno

Mateo 9:14-17

14 Entonces los discípulos de Juan fueron a Jesús y dijeron: "¿Por qué nosotros y los fariseos ayunamos frecuentemente, pero tus discípulos no ayunan?"
15 Jesús les dijo: "¿Pueden tener luto los que están de bodas mientras el novio está con ellos? Pero vendrán días cuando el novio les será quitado, y entonces ayunarán.
16 Nadie pone parche de tela nueva en vestido viejo, porque el parche tira del vestido y la rotura se hace peor.
17 Tampoco echan vino nuevo en odres viejos, porque los odres se rompen, el vino se derrama, y los odres se echan a perder. Más bien, echan vino nuevo en odres nuevos, y ambos se

Marcos 2:18-22

18 Los discípulos de Juan y los fariseos estaban ayunando. Fueron a Jesús y le dijeron: "¿Por qué ayunan los discípulos de Juan y los discípulos de los fariseos, pero tus discípulos no ayunan?"
19 Jesús les dijo: "¿Acaso pueden ayunar los que están de bodas mientras el novio está con ellos? Entretanto que tienen al novio con ellos, no pueden ayunar.
20 Pero vendrán días cuando el novio les será quitado. Entonces, en aquel día ayunarán.
21 Nadie pone parche de tela nueva en vestido viejo. De otra manera, el parche nuevo tira del viejo, y la rotura se hace peor.
22 Ni nadie echa vino nuevo en odres viejos. De otra manera, el vino rompe los odres, y se pierde el vino, y también los odres.* Más bien, el vino nuevo se echa en odres nuevos".

Lucas 5:33-39

33 Entonces ellos le dijeron: "Los* discípulos de Juan ayunan muchas veces y hacen oraciones, igual que los de los fariseos, pero los tuyos comen y beben".
34 Jesús les dijo: "¿Acaso podéis hacer que los que están de bodas ayunen mientras el novio está con ellos?
35 Pero vendrán días cuando el novio les será quitado. Entonces, en aquellos días ayunarán".
36 Les decía también una parábola: "Nadie corta un parche de un vestido nuevo para remendar un vestido viejo. De otra manera, el vestido nuevo se rompe, y el parche tomado del nuevo no armoniza con lo viejo.
37 Ni nadie echa vino nuevo en odres viejos. De otra manera, el vino nuevo romperá los odres; el vino se derramará, y los odres se perderán.
38 Pero el vino nuevo debe ser echado en odres nuevos.*
39 Y ningu-

Mateo 9:14-17	Marcos 2:18-22	Lucas 5:33-39
conservan".		no que bebe lo añejo quiere el nuevo, porque dice: 'Lo añejo es lo mejor' ".*
	*2:22 Algunos mss. antiguos dicen **y se derrama el vino, y los odres se pierden**.	*5:33 Algunos mss. antiguos tienen la frase como pregunta y dicen **¿Por qué los discípulos de Juan ayunan..., pero los tuyos comen y beben?** *5:38 Algunos mss. antiguos incluyen **Y ambos se conservan**. *5:39 Algunos mss. antiguos dicen **Lo añejo es bueno**.

Nota 48: Quizás la cena que ofrece Mateo haya sido en uno de los frecuentes días en que los fariseos y otros ayunaban, por cuya razón éstos critican a los discípulos de Jesús. Y quizás dirijan su crítica a los discípulos por no atreverse a hacerlo directamente al Maestro, a causa de su gran popularidad con la gente. Son seguidores de Juan el Bautista los que hacen la pregunta. Jesús responde con tres parábolas: Los amigos del novio, un parche nuevo en un vestido viejo y el vino nuevo en odres viejos. Lo que trae Cristo es nuevo, y traerá costumbres nuevas.

Hay parábolas en el Antiguo Testamento, pero Jesús es el maestro supremo en su uso. Una parábola es una ilustración real o factible que explica una verdad. En general se usa para aclarar, pero a veces tiene como fin revelar algo al entendido y esconderlo al que no quiere entender.

§ 49. Sanidad en un sábado y enseñanza resultante

Mateo	Marcos	Lucas	Juan 5:1-47
			1 Después de esto había una fiesta de los judíos, y Jesús

subió a Jerusalén. **2** En Jerusalén, junto a la puerta de las Ovejas, hay un estanque con cinco
pórticos que en hebreo se llama Betesda.* **3, 4*** En ellos yacía una multitud de enfermos,
ciegos, cojos y paralíticos.

5 Se encontraba allí cierto hombre que había estado enfermo durante treinta y ocho años.
6 Cuando Jesús lo vio tendido y supo que ya había pasado tanto tiempo así, le preguntó:
"¿Quieres ser sano?"

7 Le respondió el enfermo: "Señor, no tengo a nadie que me meta en el estanque cuando el agua es agitada; y mientras me muevo yo, otro desciende antes que yo".

8 Jesús le dijo: "Levántate, toma tu cama y anda".

9 Y en seguida el hombre fue sanado, tomó su cama y anduvo. Y aquel día era sábado.

10 Entonces los judíos le decían a aquel que había sido sanado: "Es sábado, y no te es lícito llevar tu cama".

11 Pero él les respondió: "El que me sanó, él mismo me dijo: 'Toma tu cama y anda' ".

12 Entonces le preguntaron: "¿Quién es el hombre que te dijo: 'Toma tu cama y anda'?"

13 Pero el que había sido sanado no sabía quién había sido, porque Jesús se había apartado, pues había mucha gente en el lugar. **14** Después Jesús le halló en el templo y le dijo:
"He aquí, has sido sanado; no peques más, para que no te ocurra algo peor".

15 El hombre se fue y declaró a los judíos que Jesús era el que le había sanado. **16** Por esta causa los judíos perseguían a Jesús,* porque hacía estas cosas en sábado. **17** Pero Jesús
les respondió: "Mi Padre hasta ahora trabaja; también yo trabajo".

Mateo	Marcos	Lucas	Juan 5:1-47
			18 Por esta razón los judíos aún más procuraban matarle,

porque no sólo quebrantaba el sábado, sino que también llamaba a Dios su propio Padre,
haciéndose igual a Dios.
19 Por esto, respondió Jesús y les decía: "De cierto, de cierto os digo que el Hijo no puede
hacer nada de sí mismo, sino lo que ve hacer al Padre. Porque todo lo que él hace, esto tam-
bién lo hace el Hijo de igual manera. **20** Porque el Padre ama al Hijo y le muestra todas las
cosas que él mismo hace. Y mayores obras que éstas le mostrará, de modo que vosotros os
asombréis. **21** Porque así como el Padre resucita a los muertos y les da vida, así también el
Hijo da vida a los que quiere. **22** Porque el Padre no juzga a nadie, sino que todo el juicio lo
dio al Hijo, **23** para que todos honren al Hijo como honran al Padre. El que no honra al
Hijo, no honra al Padre que le envió.
24 "De cierto, de cierto os digo que el que oye mi palabra y cree al que me envió tiene
vida eterna. El tal no viene a condenación,* sino que ha pasado de muerte a vida. **25** De
cierto, de cierto os digo que viene la hora y ahora es, cuando los muertos oirán la voz del
Hijo de Dios, y los que oyen vivirán. **26** Porque así como el Padre tiene vida en sí mismo,
así también dio al Hijo el tener vida en sí mismo. **27** Y también le dio autoridad para hacer
juicio, porque él es el Hijo del Hombre. **28** No os asombréis de esto, porque vendrá la hora
cuando todos los que están en los sepulcros oirán su voz **29** y saldrán, los que hicieron el
bien para la resurrección de vida, pero los que practicaron el mal para la resurrección de
condenación. **30** Yo no puedo hacer nada de mí mismo. Como oigo, juzgo; y mi juicio es
justo, porque no busco la voluntad mía, sino la voluntad del* que me envió.
31 "Si yo doy testimonio de mí mismo, mi testimonio no es verdadero. **32** El que da testi-
monio de mí es otro, y sé que el testimonio que da de mí es verdadero. **33** Vosotros envias-
teis mensajeros a Juan, y él ha dado testimonio de la verdad. **34** Pero yo no recibo el testi-
monio de parte del hombre; más bien, digo esto para que vosotros seáis salvos. **35** Él era
antorcha que ardía y alumbraba, y vosotros quisisteis regocijaros por un poco en su luz.
36 "Pero yo tengo un testimonio mayor que el de Juan; porque las obras que el Padre me
ha dado para cumplirlas, las mismas obras que hago dan testimonio de mí, de que el Padre
me ha enviado.
37 "Y el Padre que me envió ha dado testimonio de mí. Pero nunca habéis oído su voz, ni
habéis visto su apariencia, **38** ni tenéis su palabra permaneciendo en vosotros; porque voso-
tros no creéis a quien él envió. **39** Escudriñad* las Escrituras, porque os parece que en ellas
tenéis vida eterna, y ellas son las que dan testimonio de mí. **40** Y vosotros no queréis venir a
mí para que tengáis vida.
41 "No recibo gloria de parte de los hombres. **42** Al contrario, yo os conozco que no tenéis
el amor de Dios en vosotros. **43** Yo he venido en nombre de mi Padre, y no me recibís. Si
otro viene en su propio nombre, a aquél recibiréis. **44** ¿Cómo podéis vosotros creer? Pues reci-
biendo la gloria los unos de los otros, no buscáis la gloria que viene de parte del único Dios.
45 "No penséis que yo os acusaré delante del Padre. Hay quien os acusa: Moisés, en quien
habéis puesto la esperanza. **46** Porque si vosotros creyeseis a Moisés, me creeríais a mí;
pues él escribió de mí. **47** Pero si no creéis a sus escritos, ¿cómo creeréis a mis palabras?"

---

*5:2 Algunos mss. antiguos tienen **Betzata** o **Betsaida** en vez de **Betesda**. *5:4 Algunos mss. antiguos incluyen, aunque con variantes: **paralíticos que esperaban el movimiento del agua.** [4]**Porque un ángel del Señor descendía en ciertos tiempos en el estanque y agitaba el agua. Por tanto, el primero que entró después del movimiento del agua fue sanado de cualquier enfermedad que tuviera.** *5:16 Algunos mss. antiguos incluyen **para matarlo**. *5:24 Otra trad., **juicio** *5:30 Algunos mss. antiguos incluyen **Padre**. *5:39 Otra trad., **Escudriñáis**.

Nota 49: Los fariseos dan mucha atención a la obediencia a la Ley, pues creen que los problemas que hay se deben al desagrado de Dios por la desobediencia. En general, los fariseos son respetados como la "mejor gente". Recordamos que el apóstol Pablo, dice: "Yo soy fariseo" (Hech. 23:6). Lamentablemente solían dar más atención a la letra de la ley que a su espíritu. Criticaban severamente a Jesús por su aparente descuido de ella y por presentarse como igual a Dios. Antes fue por desatender los ayunos y pretender ser "vino nuevo" (Luc. 5:38 en **§ 48**); ahora es por sanar en día sábado (Juan 5:10) y en seguida por llamar "a Dios su propio Padre, haciéndose igual a Dios" (5:18). Juan 5:19-47 es la primera de seis largas controversias que el cuarto Evangelio incluye, en las que Jesús se defiende contra las críticas (6:26-71; 7:15-44; 8:12-59; 10:1-39; 12:29-36 en **§ 76, 96, 98, 99, 101, 111** y **131**). Todas estas acontecen en Jerusalén, menos la relacionada con el pan del cielo (6:26-71 en **§ 76**). Es difícil intercalar en orden cronológico los hechos presentados por el Evangelio de Juan con los de los otros Evangelios; algunos eruditos ubican este incidente de Jerusalén algunos meses después. En este viaje a Jerusalén asiste a una fiesta, talvez la Pascua.

§ 50. Jesús el Señor del sábado

Mateo 12:1-8

1 En ese tiempo, Jesús pasó por los sembrados en sábado. Sus discípulos tuvieron hambre y comenzaron a arrancar espigas y a comer.

2 Y al verlo los fariseos, le dijeron: "Mira, tus discípulos hacen lo que no es lícito hacer en el sábado".

3 Él les dijo: "¿No habéis leído qué hizo David* cuando tuvo hambre él y los que estaban con él;

4 cómo entró en la casa de Dios y comieron los panes de la Presencia,* que no les era lícito comer ni a él ni a los que estaban con él, sino sólo a los sacerdotes?

5 ¿Tampoco habéis leído en la ley que en los sábados los sacerdotes en el templo pro-

Marcos 2:23-28

23 Aconteció que Jesús pasaba por los sembrados en sábado, y sus discípulos se pusieron a caminar arrancando espigas.

24 Los fariseos le decían: "Mira, ¿por qué hacen en los sábados lo que no es lícito?"

25 Y él les dijo: "¿Nunca habéis leído qué hizo David* cuando tuvo necesidad y pasó hambre él y los que estaban con él;

26 cómo entró en la casa de Dios, siendo Abiatar sumo sacerdote, y comió los panes de la Presencia,* y aun dio a los que estaban con él; cosa que no es lícito comer, salvo a los sacerdotes?"

Lucas 6:1-5

1. Aconteció que Jesús pasaba por los sembrados en sábado,* y sus discípulos arrancaban espigas y las comían, restregándolas con las manos. **2** Y algunos de los fariseos dijeron: "¿Por qué hacéis lo que no es lícito hacer en los sábados?"

3 Respondiéndoles, Jesús dijo: "¿No habéis leído qué hizo David cuando tuvo hambre él y los que estaban con él?*

4 Entró en la casa de Dios, tomó los panes de la Presencia,* que no es lícito comer, sino sólo a los sacerdotes, y comió y dio también a los que estaban con él".

Mateo 12:1-8

fanan el sábado y quedan
sin culpa?* **6** Pero os digo
que uno mayor que el tem-
plo está aquí. **7** Si hubierais
conocido qué significa Mi-
sericordia quiero y no sacri-
ficio,* no habríais condena-
do a los que no tienen culpa.

8 Porque
el Hijo del Hombre es
Señor del sábado".

*12:3 Ver 1 Sam. 21:1-6. *12:4 Ver Éxo. 25:23-30; Lev. 24:5-9. *12:5 Ver Núm. 28:9, 10. *12:7 Ose. 6:6.

Marcos 2:23-28

27 —También les dijo—:
"El sábado fue hecho para
el hombre, y no el hombre
para el sábado. **28** Así que
el Hijo del Hombre es
Señor aun del sábado".

*2:25 Ver 1 Sam. 21:1-6. *2:26 Ver Éxo. 25:23-30; Lev. 24:5-9.

Lucas 6:1-5

5 —También les decía—:

"El Hijo del Hombre es
Señor del sábado".*

*6:1 Algunos mss. antiguos tienen **el segundo sábado del primer** (mes). *6:3 Ver 1 Sam. 21:1-6. *6:4 Ver Éxo. 25:23-30; Lev. 24:5-9. *6:5 Algunos mss. antiguos dicen **aun del sábado**.

Nota 50: Probablemente acontece en Galilea al regresar de la fiesta en Jerusalén.

La acusación contra los discípulos de Jesús no incluye el sacar espigas de un campo ajeno, pues la Ley de Moisés lo permite (Deut. 23:25); pero para los fariseos el cortarlas, frotar los granos para soltar el tamo y soplar para separar los granos representa trabajo, algo prohibido en día sábado. Los dirigentes religiosos desean un caso claro contra Jesús; pues la profanación del sábado (Exo. 35:2 y Núm. 15:32-36) merece la muerte. Jesús presenta cinco argumentos en defensa de sus discípulos: 1) la historia de David (1 Sam. 21:1-6); 2) la labor de los sacerdotes en el templo los sábados; 3) la profecía de Oseas (6:6) acerca de la misericordia; 4) el propósito de Dios para el sábado "hecho para el hombre" (Mar. 2:27); y 5) el señorío del Mesías sobre el sábado.

§ 51. Nueva controversia en relación al sábado

Mateo 12:9-14

9 Partió de allí y fue a la
sinagoga de ellos. **10** Y he
aquí había un hombre que
tenía la mano
paralizada;

y para acusar a Jesús,
le preguntaron diciendo:

Marcos 3:1-6

1 Entró otra vez en la
sinagoga, y
estaba allí un hombre que
tenía la mano
paralizada.
2 Y estaban al acecho
a ver si le sanaría en
sábado, a fin de
acusarle.

Lucas 6:6-11

6 Aconteció en otro sába-
do que él entró en la
sinagoga y enseñaba. Y
estaba allí un hombre cuya
mano derecha estaba
paralizada. **7** Los escribas y
los fariseos le acechaban
para ver si le sanaría en
sábado, para hallar de qué
acusarle.

Mateo 12:9-14	Marcos 3:1-6	Lucas 6:6-11
"¿Es lícito sanar en sábado?" **11** Pero él les dijo: "¿Qué hombre hay entre vosotros que tenga una oveja, que si ésta cae en un pozo en sábado, no le echará mano y la sacará? **12** Pues, ¡cuánto más vale un hombre que una oveja! De manera que es lícito hacer bien en sábado".		
13 Entonces dijo a aquel hombre:	**3** Entonces dijo al hombre que tenía la mano paralizada: "¡Ponte de pie en medio!"	**8** Pero él, conociendo los razonamientos de ellos, dijo al hombre que tenía la mano paralizada: "Levántate y ponte en medio". Él se levantó y se puso en medio.
	4 Y a ellos les dijo: "¿Es lícito en sábado hacer bien o hacer mal? ¿Salvar la vida o matar?"	**9** Entonces Jesús les dijo: "Yo os pregunto: ¿Es lícito en el sábado hacer bien o hacer mal? ¿Salvar la vida o quitarla?"
	Pero ellos callaban. **5** Y mirándolos en derredor con enojo, dolorido por la dureza de sus corazones, dijo al hombre:	**10** Y mirándolos a todos en derredor, dijo al hombre:
"Extiende tu mano". Él la extendió, y su mano fue restaurada sana como la otra.	"Extiende tu mano". Y la extendió, y su mano le fue restaurada.	"Extiende tu mano". Él lo hizo, y su mano le fue restaurada.
		11 Entonces ellos se llenaron de enojo y discutían los unos con los otros qué podrían hacer con Jesús.
14 Pero saliendo los fariseos, tomaron consejo contra él, cómo destruirlo.	**6** Los fariseos salieron en seguida, junto con los herodianos, y tomaron consejo contra él, cómo destruirlo.	

Nota 51: En alguna parte de Galilea, Jesús comparte con los fariseos la importancia de estar en la casa de adoración el sábado, pero no en tantas restricciones al hacer el bien. ¿Los fariseos habrán puesto allí al hombre con la mano seca para ver qué haría Jesús? "Le acechaban para ver si le sanaría en sábado, para hallar de qué acusarle" (Luc. 6:7). ¡Parece que, para ellos, en un día sábado es malo que él haga una sanidad pero bueno que ellos se junten para tramar contra la vida de él! Jesús siente tristeza y enojo, y después de relatarles cómo ellos mismos ayudarían un día

sábado a una oveja caída, sana la mano enferma. Ya que no toca al hombre, no lo pueden acusar de "trabajar". Con mayor razón "se llenaron de enojo" (Luc. 6:11).

§ 52. Multitudes son sanadas junto al mar de Galilea★

Mateo 12:15-21

15 Como Jesús lo supo, se apartó de allí.

Le siguió mucha gente,

y a todos los sanó.

16 Y les mandó rigurosamente que no lo dieran a conocer, **17** para que se cumpliese lo dicho por medio del profeta Isaías, que dijo:

18 He aquí mi siervo,
a quien he escogido;
mi amado,
en quien se complace mi alma.
Pondré mi Espíritu sobre él,
*y anunciará juicio a las naciones.**
19 No contenderá, ni dará voces;.
ni oirá nadie su voz en las plazas.
20 La caña cascada no quebrará,*
. y la mecha que humea no apagará,
hasta que saque a triunfo el juicio.
*21 Y en su nombre las naciones**
*pondrán su esperanza.**

*12:18, 21 O sea, **los gentiles**. *12:20 Otras trads., **dañada**, **fracturada**, **debilitada**, **frágil**. *12:21 Isa. 42:1-4.

Lucas

Marcos 3:7-12

7 Jesús se apartó
con sus discípulos al
mar, y le siguió una gran multitud de gente
procedente de Galilea. Y de Judea, **8** de
Jerusalén, de Idumea, del otro lado del
Jordán, y de los alrededores de Tiro y
Sidón una gran multitud vino a él, porque
habían oído de las grandes cosas que
hacía.
9 Y Jesús dijo a sus discípulos que siem-
pre tuviesen lista una barca a causa del
gentío, para que no lo apretujaran; **10** por-
que había sanado a muchos, de modo que
le caían encima todos cuantos tenían pla-
gas, para tocarlo. **11** Y los espíritus inmun-
dos, siempre que le veían, se postraban
delante de él y gritaban diciendo: "¡Tú eres
el Hijo de Dios!" **12** Pero él les reprendía
mucho para que no le dieran a conocer.

Juan

★**En § 52 el orden de Marcos y Lucas se ha invertido por facilidad de diagramación.**

Nota 52: Mientras aumenta la oposición de los dirigentes religiosos, también aumenta la popularidad de Jesús con el pueblo. Además de muchos de Galilea, allí llegan del sur, desde Jerusalén y otras partes de Judea y más allá, de Idumea (antiguo Edom). Del este, del otro lado del Jordán en Perea y Decápolis. Del norte, desde Tiro y Sidón; "porque habían oído de las grandes cosas que hacía" (Mar. 3:8). Todos quieren estar cerca, de modo que Jesús a veces les habla desde una barca. Muchos de ellos son gentiles, y Mateo señala eso como cumplimiento de lo dicho en Isaías 42:1-4. Jesús está bien dispuesto a ayudarles; pero prefiere que no lo divulguen, pues da énfasis a lo que para él es secundario a su ministerio espiritual.

§ 53. *Jesús escoge a los doce apóstoles*

Mateo

Marcos 3:13-19a

13 Entonces
subió al monte y
llamó a
sí a los que él quiso, y fueron a él.
14 Constituyó a doce, a quienes nombró
apóstoles,* para que estuvieran con él, y
para enviarlos a predicar **15** y tener autoridad para* echar fuera los demonios.
16 Y constituyó a los doce:* a Simón (a
quien le puso por nombre Pedro), **17** a
Jacobo hijo de Zebedeo, y a Juan el hermano de Jacobo (a ellos les puso por nombre Boanerges, es decir, hijos del trueno),
18 a Andrés, a Felipe, a Bartolomé, a
Mateo, a Tomás, a Jacobo hijo de Alfeo, a
Tadeo, a Simón el cananita
19a y a Judas Iscariote (el que
le entregó).

*3:14 Algunos mss. antiguos no incluyen a **quienes nombró apóstoles**. *3:15 Algunos textos tardíos tienen **para sanar a los enfermos y...** *3:16 Algunos mss. antiguos no incluyen **Y constituyó a los doce**.

Lucas 6:12-16

12 Aconteció en
aquellos días que
Jesús salió al monte
para orar, y pasó toda la noche en oración
a Dios. **13** Cuando se hizo de día, llamó a
sus discípulos y de ellos
escogió a doce, a quienes también llamó
apóstoles:
14 a Simón al
cual también llamó Pedro, y a su hermano
Andrés; a Jacobo y a Juan;
a Felipe y a Bartolomé; **15** a
Mateo y a Tomás; a Jacobo hijo de Alfeo,
y a Simón llamado el Zelote; **16** a Judas
hijo de Jacobo,* y a Judas Iscariote, que
también llegó a ser el traidor.

*6:16 Lit., **Judas de Jacob**; otra trad., **Judas, hermano de Jacobo**.

Juan

Nota 53: "Salió al monte para orar, y pasó toda la noche en oración a Dios" (Luc. 6:12), pues Jesús ha de tomar una acción muy importante: de entre sus discípulos (aprendices) debe escoger a apóstoles (enviados o misioneros) "para que estuvieran con él...", (Mar. 3:14, 15), a fin de participar más directamente en su ministerio y seguir con la obra después que él se vaya. Algunos de los doce nombrados han estado con él mucho del tiempo desde cuando Jesús estaba con Juan el Bautista, ya hace un año o más. Notamos que hay variación en el grupo; por ejemplo, Mateo ha sido publicano,colaborador de los romanos, y Simón el Zelote ha estado con los partidarios de una revuelta contra Roma. A lo menos cuatro son pescadores. La mayor parte son galileos. Parece que Judas Iscariote es el único que proviene de Judea, y parece que ninguno es de la clase aristócrata. Hay otras listas de los apóstoles en Mateo 10:2-4 (**§ 70**) y en Hechos 1:13.

Natanael y Bartolomé serían uno mismo (**§ 28**). Tadeo y Judas hijo de Jacobo serían uno mismo. A la vez, hay dos grupos de hermanos: Simón Pedro y Andrés, hijos de Jonás; y Jacobo y Juan, hijos de Zebedeo. Además, Tadeo (Judas) y Jacobo, y quizá Mateo, serían de la familia de Alfeo.

§ 54. El Sermón del monte: privilegios y requisitos del reino
(Mat. 5:1—8:1; Luc. 6:17-49)

§ 54.1 Lugar y auditorio

Mateo 5:1-2	**Marcos**	**Lucas 6:17-20a**	**Juan**
1 Cuando vio la multitud, subió al monte; y al sentarse él, se le acercaron sus discípulos.		**17** Descendió con ellos y se detuvo en una llanura, junto con una multitud de sus discípulos y un gran número de personas de toda Judea, de Jerusalén, y de las costas de Tiro y de Sidón, que habían venido para oírle y para ser sanados de sus enfermedades. **18** Los que eran atormentados por espíritus inmundos eran sanados, **19** y toda la gente procuraba tocarle; porque salía poder de él, y sanaba a todos.	
2 Y abriendo su boca, les enseñaba diciendo:		**20** Y alzando él los ojos hacia sus discípulos, decía:	

Nota 54.1: Habiendo Jesús escogido oficialmente a sus ministros (apóstoles) más íntimos, corresponde fijar las bases fundamentales de la fase de su reino que "está en medio de vosotros" (Luc. 17:21). Así, estando en un lugar llano, en una montaña no lejos de Capernaúm y hablando especialmente a sus discípulos, nuestro Señor presenta lo que se ha llamado "la constitución política del reino de Dios". Los principios valen también para la multitud que está allí presente escuchando y para aquellos de los siglos después que quieran participar en su causa. Así deben ser, y deben actuar, los súbditos de su reino. "El ser sanados de sus enfermedades" (Luc. 6:17) es importante para el tiempo, pero el reino de Dios es supremo para el tiempo y para la eternidad.

Mateo ubica el lugar del discurso en el "monte"; y Lucas, en "una llanura". Recordemos que en nuestra Biblia "monte" siempre se refiere a altura. En el sitio tradicional, los Cuernos de Hattin al poniente del mar de Galilea, hay dos prominencias ("cuernos") con una llanura al medio, pero todo elevado.

§ 54.2 Bienaventuranzas y ayes

Mateo 5:3-12	**Marcos**	**Lucas 6:20b-26**	**Juan**
3 "Bienventurados los pobres en espíritu, porque de ellos es el reino de los cielos.		**20b** "Bienaventurados vosotros los pobres, porque vuestro es el reino de Dios.	
4 "Bienaventurados los que lloran, porque ellos serán consolados.		{**21b** "Bienaventurados los que ahora lloráis, porque reiréis.}	

Mateo 5:3-12	**Marcos**	**Lucas 6:20b-26**	**Juan**

Mateo 5:3-12

5 "Bienaventurados
los mansos, porque
ellos recibirán la tie-
rra por heredad.
6 "Bienaventurados los que
tienen hambre y sed de justicia, porque
ellos serán saciados.
7 "Bienaventurados los misericordiosos,
porque ellos recibirán misericordia.
8 "Bienaventurados los de limpio
corazón, porque ellos verán a Dios.
9 "Bienaventurados los que hacen la paz,
porque ellos serán llamados hijos de Dios.
10 "Bienaventurados los que son perse-
guidos por causa de la justicia, porque de
ellos es el reino de los cielos.
11 "Bienaventurados sois cuando
os vituperan y os persiguen, y dicen
toda clase de mal contra vosotros por
mi causa, mintiendo. 12 Gozaos
y alegraos, porque
vuestra recompensa es grande en los
cielos; pues así persiguieron a los pro-
fetas que fueron antes de vosotros.

Lucas 6:20b-26

21a "Bienaventurados los que ahora
tenéis hambre, porque
seréis saciados.

22 "Bienaventurados sois cuando los
hombres os aborrecen, cuando os apartan
de sí y os vituperan, y desechan vuestro
nombre como si fuera malo, por
causa del Hijo del Hombre. 23 Gozaos
en aquel día y saltad de alegría, porque he
aquí vuestro galardón es grande en el
cielo; pues así hacían sus padres a los pro-
fetas.
24 "Pero ¡ay de vosotros los ricos! Por-
que estáis recibiendo vuestro consuelo.
25 "¡Ay de vosotros, los que ahora estáis
saciados! Porque tendréis hambre.
"¡Ay de vosotros, los que ahora os reís!
Porque lamentaréis y lloraréis.
26 "¡Ay de vosotros, cuando todos los
hombres hablan bien de vosotros! Porque
así hacían sus padres con los falsos profetas.

Nota 54.2: Al considerar las bienaventuranzas —cosas que conducen a la felicidad— Lucas da énfasis al lado social, tanto a lo positivo como a lo negativo; y Mateo, al lado espiritual. A lo que presenta éste aquí alguien lo ha llamado las gradas al templo de Dios: 1) "pobres en espíritu", humildad, darse cuenta de sus limitaciones; 2) "lloran", porque no se conforman con lo actual; 3) "mansos", aceptan lo que provee Dios y así tienen poder, pero bajo control; 4) "hambre y sed", pues tienen apetito de justicia y crecen; 5) "misericordiosos", como hijos van tomando características de Dios; 6) "de limpio corazón", la pureza también propia del Padre; 7) "hacen la paz", no solo tenerla sino compartirla; y 8) "perseguidos", como nuestro Señor y Salvador están dispuestos a sufrir por el bien. Así les llegan gozo y alegría en la compañía de los antiguos profetas.

Estas etapas espirituales se tratarán en lo demás del Sermón, pero no en el mismo orden.

§ 54.3 Normas de justicia según Jesús

Mateo 5:13-20	Marcos	Lucas	Juan
13 "Vosotros sois la sal de la tierra. Pero si la sal pierde su sa-			

bor, ¿con qué será salada? No vale más para nada, sino para ser echada fuera y piso-
teada por los hombres.
14 "Vosotros sois la luz del mundo. Una ciudad asentada sobre un monte no puede ser
escondida. **15** Tampoco se enciende una lámpara para ponerla debajo de un cajón,* sino
sobre el candelero; y así alumbra a todos los que están en la casa. **16** Así alumbre vues-
tra luz delante de los hombres, de modo que vean vuestras buenas obras y glorifiquen a
vuestro Padre que está en los cielos.
17 "No penséis que he venido para abrogar la Ley o los Profetas. No he venido para
abrogar, sino para cumplir. **18** De cierto os digo que hasta que pasen el cielo y la tierra,
ni siquiera una jota ni una tilde pasará de la ley hasta que todo haya sido cumplido.
19 "Por lo tanto, cualquiera que quebranta el más pequeño de estos mandamientos y
así enseña a los hombres, será considerado el más pequeño en el reino de los cielos.
Pero cualquiera que los cumple y los enseña, éste será considerado grande en el reino de
los cielos. **20** Porque os digo que a menos que vuestra justicia sea mayor que la de los
escribas y de los fariseos, jamás entraréis en el reino de los cielos.

*5:15 O sea, **almud**; una vasija, canasta o caja que representaba una "medida" de casi nueve litros.

Nota 54.3: No se dice que los hijos del reino deben ser sal y luz, sino que "sois", pero ¿qué calidad de sal y luz? Sal no refinada y de mala calidad no sirve para la mesa ni para las plantas; solo puede ser echada al camino donde no haga daño. La luz puede ser débil y humeante o usada para la vanagloria propia. Tienen que glorificar "a vuestro Padre que está en los cielos". Como en muchos otros casos, Jesús también trata estos asuntos en diversas ocasiones (como en Mar. 9:49, 50; 4:21; Luc. 14:34, 35; 8:16).

El propósito de Jesucristo no incluye "el abrogar la Ley o los Profetas", sino el "cumplir". Los fariseos y otros lo han acusado en eso, pero la verdad es otra. Como lo va a decir en seguida, él fijará normas que penetran el espíritu de la Ley, el que va más allá de la letra. Recordemos que aquí la "Ley" se refiere a los cinco libros de Moisés, la primera sección de lo que ahora llamamos el Antiguo Testamento; y los "Profetas" forman la segunda sección, que incluye Josué, Jueces, Samuel, Reyes, Isaías, Jeremías, Ezequiel y los doce Profetas Menores. Por extensión incluiría también la tercera sección: los "Escritos" que serían los libros restantes de la Biblia judía. Esta consiste exactamente de los mismos libros del Antiguo Testamento protestante, pero no en el mismo orden.

La justicia inadecuada "de los escribas y de los fariseos" es una justicia propia de acciones rigurosas sin la necesaria gracia de Dios. Les falta la justicia de Dios aplicada por la fe a los pecadores.

§ 54.4 La ética de Jesús superior a todo

Mateo 5:21-48	Marcos	Lucas 6:27-30, 32-36	Juan

21 "Habéis oído que fue dicho a los antiguos: *No cometerás homicidio*;* y cualquiera que comete homicidio será culpable en el juicio. **22** Pero yo os digo que todo el que se enoja con su hermano será culpable en el juicio. Cualquiera que le llama a su hermano 'necio' será culpable ante el Sanedrín;* y cualquiera que le llama* 'fatuo' será expuesto al infierno* de fuego.

23 "Por tanto, si has traído tu ofrenda al altar y allí te acuerdas de que tu hermano tiene algo contra ti, **24** deja tu ofrenda allí delante del altar, y vé, reconcíliate primero con tu hermano, y entonces vuelve y ofrece tu ofrenda.

25 "Reconcíliate pronto con tu adversario mientras estás con él en el camino; no sea que el adversario te entregue al juez, y el juez al guardia, y seas echado en la cárcel. **26** De cierto te digo que jamás saldrás de allí hasta que pagues el último cuadrante.*

27 "Habéis oído que fue dicho: *No cometerás adulterio*.* **28** Pero yo os digo que todo el que mira a una mujer para codiciarla ya adulteró con ella en su corazón. **29** Por tanto, si tu ojo derecho te es ocasión de caer, sácalo y échalo de ti. Porque es mejor para ti que se pierda uno de tus miembros, y no que todo tu cuerpo sea echado al infierno.* **30** Y si tu mano derecha te es ocasión de caer, córtala y échala de ti. Porque es mejor para ti que se pierda uno de tus miembros, y no que todo tu cuerpo sea echado al infierno.*

31 "También fue dicho: *Cualquiera que despide a su mujer, dele carta de divorcio*.* **32** Pero yo os digo que todo aquel que se divorcia de* su mujer, a no ser por causa de adulterio, hace que ella cometa adulterio. Y el que se casa con la mujer divorciada comete adulterio.

Mateo 5:21-48 | **Marcos** | **Lucas 6:27-30, 32-36** | **Juan**

Mateo 5:21-48

33 "Además, habéis
oído que fue dicho a
los antiguos: *No
jurarás falsamente*; sino que *cumplirás al
Señor tus juramentos*. **34** Pero yo os digo:
No juréis en ninguna manera; ni por el cie-
lo, porque es el trono de Dios; **35** ni por la
tierra, porque es el estrado de sus pies; ni
por Jerusalén, porque es la ciudad del Gran
Rey. **36** No jurarás ni por tu cabeza, por-
que no puedes hacer que un cabello sea ni
blanco ni negro. **37** Pero sea vuestro ha-
blar, 'sí', 'sí', y 'no', 'no'. Porque lo que
va más allá de esto, procede del mal.*

38 "Habéis oído que fue dicho a los an-
tiguos: *Ojo por ojo y diente por diente*.*
39 Pero yo os digo: No resistáis al malo.
Más bien, a cualquiera que te golpea en la
mejilla derecha, vuélvele también la otra.
40 Y al que quiera llevarte a juicio y qui-
tarte la túnica, déjale también el manto.
41 A cualquiera que te obligue a llevar car-
ga por una milla,* vé con él dos. **42** Al que
te pida, dale; y al que quiera tomar de ti
prestado, no se lo niegues.

43 "Habéis oído que fue dicho: *Amarás a
tu prójimo** y aborrecerás a tu enemigo.
44 Pero yo os digo:
Amad a vuestros enemigos,* y orad por
los que* os persiguen;

45 de modo que seáis hijos de vuestro Pa-
dre que está en los cielos, porque él hace
salir su sol sobre malos y buenos, y hace
llover sobre justos e injustos.
46 Porque si amáis a los que os aman,
¿qué recompensa tenéis? ¿No hacen lo
mismo también los publicanos?

Lucas 6:27-30, 32-36

29 Al que te hiera en la
mejilla, preséntale también la otra;
y al que te quite
el manto, no le niegues la túnica.

30 A cualquiera que
te pida, dale; y al que tome lo que es tuyo,
no se lo vuelvas a pedir.

{**27** "Pero a vosotros los que oís, os digo:
Amad a vuestros enemigos y haced bien a
los que os aborrecen; **28** bendecid a los
que os maldicen y orad por los que os mal-
tratan.}

32 Porque si amáis a los que os aman,
¿qué mérito tenéis? Pues también los
pecadores aman a los
que los aman. **33** Y si hacéis bien a los que
os hacen bien, ¿qué mérito tenéis? Tam-
bién los pecadores hacen lo mismo. **34** Y si
dais prestado a aquellos de quienes espe-
ráis recibir, ¿qué mérito tenéis? Pues tam-
bién los pecadores dan prestado a los

Mateo 5:21-48	Marcos	Lucas 6:27-30, 32-36	Juan
47 Y si saludáis solamente a vuestros hermanos, ¿qué hacéis de más? ¿No hacen eso mismo los gentiles? **48** Sed, pues, vosotros perfectos, como vuestro Padre que está en los cielos es perfecto.		pecadores para recibir otro tanto. **35** "Más bien, amad a vuestros enemigos y haced bien y dad prestado sin esperar ningún provecho. Entonces vuestra recompensa será grande, y seréis hijos del Altísimo; porque él es benigno para con los ingratos y los perversos. **36** Sed misericordiosos, como también vuestro Padre es misericordioso.	

*5:21 Éxo. 20:13; Deut. 5:17. *5:22 O sea, la corte suprema de los judíos. *5:22 Algunos mss. antiguos incluyen **a su hermano**. *5:22, 29, 30 Gr., **Gehena**. *5:26 Otra trad., **el último centavo**. El **cuadrante** era una moneda de cobre, pequeña y de muy poco valor. *5:27 Éxo. 20:14; Deut. 5:18. *5:31 Deut. 24:1. *5:32 Lit., **despide** o **repudia**. *5:33 Lev. 19:12; Núm. 30:2; Deut. 23:21. *5:37 Otra trad., **del maligno**. *5:38 Éxo. 21:24; Lev. 24:20; Deut. 19:21. *5:41 Medida romana de aprox. 1,5 km. *5:43 Lev. 19:18. *5:44 Algunos mss. antiguos incluyen **bendecid a los que os maldicen; haced bien a los que os odian**. *5:44 Algunos mss. antiguos incluyen **os ultrajan y**.

Nota 54.4: Jesús no ha destruido nada de la Ley, ni ha dejado nada sin cambio. La ha agrandado y extendido. A la acción de cometer homicidio — asesinar, matar (Éxo. 20:13)— ha añadido la actitud que la produce: primero, enojo; segundo, desprecio; y tercero, vituperio. Por ello, hasta en medio del acto sagrado de la adoración la reconciliación tiene precedencia "si tu hermano tiene algo contra ti" (Mat. 5:23, ¡pero ver 18:15!). Son temas que volverá a tratar.

De la misma manera, frente al adulterio o la fornicación hay que tener cuidado de que el pensamiento — la tentación— no pase al deleite y al consentimiento. Si es necesario, se debe tomar una acción drástica en su contra. Para el divorcio el Señor ofrece una sola causa: la infidelidad del cónyuge. Nuestra veracidad debe ser tal que los juramentos no hagan falta.

La Ley del Talión (Éxo. 21:23-25) mencionada por Moisés es mejor que la ley de la naturaleza humana de dar dos golpes por uno, pero es inferior a la ley de Cristo: "No resistáis al malo" (Mat. 5:39). Debemos resistir el mal, pero no al malo. Algunos dirían: "Amarás a tu prójimo" de las Escrituras (Lev. 19:18) y aborrecerás a tu enemigo de la tradición humana; pero el Maestro dice: "Amad a vuestros enemigos". Y para coronar el tema pone como meta para sus seguidores: "Sed, pues, vosotros perfectos, como vuestro Padre..." Imposible de alcanzar pero necesario de intentar. Enseñanzas similares están en Lucas 12:57-59; 16:16-18.

§ 54.5 La justicia no es como la de los hipócritas

Mateo 6:1-18	Marcos	Lucas	Juan
1 "Guardaos de hacer vuestra justicia delante de los hom-			

bres, para ser vistos por ellos. De lo contrario, no tendréis recompensa de vuestro Padre que está en los cielos. **2** Cuando, pues, hagas obras de misericordia,* no hagas tocar

Mateo 6:1-18	Marcos	Lucas	Juan
trompeta delante de ti, como hacen los hipócritas en las sina-			

gogas y en las calles, para ser honrados por los hombres. De cierto os digo que ellos ya
tienen su recompensa. **3** Pero cuando tú hagas obras de misericordia,* no sepa tu iz-
quierda lo que hace tu derecha, **4** de modo que tus obras de misericordia* sean en secre-
to. Y tu Padre que ve en secreto te recompensará.*

5 "Cuando oréis, no seáis* como los hipócritas, que aman orar de pie en las sinagogas
y en las esquinas de las calles, para ser vistos por los hombres. De cierto os digo que ya
tienen su recompensa. **6** Pero tú, cuando ores, entra en tu habitación, cierra la puerta y
ora a tu Padre que está en secreto; y tu Padre que ve en secreto te recompensará.* **7** Y al
orar, no uséis vanas repeticiones, como los gentiles, que piensan que serán oídos por su
palabrería. **8** Por tanto, no os hagáis semejantes a ellos, porque vuestro Padre sabe de
qué cosas tenéis necesidad antes que vosotros le pidáis. **9** Vosotros, pues, orad así:

Padre nuestro que estás en los cielos:
Santificado sea tu nombre,
10 venga tu reino,
sea hecha tu voluntad,
como en el cielo así también en la tierra.
11 El pan nuestro de cada día, dánoslo hoy.
12 Perdónanos nuestras deudas,
como también nosotros perdonamos a nuestros deudores.
13 Y no nos metas en tentación,
mas líbranos del mal.
[Porque tuyo es el reino,
el poder y la gloria
por todos los siglos. Amén.]*

14 Porque si perdonáis a los hombres sus ofensas,* vuestro Padre celestial también os
perdonará a vosotros. **15** Pero si no perdonáis a los hombres,* tampoco vuestro Padre os
perdonará vuestras ofensas.

16 "Cuando ayunéis, no os hagáis los decaídos, como los hipócritas, que descuidan su
apariencia* para mostrar a los hombres que ayunan. De cierto os digo que ya tienen su
recompensa. **17** Pero tú, cuando ayunes, unge tu cabeza y lávate la cara, **18** de modo
que no muestres a los hombres que ayunas, sino a tu Padre que está en secreto. Y tu
Padre que ve en secreto te recompensará.*

---

*6:2, 3, 4 O: **limosnas**. *6:4, 6, 18 Algunos mss. antiguos incluyen **en público**. *6:5 Algunos mss. antiguos dicen **Cuando ores, no seas**. *6:13 Los mss. más antiguos no incluyen la frase entre corchetes; comp. 1 Crón. 29:11-13. *6:14 O: **transgresiones**. *6:15 Algunos mss. antiguos incluyen **sus ofensas**. *6:16 Otras trads., **se desfiguran la cara**; o, **se afean la cara**.

Nota 54.5: En el reino de los cielos la justicia, o rectitud, es base y meta; pero nuestra motivación al hacerla es muy importante. Si es "para ser vistos", entonces al ser vistos "por los hombres" no hay otro premio; "ya tienen su recompensa". Dios no lo toma en cuenta. Dios mira lo que se hace para él y para otros.

Jesús ilustra ese principio con tres ejemplos: uno en relación con otros (obras misericordiosas o limosnas), uno en relación con Dios (oración), y uno en relación con uno mismo (ayuno). Una ayuda dada a otro puede o no socorrerle; pero si se hace con fines egoístas, realmente no representa la justicia. Asimismo, la oración hecha para impresionar a otros, ¿será genuinamente oración? Una muestra de la oración es el Padre Nuestro, en que lo central es que "sea hecha tu voluntad", y no aquello que queramos obtener de Dios. Lucas 11:1-4 es similar.

§ 54.6 La búsqueda del reino de Dios y su justicia

Mateo 6:19-34	**Marcos**	**Lucas**	**Juan**
19 "No acumuléis para vosotros tesoros en la tierra, donde la			

polilla y el óxido corrompen, y donde los ladrones se meten y roban. **20** Más bien, acu-
mulad para vosotros tesoros en el cielo, donde ni la polilla ni el óxido corrompen, y
donde los ladrones no se meten ni roban. **21** Porque donde esté tu* tesoro, allí también
estará tu* corazón.
22 "La lámpara del cuerpo es el ojo. Así que, si tu ojo está sano, todo tu cuerpo estará
lleno de luz. **23** Pero si tu ojo es malo, todo tu cuerpo estará en tinieblas. De modo que,
si la luz que hay en ti es oscuridad, ¡cuán grande es esa oscuridad!
24 "Nadie puede servir a dos señores; porque aborrecerá al uno y amará al otro, o se
dedicará al uno y menospreciará al otro. No podéis servir a Dios y a las riquezas.*
25 Por tanto os digo: No os afanéis* por vuestra vida, qué habéis de comer o qué habéis
de beber; ni por vuestro cuerpo, qué habéis de vestir. ¿No es la vida más que el alimen-
to, y el cuerpo más que el vestido? **26** Mirad las aves del cielo, que no siembran, ni sie-
gan, ni recogen en graneros; y vuestro Padre celestial las alimenta. ¿No sois vosotros de
mucho más valor que ellas? **27** ¿Quién de vosotros podrá, por más que se afane, añadir
a su estatura un codo?* **28** ¿Por qué os afanáis por el vestido? Mirad los lirios del cam-
po, cómo crecen. Ellos no trabajan ni hilan; **29** pero os digo que ni aun Salomón, con
toda su gloria, fue vestido como uno de ellos. **30** Si Dios viste así la hierba del campo,
que hoy está y mañana es echada en el horno, ¿no hará mucho más por vosotros, hom-
bres de poca fe?
31 "Por tanto, no os afanéis diciendo: '¿Qué comeremos?' o '¿Qué beberemos?' o
'¿Con qué nos cubriremos?' **32** Porque los gentiles buscan todas estas cosas, pero vues-
tro Padre que está en los cielos sabe que tenéis necesidad de todas estas cosas. **33** Más
bien, buscad primeramente el reino de Dios y su justicia, y todas estas cosas os serán
añadidas. **34** Así que, no os afanéis por el día de mañana, porque el día de mañana traerá
su propio afán. Basta a cada día su propio mal.*

---

*6:21 Algunos mss. antiguos dicen **vuestro**. *6:24 Gr., **Mamón**. *6:25 Otra trad., **os preocupéis**. *6:27 Una medida antigua desde el codo hasta la punta de los dedos; aprox. 45 a 50 cm. *6:34 O sea, **dificultades** o **problemas**.

Nota 54.6: Lo de la tierra es pasajero; lo de Dios es permanente. Los bienes de aquí tienen su importancia, pero "la polilla y el óxido corrompen y los ladrones se meten". Así, se puede tener posesiones pero, ¡cuidado con tu tesoro! La excesiva preocupación, hasta por las cosas básicas de nuestra vida aquí, es innecesaria (pues Dios cuida aun de las aves y la hierba del campo), inútil (pues no añade estatura ni tiempo) e indecorosa (pues coloca al creyente en la misma categoría con los incrédulos). "Más bien, buscad primeramente el reino de Dios..." (Mat. 6:33). Lucas 11:34-36; 12:22-34; 16:13 tienen enseñanzas similares

§ 54.7 No condenar a otros

Mateo 7:1-6

1 "No juzguéis, para
que no seáis juzgados.
2 Porque con el juicio
con que juzgáis seréis juzgados,
y con la
medida con que medís se os
medirá.
3 "¿Por qué miras
la brizna de paja que está en el ojo de tu
hermano, pero dejas de ver la viga que está
en tu propio ojo? 4 ¿Cómo dirás a
tu hermano: 'Deja que yo saque
la brizna de tu ojo', y he aquí la viga
está en el tuyo? 5 ¡Hipócrita! Saca pri-
mero la viga de tu propio ojo, y entonces
podrás ver para sacar la brizna
del ojo de tu hermano.
6 "No deis lo santo a los perros, ni echéis
vuestras perlas delante de los cerdos, no
sea que las pisoteen y después se vuelvan
contra vosotros y os despedacen.

Marcos

Lucas 6:37-42

37 "No juzguéis, y
no seréis juzgados.
No condenéis, y no
seréis condenados. Perdonad, y seréis per-
donados. 38 Dad, y se os dará; medida
buena, apretada, sacudida y rebosante se os
dará en vuestro regazo. Porque con la
medida con que medís, se os volverá a
medir".
39 Entonces les dijo una parábola:
"¿Acaso puede un ciego guiar a otro cie-
go? ¿No caerán ambos en el hoyo? 40 El
discípulo no es superior a su maestro, pero
cualquiera que es plenamente instruido
será como su maestro. 41 ¿Por qué miras
la brizna de paja que está en el ojo de tu
hermano pero dejas de ver la viga que está
en tu propio ojo? 42 ¿Cómo puedes decir a
tu hermano: 'Hermano, deja que yo saque
la brizna de tu ojo', sin que mires la viga
que está en tu ojo? ¡Hipócrita! Saca pri-
mero la viga de tu ojo, y entonces
verás bien para sacar la brizna que está en
el ojo de tu hermano.

Juan

Nota 54.7: La familia de Dios se compone de personas de definidos principios morales, por lo cual les es fácil desarrollar una actitud condenatoria ante lo hecho por otros. Cristo nos previene contra eso. Sin embargo, en una medida tenemos que hacer juicios referente a lo bueno y lo malo. De otro modo, ¿cómo vamos a reconocer a los "perros" y los "cerdos"?

Podemos ver que nuestro Señor tiene un sentido del humor al notar que habla de una "viga que está en tu propio ojo" (Mat. 7:3), usando una hipérbole. Marcos 4:24, 25 es parecido.

§ 54.8 *La oración y la regla de oro*

Mateo 7:7-12

7 "Pedid, y se os
dará. Buscad y halla-
réis. Llamad, y se os abrirá. **8** Porque todo
el que pide recibe, el que busca halla,
y al que llama se le abrirá. **9** ¿Qué hombre
hay entre vosotros que, al hijo que le pide
pan, le dará una piedra? **10** ¿O al que le
pide pescado, le dará una serpiente?
11 Pues si vosotros, siendo malos, sabéis
dar cosas buenas a vuestros hijos, ¿cuánto
más vuestro Padre que está en los cielos
dará cosas buenas a los que le piden?
12 "Así que, todo lo que queráis que
hagan los hombres por vosotros, así tam-
bién haced por ellos, porque esto es la Ley
y los Profetas.

Marcos

Lucas 6:31

31 "Y como queréis que
hagan los hombres con vosotros, así tam-
bién haced vosotros con ellos.

Juan

*11:11 Algunos mss. antiguos tienen **...le pide pan, ¿le dará una piedra? O si le pide...**

Nota 54.8: En forma breve, nuestro Señor señala cómo debemos relacionarnos con Dios y con otros.

Cuando estemos concientes de la presencia de Dios, debemos pedir; cuando él parece estar escondido, se debe buscar; y cuando su puerta parece estar cerrada, hay que llamar. Ningún padre cuerdo daría a su hijo una piedra por pan, ni una serpiente por pescado, aun si éste los confundiera al pedir. Con mayor razón "Dios dará cosas buenas a los que le piden". En Lucas 11:9-13 (**§ 105**) el Señor vuelve sobre el tema.

Algunos filósofos y dirigentes religiosos han recomendado no hacer a otros aquello que no se quiera recibir, pero Jesús es el primero que lo pone en forma positiva: También haced por ellos lo que queráis recibir.

§ 54.9 *Hacedores de la palabra*

Mateo 7:13—8:1

13 "Entrad por la
puerta estrecha;
porque ancha es la
puerta, y espacioso el camino que lleva a
la perdición, y son muchos los que entran
por ella. **14** Pero ¡qué estrecha es la puerta
y qué angosto el camino que lleva a la

Marcos

Lucas 6:43-49

Juan

Mateo 7:13—8:1	Marcos	Lucas 6:43-49	Juan
vida! Y son pocos los que la hallan.			
15 "Guardaos de los falsos profetas, que vienen a vosotros vestidos de ovejas, pero que por dentro son lobos rapaces. 16 Por sus frutos los conoceréis. ¿Acaso se recogen uvas de los espinos o higos de los abrojos?		{44 Porque cada árbol es conocido por su fruto; pues no se recogen higos de los espinos, ni tampoco se vendimian uvas de una zarza.}	
17 Así también, todo árbol sano da buenos frutos, pero el árbol podrido da malos frutos. 18 El árbol sano no puede dar malos frutos, ni tampoco puede el árbol podrido dar buenos frutos. 19 Todo árbol que no lleva buen fruto es cortado y echado en el fuego. 20 Así que, por sus frutos los conoceréis.		43 "No es buen árbol el que da malos frutos, ni es árbol malo el que da buen fruto.	
		45 El hombre bueno, del buen tesoro de su corazón, presenta lo bueno; y el hombre malo, del mal tesoro de su corazón, presenta lo malo. Porque de la abundancia del corazón habla la boca.	
21 "No todo el que me dice 'Señor, Señor' entrará en el reino de los cielos, sino el que hace la voluntad de mi Padre que está en los cielos. 22 Muchos me dirán en aquel día: '¡Señor, Señor! ¿No profetizamos en tu nombre? ¿En tu nombre no echamos demonios? ¿Y en tu nombre no hicimos muchas obras poderosas?' 23 Entonces yo les declararé: 'Nunca os he conocido. ¡Apartaos de mí, obradores de maldad!'		46 "¿Por qué me llamáis: 'Señor, Señor', y no hacéis lo que digo?	
24 "Cualquiera, pues, que me oye estas palabras y las hace, será semejante* a un hombre prudente que edificó su casa sobre la peña. 25 Y cayó la lluvia, vinieron torrentes, soplaron vientos y golpearon contra aquella casa. Pero ella no se derrumbó, porque se había fundado sobre la peña.		47 Yo os mostraré a qué es semejante todo aquel que viene a mí y oye mis palabras, y las hace. 48 Es semejante a un hombre que al edificar una casa cavó profundo y puso los cimientos sobre la roca. Y cuando vino una inundación, el torrente golpeó con ímpetu contra aquella casa, y no la pudo mover, porque había sido bien construida.*	
26 "Pero todo el que me oye estas palabras y no las hace, será semejante* a un hombre insensato que edificó su casa sobre la arena. 27 Cayó la lluvia, vinieron torrentes,		49 Pero el que oye y no hace es semejante a un hombre que edificó su casa sobre tierra, sin cimientos. El torrente	

Mateo 7:13—8:1

y soplaron vientos, y
azotaron contra aque-
lla casa. Y se derrum-
bó, y fue grande su ruina".
28 Y aconteció que cuando Jesús terminó
estas palabras, las multitudes estaban ma-
ravilladas de su enseñanza; **29** porque les
enseñaba como quien tiene autoridad, y no
como los escribas.
1 Cuando descendió del monte, le siguió
mucha gente.

*7:24, 26 Algunos mss. antiguos dicen **le compararé**.

Marcos

Lucas 6:43-49

golpeó con ímpetu contra
ella; en seguida cayó,
y fue grande la ruina de aquella casa".

*6:48 Algunos mss. antiguos dicen **porque estaba fundado sobre la roca**.

Juan

Nota 54.9: La acción revela la actitud. Pero para dar pie a una buena actitud hay que hacer el esfuerzo. El camino a la vida empieza angosto con el arrepentimiento, pero al seguir no nos parece sofocante. En cambio, el camino al mal parece muy amplio, pero se va haciendo angosto hasta que el caminante queda atrapado por Satanás. Por lo mismo, precisa tener cuidado con los falsos profetas que ofrecen caminos fáciles de transitar.

¿Cómo reconocerlos? "Por sus frutos los conoceréis". ¿A qué conducen sus enseñanzas, y qué efecto han tenido éstas en su propia vida? Fácil es decir: "¡Señor, Señor!", ¿pero merecerán: "¡Apartaos de mí, obradores de maldad!"?

Jesús con autoridad se señala como el Arquitecto supremo al decir: "El que me oye estas palabras..." Lo primero del Sermón es "bienaventurados", y lo último es "grande su ruina". Los que le escuchan en el monte quedan impactados, ¿pero será duradero?

Mateo 12:33-35 y Lucas 13:23-27 enfatiza lo mismo.

§ 55. Curación del criado de un centurión

Mateo 8:5-13

5 Cuando Jesús entró en Capernaúm, vino
a él un centurión

y le rogó **6** diciendo: "Señor, mi criado
está postrado en casa, paralítico, y sufre

Marcos

Lucas 7:1-10

1 Una vez conclui-
das todas sus palabras
al pueblo que le escu-
chaba, Jesús entró en Capernaúm. **2** Y el
siervo de cierto centurión, a quien él tenía
en mucha estima, estaba enfermo y a punto
de morir. **3** Cuando oyó hablar de Jesús, le
envió ancianos de los judíos para rogarle
que fuera y sanara a su siervo. **4** Ellos fue-
ron a Jesús y le rogaban con insistencia,
diciéndole: "El es digno de que le conce-
das esto; **5** porque ama a nuestra nación y
él mismo nos edificó la sinagoga".

Juan

Mateo 8:5-13	Marcos	Lucas 7:1-10	Juan
terribles dolores. 7 Y le dijo:* "Yo iré y le sanaré".		6 Jesús fue con ellos. Y cuando ya no esta-	

Mateo 8:5-13

8 Respondió el centurión y dijo: "Señor,
yo no soy digno de
que entres bajo mi techo.
Solamente di la
palabra, y mi criado será sanado. 9 Por-
que yo también soy un hombre bajo
autoridad y tengo soldados bajo mi mando.
Si digo a éste: 'Vé', él va; si digo al otro:
'Ven', él viene; y si digo a mi siervo: 'Haz
esto', él lo hace".
10 Cuando Jesús oyó esto, se maravilló
y dijo a los que le
seguían: "De cierto os digo que no he
hallado tanta fe en ninguno en Israel.*
11 Y os digo que muchos vendrán del
oriente y del occidente y se sentarán con
Abraham, Isaac y Jacob en el reino de los
cielos, 12 pero los hijos del reino serán
echados a las tinieblas de afuera. Allí habrá
llanto y crujir de dientes".
13 Entonces Jesús dijo al centurión: "Vé,
y como creíste te sea hecho".

Y su criado fue sanado en aquella hora.

*8:7 Algunos mss. antiguos dicen **Y Jesús le dijo**. *8:10 Algunos mss. antiguos dicen **ni aun en Israel**.

Lucas 7:1-10

ban muy lejos de su casa, el centurión le
envió unos amigos para decirle: "Señor,
no te molestes, porque no soy digno de
que entres bajo mi techo. 7 Por eso, no me
tuve por digno de ir a ti. Más bien, di la
palabra, y mi criado será sanado.* 8 Por-
que yo también soy hombre puesto bajo
autoridad y tengo soldados bajo mi mando.
Y digo a éste: 'Vé', y él va; digo al otro:
'Ven', y él viene; y digo a mi siervo: 'Haz
esto', y él lo hace".
9 Cuando Jesús oyó esto, se maravilló de
él; y dándose vuelta, dijo a la gente que le
seguía: "¡Os digo que ni aun en Israel he
hallado tanta fe!"

10 Cuando volvieron a casa los que habían
sido enviados, hallaron sano al siervo.*

*7:7 Algunos mss. antiguos tienen **sea sanado**. *7:10 Algunos mss. antiguos incluyen **que había estado enfermo**.

Nota 55: Esta experiencia es algo parecida a la contada en Juan 4:46-54 (**§ 38**), pero no es la misma. En este caso se trata de un oficial militar romano, de quien hasta los judíos están agradecidos (Luc. 7:3-5). Manda a algunos de éstos para interceder a su favor, talvez por pensar que Jesús no atendería a un extranjero. Aún después que el Señor acepta ayudarle, modestamente sugiere que Cristo haga una obra a la distancia, quizás consciente de la renuencia de un judío para entrar a la casa de un gentil. Talvez el centurión sigue de lejos, y Jesús se dirige directamente a él. Aquí notamos la humildad del oficial, como también su fe y su preocupación por su criado. Vemos la verdadera humanidad del Señor en que "se maravilló" (Mat. 8:10).

§ 56. Resurrección del hijo de una viuda

Mateo	Marcos	Lucas 7:11-17	Juan
		11 Aconteció que poco después él fue a la ciudad que se	

llama Naín. Sus discípulos* y una gran multitud le acompañaban. **12** Cuando llegó cerca de la puerta de la ciudad, he aquí que llevaban a enterrar un muerto, el único hijo de su madre, la cual era viuda. Bastante gente de la ciudad la acompañaba. **13** Y cuando el Señor la vio, se compadeció de ella y le dijo: "No llores".

14 Luego se acercó y tocó el féretro, y los que lo llevaban se detuvieron. Entonces le dijo: "Joven, a ti te digo: ¡Levántate!"

15 Entonces el que había muerto se sentó y comenzó a hablar. Y Jesús lo entregó a su madre. **16** El temor se apoderó de todos, y glorificaban a Dios diciendo: "¡Un gran profeta se ha levantado entre nosotros! ¡Dios ha visitado a su pueblo!"

17 Y esto que se decía de él se difundió por toda Judea y por toda la tierra de alrededor.

---

*7:11 Algunos mss. antiguos dicen **muchos de sus discípulos.**

Nota 56: Este milagro que hace Jesús, sin ser pedido, es el primero de tres resurrecciones, siendo las otras dos la de la hija de Jairo (Luc. 8:54 en **§ 67**) y la de Lázaro de Betania (Juan 11:44 en **§ 128**). Son obras grandiosas, pero no tanto como la de Jesús mismo, pues los otros vuelven a morir, pero Jesús vive para siempre. Naín es una aldea de Galilea, a unos tres kilómetros de Sunem donde, siglos antes, Eliseo resucitó a un niño (2 Rey. 4:35). Parece que Lucas, un gentil, a veces considera a todo el país como Judea (7:17; 23:5; comp. **§ 44**).

§ 57. Juan el Bautista, preso, envía mensajeros a Jesús

Mateo 11:2-19	Marcos	Lucas 7:18-35	Juan
2 Ahora bien, cuando oyó Juan en la cárcel de los hechos de Cristo, envió a él por medio de* sus discípulos, **3** y le dijo: "¿Eres tú aquel que ha de venir, o esperaremos a otro?"		**18** A Juan le informaron sus discípulos acerca de todas estas cosas. Entonces Juan llamó a dos de sus discípulos **19** y los envió al Señor,* para preguntarle: "¿Eres tú aquel que ha de venir, o esperaremos a otro?" **20** Cuando los hombres vinieron a Jesús, le dijeron: "Juan el Bautista nos ha enviado a ti, diciendo: '¿Eres tú aquel que ha de venir, o esperaremos a otro?' "	
		21 En aquella hora Jesús sanó a muchos de enfermedades, de plagas y de espíritus malos; y a muchos ciegos les dio la vista.	
4 Y respondiendo Jesús les dijo: "Id y haced saber a Juan las cosas que oís y		**22** Y respondiendo les dijo: "Id y haced saber a Juan lo que habéis visto y	

Mateo 11:2-19

véis: **5** Los ciegos
ven, los cojos andan,
los leprosos son
hechos limpios, los sordos oyen, los muer-
tos son resucitados, y a los pobres se les
anuncia el evangelio. **6** Bienaventurado
es el que no toma ofensa en mí".
7 Mientras ellos se iban,
Jesús comenzó a hablar de Juan a las
multitudes: "¿Qué salisteis a ver en el
desierto? ¿Una caña sacudida por el vien-
to? **8** Entonces, ¿qué salisteis a ver? ¿Un
hombre vestido de ropa delicada? He aquí,
los que se visten con ropa delicada
están en los palacios de los reyes.
9 Entonces, ¿qué salisteis a ver? ¿Un pro-
feta? ¡Sí, os digo, y más que profeta!
10 Este es aquel de quien está escrito:

He aquí yo envío mi mensajero
delante de tu rostro,
quien preparará tu camino
*delante de ti.**

11 De cierto os digo que no se ha levanta-
do entre los nacidos de mujer
ningún otro mayor que Juan el Bautista.
Sin embargo, el más pequeño en el reino
de los cielos es mayor que él. **12** Desde los
días de Juan el Bautista hasta ahora, el
reino de los cielos sufre violencia,* y los
violentos se apoderan de él. **13** Porque
todos los Profetas y la Ley profetizaron
hasta Juan. **14** Y si lo queréis recibir, él es
el Elías que había de venir. **15** El que tiene
oídos,* oiga.

16 "Pero, ¿a qué compararé
esta generación?
Es semejante a los
muchachos que se sientan en las plazas y
dan voces a sus compañeros, **17** diciendo:

Marcos

Lucas 7:18-35

oído: Los ciegos
ven, los cojos andan,
los leprosos son
hechos limpios, los sordos oyen, los muer-
tos son resucitados, y a los pobres se les
anuncia el evangelio. **23** Bienaventurado
es el que no toma ofensa en mí".
24 Cuando se fueron los mensajeros de
Juan, Jesús comenzó a hablar de Juan a las
multitudes: "¿Qué salisteis a ver en el
desierto? ¿Una caña sacudida por el vien-
to? **25** Entonces, ¿qué salisteis a ver? ¿Un
hombre vestido de ropa delicada? He aquí,
los que llevan ropas lujosas y viven en
placeres están en los palacios reales.
26 Entonces, ¿qué salisteis a ver? ¿Un pro-
feta? ¡Sí, os digo, y más que profeta!
27 Este es aquel de quien está escrito:

He aquí envío mi mensajero
delante de tu rostro,
quien preparará tu camino
*delante de ti.**

28 Os digo* que
entre los nacidos de mujer, no hay
ninguno mayor que Juan.*
Sin embargo, el más pequeño en el reino
de Dios es mayor que él".

29 Al oírle, todo el pueblo y los publi-
canos justificaron a Dios, siendo bautiza-
dos con el bautismo de Juan. **30** Pero los
fariseos y los intérpretes de la ley rechaza-
ron el propósito de Dios para ellos, no
siendo bautizados por él.
31 "¿A qué, pues, compararé a los hom-
bres de esta generación? ¿A qué son
semejantes? **32** Son semejantes a los
muchachos que se sientan en la plaza, y
gritan los unos a los otros, diciendo:

Juan

Mateo 11:2-19	Marcos	Lucas 7:18-35	Juan
'Os tocamos la flauta, y no bailasteis; entonamos canciones de duelo y no lamentasteis'. **18** Porque vino Juan, que no comía ni bebía, y dicen: '¡Demonio tiene!' **19** Y vino el Hijo del Hombre, que come y bebe, y dicen: '¡He aquí un hombre comilón y bebedor de vino, amigo de publicanos y de pecadores!' Pero la sabiduría es justificada por sus hechos".*		'Os tocamos la flauta, y no bailasteis; entonamos canciones de duelo, y no llorasteis'. **33** Porque ha venido Juan el Bautista, que no come pan ni bebe vino, y decís: '¡Demonio tiene!' **34** Ha venido el Hijo del Hombre que come y bebe, y decís: '¡He aquí un hombre comilón y bebedor de vino, amigo de publicanos y de pecadores!' **35** Pero la sabiduría es justificada por todos sus hijos".	

*11:2 Algunos mss. antiguos incluyen **dos de**. *11:10 Éxo. 23:20; Mal. 3:1. *11:12 Otras trads., **se entra en el reino de Dios con fuerza**; o, **el reino de Dios logra su avance violentamente**. *11:15 Algunos mss. antiguos aquí incluyen **para oír**. *11:19 Algunos mss. antiguos dicen **por sus hijos**.

*7:19 Algunos mss. antiguos dicen **a Jesús**. *7:27 Éxo. 23:20; Mal. 3:1. *7:28 Algunos mss. antiguos dicen **Porque os digo** o **De cierto os digo**. 7:28 Algunos mss. antiguos dicen **no hay mayor profeta que Juan el Bautista**.

Nota 57: Ya más de un año ha estado Juan el Bautista encarcelado y está en el castillo de Herodes Antipas en Macaerus, al este del mar Muerto. La fama de Jesús ha llegado hasta él. No sabemos si Juan manda preguntar a Jesús acerca de quién es por la inquietud de sus discípulos, o si él mismo ha llegado a cuestionar la situación: Hasta ahora no se ve que "su aventador está en su mano" o que "limpiará su era" (Mat. 3:12 en **§ 23**). Tampoco ha usado su poder para libertar a su heraldo Juan. Sin embargo, tal es la confianza que hace que sus discípulos acudan a Jesús mismo para preguntar. Parece que, al igual que los seguidores de Jesús, han esperado una acción de poder más dinámica e inmediata.

Jesús les muestra lo que está haciendo y elogia a Juan. Los creyentes que vendrán después de Jesús serán mayores; pues Juan es profeta al estilo del Antiguo Testamento, pero ellos serán testigos de la buena nueva del rescate del pecado que hay en Cristo.

Juan y Jesús son un tanto diferentes en mensaje y método, pero la gente no responde debidamente ni al uno ni al otro. Oyen pero no hacen.

§ 58. Amonestaciones contra la falta de arrepentimiento e invitación a descansar en Jesús

Mateo 11:20-30	Marcos	Lucas	Juan

20 Entonces comenzó a reprender a las ciudades en las cuales se realizaron muchos de sus hechos poderosos, porque no se habían arrepentido:
21 "¡Ay de ti, Corazín! ¡Ay de ti, Betsaida! Porque si se hubieran realizado en Tiro y en
Sidón los hechos poderosos que se realizaron en vosotras, ya hace tiempo se habrían
arrepentido en saco y ceniza. **22** Pero os digo que en el día del juicio el castigo para Tiro
y Sidón será más tolerable que para vosotras.
23 "Y tú, Capernaúm, ¿serás exaltada hasta el cielo? ¡Hasta el Hades* serás hundida!

Mateo 11:20-30	Marcos	Lucas	Juan
Porque si entre los de Sodoma se hubieran realizado los hechos			

poderosos que se realizaron en ti, habrían permanecido hasta hoy. **24** Pero os digo que en el día del juicio el castigo será más tolerable para la tierra de Sodoma, que para ti".

25 En aquel tiempo Jesús respondió y dijo: "Te alabo, oh Padre, Señor del cielo y de la tierra, porque has escondido estas cosas de los sabios y entendidos, y las has revelado a los niños. **26** Sí, Padre, porque así te agradó.

27 "Todas las cosas me han sido entregadas por mi Padre. Nadie conoce bien al Hijo, sino el Padre. Nadie conoce bien al Padre, sino el Hijo y aquel a quien el Hijo lo quiera revelar.

28 "Venid a mí, todos los que estáis fatigados y cargados, y yo os haré descansar.
29 Llevad mi yugo sobre vosotros, y aprended de mí, que soy manso y humilde de corazón; y hallaréis descanso para vuestras almas. **30** Porque mi yugo es fácil, y ligera mi carga".

---

*11:23 O sea, **la morada de los muertos**.

Nota 58: La popularidad de Jesús empieza a disminuir. Alrededor del mar de Galilea muchos siguen a Jesús, pero pocos llegan a ser discípulos. El Maestro señala el triste fin de tres de las ciudades más importantes de allí. El Evangelio según Lucas da muchas de las mismas advertencias algún tiempo después al enviar a los Setenta (10:12-15, 21, 22, **§ 102**).

Jesús termina su discurso indicando que la puerta de oportunidad aún está abierta y que el "yugo" del discipulado es ventajoso. El mensaje es "revelado a los niños", quienes reconocen sus propias limitaciones y la bondadosa sabiduría del Señor.

§ 59. Jesús ungido por una mujer pecadora

Mateo	Marcos	Lucas 7:36-50	Juan
		36 Uno de los fariseos le pidió que comiera con él; y cuan-	

do entró en la casa del fariseo, se sentó* a la mesa. **37** Y he aquí, cuando supo que Jesús estaba a la mesa en casa del fariseo, una mujer que era pecadora en la ciudad llevó un frasco de alabastro con perfume. **38** Y estando detrás de Jesús, a sus pies, llorando, comenzó a mojar los pies de él con sus lágrimas; y los secaba con los cabellos de su cabeza. Y le besaba los pies y los ungía con el perfume. **39** Al ver esto el fariseo que le había invitado a comer, se dijo a sí mismo: "Si éste fuera profeta, conocería quién y qué clase de mujer es la que le está tocando, porque es una pecadora".

40 Entonces, respondiendo Jesús le dijo: "Simón, tengo algo que decirte".

Él dijo: "Di, Maestro".

41 "Cierto acreedor tenía dos deudores: Uno le debía quinientos denarios,* y el otro, cincuenta. **42** Como ellos no tenían con qué pagar, perdonó a ambos. Entonces,*¿cuál de éstos le amará más?"

Mateo	Marcos	Lucas 7:36-50	Juan
		43 Respondiendo Simón dijo: "Supongo que aquel a quien	

perdonó más".
Y él le dijo: "Has juzgado correctamente".
44 Y vuelto hacia la mujer, dijo a Simón: "¿Ves esta mujer? Yo entré en tu casa, y no
me diste agua para mis pies; pero ésta ha mojado mis pies con lágrimas y los ha secado
con sus cabellos. **45** Tú no me diste un beso, pero desde que entré, ésta no ha cesado de
besar mis pies. **46** Tú no ungiste mi cabeza con aceite, pero ésta ha ungido mis pies con
perfume. **47** Por lo cual, te digo que sus muchos pecados son perdonados, puesto que
amó mucho. Pero al que se le perdona poco, poco ama". **48** —Y a ella le dijo—: "Tus
pecados te son perdonados".
49 Los que estaban con él a la mesa comenzaron a decir entre sí: "¿Quién es éste, que
hasta perdona pecados?"
50 Entonces Jesús dijo a la mujer: "Tu fe te ha salvado; vete en paz".

*7:36 Lit., **se reclinó ante...** *7:41 Una moneda romana, que equivalía al salario de un día para un obrero. *7:42 Algunos mss. antiguos dicen **Dime, pues**.

Nota 59: Algunos estudiosos han creído que esta "pecadora" es María Magdalena; otros, que es María de Betania, o que son una misma persona. Pero hay poca evidencia para afirmar que era María Magdalena, salvo que la mención de que antes ésta tenía "siete demonios" (Luc. 8:2 en **§ 60**) se manifestase como "pecadora". En cuanto a María de Betania, ella también unge a Jesús, pero bajo circunstancias muy diferentes (Juan 12:3 en **§ 142**).

Jesús se asocia con los muy religiosos fariseos y con los perdidos en la maldad. Sin duda, esta pecadora ha sido prostituta, pero ahora quiere corregir su vida. El fariseo ha sido atento al invitar a Jesús, pero no le ha dado el trato cordial que suele darse a visitas, como dar besos en las mejillas y lavar los pies. La mujer entra sin invitación, como la costumbre permite, para mirar comer a los que han sido invitados; y besa los pies polvorientos del Señor y los lava con sus lágrimas. El fariseo la mira con desdén, y Jesús le cuenta una parábola acerca de la gratitud.

§ 60. Segundo viaje por Galilea

Mateo	Marcos	Lucas 8:1-3	Juan
		1 Aconteció después, que él andaba de ciudad en ciudad y de	

aldea en aldea, predicando y anunciando el evangelio del reino de Dios. Los doce iban
con él, **2** y también algunas mujeres que habían sido sanadas de espíritus malignos y de
enfermedades: María, llamada Magdalena, de la cual habían salido siete demonios;
3 Juana, la mujer de Cuza, administrador de Herodes; Susana, y muchas otras. Ellas les*
servían con sus bienes.

*8:3 Algunos mss. antiguos dicen **le servían**.

Nota 60: Al igual que en el primer viaje por Galilea (**§ 44**) Jesús, con sus discípulos, camina de pueblo en pueblo "anunciando el evangelio del reino de Dios". Observamos que esta vez les acompaña también un grupo de mujeres que "les servían con sus bienes". Susana no se vuelve a mencionar; pero María Magdalena estará cerca de la cruz (Juan 19:25 en **§ 165**) y, junto con Juana y otras, verá al Señor resucitado (Luc. 24:10 en **§ 173**).

Todos los acontecimientos de **§ 61-65** ocurren en un mismo día, que es llamado "día de mucha actividad"; aunque quizás no tenga más ajetreo que muchos otros en la vida de nuestro Señor, (como, por ejemplo, el martes antes de la crucifixión). Es probable que los Evangelios solo den más detalles para esos días.

§ 61. Acusan a Jesús de aliarse con Beelzebul★

Mateo 12:22-37

22 Entonces fue traído a él un endemo-
niado, ciego y mudo; y le sanó, de manera
que el mudo* hablaba y veía. **23** Toda la
gente estaba atónita y decía: "¿Acaso será
éste el Hijo de David?"
24 Pero al oírlo, los fariseos
dijeron: "Este no echa fuera los demonios
sino por Beelzebul,* el
príncipe de los demonios".
25 Pero como Jesús conocía sus pensa-
mientos,
les dijo:
"Todo
reino dividido contra sí mismo está
arruinado. Y ninguna ciudad o casa dividi-
da contra sí misma permanecerá.
26 Y si Satanás echa fuera a Satanás, con-
tra sí mismo está dividido. ¿Cómo, pues,
permanecerá en pie su reino? **27** Y si yo
echo fuera los demonios por Beelzebul,
¿por quién los echan fuera vuestros hijos?
Por tanto, ellos serán vuestros jueces.
28 Pero si por el Espíritu de Dios yo echo
fuera los demonios, ciertamente ha llegado
a vosotros el reino de Dios. **29** Porque,

Lucas

Marcos 3:19b-30

19 Él volvió a casa,*
20 y otra vez se
reunió la multitud, de
modo que ellos no podían ni siquiera
comer pan. **21** Cuando los suyos lo oyeron,
fueron para prenderle, porque decían que
estaba fuera de sí.

22 Los escribas que habían descendido de
Jerusalén decían que estaba poseído
por Beelzebul* y que mediante el
príncipe de los demonios echaba fuera los
demonios.
23 Y habiéndolos llamado a su lado,
les hablaba en parábolas: "¿Cómo puede
Satanás echar fuera a Satanás? **24** Si un
reino se divide contra sí, ese reino no
puede permanecer. **25** Si una casa se divi-
de contra sí, esa casa no podrá permanecer.
26 Y si Satanás se levanta con-
tra sí mismo y está dividido, no puede
permanecer, sino que su fin ha llegado.

27 Al contrario,

Juan

★ **En § 61 el orden de Marcos y Lucas se ha invertido por facilidad de diagramación.**

Mateo 12:22-37	Lucas	Marcos 3:19b-30	Juan
¿cómo puede alguien entrar en la casa de un hombre fuerte y saquear sus bienes a menos que primero ate al hombre fuerte? Y entonces saqueará su casa. **30** El que no está conmigo, contra mí está; y el que conmigo no recoge, desparrama.		nadie puede entrar en la casa de un hombre fuerte y saquear sus bienes a menos que primero ate al hombre fuerte. Y entonces saqueará su casa.	
31 "Por esto os digo que todo pecado y blasfemia será perdonado a los hombres, pero la blasfemia contra el Espíritu no será perdonada. **32** Y a cualquiera que diga palabra contra el Hijo del Hombre le será perdonado; pero a cualquiera que hable contra el Espíritu Santo no le será perdonado, ni en este mundo,* ni en el venidero.		**28** De cierto os digo que a los hijos de los hombres les serán perdonados todos los pecados y blasfemias, cualesquiera que sean. **29** Pero cualquiera que blasfeme contra el Espíritu Santo no tendrá perdón jamás, sino que es culpable de pecado* eterno". **30** Dijo esto porque decían: "Tiene espíritu inmundo".	
33 "O haced bueno el árbol y bueno su fruto, o haced malo el árbol y malo su fruto; porque el árbol es conocido por su fruto. **34** ¡Generación de víboras! ¿Cómo podréis vosotros, siendo malos, hablar cosas buenas? Porque de la abundancia del corazón habla la boca. **35** El hombre bueno del buen tesoro* saca cosas buenas, y el hombre malo del mal tesoro saca cosas malas. **36** Pero yo os digo que en el día del juicio los hombres darán cuenta de toda palabra ociosa que hablen. **37** Porque por tus palabras serás justificado, y por tus palabras serás condenado".			

*12:22 Algunos mss. antiguos dicen **ciego y mudo**. *12:24 De la Peshita y la Vulgata viene la ortografía **Beelzebub**; gr., **Beelzebul**. *12:32 Lit., **esta edad**. *12:35 Algunos mss. antiguos aquí incluyen **del corazón**.

*3:19 Algunos mss. antiguos dicen **y volvieron a casa**; otros tardíos no incluyen la frase. *3:22 De la Peshita y la Vulgata viene la ortografía **Beelzebub**; gr., **Beelzebul**. *3:29 Algunos mss. antiguos dicen **juicio**.

Nota 61: Jesús tiene tanta actividad que su familia, allí en Galilea, teme por su cordura ("que estaba fuera de sí": Mar. 3:21) y por su seguridad, debido a la creciente oposición de los dirigentes religiosos. Los fariseos atribuyen el poder de Jesús a una relación con Beelzebul, un antiguo dios de los cananeos al cual los judíos igualan con Satanás. Así lo entiende el Señor, y él usa la palabra "Satanás". Como suele hacerlo, les responde con una parábola: "¿Cómo puede Satanás echar fuera a Satanás?" (Mar. 3:23).

No es la única vez que se le acusa de esa manera (Juan 7:20; 8:48 ss.; 10:20 en **§ 96, 99** y **101**).

§ 62. Escribas y fariseos demandan una señal

Mateo 12:38-45	Marcos	Lucas	Juan
38 Entonces le respondieron algunos de los escribas y de los			

fariseos, diciendo: "Maestro, deseamos ver de ti una señal".
39 Él respondió y les dijo: "Una generación malvada y adúltera demanda señal, pero
no le será dada ninguna señal, sino la señal del profeta Jonás. **40** Porque así como *Jonás
estuvo tres días y tres noches en el vientre del gran pez,** así estará el Hijo del Hombre
en el corazón de la tierra tres días y tres noches. **41** Los hombres de Nínive se levantarán en el juicio contra esta generación y la condenarán, porque ellos se arrepintieron
ante la proclamación de Jonás. ¡Y he aquí uno* mayor que Jonás está en este lugar!
42 La reina del Sur* se levantará en el juicio contra esta generación y la condenará, porque vino de los confines de la tierra para oír la sabiduría de Salomón. ¡Y he aquí uno*
mayor que Salomón está en este lugar!
43 "Cuando el espíritu inmundo ha salido del hombre, anda por lugares secos buscando reposo, y no lo encuentra. **44** Entonces dice: 'Volveré a mi casa de donde salí'.
Cuando regresa, la halla desocupada, barrida y adornada. **45** Entonces va y trae consigo
otros siete espíritus peores que él. Y después de entrar, habitan allí; y el estado final de
aquel hombre llega a ser peor que el primero. Así también sucederá a esta perversa generación."

---

*12:40 Jon. 1:17. Lit., **animal marino**. *12:41, 42 Lit., **algo**. *12:42 Ver 1 Rey. 10:1 ss.

Nota 62: Sigue en el mismo día en Galilea. Como en otras ocasiones (Mat. 16:1-4 y Mar. 8:11, 12; Luc. 11:16, 29-32; Juan 6:30 en **§ 80, 106** y **76**), sus opositores no aceptan ni los milagros realizados ni la predicación inspirada y piden otras señales. Repetidas veces Jesús se refiere a "la señal del profeta Jonás" (es decir, de su resurrección) como la única que dará, además de las que ha estado dando. Nínive se arrepintió y la reina de Saba creyó con menos evidencia de la que Jesús ofrece. La ilustración del "espíritu inmundo" muestra que el esfuerzo farisaico por deshacerse de los males de la carne vale poco a menos que el vacío se llene de la gracia celestial.

§ 63. La familia de Jesús

Mateo 12:46-50	Marcos 3:31-35	Lucas 8:19-21
46 Mientras todavía hablaba a la gente, he aquí su madre y sus hermanos* estaban afuera, buscando hablar con él.	**31** Entonces fueron su madre y sus hermanos,* y quedándose fuera enviaron a llamarle. **32** Mucha gente estaba sentada alrededor de él,	**19** Vinieron hacia él su madre y sus hermanos,* pero no podían llegar a él a causa de la multitud.
47 Y alguien le dijo: "Mira, tu madre y tus hermanos están afuera, buscando hablar contigo".*	y le dijeron: "Mira, tu madre, tus hermanos y tus hermanas* te buscan afuera".	**20** Entonces se le avisó: "Tu madre y tus hermanos están fuera, deseando verte".

Mateo 12:46-50	Marcos 3:31-35	Lucas 8:19-21
48 Pero Jesús respondió al que hablaba con él y dijo: "¿Quién es mi madre y quiénes son mis hermanos?"	**33** Él respondiendo les dijo: "¿Quién es mi madre y mis hermanos?"	**21** Pero él respondiendo les dijo:
49 Entonces extendió su mano hacia sus discípulos y dijo: "¡He aquí mi madre y mis hermanos!	**34** Y mirando a los que estaban sentados alrededor de él, dijo: "¡He aquí mi madre y mis hermanos!	"Mi madre y mis hermanos
50 Porque cualquiera que hace la voluntad de mi Padre que está en los cielos, ése es mi hermano, mi hermana y mi madre".	**35** Porque cualquiera que hace la voluntad de Dios, éste es mi hermano, mi hermana y mi madre".	son aquellos que oyen la palabra de Dios y la hacen".
*12:46 Ver 13:55; Juan 2:12; Hech. 1:14. *12:47 Algunos mss. antiguos no incluyen v. 47.	*3:31 Ver Mat. 13:55; Juan 2:12; Hech. 1:14. *3:32 Algunos mss. antiguos no incluyen **y tus hermanas**.	*8:19 Ver Mat. 13:55; Juan 2:12; Hech. 1:14.

Nota 63: La familia carnal de Jesús tiene amor, pero tienen poca comprensión (Mar. 3:21 en **§ 61**). Ese mismo día llegan al lugar donde Jesús está con una multitud de gente curiosa esperando milagros y escuchando las acusaciones de los dirigentes religiosos, pero no logran entrar. Quieren llevarse a su pariente famoso por creer que él ha sobrepasado los límites de sus fuerzas y por temer las consecuencias de la oposición de los poderosos fariseos. Quizás sus hermanos también crean que atender la carpintería es más importante que predicar, pues aún no creen en él (Juan 7:5 en **§ 94**). Jesús responde que los parientes espirituales son preferibles antes que los carnales.

§ 64. Primer gran grupo de parábolas
(Mat. 13:1-53; Mar. 4:1-34; Luc. 8:4-18)

§64.1 Introducción

Mateo 13:1-3a	Marcos 4:1, 2	Lucas 8:4
1 Aquel día Jesús salió de la casa y se sentó junto al mar. **2** Y se le acercó mucha gente,	**4** Otra vez comenzó a enseñar junto al mar, y se reunió ante él una multitud muy grande;	**4** Juntándose una gran multitud y los que de cada ciudad acudían a él,
de manera que él entró en una barca para sentarse, y toda la multitud estaba de pie en la playa.	de manera que él entró en una barca mar adentro y se sentó allí, y toda la multitud estaba en la playa, frente al mar.	
3 Entonces les habló muchas cosas en parábolas, diciendo:	**2** Y les enseñaba muchas cosas en parábolas. Les decía en su enseñanza:	les habló por medio de una parábola:

Nota 64.1: Ya hemos visto varias parábolas aisladas. Después veremos más parábolas, incluyendo dos grupos dados solo por Lucas, un grupo en **§ 108**, y otro pronunciado durante la última semana del ministerio público del Señor (**§ 116** y **117**). Las primeras indicadas en el grupo de ahora se presentan ese mismo día ante una gran multitud desde una barca en el mar de Galilea, desde donde les ha hablado a lo menos dos veces antes (Luc. 5:3; Mar. 3:9 en **§ 41** y **52**).

§ 64.2 Parábola del sembrador y de la lámpara

Mateo 13:3b-23

3 "He aquí un sem-
brador salió a sembrar.
4 Mientras él sembraba,
parte de la
semilla cayó junto al cami-
no; y vinieron las
aves y la devoraron. **5** Y
otra parte cayó en
pedregales, donde no había
mucha tierra; y brotó rápi-
damente, porque la tierra no
era profunda. **6** Pero cuando
salió el sol, se quemó; y
porque no tenía raíz, se
secó. **7** Y otra parte cayó
entre los espinos. Los
espinos crecieron
y la ahogaron.

8 Y otra parte cayó
en buena tierra
y dio fruto,
una a ciento, otra a sesenta
y otra a treinta por uno.

9 El que tiene
oídos,* que oiga".
10 Entonces se acercaron
los discípulos y le dijeron:

"¿Por qué les hablas por
parábolas?"
11 Y él respondiendo les
dijo: "Porque a vosotros se
os ha concedido conocer los
misterios del reino de los
cielos, pero a ellos no se les
ha concedido.

Marcos 4:3-25

3 "¡Oíd! He aquí un sem-
brador salió a sembrar.
4 Y mientras sembraba,
aconteció que parte de la
semilla cayó junto al cami-
no; y vinieron las
aves y la devoraron.
5 Otra parte cayó en
pedregales, donde no había
mucha tierra, y en seguida
brotó; porque la tierra no
era profunda. **6** Y cuando
salió el sol se quemó, y
porque no tenía raíces se
secó. **7** Otra parte cayó
entre los espinos. Y los
espinos crecieron
y la ahogaron,
y no dio fruto.
8 Y otras semillas cayeron
en buena tierra y creciendo
y aumentando dieron fruto.
Y llevaban fruto a treinta,
sesenta y ciento por uno".

9 Y decía: "El que tiene
oído para oír, oiga".
10 Cuando estuvo solo,
los que estaban alrededor
de él junto con los doce le
preguntaban en cuanto a las
parábolas.
11 Y él les
decía: "A vosotros se
os ha dado* el
misterio del reino de
Dios; pero para los que
están fuera, todas las cosas

Lucas 8:5-18

5 "Un sem-
brador salió a sembrar su
semilla. Mientras sembraba,
una parte
cayó junto al cami-
no y fue pisoteada; y las
aves del cielo la comieron.
6 Otra parte cayó sobre la
roca,
y cuando creció,

se secó, porque
no tenía humedad.
7 Otra parte cayó
entre los espinos, y los
espinos crecieron al mismo
tiempo y la ahogaron.

8 Y otra parte cayó
en buena tierra, y cuando
creció, llevó fruto
a ciento por uno".

Hablando de estas cosas,
exclamó: "El que tiene
oídos para oír, oiga".

9 Sus discípulos
le
preguntaron qué significaba
esta parábola.
10 Y él
dijo: "A vosotros se
os ha concedido conocer los
misterios del reino de
Dios; pero a los demás,

Mateo 13:3b-23	Marcos 4:3-25	Lucas 8:5-18
	{**24** Les dijo también: "Considerad lo que oís: Con la medida con que medís, será medido para vosotros y os será añadido.	{**18** "Mirad, pues, cómo oís;
12 Porque al que tiene, le será dado, y tendrá más; pero al que no tiene, aun lo que tiene le será quitado.	**25** Porque al que tiene le será dado, y al que no tiene aun lo que tiene le será quitado."}	porque a cualquiera que tenga, le será dado, y a cualquiera que no tenga, aun lo que piense tener le será quitado."}
13 Por esto les hablo por parábolas; porque viendo no ven, y oyendo no oyen, ni tampoco entienden.	están en parábolas, **12** *para que viendo vean y no perciban,* *y oyendo oigan y no entiendan; de modo que no se conviertan y les sea perdonado".**	en parábolas, *para que viendo no vean,* *y oyendo no entiendan".**
14 Además, se cumple en ellos la profecía de Isaías, que dice: *De oído oiréis, y nunca entenderéis;* *y mirando miraréis, y nunca veréis.* **15** *Porque el corazón de este pueblo* *se ha vuelto insensible,* *y con los oídos han oído torpemente.* *Han cerrado sus ojos* *para que no vean con los ojos,* *ni oigan con los oídos,* *ni entiendan con el corazón,* *ni se conviertan. Y yo los sanaré.** **16** Pero ¡bienaventurados vuestros ojos, porque ven; y vuestros oídos, porque oyen! **17** Porque de cierto os digo que muchos profetas y justos desearon ver lo que veis y no lo vieron, y oír lo que oís y no lo oyeron.		

Mateo 13:3b-23	Marcos 4:3-25	Lucas 8:5-18
	13 Luego les dijo: “¿No comprendéis esta parábola? ¿Cómo, pues, entenderéis todas las parábolas?	
18 “Vosotros, pues, oíd la parábola del sembrador.		11 “Esta es, pues, la parábola: La semilla es la palabra de Dios.
	14 El sembrador siembra la palabra. 15 Primero están estos que caen junto al camino donde se siembra la palabra.	12 Los de junto al camino son los que
19 Cuando alguien oye la palabra del reino y no la entiende, viene el maligno y arrebata lo que fue sembrado en su corazón. Este es el que fue sembrado junto al camino.	Y cuando la oyen, en seguida viene Satanás y quita la palabra que había sido sembrada en ellos.*	oyen, pero luego viene el diablo y quita la palabra de sus corazones, para que no crean y sean salvos.
20 Y el que fue sembrado en pedregales es el que oye la palabra y en seguida la recibe con gozo; 21 pero no tiene raíz en sí, sino que es de poca duración, y cuando viene la aflicción o la persecución por causa de la palabra, en seguida tropieza.	16 También los que son sembrados en pedregales son aquellos que, cuando oyen la palabra, en seguida la reciben con gozo; 17 pero no tienen raíz en sí, sino que son de poca duración. Entonces, cuando viene la tribulación o la persecución por causa de la palabra, en seguida tropiezan.	13 Los de sobre la roca son los que, cuando oyen, reciben la palabra con gozo. Pero éstos no tienen raíz; por un tiempo creen y en el tiempo de la prueba se apartan.
22 Y el que fue sembrado en espinos, éste es el que oye la palabra, pero las preocupaciones de este mundo* y el engaño de las riquezas ahogan la palabra, y queda sin fruto.	18 Y otros son los que son sembrados entre espinos. Ellos son los que oyen la palabra, 19 pero las preocupaciones de este mundo,* el engaño de las riquezas y la codicia de otras cosas se entrometen y ahogan la palabra, y queda sin fruto.	14 En cuanto a la parte que cayó entre los espinos, éstos son los que oyeron; pero mientras siguen su camino, son ahogados por las preocupaciones, las riquezas y los placeres de la vida, y no llegan a la madurez.
23 Pero el que fue sembrado en buena tierra, éste es el que oye la	20 Y aquellos que fueron sembrados en buena tierra son los que oyen la	15 Pero en cuanto a la parte que cayó en buena tierra, éstos son los que, al

Mateo 13:3b-23

palabra
y la entiende, el que de
veras lleva fruto y produce,
uno a ciento, otro a sesenta,
y otro a treinta por uno".

*13:9 Algunos mss. antiguos incluyen **para oír**. *13:15 Algunos mss. antiguos dicen **Y yo los sane**; la cita es de Isa. 6:9, 10 (LXX). *13:22 Lit., **esta edad**.

Marcos 4:3-25

palabra,
la reciben
y producen fruto
a treinta, a sesenta y a
ciento por uno."
21 También les dijo:
"¿Acaso se trae una lámpara para que sea puesta
debajo de un cajón* o
debajo de la cama? ¿No es
para que sea puesta sobre
el candelero?

22 Porque no hay nada
oculto que no haya de ser
manifestado; ni nada escondido, sino para que
salga en claro.
23 Si alguno tiene oídos
para oír, oiga".

*4:11 Algunos mss. tardíos tienen **dado a conocer**. *4:12 Algunos mss. antiguos dicen **perdonados los pecados**; la cita es de Isa. 6:9, 10 (LXX). *4:15 Algunos mss. antiguos dicen **en sus corazones**. *4:19 Lit., **esta edad** *4:21 O sea, **almud**; una vasija, canasta o caja que representaba una medida de casi 9 litros.

Lucas 8:5-18

oír con corazón bueno y
recto, retienen la palabra
oída;
y llevan fruto
con perseverancia.

16 "Ninguno que enciende
una lámpara la cubre con
una vasija, o la pone
debajo de la cama, sino que
la pone sobre
un candelero, para que los
que entren vean la luz.
17 Porque no hay nada
oculto que no haya de ser
manifestado, ni nada escondido que no haya de ser
conocido y salir en claro".

*8:10 Isa. 6:9, 10 (LXX).

Nota 64.2: Las parábolas son una respuesta al rechazo de los dirigentes religiosos: No toda la semilla va a caer en buena tierra, una parte de la cual ya tiene maleza. Entre otros, los discípulos no captan el significado. Jesús habla en parábolas para: 1) ilustrar una verdad; 2) poner la verdad en una forma fácil de recordar; 3) expresar cosas que puestas en forma directa ofenderían pero que en forma de parábolas los opositores no pueden objetar sin reconocer que les involucra; 4) y aclarar a los entendidos y obscurecer a los que no quieren entender.

§ 64.3 Parábola de la semilla que crece por sí misma

Mateo	Marcos 4:26-29	Lucas	Juan
	26 También decía: "Así es el reino de Dios, como cuando		

un hombre echa semilla en la tierra. **27** Él duerme de noche y se levanta de día, y la se-
milla brota y crece sin que él sepa cómo. **28** Porque de por sí la tierra da fruto: primero
el tallito, luego las espigas y después el grano lleno en la espiga. **29** Y cuando el fruto se
ha producido, en seguida él mete la hoz, porque la siega ha llegado".

Nota 64.3: Enseña que no hemos de temer sembrar la semilla del evangelio; crecerá. "Mi palabra... no volverá a mí vacía" (Isa. 55:11). O como dijera el apóstol Pablo: "Yo planté, Apolos regó; pero Dios dio el crecimiento" (1 Cor. 3:7).

§ 64.4 Parábola de la cizaña

Mateo 13:24-30	**Marcos**	**Lucas**	**Juan**
24 Les presentó otra parábola diciendo: "El reino de los cielos es semejante a un hombre que sembró buena semilla en su campo. **25** Pero mientras dormían los hombres, vino su enemigo y sembró cizaña* entre el trigo, y se fue. **26** Cuando brotó la hierba y produjo fruto, entonces apareció también la cizaña. **27** Se acercaron los siervos al dueño del campo y le preguntaron: 'Señor, ¿no sembraste buena semilla en tu campo? ¿De dónde, pues, tiene cizaña?' **28** Y él les dijo: 'Un hombre enemigo ha hecho esto'. Los siervos le dijeron: 'Entonces, ¿quieres que vayamos y la recojamos?' **29** Pero él dijo: 'No; no sea que al recoger la cizaña arranquéis con ella el trigo. **30** Dejad crecer a ambos hasta la siega. Cuando llegue el tiempo de la siega, yo diré a los segadores: Recoged primero la cizaña y atadla en manojos para quemarla. Pero reunid el trigo en mi granero' ".			

*13:25 Una mala hierba venenosa con aspecto parecido al trigo.

Nota 64.4: El Señor muestra cuál es la fuente y cuál el resultado de la oposición. En la fase del reino de los cielos aquí en la tierra hay que escoger bien la semilla antes de sembrar, pero el enemigo de las almas siembra imitaciones que resultan mal. Sin embargo, al final será arrancada para alimentar las llamas. Mientras crece, la cizaña es parecida al trigo, pero su harina es venenosa.

§ 64.5 Parábola de la semilla de mostaza★

Mateo 13:31-32	**Lucas**	**Marcos 4:30-32**	**Juan**
31 Les presentó otra parábola diciendo: "El reino de los cielos es semejante al grano de mostaza que un hombre tomó y sembró en su campo. **32** Esta es la más pequeña de todas las semillas; pero cuando crece, es la más grande de las hortalizas y se convierte en árbol, de modo que vienen las aves del cielo y hacen nidos en sus ramas".		**30** También decía: "¿A qué haremos semejante el reino de Dios? ¿Con qué parábola lo compararemos? **31** Es como un grano de mostaza que, cuando es sembrado en la tierra, es la más pequeña de todas las semillas de la tierra. **32** Pero una vez sembrado, crece y se convierte en la más grande de todas las hortalizas, y echa ramas muy grandes, de modo que las aves del cielo pueden anidar bajo su sombra".	

★ **En § 64.5 el orden de Marcos y Lucas se ha invertido por facilidad de diagramación.**

Nota 64.5: Los discípulos de Jesús pueden preguntarse por qué hay tantos que reciben ayuda o solo miran, pero no siguen fielmente a Jesús. No debemos desanimarnos por comienzos pequeños. "No nos cansemos, pues, de hacer el bien; porque a su tiempo cosecharemos, si no desmayamos" (Gál. 6:9). Jesús volverá nuevamente al tema más adelante (**§ 110**).

§ 64.6 Parábola de la levadura y otras parábolas semejantes★

Mateo 13:33-35	Lucas	Marcos 4:33, 34	Juan
33 Les dijo otra parábola: "El reino de los cielos es semejante a la levadura que una mujer tomó y escondió en tres medidas* de harina, hasta que todo quedó leudado".			
34 Todo esto habló Jesús en parábolas a las multitudes y sin parábolas no les hablaba,		**33** Con muchas parábolas semejantes les hablaba la palabra, conforme a lo que podían oír. **34** No les hablaba sin parábolas, pero en privado les explicaba todo a sus discípulos.	
35 de manera que se cumplió lo dicho por medio del profeta diciendo: *Abriré mi boca con parábolas; publicaré cosas que han estado ocultas desde la fundación* del mundo.*			

*13:33 Un total aprox. de 39 litros de harina; cada **saton**, o **medida**, contenía unos 13 litros. *13:35 Sal. 78:2.

Nota 64.6: Recalca lo enseñado por la parábola de la semilla de mostaza: no menospreciar el papel de lo pequeño. Dadas las condiciones, un poco de levadura basta para leudar casi 40 litros de harina. Un poco de luz se nota en un lugar grande, y mientras más oscuro, más se nota.

§ 64.7 Explicación de la parábola de la cizaña

Mateo 13:36-43	Marcos	Lucas	Juan

36 Entonces, una vez despedida la multitud, volvió a casa. Y sus discípulos se acercaron a él diciendo: "Explícanos la parábola de la cizaña del campo".
37 Y respondiendo él dijo: "El que siembra la buena semilla es el Hijo del Hombre.
38 El campo es el mundo. La buena semilla son los hijos del reino, y la cizaña son los
hijos del maligno **39** El enemigo que la sembró es el diablo. La siega es el fin del
mundo,* y los segadores son los ángeles. **40** De manera que como la cizaña es recogida
y quemada en el fuego, así será el fin del mundo.* **41** El Hijo del Hombre enviará a sus

★ **En § 64.6 el orden de Marcos y Lucas se ha invertido por facilidad de diagramación.**

Mateo 13:36-43	Marcos	Lucas	Juan
ángeles, y recogerán de su reino a todos los que causan tro-			

piezos y a los que hacen maldad, **42** y los echarán en el horno de fuego. Allí habrá llanto y crujir de dientes. **43** Entonces los justos resplandecerán como el sol en el reino de su Padre. El que tiene oídos,* que oiga".

---

*13:39, 40 Lit., **la edad**. *13:43 Algunos mss. incluyen **para oír**.

Nota 64.7: Al igual que en el caso de la parábola del sembrador (Mar. 4:10), es después de dispersarse la multitud y ya estar en la casa (talvez la de Pedro y Andrés) que los discípulos piden una explicación. "El que siembra la buena semilla es el Hijo del Hombre"; nosotros somos sus representantes. "El diablo" es "el enemigo".

Observamos que las parábolas dadas ante la multitud usan de figuras agrícolas, salvo la de la levadura; y tratan el triunfo del reino sobre la oposición. Las dadas en privado a los discípulos señalan el valor del individuo en el reino y usan figuras del mercado.

§ 64.8 Parábola del tesoro escondido

Mateo 13:44	Marcos	Lucas	Juan
44 "El reino de los cielos es semejante a un tesoro escondido			

en el campo, que un hombre descubrió y luego escondió. Y con regocijo va, vende todo lo que tiene y compra aquel campo".

Nota 64.8: En una parábola no siempre se pueden aplicar todos los detalles. Jesús no está enseñando que "descubrió y luego escondió" es una acción moral, sino que se debe reconocer el verdadero valor del tesoro y actuar debidamente. En los tiempos bíblicos, con la ausencia de bancos y la presencia de muchos robos y frecuentes guerras, los tesoros escondidos eran comunes.

§ 64.9 Parábola de la perla de gran precio

Mateo 13:45, 46	Marcos	Lucas	Juan
45 "Además, el reino de los cielos es semejante a un co-			

merciante que buscaba perlas finas. **46** Y habiendo encontrado una perla de gran valor, fue y vendió todo lo que tenía, y la compró".

Nota 64.9: Quizás el tesoro se encuentre por casualidad, pero la perla fina es buscada. El valor sin par del reino de los cielos puede que se halle sin buscarlo o tras una búsqueda diligente, pero su valía está por encima de todo (Mat. 16:26 en **§ 83**).

§ 64.10 Parábola de la red

Mateo 13:47-50	Marcos	Lucas	Juan
47 "Asimismo, el reino de los cielos es semejante a una red			

que fue echada en el mar y juntó toda clase de peces. **48** Cuando estuvo llena, la sacaron a la playa. Y sentados recogieron lo bueno en cestas y echaron fuera lo malo. **49** Así será el fin del mundo:* Saldrán los ángeles y apartarán a los malos de entre los justos, **50** y los echarán en el horno de fuego. Allí habrá llanto y crujir de dientes".

*13:49 Lit., **la edad**.

Nota 64.10: Una red echada recoge toda clase de peces, pero llega el tiempo de hacer la separación; entonces habrá una selección muy seria. Es una lección de paciente misericordia y de terminante rechazo para quienes no aprovechan la bondad de Dios.

§ 64.11 Parábola del padre de familia

Mateo 13:51-53	Marcos	Lucas	Juan
51 "¿Habéis entendido todas estas cosas?" Ellos le dijeron:			

"Sí".*

52 Él les dijo: "Por eso, todo escriba instruido* en el reino de los cielos es semejante a un padre de familia que saca de su tesoro cosas nuevas y viejas".

53 Aconteció que cuando Jesús terminó estas parábolas, partió de allí.

*13:51 Algunos mss. antiguos dicen **Sí, Señor**. *13:52 Otra trad., **hecho discípulo**.

Nota 64.11: Los seguidores de Jesús comprenden vagamente muchas de estas enseñanzas; pero después de una mayor experiencia en su ministerio, bajo la dirección del Espíritu Santo, para ellos será más claro lo dicho por su Maestro y lo escrito en el Antiguo Testamento: "cosas nuevas y viejas".

§ 65. Jesús calma la tempestad

Mateo 8:18, 23-27	Marcos 4:35-41	Lucas 8:22-25
		22 Aconteció en uno de aquellos días, que él entró en una barca, y también sus discípulos. Y les dijo:
18 Cuando se vio rodeado de una multitud,* Jesús mandó que pasasen a la otra orilla.	**35** Aquel día, al anochecer, les dijo: "Pasemos al otro lado".	"Pasemos a la otra orilla del lago".

Mateo 8:18, 23-27	Marcos 4:35-41	Lucas 8:22-25
23 Él entró en la barca,	**36** Y después de despedir a la multitud, le recibieron en la barca, tal como estaba.	Y zarparon.
y sus discípulos le siguieron.	Y había otras barcas con él.	
		23 Pero mientras ellos navegaban, él se durmió.
24 Y de repente se levantó una tempestad tan grande en el mar que las olas cubrían la barca,	**37** Entonces se levantó una gran tempestad de viento que arrojaba las olas a la barca, de modo que la barca ya se anegaba.	Entonces se desencadenó una tempestad de viento en el lago, y ellos se anegaban y peligraban.
pero él dormía.	**38** Y él estaba en la popa, durmiendo sobre el cabezal; pero	
25 Y acercándose,* le despertaron diciendo: "¡Señor, sálvanos, que perecemos!"	le despertaron diciendo: "¡Maestro! ¿No te importa que perecemos?"	**24a** Acercándose a él, le despertaron diciendo: "¡Maestro, Maestro! ¡Perecemos!
26 Y él les dijo: "¿Por qué estáis miedosos, hombres de poca fe?"	{**40** Y les dijo: "¿Por qué estáis miedosos? ¿Todavía no tenéis fe?"}	{**25a** Entonces les dijo: "¿Dónde está vuestra fe?"}
Entonces se levantó y reprendió a los vientos y al mar,	**39** Y despertándose, reprendió al viento y dijo al mar: "¡Calla! ¡Enmudece!"	**24b** Y despertándose, reprendió al viento y al oleaje del agua;
y se hizo grande bonanza.	Y el viento cesó y se hizo grande bonanza.	y cesaron, y se hizo bonanza.
27 Los hombres se maravillaron y decían: "¿Qué clase de hombre es éste, que hasta los vientos y el mar le obedecen?"	**41** Ellos temieron con gran temor y se decían el uno al otro: "Entonces, ¿quién es éste, que hasta el viento y el mar le obedecen?"	**25b** Atemorizados, se maravillaron diciéndose los unos a los otros: "¿Quién es éste, que manda aun a los vientos y al agua, y le obedecen?"

*8:18 Algnos mss. dicen **grandes multitudes**. *8:25 Algunos mss. antiguos incluyen **sus discípulos.**

Nota 65: Es el primero de dos relatos en que Jesús calma una tempestad en el mar de Galilea (**§ 74**). Este "mar" (Mar. 4:79) o "lago" (Luc. 8:22) está más bajo que el nivel del mar y es rodeado de terreno elevado, y por ello sujeto a breves temporales intensos. Es la tarde del mismo día, el que ha sido muy agitado; Jesús está agotado y se queda profundamente dormido, hasta que sus discípulos asustados lo despiertan. A la orden de él cesa el viento y también el oleaje.

Con esto se concluye el relato apostólico de lo sucedido en el llamado "día de mucha actividad" (**§ 61**).

§ 66. Jesús sana a dos endemoniados gadarenos

Mateo 8:28-34

28 Una vez llegado a la otra orilla, a la región de los gadarenos,* le vinieron al encuentro dos endemoniados que habían salido de los sepulcros. Eran violentos en extremo, tanto que nadie podía pasar por aquel camino.

29 Y he aquí, ellos lanzaron gritos diciendo: "¿Qué tienes con nosotros, Hijo de Dios?* ¿Has venido acá para atormentarnos antes de tiempo?"

Marcos 5:1-20

1 Fueron a la otra orilla del mar a la región de los gadarenos.*

2 Apenas salido él de la barca, de repente le salió al encuentro, de entre los sepulcros, un hombre con espíritu inmundo.

3 Este tenía su morada entre los sepulcros. Y nadie podía atarle ni siquiera con cadenas, **4** ya que muchas veces había sido atado con grillos y cadenas, pero él había hecho pedazos las cadenas y desmenuzado los grillos. Y nadie lo podía dominar. **5** Continuamente, de día y de noche, andaba entre los sepulcros y por las montañas, gritando e hiriéndose con piedras.

6 Cuando vio a Jesús desde lejos, corrió y le adoró. **7** Y clamando a gran voz dijo: "¿Qué tienes conmigo, Jesús, Hijo del Dios Altísimo? Te conjuro por Dios que no me atormentes".

8 Pues Jesús le decía: "Sal de este hombre, espíritu inmundo".

9 Y le preguntó: "¿Cómo te llamas?"

Y le dijo: "Me llamo Legión, porque

Lucas 8:26-39

26 Navegaron a la tierra de los gadarenos,* que está frente a Galilea.

27 Al bajarse él a tierra, le salió al encuentro un hombre de la ciudad, el cual tenía demonios. Desde hacía mucho tiempo no había llevado ropa,* ni vivía en una casa, sino entre los sepulcros.

{**29b** Para guardarlo, lo ataban con cadenas y con grillos, pero rompiendo las ataduras era impelido por el demonio a los desiertos.}

28 Pero cuando vio a Jesús, exclamó, se postró delante de él y dijo a gran voz: "¿Qué tienes conmigo, Jesús, Hijo del Dios Altísimo? ¡Te ruego que no me atormentes!"

29a Porque Jesús había mandado al espíritu inmundo que saliera del hombre, pues se había apoderado de él desde hacía mucho tiempo. **30** Jesús le preguntó, diciendo: "¿Cómo te llamas?"

Y él dijo: "Legión".

Mateo 8:28-34

30 Lejos de ellos
estaba paciendo un gran
hato de cerdos, **31** y los
demonios le rogaron di-
ciendo: "Si nos echas fuera,
envíanos a aquel hato de
cerdos".
32 Él les dijo: "¡Id!"
Ellos salieron y se fueron
a los cerdos,*
y he aquí todo el
hato de cerdos se lanzó al
mar por un despeñadero, y
murieron en el agua.
33 Los que apacentaban
los cerdos
huyeron, se
fueron a la ciudad
y lo contaron
todo, aun lo que había pasa-
do a los endemoniados.
34 Y he aquí, toda la ciudad
salió al encuentro de Jesús;
y cuando le vieron,
le rogaban que se fuera de
sus territorios.

Marcos 5:1-20

somos muchos".
10 Y le
rogaba mucho que no los
enviase fuera de aquella
región.
11 Allí cerca de la montaña
estaba paciendo un gran
hato de cerdos.
12 Y le rogaron* di-
ciendo: "Envíanos a los
cerdos, para que entremos
en ellos".
13 Jesús les dio permiso.
Y los espíritus inmundos
salieron y
entraron en los cerdos, y el
hato se lanzó al
mar por un despeñadero,
como dos mil cerdos, y se
ahogaron en el mar.
14 Los que apacentaban
los cerdos
huyeron y
dieron aviso en la ciudad y
por los campos. Y fueron
para ver qué era lo que
había acontecido.
15 Llegaron a Jesús y
vieron al endemoniado que
había tenido la legión,
sentado,
vestido y en su juicio cabal;
y tuvieron miedo. **16** Los
que lo habían visto les con-
taron qué había acontecido
al endemoniado y lo de los
cerdos,
17 y ellos comenzaron a
implorar a Jesús que saliera
de sus territorios.
18 Y mientras él entraba en
la barca, el que
había sido poseído por
el demonio le rogaba

Lucas 8:26-39

Porque muchos demonios
habían entrado en él; **31** y le
rogaban que no los
mandase al abismo.
32 Había allí un hato de
muchos cerdos que pacía en
la montaña;
y le rogaron que les
dejase entrar en aquéllos,
y él les dio permiso.
33 Cuando los demonios
salieron del hombre,
entraron en los cerdos; y el
hato se precipitó por un
despeñadero al lago,
y se
ahogó.
34 Los que apacentaban
los cerdos, al ver lo que
había acontecido, huyeron y
dieron aviso en la ciudad y
por los campos. **35** Y
salieron a ver lo que había
acontecido.
Fueron a Jesús y
hallaron al hombre de quien
habían salido los demonios,
sentado a los pies de Jesús,
vestido y en su juicio cabal;
y tuvieron miedo. **36** Los
que lo habían visto les con-
taron cómo había sido sal-
vado aquel endemoniado.
37 Entonces toda la multi-
tud de la región de los gada-
renos*
le rogó que se apartara
de ellos, porque tenían
mucho temor. Jesús subió a
la barca y regresó. **38** El
hombre de quien habían sa-
lido los demonios le rogaba

Mateo 8:28-34

Marcos 5:1-20
que le dejase estar con él.
19 Pero Jesús no se lo permitió, sino que le dijo: "Vete a tu casa, a los tuyos, y cuéntales cuán grandes cosas ha hecho el Señor por ti, y cómo tuvo misericordia de ti".
20 Él se fue y comenzó a proclamar en Decápolis cuán grandes cosas Jesús había hecho por él, y todos se maravillaban.

Lucas 8:26-39
que le dejase estar con él. Pero Jesús le respondió diciendo:
39 "Vuelve a tu casa y cuenta cuán grandes cosas ha hecho Dios por ti".
Y él se fue, proclamando por toda la ciudad cuán grandes cosas Jesús había hecho por él.

---

*8:28 Algunos mss. antiguos dicen **gergesenos**. *8:29 Algunos mss. antiguos dicen **Jesús Hijo de Dios**. *8:32 Algunos mss. antiguos dicen **aquel hato de cerdos**.

*5:1 Algunos mss. antiguos dicen **gerasenos**; otros, **gergesenos**. *5:12 Algunos mss. antiguos incluyen **todos los demonios.**

*8:26, 37 Algunos mss. antiguos dicen **geresenos**; otros, **gergesenos**. *8:27 Algunos mss. antiguos dicen **que tenía demonios desde hacía mucho tiempo, y que no llevaba ropa**.

Nota 66: Jesús está ahora en una región de los gentiles, fuera de la fuerte influencia de los fariseos y donde piensa poder enseñar a sus discípulos más íntimos. Pero "dos endemoniados" (según Mateo) le salen al encuentro gritando, pues lo reconocen. Marcos y Lucas mencionan uno, talvez el de mayor renombre. Los demonios, sabiendo que no pueden seguir habitando en los hombres, piden entrar en el "gran hato de cerdos" (Mat. 8:30); y Jesús dice: "¡Id!" Y el hato se lanza al mar de Galilea. Los sanados son instruidos a dar testimonio de lo que Dios les ha hecho. Entre los judíos a menudo el Señor ha recomendado el silencio sobre los milagros por temor a que contribuya a ideas erróneas sobre su ministerio, pero entre los gentiles conviene que se diga.

§ 67. Jesús sana a una mujer con hemorragia y resucita a la hija de Jairo

Mateo 9:18-26
18 Mientras él hablaba estas cosas, he aquí vino un hombre principal y se postró delante de él diciéndole:

Marcos 5:21-43
21 Cuando Jesús había cruzado de nuevo en la barca a la otra orilla, se congregó alrededor de él una gran multitud. Y él estaba junto al mar. **22** Y vino uno de los principales de la sinagoga, llamado Jairo. Cuando le vio, se postró a sus pies **23** y le imploró mucho diciendo:

Lucas 8:40-56
40 Al regresar Jesús, toda la gente le recibió gozosa, porque todos le esperaban.
41 Y he aquí vino un hombre llamado Jairo, que era principal de la sinagoga. Se postró a los pies de Jesús y le imploró que fuese a su casa, **42** porque tenía una hija única, de unos doce años,

Mateo 9:18-26

"Mi hija acaba de morir.
Pero ven y pon tu mano
sobre ella, y
vivirá".
19 Jesús se levantó y le
siguió con sus discípulos.

20 Y he aquí una mujer que
sufría de hemorragia
desde hacía doce años,

se le acercó por detrás y
tocó el borde de su
manto; 21 porque ella pen-
saba dentro de sí: "Si sola-
mente toco su vestido, seré
sanada".

Marcos 5:21-43

"Mi hijita está agonizando.
¡Ven! Pon las manos sobre
ella para que sea salva, y
viva".
24 Jesús fue con él. Y le
seguía una gran multitud, y
le apretujaban.
25 Había una mujer que
sufría de hemorragia
desde hacía doce años.
26 Había sufrido mucho de
muchos
médicos y había gastado
todo lo que tenía, y de nada
le había aprovechado; más
bien, iba de mal en peor.
27 Cuando oyó hablar de
Jesús, vino por detrás de él
entre la multitud y tocó su
manto, 28 porque ella pen-
saba: "Si sólo
toco su manto, seré
sanada". 29 Al instante, se
secó la fuente de su sangre
y sintió en su cuerpo que
ya estaba sana de aquel
azote. 30 De pronto Jesús,
reconociendo dentro de sí
que había salido poder de
él, volviéndose a la multi-
tud dijo: "¿Quién me ha
tocado el manto?"
31 Sus discípulos le
dijeron: "Ves la multitud
que te apretuja, y pregun-
tas: '¿Quién me tocó?' "
32 Él miraba alrededor
para ver a la que había he-
cho esto.

Lucas 8:40-56

que se estaba muriendo.

Mientras
él iba, las multitudes
le apretujaban.
43 Y una mujer, que
padecía de hemorragia
desde hacía doce años
(la cual, aunque había gas-
tado todo su patrimonio en
médicos,* no pudo ser sana-
da por nadie),

44 se le acercó por detrás y
tocó el borde del
manto de Jesús.

De inmediato se
detuvo su hemorragia.

45 Entonces dijo Jesús:

"¿Quién es el que me ha
tocado?"

Y como todos ne-
gaban, Pedro le dijo:*
"Maestro, las multitudes te
aprietan y presionan".*
46 Jesús dijo: "Alguien me
ha tocado, porque yo sé que

Mateo 9:18-26

22 Pero Jesús, volviéndose
y mirándola, dijo: "Ten
ánimo, hija, tu fe te ha sal-
vado".*

Y la mujer fue sanada*
desde aquella hora.

23 Cuando Jesús llegó a la
casa del principal
y vio a los que toca-
ban las flautas y a la multi-
tud que hacía bullicio,
24 les dijo: "Apartaos,
porque
la muchacha no ha muerto,
sino que duerme".
Y se burlaban de él.

Marcos 5:21-43

33 Entonces la
mujer,
temiendo y tem-
blando, sabiendo lo que en
ella había sido hecho, fue y
se postró delante de él, y le
dijo toda la verdad.

34 Él le dijo:
"Hija, tu fe te ha sal-
vado.* Vete en paz y queda
sanada de tu azote".

35 Mientras él aún habla-
ba, vinieron de la casa del
principal de la sinagoga,
diciendo: "Tu hija ha
muerto. ¿Para qué molestas
más al Maestro?"
36 Pero Jesús, sin hacer
caso a esta palabra* que se
decía, dijo al principal de la
sinagoga: "No temas; sólo
cree".

37 Y no permitió que na-
die le acompañara, sino Pe-
dro, Jacobo y Juan, el her-
mano de Jacobo.

38 Llegaron* a la
casa del principal de la si-
nagoga, y él vio el alboroto
y los que lloraban y lamen-
taban mucho. **39** Y al en-
trar, les dijo: "¿Por qué
hacéis alboroto y lloráis?
La niña no ha muerto,
sino que duerme".
40 Ellos se burlaban de él.

Lucas 8:40-56

ha salido poder de mí.
47 Entonces, cuando la
mujer vio que no había
pasado inadvertida, fue tem-
blando; y

postrándose delante de él,
declaró ante todo el pueblo
por qué causa le había toca-
do, y cómo había sido sana-
da al instante.
48 Él le dijo:
"Hija, tu fe te ha sal-
vado.* Vete en paz".

49 Mientras él aún habla-
ba, vino uno de la casa del
principal de la sinagoga
para decirle: "Tu hija ha
muerto. No molestes
más al Maestro".

50 Al oír esto, Jesús le
respondió:
"No temas; sólo
cree, y ella será salva".
51 Cuando llegó a la casa,
no dejó entrar consigo a na-
die, sino sólo a Pe-
dro, a Juan, a Jacobo,
y al padre y
a la madre de la niña.

52 Todos lloraban y lamen-
taban por ella.
Pero él dijo: "No
lloréis.
Ella no ha muerto,
sino que duerme".
53 Ellos se burlaban de él,
sabiendo que ella había muerto.

Mateo 9:18-26	Marcos 5:21-43	Lucas 8:40-56
25 Cuando habían sacado a la gente,	Pero él los sacó a todos y tomó al padre y a la madre de la niña y a los que estaban con él,	
él entró	y entró a donde estaba la niña.	
y la tomó de la mano;	**41** Tomó la mano de la niña	**54** Pero él la tomó de la mano, y habló a gran voz diciendo:
	y le dijo: "Talita, cumi"* —que traducido es: Niña, a ti te digo, levántate—.	"Niña, levántate".
		55a Entonces su espíritu volvió a ella, y al instante
y la muchacha se levantó.	**42** Y en seguida la niña se levantó y andaba, pues tenía doce años.	se levantó. .
	Y quedaron atónitos.	**56** Sus padres quedaron atónitos,
	43 Él les mandó estrictamente que nadie lo supiese	y él les mandó que a nadie dijesen lo que había sucedido.
	y ordenó que le diesen a ella de comer.	{**55b** Y él ordenó que le diesen de comer}
26 Y salió esta noticia por toda aquella tierra.		
*9:22 Otra trad., **te ha sanado**. *9:22 Otra trad., **fue salvada**.	*5:34 Otra trad., **te ha sanado**. *5:36 Algunos mss. antiguos dicen **cuando oyó esta palabra**. *5:38 Algunos textos tardíos dicen **llegó**. *5:41 Frase en arameo, el idioma que Jesús más usaba; en los mss. más antiguos falta la **i** final.	*8:43 Algunos mss. antiguos no incluyen **la cual, aunque había gastado todo su patrimonio en médicos**. *8:45 Algunos mss. antiguos dicen **Pedro y los que estaban con él le dijeron...** *8:45 Algunos mss. antiguos agregan **y dices: ¿Quién es el que me ha tocado?** *8:48 Otra trad., **sanado**.

Nota 67: "Al regresar Jesús... todos le esperaban" (Luc. 8:40). Se supone que el lugar es Capernaúm, que le sirve al Señor como base de operaciones. Jesús acepta las interrupciones a su enseñanza, primero por uno de los principales de la sinagoga, un importante personaje local, y luego por una mujer que sufre de una enfermedad denigrante (Lev. 15:25). El Maestro no hace distinción de personas (Stg. 2:9). El uno recibe viva y sana a su hija; y la otra, sanidad de su mal. Ya en territorio judío Jesús prefiere que no se extienda su fama como sanador, pero pedirlo así es inútil.

§ 68. Jesús sana a dos ciegos y a un mudo endemoniado

Mateo 9:27-34	Marcos	Lucas	Juan
34 Mientras Jesús pasaba de allí, le siguieron dos ciegos			

clamando a gritos y diciendo: "¡Ten misericordia de nosotros, hijo de David!"

28 Cuando él llegó a la casa, los ciegos vinieron a él. Y Jesús les dijo: "¿Creéis que

Mateo 9:27-34	Marcos	Lucas	Juan
puedo hacer esto?" Ellos dijeron: "Sí, Señor".			

29 Entonces les tocó los ojos diciendo: "Conforme a vuestra fe os sea hecho".
30 Y los ojos de ellos fueron abiertos. Entonces Jesús les encargó rigurosamente
diciendo: "Mirad que nadie lo sepa".
31 Pero ellos salieron y difundieron su fama por toda aquella tierra.
32 Mientras aquéllos salían, he aquí le trajeron un hombre mudo endemoniado. **33** Y
tan pronto fue echado fuera el demonio, el mudo habló. Y las multitudes se maravilla-
ban diciendo: "¡Nunca se ha visto semejante cosa en Israel!"
34 Pero los fariseos decían: "Por el príncipe de los demonios echa fuera los demonios".

Nota 68: En Mateo 20:29 ss., en Marcos 10:46-52 y en Lucas 18:35-43 (**§ 126**) se relata una experiencia parecida con uno o dos ciegos en Jericó. En el caso del mudo los fariseos presentes atribuyen la sanidad al poder satánico, tal como en **§ 61** y **106**, actitud que es reflejada en la gente bajo otras circunstancias (Juan 7:20; 8:48, 52; 10:20 en **§ 96, 99** y **101**).

§ 69. *Última visita de Jesús a Nazaret*★

Mateo 13:54-58	Lucas	Marcos 6:1-6a	Juan
54 Vino a su tierra		**1** Salió de allí y fue a su tierra, y sus dis- cípulos le siguieron.	

Mateo 13:54-58	Marcos 6:1-6a
	2 Y cuando llegó el sábado, él comenzó a
y les enseñaba en su sinagoga, de manera que ellos estaban atónitos y decían: "¿De dónde tiene éste esta sabiduría y estos milagros?*	enseñar en la sinagoga; y muchos queda- ban atónitos cuando le oían, y decían: "¿De dónde le vienen a éste estas cosas? ¿Qué sabiduría es ésta que le ha sido dada? ¡Cuántas obras poderosas son hechas por
55 ¿No es éste el hijo del carpintero? ¿No se llama su madre María, y sus hermanos Jacobo, José, Simón y Judas? **56** ¿No están todas sus herma- nas con nosotros? ¿De dónde, pues, le vienen a éste todas estas cosas?"	sus manos!* **3** ¿No es éste el carpintero, hijo de María y hermano de Jacobo, de José, de Judas y de Simón? ¿No están también sus herma- nas aquí con nosotros?"
57 Se escandalizaban de él. Pero Jesús les dijo: "No hay profeta sin honra sino en su propia tierra y en su casa".	Se escandalizaban de él. **4** Pero Jesús les decía: "No hay profeta sin honra sino en su propia tierra, entre sus familiares y en su casa".
58 Y no hizo allí muchos milagros*	**5** Y no pudo hacer allí ningún hecho poderoso, sino que sanó a unos pocos enfermos, poniendo sobre ellos las manos.

★ **En § 69 el orden de Marcos y Lucas se ha invertido por facilidad de diagramación.**

Mateo 13:54-58	Lucas	Marcos 6:1-6a	Juan
a causa de la incredulidad de ellos.		**6a** Estaba asombrado a causa de la incredulidad de ellos.	

*13:54, 58 O sea, **obras poderosas**.

*6:2 Algunos mss. antiguos dicen **¿Qué sabiduría es ésta que le ha sido dada a fin de que tales obras poderosas sean hechas por sus manos?**

Nota 69: Lucas (4:16-30 en **§ 39**) ya ha contado de una visita anterior de Jesús al lugar de su niñez. También resultó en rechazo. Esa fue hace más de un año, no mucho después del comienzo de su ministerio. Ahora es casi al final de ese relativamente largo período en Galilea, y le queda talvez un año antes de su muerte. La actitud de los vecinos nos indica que la niñez del Maestro fue la de un niño normal y que no hacía las hazañas portentosas que relatan los Evangelios Apócrifos del segundo siglo. Se dan los nombres de cuatro hermanos y, al decir "todas sus hermanas" (Mat. 13:56), debe haber a lo menos tres. Más tarde Jacobo (Santiago) y Judas escribirían dos epístolas neotestamentarias.

§ 70. Tercer viaje por Galilea y comisionamiento de los doce

Mateo 9:35—11:1	Marcos 6:6b-13	Lucas 9:1-6
35 Jesús recorría todas las ciudades y las aldeas, enseñando en sus sinagogas, predicando el evangelio del reino y sanando toda enfermedad y toda dolencia.* **36** Y cuando vio las multitudes, tuvo compasión de ellas; porque estaban acosadas y desamparadas como ovejas que no tienen pastor. **37** Entonces dijo a sus discípulos: "A la verdad, la mies* es mucha, pero los obreros son pocos. **38** Rogad, pues, al Señor de la mies, que envíe obreros a su mies".	**6b** Y recorría las aldeas de alrededor, enseñando.	
1 Entonces llamó a sus doce discípulos y les dio autoridad sobre los espíritus inmundos para echarlos fuera, y para	**7** Entonces llamó a los doce y comenzó a enviarlos de dos en dos. Les daba autoridad sobre los espíritus inmundos.	**1** Reuniendo a los doce,* les dio poder y autoridad sobre todos los demonios y para

Mateo 9:35—11:1

sanar toda enfermedad y
toda dolencia.

2 Los nombres de los
doce apóstoles son éstos:
primero Simón, llamado Pe-
dro, y su hermano Andrés;
también Jacobo hijo de Ze-
bedeo, y su hermano Juan;
3 Felipe y Bartolomé; To-
más y Mateo el publicano;
Jacobo hijo de Alfeo, y Ta-
deo;* **4** Simón el cananita y
Judas Iscariote, quien le
entregó.
5 A estos doce los envió
Jesús, dándoles instruccio-
nes diciendo: "No vayáis
por los caminos de los gen-
tiles, ni entréis en las ciuda-
des de los samaritanos.
6 Pero id, más bien, a las
ovejas perdidas de la casa
de Israel. **7** Y cuando va-
yáis, predicad diciendo: 'El
reino de los cielos se ha
acercado'.* **8** Sanad enfer-
mos, resucitad muertos,
limpiad leprosos, echad
fuera demonios. De gracia*
habéis recibido; dad de gra-
cia.
9 "No os proveáis ni de
oro, ni de plata, ni de cobre
en vuestros cintos. **10** Tam-
poco llevéis bolsas para el
camino, ni dos vestidos, ni
zapatos,
ni bastón;

porque el obrero es
digno de su alimento. **11** En
cualquier ciudad o aldea
donde entréis, averiguad

Marcos 6:6b-13

8 Les mandó

que
no llevasen nada para el
camino: ni pan, ni bolsa, ni
dinero en el cinto, sino
solamente un bastón; **9**
pero que calzasen sandalias
y que no vistiesen dos túni-
cas.

10 Y les decía:
"Dondequiera que
entréis en una casa,

Lucas 9:1-6

sanar enfermedades. **2** Los
envió a predicar el reino de
Dios y a sanar a los enfer-
mos.

3 Y les dijo:

"No
toméis nada para el
camino, ni bastón, ni bolsa,
ni pan, ni dinero;

ni tengáis dos túni-
cas.*

4 En
cualquier casa en que
entréis,

Mateo 9:35—11:1	Marcos 6:6b-13	Lucas 9:1-6
quién en ella sea digno y quedaos allí hasta que salgáis. **12** Al entrar en la casa, saludadla. **13** Si la casa es digna, venga vuestra paz sobre ella. Pero si no es digna, vuelva vuestra paz a vosotros.	posad en ella hasta que salgáis de aquel lugar.	permaneced allí, y de allí salid.
14 Y en caso de que no os reciban ni escuchen vuestras palabras, salid de aquella casa o ciudad y sacudid el polvo de vuestros pies.	**11** Cualquier lugar que no os reciba ni os oiga,* saliendo de allí, sacudid el polvo que está debajo de vuestros pies, para testimonio contra ellos”.	**5** Y dondequiera que no os reciban, al salir de aquella ciudad, sacudid el polvo de vuestros pies como testimonio contra ellos”.
15 De cierto os digo que en el día del juicio será más tolerable para los de la tierra de Sodoma y de Gomorra, que para aquella ciudad.		

16 “He aquí, yo os envío como a ovejas en medio de lobos. Sed, pues, astutos como
serpientes y sencillos como palomas. **17** Guardaos de los hombres, porque os entregarán
a los tribunales y en sus sinagogas os azotarán. **18** Seréis llevados aun ante gobernado-
res y reyes por mi causa, para dar testimonio a ellos y a los gentiles. **19** Pero cuando os
entreguen, no os preocupéis de cómo o qué hablaréis, porque os será dado en aquella
hora lo que habéis de decir. **20** Pues no sois vosotros los que hablaréis, sino el Espíritu
de vuestro Padre que hablará en vosotros.

21 “El hermano entregará a muerte a su hermano, y el padre a su hijo. Se levantarán
los hijos contra sus padres y los harán morir. **22** Y seréis aborrecidos de todos por causa
de mi nombre. Pero el que persevere hasta el fin, éste será salvo. **23** Y cuando os persi-
gan en una ciudad, huid a la otra. Porque de cierto os digo que de ningún modo acaba-
réis de recorrer todas las ciudades de Israel antes que venga el Hijo del Hombre.

24 “El discípulo no es más que su maestro, ni el siervo más que su señor. **25** Bástale al
discípulo ser como su maestro, y al siervo como su señor. Si al padre de familia le lla-
maron Beelzebul,*¡cuánto más lo harán a los de su casa!

26 “Así que, no les temáis. Porque no hay nada encubierto que no será revelado, ni
oculto que no será conocido. **27** Lo que os digo en privado, decidlo en público; y lo que
oís al oído, proclamadlo desde las azoteas. **28** No temáis a los que matan el cuerpo pero
no pueden matar al alma. Más bien, temed a aquel que puede destruir tanto el alma co-
mo el cuerpo en el infierno.* **29** ¿Acaso no se venden dos pajaritos por un cuarto?* Con
todo, ni uno de ellos cae a tierra sin el consentimiento de vuestro Padre. **30** Pues aun
vuestros cabellos están todos contados. **31** Así que, no temáis; más valéis vosotros que
muchos pajaritos.

32 “Por tanto, a todo el que me confiese* delante de los hombres, yo también le confe-
saré delante de mi Padre que está en los cielos. **33** Y a cualquiera que me niegue delante

Mateo 9:35—11:1	Marcos 6:6b-13	Lucas 9:1-6
de los hombres, yo también le negaré delante de mi Padre que está en los cielos.		

34 "No penséis que he venido para traer paz a la tierra. No he venido para traer paz,
sino espada. **35** Porque yo he venido para poner en disensión al hombre *contra su
padre, a la hija contra su madre y a la nuera contra su suegra.* **36** *Y los enemigos de un
hombre serán los de su propia casa.**

37 "El que ama a padre o a madre más que a mí no es digno de mí, y el que ama a hijo
o a hija más que a mí no es digno de mí. **38** El que no toma su cruz y sigue en pos de
mí no es digno de mí. **39** El que halla su vida la perderá, y el que pierde su vida por mi
causa la hallará.

40 "El que os recibe a vosotros a mí me recibe, y el que me recibe a mí recibe al que
me envió. **41** El que recibe a un profeta porque es profeta, recibirá recompensa de profeta; y el que recibe a un justo porque es justo, recibirá recompensa de justo. **42** Cual-
quiera que da a uno de estos pequeñitos un vaso de agua fría solamente porque es mi
discípulo, de cierto os digo que jamás perderá su recompensa".

1 Aconteció que, cuando Jesús acabó de dar instrucciones a sus doce discípulos, se fue
de allí a enseñar y a predicar en las ciudades de ellos.

Mateo	Marcos	Lucas
	12 Entonces ellos salieron y predicaron que la gente se arrepintiese. **13** Echaban fuera muchos demonios, y ungían con aceite a muchos enfermos, y los sanaban.	**6** Y saliendo, pasaban de aldea en aldea, anunciando el evangelio y sanando por todas partes.

*9:35 Algunos mss. antiguos añaden **en el pueblo**. *9:37 otras trads. **campo sembrado de trigo**; **cosecha**; o **siega**. *10:3 Algunos mss. antiguos dicen **y Lebeo llamado Tadeo**. *10:7 Otra trad., **está cerca**. *10:8 Otra trad., **gratuitamente**. *10:25 O sea, **Satanás**; comp. nota sobre 12:24. *10:28 Gr., **Gehena**. *10:29 Lit. **un asarion**; o sea, la cuarta parte de una moneda pequeña. *10:32 Otras trads., **se declare por mí**; **se identifique conmigo**; o, **me reconozca**. *10:36 Miq. 7:6.

*6:11 Algunos mss. antiguos dicen **Y si en algún lugar no os recibieran ni os oyeran**.

*9:1 Algunos mss. antiguos dicen **los doce apóstoles**; otros, **los doce discípulos**. *9:3 Algunos mss. antiguos tienen **túnicas cada uno**.

Nota 70: En el primer viaje (Mat. 4:23 **§ 44**) llevó consigo a algunos discípulos, quienes dividen su tiempo entre sus trabajos cotidianos y un ministerio con Jesús. En el segundo viaje (Luc. 8:1 **§ 60**), los doce mayormente se dedican a acompañarlo con el respaldo económico de algunas mujeres. Ahora es tiempo en que, como apóstoles, los discípulos íntimos ensayarán su ministerio de dos en dos sin la presencia de su Maestro. Mateo nombra a los doce, mientras que Marcos y Lucas (**§ 53**) ya los han mencionado. "Los envió a predicar el reino de Dios y a sanar a los enfermos" (Luc. 9:2). Ya que una parte considerable de su ministerio será obras de misericordia, deben confiar en que Dios y la gente proveerán su sustento. Pero deben recordar también que su tarea no será fácil. Mateo incluye mucha de la enseñanza que Jesús les da antes que salgan en esta nueva fase de su obra. Después Jesús también parte "a enseñar y a predicar en las ciudades de ellos" (Mat. 11:1).

§ 71. Asombro de Herodes Antipas; muerte de Juan el Bautista

Mateo 14:1-12

1 En aquel tiempo, Herodes el tetrarca oyó la fama de Jesús

2 y dijo a sus criados: "¡Este es Juan el Bautista! Él ha resucitado de los muertos; por esta razón operan estos poderes en él".

3 Porque Herodes había prendido a Juan, le había atado con cadenas y puesto en la cárcel por causa de Herodía, la mujer de su hermano Felipe.

4 Porque Juan le decía: "No te es lícito tenerla por mujer".

5 Y aunque Herodes quería matarlo, temió al pueblo; porque le tenían por profeta.

Marcos 6:14-29

14 El rey Herodes oyó de Jesús, porque su nombre había llegado a ser muy conocido. Unos decían: "Juan el Bautista ha resucitado de los muertos, y por esta razón operan estos poderes en él". **15** Otros decían: "Es Elías". Mientras otros decían: "Es profeta como uno de los profetas". **16** Pero cuando Herodes oyó esto, dijo: "¡Juan, a quien yo decapité, ha resucitado!"*

17 Porque Herodes mismo había mandado prender a Juan y lo había encadenado en la cárcel por causa de Herodía, la mujer de su hermano Felipe; porque se había casado con ella. **18** Pues Juan le decía a Herodes: "No te es lícito tener la mujer de tu hermano".

19 Pero Herodía le acechaba y deseaba matarle, aunque no podía; **20** porque Herodes temía a Juan, sabiendo que era hombre justo y santo, y le protegía. Y al escucharle quedaba muy perplejo,* pero le oía de buena gana.

Lucas 9:7-9

7 El tetrarca Herodes oyó de todo lo que estaba pasando;* y estaba perplejo, porque algunos decían que Juan había resucitado de los muertos.

8 Otros decían que Elías había aparecido, y otros que alguno de los antiguos profetas había resucitado.

9 Pero Herodes dijo: "A Juan yo lo decapité. ¿Quién, pues, es éste de quien escucho tales cosas?" Y procuraba verle.

Mateo 14:1-12

6 Pero
cuando se celebró el cum-
pleaños de Herodes,
la hija
de Herodía danzó en
medio y agradó a Herodes,
7 por lo cual él se compro-
metió bajo juramento a
darle lo que ella pidiera.
8 Ella, instigada por su
madre, dijo:
"Dame aquí en un
plato la cabeza de Juan el
Bautista".
9 Entonces el rey se entris-
teció; pero a causa
del juramento y de los que
estaban con él a la mesa,
mandó que se la diesen.
10 Mandó decapitar a Juan
en la cárcel.
11 Y su cabeza fue traída
en un plato y fue dada a la
muchacha, y ella
la presentó a su madre.
12 Entonces llegaron sus
discípulos,
tomaron el cuer-
po y lo enterraron.
Luego fueron y

Marcos 6:14-29

21 Llegó un día oportuno
cuando Herodes, en la fies-
ta de su cumpleaños, dio
una cena para sus altos ofi-
ciales, los tribunos y las
personas principales de
Galilea. **22** Entonces la hija
de Herodía entró y danzó,
y agradó a Herodes
y a los que estaban con él a
la mesa; y el rey le dijo a la
muchacha: "Pídeme lo que
quieras, y yo te lo daré".
23 Y le juró mucho:* "To-
do lo que me pidas te daré,
hasta la mitad de mi reino".
24 Ella salió y dijo a su
madre: "¿Qué pediré?"
Y ésta dijo: "La cabeza de
Juan el Bautista".
25 En seguida ella entró
con prisa al rey y le pidió
diciendo: "Quiero que
ahora mismo me des en un
plato la cabeza de Juan el
Bautista".
26 El rey se entris-
teció mucho, pero a causa
del juramento y de los que
estaban a la mesa,
no quiso rechazarla.
27 Inmediatamente el rey
envió a uno de la guardia y
mandó que fuese traída su
cabeza. Este fue, le deca-
pitó en la cárcel **28** y llevó
su cabeza
en un plato; la dio a la
muchacha, y la muchacha
se la dio a su madre.
29 Cuando sus
discípulos oyeron esto,
fueron y tomaron su cuer-
po, y lo pusieron en un
sepulcro.

Lucas 9:7-9

Mateo 14:1-12	**Marcos 6:14-29**	**Lucas 9:7-9**
se lo contaron a Jesús.		
	*6:16 Algunos mss. antiguos agregan de **entre los muertos**. *6:20 Algunos mss. antiguos dicen **Y oyéndole, hacía muchas cosas, y le escuchaba...** *6:23 Algunos mss. antiguos no incluyen **mucho**.	*9:7 Algunos mss. antiguos dicen **lo que él estaba haciendo**.

Nota 71: Herodes Antipas, muchos años tetrarca sobre Galilea y Perea, después de tener a Juan el Bautista más de un año encarcelado (Mat. 11:2 **§ 57**), lo decapita a petición de su mujer. Antipas, hijo de Herodes el Grande, había tomado para sí a la mujer de uno de sus hermanos de parte de padre, Felipe, quien vivía en Roma. Salomé, hija de Herodía y Felipe, baila en la fiesta de cumpleaños de su padrastro, quien le promete cualquier cosa que pida. Instruida por su madre Herodía, pide la cabeza de Juan el Bautista; pues éste les ha recriminado. Antipas cumple su atolondrada promesa. Después, al oír de las maravillas que ha hecho Jesús, teme que él sea Juan levantado de la muerte. Después de este acontecimiento, según el historiador Josefo, esa bailarina se casa con su tío, tetrarca de Iturea (Luc. 3:1), quien se llama Felipe, nombre también de su padre. La familia de Herodes el Grande fue una familia llena de enredos, problemas y enemistades entre ellos mismos.

El nuevo palacio principal de Antipas está en Tiberias en la costa occidental del mar de Galilea, algunos kilómetros al sur de Capernaúm. Pero Juan es decapitado en Macaerus, al oriente del mar Muerto en Perea.

PARTE VIII

LOS DOCE SON PREPARADOS FUERA DE GALILEA

(MAPA V)

Las **§ 72-95** probablemente cubren desde la Pascua del año 29 hasta la fiesta de los Tabernáculos del mismo año, es decir, desde la primavera hasta el otoño (en el hemisferio norte), unos seis meses. Jesús hace unos cuatro retiros (**§ 72, 78, 79** y **81**), con el fin de: 1) eludir los celos vengativos de Herodes Antipas; 2) rehuir del fanatisimo de los supuestos seguidores en Galilea que quieren hacerle rey (Juan 6:15 en **§ 73**); 3) escaparse de la hostilidad de los gobernantes judíos; 4) tener una oportunidad para descansar lejos de la cálida área del mar de Galilea en el verano; y en especial, 5) enseñar con más concentración a los doce, pues ahora le queda al Maestro menos de un año de vida en la tierra.

§ 72. Primer retiro y alimentación de los cinco mil

Mateo 14:13-21	**Marcos 6:30-44**	**Lucas 9:10-17**	**Juan 6:1-13**
13 Al oírlo,	**30** Los apóstoles se reunieron con Jesús, y le contaron todo lo que habían hecho y lo que habían enseñado. **31** Él les dijo: "Venid vosotros aparte a un lugar desierto, y descansad un poco". Porque eran muchos los que iban y venían, y ni siquiera tenían oportunidad para comer.	**10** Cuando los apóstoles regresaron, contaron a Jesús todo lo que habían hecho.	
Jesús se apartó de allí en una barca a un lugar desierto y apartado.	**32** Y se fueron solos en la barca a un lugar desierto.	Y él los tomó consigo y se retiró aparte* a la ciudad llamada Betsaida.	**1** Después de esto fue Jesús a la otra orilla del mar de Galilea, o sea de Tiberias,
Cuando las multitudes oyeron esto, le siguieron a pie desde las ciudades.	**33** Pero muchos les vieron ir y les reconocieron. Y corrieron allá a pie de todas las ciudades y llegaron antes que ellos.*	**11a** Pero al saberlo las multitudes, le siguieron;	**2** y le seguía una gran multitud,

Mateo 14:13-21	**Marcos 6:30-44**	**Lucas 9:10-17**	**Juan 6:1-13**
			porque veían las señales que hacía en los enfermos. **3** Jesús subió a un monte y se sentó allí con sus discípulos. **4** Estaba cerca la Pascua, la fiesta de los judíos.
14 Cuando Jesús salió, vio la gran multitud y tuvo compasión de ellos,	**34** Cuando Jesús salió, vio una gran multitud y tuvo compasión de ellos, porque eran como ovejas que no tenían pastor.	y él los recibió	**5** Cuando Jesús alzó los ojos y vio que se le acercaba una gran multitud,
y sanó a los que entre ellos estaban enfermos.		{**11c** y sanaba a los que tenían necesidad de ser sanados.}	
	Entonces comenzó a enseñarles muchas cosas.	**11b** y les hablaba del reino de Dios	
15 Al atardecer,	**35** Como la hora era ya muy avanzada,	**12** El día comenzó a declinar,	
sus discípulos se acercaron a él y le dijeron: "El lugar es desierto, y la hora ya avanzada.	sus discípulos se acercaron a él y le dijeron: "El lugar es desierto, y la hora avanzada.	y los doce se acercaron a él y le dijeron:	
Despide a la gente para que vayan a las aldeas y compren para sí algo de comer".	**36** Despídelos para que vayan a los campos y aldeas de alrededor y compren para sí algo que comer".*	"Despide a la gente para que vayan a las aldeas y a los campos de alrededor, y se alojen y hallen comida, porque aquí estamos en un lugar desierto".	
16 Pero Jesús les dijo: "No tienen necesidad de irse.	**37** Él les respondió y dijo:	**13** Él les dijo:	
Dadles vosotros de comer".	"Dadles vosotros de comer".	"Dadles vosotros de comer".	
			dijo a Felipe: "¿De dónde compraremos pan para que coman éstos?" **6** Pero decía esto para probarle, por-

Mateo 14:13-21	Marcos 6:30-44	Lucas 9:10-17	Juan 6:1-13
			que Jesús sabía lo que iba a hacer.
			7 Felipe le respondió:
	Le dijeron: "¿Que vayamos y compremos pan por doscientos denarios,*		"Doscientos denarios* de pan no bastan, para que cada uno de ellos reciba un poco".
	y les demos de comer?"		
	38 Él les dijo: "¿Cuántos panes tenéis? Id y vedlo".		
17 Entonces ellos	Al enterarse, le	Pero ellos	**8** Uno de sus discípulos, Andrés, el hermano de Simón Pedro, le dijo:
dijeron:	dijeron:	dijeron:	
			9 "Aquí hay un muchacho que tiene
"No tenemos aquí sino cinco panes y dos pescados".	"Cinco, y dos pescados".	"No tenemos más que cinco panes y dos pescados, a no ser que vayamos nosotros y compremos comida para todo este pueblo".	cinco panes de cebada y dos pescaditos. Pero, ¿qué es esto para tantos?"
18 Él les dijo: "Traédmelos acá".			
19 Luego mandó	**39** Él les mandó	**14b** Entonces dijo a sus discípulos:	**10a** Entonces Jesús dijo:
que la gente se recostara sobre la hierba.	que hiciesen recostar a todos por grupos sobre la hierba verde.	"Haced que se sienten	"Haced recostar a la gente". Había mucha hierba en aquel lugar.
	40 Se recostaron por grupos, de cien en cien y de cincuenta en cincuenta.	en grupos de unos cincuenta cada uno".	Se recostaron,
		15 Y así lo hicieron, haciendo que todos se sentaran.	
	41 Y él	**16** Entonces Jesús	**11** Entonces Jesús
Tomó los cinco panes y los dos pescados, y alzando los	tomó los cinco panes y los dos pescados, y alzando los	tomó los cinco panes y los dos pescados, y alzando los	tomó los panes, y habiendo

Mateo 14:13-21	**Marcos 6:30-44**	**Lucas 9:10-17**	**Juan 6:1-13**
ojos al cielo, los bendijo. Después de partirlos, dio los panes a sus discípulos, y ellos a la gente.	ojos al cielo, bendijo y partió los panes. Luego iba dando a sus discípulos para que los pusiesen delante de los hombres, y también repartió los dos pescados entre todos.	ojos al cielo, los bendijo. Luego los partió e iba dando a sus discípulos para que los pusiesen delante de la gente.	dado gracias, los repartió entre los que estaban recostados. De igual manera repartió de los pescados, cuanto querían.
20 Todos comieron y se saciaron,	**42** Todos comieron y se saciaron,	**17** Todos comieron y se saciaron,	**12** Cuando fueron saciados, dijo a sus discípulos: "Recoged los pedazos que han quedado, para que no se pierda nada".
y se recogieron doce canastas llenas de lo que sobró de los pedazos.	**43** y recogieron doce canastas llenas de los pedazos de pan y de los pescados.	y de lo que sobró recogieron doce canastas de pedazos.	**13** Recogieron, pues, y llenaron doce canastas de pedazos de los cinco panes de cebada que sobraron a los que habían comido.
21 Los que comieron eran como cinco mil hombres, sin contar las mujeres y los niños.	**44** Y los que comieron los panes eran como cinco mil hombres.	{**14a** Porque eran como cinco mil hombres.}	{**10b** pues, como cinco mil hombres.}
	*6:33 Algunos mss. añaden **y se juntaron a él**. *6:36 Algunos textos tardíos dicen **compren pan, pues no tienen qué comer**. *6:37 El denario era una moneda romana que equivalía al salario de un día para un obrero o soldado; ver Mat. 20:2.	*9:10 Algunos mss. antiguos dicen **aparte a un lugar desierto de una ciudad...**	*6:7 El denario era una moneda romana que equivalía al salario de un día para un obrero o soldado; ver Mat. 20:2.

Nota 72: Al volver de sus giras, "los apóstoles se reunieron con Jesús" (Mar. 6:30) satisfechos pero con informes y preguntas. También están entristecidos por la muerte de Juan el Bautista y, sin duda, algo temerosos por su propia seguridad. Hay mucho que conversar. Para poderlo hacer

parten posiblemente desde Capernaúm hacia el oriente, rodeando la costa del mar de Galilea en una barca hasta Betsaida Julia, fuera de la jurisdicción de Antipas. "Betsaida" significa "casa del pez", y hay otra aldea de ese nombre adjunta a Capernaúm. ¿Acaso Jesús se sorprende de que mucha gente los sigue por tierra al observar hacia donde va la barca? Recordemos que él sabe mucho, pero no todo a causa de su naturaleza humana (Mar. 6:6; Mat. 8:10; Luc. 7:9 en **§ 69** y **55**). Aunque Jesús rehusó hacer pan para sí mismo, lo provee para otros.

El dar de comer a 5.000 es el primer acontecimiento tratado por todos los cuatro Evangelios y es el único milagro mencionado por todos los cuatro, salvo la resurrección de Jesús.

§ 73. Jesús evita que lo proclamen rey

Mateo 14:22, 23	**Marcos 6:45, 46**	**Juan 6:14, 15**
		14 Entonces, cuando los hombres vieron la señal que Jesús había hecho, decían: "¡Verdaderamente, éste es el profeta* que ha de venir al mundo!" **15** Como Jesús entendió que iban a venir para tomarle por la fuerza y hacerle rey,
22 Y en seguida Jesús obligó a sus discípulos a entrar en la barca e ir delante de él a la otra orilla, mientras él despedía a las multitudes. **23** Una vez despedida la gente, subió al monte para orar a solas; y cuando llegó la noche, estaba allí solo.	**45** En seguida obligó a sus discípulos a entrar en la barca para ir delante de él a Betsaida, en la otra orilla, mientras él despedía a la multitud. **46** Y habiéndose despedido de ellos, se fue al monte a orar.	se retiró de nuevo al monte, él solo.

*6:14 Ver Deut. 18:15, 18.

Nota 73: La multitud judía que los ha seguido desde Galilea se entusiasma con la idea de que Jesús sea su rey para dirigirlos contra los odiados romanos. ¡Él no solo sería justo, sino que también podía abastecerlos de alimentos, sanar a sus enfermos y a los heridos, y hasta resucitar a los muertos! ¿Cómo perder con un dirigente así? ¿Es una tentación para él? Probablemente sí, pues sabe que ha venido al mundo a ser Rey; ¿pero qué clase de rey? Al ser rey terrenal, ¿podría mejor ganar a la gente con su mensaje espiritual? Parece que los apóstoles están de acuerdo con el pueblo, por cuya razón el Maestro "obligó a sus discípulos a entrar en la barca... mientras él despedía a las multitudes" (Mat. 14:22). El Maestro requería de mucha oración "a solas", pues el camino al reino tiene que pasar por una cruz. Sin la muerte redentora sería aún un reino de pecado y muerte (Rom. 5:21).

§ 74. Jesús camina sobre el agua

Mateo 14:24-33

24 La barca ya quedaba
a gran distancia* de la tierra,
azotada por las olas,
porque el
viento era contrario. **25** Y a
la cuarta vigilia* de
la noche, Jesús fue a ellos
caminando sobre el mar
26 Pero cuando
los discípulos le vieron
caminando sobre el mar,
se turbaron diciendo: "¡Un
fantasma!"
Y gritaron de miedo.
27 En segui-
da Jesús les habló
diciendo: "¡Tened ánimo!
¡Yo soy! ¡No temáis!"
28 Entonces le respondió
Pedro y dijo: "Señor, si eres
tú, manda que yo vaya a ti
sobre las aguas".
29 Y él dijo: "Ven".
Pedro descendió de la bar-
ca y caminó sobre las
aguas, y fue* hacia Jesús.
30 Pero al ver el viento
fuerte, tuvo miedo y comen-
zó a hundirse. Entonces

Marcos 6:47-52

47 Al caer la
noche, la barca estaba en
medio del mar,
y él solo en tierra.
48 Viendo que ellos
se fatigaban remando,
porque el
viento les era contrario, a
eso de la cuarta vigilia* de
la noche, él fue a ellos
caminando sobre el mar,
y quería pasarlos de largo.
49 Pero cuando
ellos vieron que él
caminaba sobre el mar,
pensaron que era un
fantasma
y clamaron a gritos;
50 porque todos le vieron y
se turbaron. Pero en segui-
da habló con ellos y les
dijo: "¡Tened ánimo!
¡Yo soy! ¡No temáis!"

Juan 6:16-21a

16 Cuando anochecía, sus
discípulos descendieron al
mar, **17** y entrando en una
barca iban cruzando el mar
hacia Capernaúm. Ya había
oscurecido,
{**19a** Entonces, cuando
habían remado como vein-
ticinco o treinta estadios,*}
y Jesús todavía no había
venido a ellos. **18** Y se
agitaba el mar
porque soplaba un gran
viento.
19b vieron a Jesús
caminando sobre el mar y
acercándose a la barca,
y tuvieron miedo.
20 Pero él
les
dijo:
"¡Yo soy! ¡No temáis!"

Mateo 14:24-33
gritó diciendo: "¡Señor, sálvame!"
31 De inmediato Jesús extendió la mano, le sostuvo y le dijo: "¡Oh hombre de poca fe! ¿Por qué dudaste?"
32 Cuando ellos subieron a la barca, se calmó el viento.
33 Entonces los que estaban en la barca le adoraron* diciendo: "¡Verdaderamente eres Hijo de Dios!"

*14:24 Lit., **a muchos estadios**; el estadio equivalía aprox. a 180 m. *14:25 O sea, entre las 3:00 y las 6:00 a.m., según la costumbre romana que dividía la noche en cuatro vigilias. *14:29 Algunos mss. antiguos dicen **para ir**. *14:33 Algunos mss. antiguos dicen **vinieron y le adoraron**.

Marcos 6:47-52
51 Y subió a ellos en la barca, y se calmó el viento.
Ellos estaban sumamente perplejos,*
52 pues aún no habían comprendido lo de los panes; más bien, sus corazones estaban endurecidos.

*6:48 O sea, entre las 3:00 a 6:00 a.m., según la costumbre romana que dividía la noche en cuatro vigilias. *6:51 Algunos mss. antiguos incluyen **y se asombraron**.

Juan 6:16-21a
21a Entonces ellos quisieron recibirle en la barca,

*6:19 Un total de 5 ó 6 km., ya que el estadio equivalía aprox. a 180 m.

Nota 74: ¿Se sentirían desilusionados y hasta enojados los apóstoles porque su Señor no aceptase el desafío de llegar a ser rey? Si es así, su frustración se cambia en miedo al descender sobre su barca una furiosa tempestad. Hace algunas semanas, o meses, sobrevivieron algo parecido (Mar. 4:39 en **§ 65**); pero Jesús estaba en la barca con ellos, y ahora no. Y al verlo caminando sobre el mar, creen que es un fantasma, hasta oír su bendita voz: "¡No temáis!" Entonces el temerario Pedro también quiere andar sobre el agua. ¡Y casi le resulta! Pero mira el viento en vez de al Victorioso, y solo la mano tendida de éste lo salva.

§ 75. Jesús es bien recibido en Genesaret

Mateo 14:34-36
34 Cuando cruzaron a la otra orilla, llegaron a la tierra de Genesaret.
35 Y cuando los hombres de aquel lugar le reconocieron,

Marcos 6:53-56
53 Y cuando cruzaron a la otra orilla, llegaron a la tierra de Genesaret y amarraron la barca.
54 Pero cuando ellos salieron de la barca, en seguida le reconocieron.

Juan 6:21b
21b y de inmediato la barca llegó a la tierra a donde iban.

Mateo 14:34-36	Marcos 6:53-56	Juan 6:21b
mandaron a decirlo por toda aquella región, y trajeron a él todos los que estaban enfermos.	55 Recorrieron toda aquella región, y comenzaron a traer en camillas a los que estaban enfermos a donde oían que él estaba. 56 Dondequiera que entraba, ya sea en aldeas o ciudades o campos, ponían en las plazas a los que estaban enfermos,	
36 Y le rogaban que sólo pudiesen tocar el borde de su manto, y todos los que tocaron quedaron sanos.	y le rogaban que sólo pudiesen tocar el borde de su manto. Y todos los que le tocaban quedaban sanos.	

Nota 75: Al llegar la luz del día están en la llanura de Genesaret, al sur de Capernaúm. La gente lo reconoce y corre para traer a sus enfermos a fin de que Jesús los sane. "Y todos los que le tocaban quedaban sanos" (Mar. 6:56).

§ 76. Jesús el pan de vida

Mateo	Marcos	Lucas	Juan 6:22-71
			22 Al día siguiente, la multitud que había estado al otro

lado del mar se dio cuenta de que no había habido allí sino una sola barca, y que Jesús
no había entrado en la barca con sus discípulos, sino que éstos se habían ido solos.
23 (Sin embargo, de Tiberias habían llegado otras barcas cerca del lugar donde habían
comido el pan después que el Señor había dado gracias.) 24 Entonces, cuando la multi-
tud vio que Jesús no estaba allí ni tampoco sus discípulos, ellos entraron en las barcas y
fueron a Capernaúm buscando a Jesús. 25 Cuando le hallaron al otro lado del mar, le
preguntaron: "Rabí,* ¿cuándo llegaste acá?"
26 Jesús les respondió diciendo: "De cierto, de cierto os digo que me buscáis, no
porque habéis visto las señales, sino porque comisteis de los panes y os saciasteis.
27 Trabajad, no por la comida que perece, sino por la comida que permanece para vida
eterna, que el Hijo del Hombre os dará; porque en éste, Dios el Padre ha puesto su sello".
28 Entonces le dijeron: "¿Qué haremos para realizar las obras de Dios?"
29 Respondió Jesús y les dijo: "Esta es la obra de Dios: que creáis en aquel que él ha
enviado".
30 Entonces le dijeron: "¿Qué señal, pues, haces tú, para que veamos y creamos en ti?
¿Qué obra haces? 31 Nuestros padres comieron el maná en el desierto, como está
escrito: *Pan del cielo les dio a comer*".*
32 Por tanto Jesús les dijo: "De cierto, de cierto os digo que no os ha dado Moisés el
pan del cielo, sino mi Padre os da el verdadero pan del cielo. 33 Porque el pan de Dios
es aquel que desciende del cielo y da vida al mundo".

Mateo	Marcos	Lucas	Juan 6:22-71
			34 Le dijeron: "Señor, danos siempre este pan".

35 Jesús les dijo: "Yo soy el pan de vida. El que a mí viene nunca tendrá hambre, y el
que en mí cree no tendrá sed jamás. **36** Pero os he dicho que me habéis visto, y no
creéis. **37** Todo lo que el Padre me da vendrá a mí; y al que a mí viene, jamás lo echaré
fuera. **38** Porque yo he descendido del cielo, no para hacer la voluntad mía, sino la vo-
luntad del que me envió. **39** Y ésta es la voluntad del* que me envió: que yo no pierda
nada de todo lo que me ha dado, sino que lo resucite en el día final. **40** Esta es la volun-
tad de mi Padre: que todo aquel que mira al Hijo y cree en él tenga vida eterna, y que yo
lo resucite en el día final".

41 Entonces los judíos murmuraban de él porque había dicho: "Yo soy el pan que des-
cendió del cielo". **42** Y decían: "¿No es éste Jesús, el hijo de José? ¿No conocemos a su
padre y a su madre? ¿Cómo es que ahora dice: 'He descendido del cielo'?"

43 Jesús respondió y les dijo: "No murmuréis más entre vosotros. **44** Nadie puede
venir a mí, a menos que el Padre que me envió lo traiga; y yo lo resucitaré en el día
final. **45** Está escrito en los Profetas: *Y serán todos enseñados por Dios.** Así que, todo
aquel que oye y aprende del Padre viene a mí. **46** No es que alguien haya visto al Padre,
sino que aquel que proviene de Dios, éste ha visto al Padre. **47** De cierto, de cierto os
digo: El que cree* tiene vida eterna. **48** Yo soy el pan de vida. **49** Vuestros padres co-
mieron el maná en el desierto y murieron. **50** Este es el pan que desciende del cielo, pa-
ra que el que coma de él no muera. **51** Yo soy el pan vivo que descendió del cielo; si
alguno come de este pan, vivirá para siempre. El pan que yo daré por la vida del mundo
es mi carne".

52 Entonces los judíos contendían entre sí, diciendo: "¿Cómo puede éste darnos a
comer su carne?"

53 Y Jesús les dijo: "De cierto, de cierto os digo que si no coméis la carne del Hijo del
Hombre y bebéis su sangre, no tenéis vida en vosotros. **54** El que come mi carne y bebe
mi sangre tiene vida eterna, y yo lo resucitaré en el día final. **55** Porque mi carne es ver-
dadera comida, y mi sangre es verdadera bebida. **56** El que come mi carne y bebe mi
sangre permanece en mí, y yo en él. **57** Así como me envió el Padre viviente, y yo vivo
por el Padre, de la misma manera el que me come también vivirá por mí. **58** Este es el
pan que descendió del cielo. No como los padres que comieron* y murieron, el que
come de este pan vivirá para siempre".

59 Estas cosas dijo en la sinagoga, cuando enseñaba en Capernaúm.

60 Entonces, al oírlo, muchos de sus discípulos dijeron: "Dura es esta palabra; ¿quién
la puede oír?"

61 Sabiendo Jesús en sí mismo que sus discípulos murmuraban de esto, les dijo:
"¿Esto os escandaliza? **62** ¿Y si vierais al Hijo del Hombre subir a donde estaba pri-
mero? **63** El Espíritu es el que da vida; la carne no aprovecha para nada. Las palabras
que yo os he hablado son espíritu y son vida. **64** Pero hay entre vosotros algunos que no
creen".

Pues desde el principio Jesús sabía quiénes eran los que no creían y quién le había de
entregar, **65** y decía: "Por esta razón os he dicho que nadie puede venir a mí, a menos
que le haya sido concedido por el Padre".

Mateo	Marcos	Lucas	Juan 6:22-71
			66 Desde entonces, muchos de sus discípulos volvieron

atrás, y ya no andaban con él. **67** Entonces Jesús dijo a los doce: "¿Queréis acaso iros
vosotros también?"
68 Le respondió Simón Pedro: "Señor, ¿a quién iremos? Tú tienes palabras de vida
eterna. **69** Y nosotros hemos creído y conocido que tú eres el Santo de Dios".*
70 Jesús les respondió: "¿No os escogí yo a vosotros doce, y uno de vosotros es diablo?"
71 Hablaba de Judas hijo de Simón Iscariote;* porque éste, siendo uno de los doce,
estaba por entregarlo.

---

*6:25 O: **Maestro**. *6:31 Ver Éxo. 16:4 y Sal. 78:24. *6:39 Algunos mss. tardíos incluyen **Padre**. *6:45 Isa. 54:13. *6:47 Algunos mss. antiguos incluyen **en mí**. *6:58 Algunos mss. tardíos incluyen **el maná**. *6:69 Algunos mss. antiguos dicen **tú eres el Cristo, el Santo de Dios** o **tú eres el Cristo, el Hijo del Dios viviente**; comp. Mat. 16:16. *6:71 Algunos mss. antiguos dicen **Judas Iscariote, hijo de Simón**.

Nota 76: Al día siguiente, en la sinagoga en Capernaúm, la misma multitud que comió de los panes y peces, disgustada al escuchar que Jesús se ofrece como el pan de vida y no un Mesías político, lo abandona. Le recuerdan que Moisés había dado mamá del cielo (Éxo. 16:4, 15). Quieren bienes físicos, no espirituales. Entre otras cosas Jesús habla de la primacía de la enseñanza de Dios (Isa. 54:13). Este es un día decisivo en el ministerio de Jesús. Hasta los apóstoles son sacudidos, de modo que el Señor les pregunta: "¿Queréis acaso iros también?" La respuesta de Pedro indica el pensamiento: "Estamos perplejos y desanimados, pero no tenemos alternativa. ¿A quién iremos? Tú tienes palabras de vida eterna" (v. 68). Pero aun así Jesús sabe que entre los doce uno "es diablo".

§ 77. Lo que contamina al hombre★

Mateo 15:1-20	Lucas	Marcos 7:1-23	Juan 7:1
			1 Después de esto, andaba Jesús por Galilea. No quería andar por Judea, porque los judíos le buscaban para matarlo.
1 Entonces se acercaron a Jesús unos fariseos y escribas de Jerusalén,		**1** Se juntaron a Jesús los fariseos y algunos de los escribas que habían venido de Jerusalén. **2** Ellos vieron que algunos discípulos de él estaban comiendo pan con las manos impuras, es decir, sin lavar.* **3** Pues los fariseos y todos	

★ **En § 77 el orden de Marcos y Lucas se ha invertido por facilidad de diagramación.**

Mateo 15:1-20	Lucas	Marcos 7:1-23	Juan 7:1

Mateo 15:1-20

diciendo:
2 "¿Por qué quebrantan tus discípulos
la tradición de los ancia-
nos? Pues no se lavan las manos
cuando comen pan".
3 Él les respondió diciendo: "¿Por qué
también vosotros quebrantáis el manda-
miento de Dios por causa de vuestra tra-
dición? 4 Porque Dios dijo:* *Honra a tu
padre y a tu madre,** y: *El que maldiga a
su padre o a su madre muera irremisible-
mente.** 5 Pero vosotros decís que
cualquiera que diga a su padre o a su ma-
dre: "Aquello con que hubieras sido bene-
ficiado*
es mi ofrenda a Dios",
6 no debe honrar a su padre.*
"Así habéis invalidado la palabra de Dios
por causa de vuestra tradición.

7 ¡Hipócritas!
Bien profe-
tizó Isaías de vosotros
diciendo:
8 *Este pueblo me honra de labios,*
pero su corazón está lejos de mí.
9 *Y en vano me rinden culto,*
enseñando como doctrina
*los mandamientos de hombres".**

10 Entonces, llamando a sí a la multi-
tud, les dijo: "¡Oíd y entended!

Marcos 7:1-23

los judíos, si no se
lavan las manos has-
ta la muñeca, no co-
men, porque se aferran a la tradición de los
ancianos. 4 Cuando vuelven del mercado,
si no se lavan, no comen. Y hay muchas
otras cosas que aceptaron para guardar,
como los lavamientos de las copas, de los
jarros y de los utensilios de bronce y de los
divanes.*
5 Le preguntaron los fariseos y los
escribas: "¿Por qué no andan tus discípulos
de acuerdo con la tradición de los ancia-
nos, sino que comen pan con las manos
impuras?"
{9 Les decía también: "¡Bien
desecháis el manda-
miento de Dios para establecer vuestra tra-
dición! 10 Porque Moisés dijo: *Honra a tu
padre y a tu madre,** y: *El que maldiga a
su padre o a su madre muera irremisible-
mente.** 11 Pero vosotros decís que
si alguien dice a su padre o ma-
dre: "Aquello con que hubieras sido bene-
ficiado de parte mía* es Corbán" —es
decir, una ofrenda a Dios—, 12 ya no le
permitís hacer nada por su padre o su ma-
dre. 13 Así invalidáis la palabra de Dios
mediante vuestra tradición que habéis
transmitido, y hacéis muchas cosas seme-
jantes a éstas".}
6 Y les respondió diciendo: "Bien profe-
tizó Isaías acerca de vosotros, hipócritas,
como está escrito:
Este pueblo me honra de labios,
pero su corazón está lejos de mí.
7 *Y en vano me rinden culto,*
enseñando como doctrina
*los mandamientos de hombres".**
8 Porque dejando los mandamientos de
Dios, os aferráis a la tradición de los hom-
bres".*
14 Llamando a sí otra vez a toda la multi-
tud, les decía: "¡Oídme todos y entended!

Mateo 15:1-20

11 Lo que
entra en la boca no
contamina al hombre; sino lo que sale de
la boca, esto contamina al hombre".
12 Entonces se acercaron
los discípulos* y le dijeron: "¿Sabes
que los fariseos se ofendieron al oír esas
palabras?"
13 Pero él respondió y dijo: "Toda planta
que no plantó mi Padre celestial será desa-
rraigada. **14** Dejadlos. Son ciegos guías de
ciegos. Pero si el ciego guía al ciego, ambos
caerán en el hoyo".
15 Respondió Pedro y le dijo: "Explí-
canos esta parábola".
16 Jesús dijo: "¿También vosotros
carecéis de entendimiento? **17** ¿No enten-
déis que todo lo que entra en la boca va al
estómago y sale a la letrina? **18** Pero lo
que sale de la boca viene del corazón, y
eso contamina al hombre.
19 Porque
del corazón salen los
malos pensamientos, los homicidios, los
adulterios, las inmoralidades sexuales, los
robos, los falsos testimonios y
las blas-
femias.
20 Estas cosas son las que
contaminan al hombre, pero el comer sin
lavarse las manos no contamina al hombre".

---

*15:4 Algunos mss. antiguos dicen **mandó diciendo**. *15:4 Éxo. 20:12; Deut. 5:16. *15:4 Éxo. 21:17; Lev. 20:19. *15:5 O sea, **con lo que yo pudiera ayudarte**. *15:6 Algunos mss. antiguos incluyen **o a su madre**. *15:9 Isa. 29:13 (LXX). *15:12 Algunos mss. antiguos dicen **sus discípulos**.

Lucas

Marcos 7:1-23

15, 16* No hay nada
fuera del hombre que
por entrar en él le
pueda contaminar. Pero lo que sale del
hombre es lo que contamina al hombre".
17 Cuando entró en casa, aparte de la
multitud, sus discípulos
le preguntaron acer-
ca de la parábola.
18 Y les dijo: "¿Así que también vosotros
carecéis de entendimiento? ¿No compren-
déis que nada de lo que entra en el hombre
desde fuera le puede contaminar? **19** Por-
que no entra en su corazón sino en su estó-
mago, y sale a la letrina".
Así declaró limpias todas las comidas.
20 Y decía: "Lo que del hombre sale, eso
contamina al hombre. **21** Porque desde
adentro, del corazón del hombre, salen los
malos pensamientos, las inmoralidades
sexuales, los robos, los homicidios, **22** los
adulterios, las avaricias, las maldades, el
engaño, la sensualidad, la envidia, la blas-
femia, la insolencia y la insensatez.
23 Todas estas maldades salen de adentro y
contaminan al hombre".

---

*7:2 Algunos mss. antiguos incluyen **y los censuraban**. *7:4 Es decir, muebles antiguos para recostarse a comer; algunos mss. antiguos no incluyen **y de los divanes**. *7:7 Isa. 29:13 (LXX). *7:8 Algunos mss. antiguos añaden: **como la de los lavamientos de los jarros y de las copas; y hacéis otras muchas cosas semejantes**; comp. v. 4. *7:10 Éxo. 20:12; Deut. 5:16. *7:10 Éxo. 21:17; Lev. 20:9. *7:11 O sea, **con lo que yo pudiera ayudarte**. *7:16 Algunos mss. antiguos incluyen: [16]**Si alguno tiene oídos para oír, oiga**; texto similar a 4:9, 23.

Juan 7:1

Nota 77: Esto acontece probablemente en Capernaúm. Antes los fariseos y los escribas criticaron a Jesús porque sus discípulos no ayunaban debidamente (Mar. 2:18 en **§ 48**) y no guardaban correctamente el sábado (Mat. 12:1-14 en **§ 49-51**). Esta vez tiene que ver con el lavarse las manos, un asunto de la tradición y no de la Ley. ¿Se refieren a cómo la multitud, con el beneplácito de Jesús, comió de los panes y peces sin lavarse las manos? Jesús responde a los dirigentes religiosos señalando cómo ellos mismos invalidan la Ley comprometiendo sus bienes con una promesa (Corbán) de dejarlos para la obra de Dios, a fin de evitar así sostener a sus padres incapacitados (Éxo. 20:12). Luego a la gente le insiste que no son manos sin lavar las que contaminan sino los pensamientos: no tanto lo que entra al cuerpo sino lo que sale. Por lo que vemos en Hechos 10:15, Pedro por fin capta la idea.

§ 78. Segundo retiro y curación de la hija de una sirofenicia★

Mateo 15:21-28

21 Cuando Jesús
salió de allí, se fue a
las regiones de Tiro y
de Sidón.
22 Entonces
una mujer
cananea que había salido de
aquellas regiones, clamaba diciendo:
"¡Señor, Hijo de David,
ten misericordia de mí! Mi hija es grave-
mente atormentada por un demonio".
23 Pero él no le respondía palabra.
Entonces se acercaron sus discípulos y le
rogaron diciendo: "Despídela, pues grita
tras nosotros".
24 Y respondiendo dijo: "Yo no he sido
enviado sino a las ovejas perdidas de la
casa de Israel".
25 Entonces ella vino y se postró delante
de él diciéndole: "¡Señor, socórreme!"
26 Él le respondió diciendo:
"No es bueno
tomar el pan de los hijos y echarlo a los
perritos".
27 Y ella dijo: "Sí, Señor.
Pero aun los perritos comen de las migajas
que caen de la mesa de sus dueños".
28 Entonces respondió Jesús y le dijo:
"¡Oh mujer, grande es tu fe! Sea hecho
contigo como quieres".

Lucas

Marcos 7:24-30

24 Y levantándose,
partió de allí para los
territorios de Tiro y
de Sidón. Y entró en una casa y no quería
que nadie lo supiese, pero no pudo escon-
derse. **25** Más bien, en seguida oyó de él
una mujer cuya hija tenía un espíritu in-
mundo, y vino y cayó a sus pies.
26 La mujer era griega, de nacionalidad
sirofenicia, y le rogaba que echase el
demonio fuera de su hija.
27 Pero Jesús le dijo: "Deja primero que
se sacien los hijos, porque no es bueno
tomar el pan de los hijos y echarlo a los
perritos".
28 Ella respondió y le dijo: "Sí,* Señor;
también los perritos debajo de la mesa
comen de las migajas de los hijos".
29 Entonces él le dijo:
"Por causa de lo que has
dicho, vé; el demonio ha salido de tu hija.

Juan

★ **En § 78 el orden de Marcos y Lucas se ha invertido por facilidad de diagramación.**

Mateo 15:21-28
Y su hija fue sana
desde aquella hora.

Lucas

Marcos 7:24-30
30 Y cuando ella se
fue a su casa, halló a su hija acostada en la
cama y que el demonio había salido.

*7:28 Algunos mss. antiguos no incluyen **Sí**.

Juan

Nota 78: Aunque es el tiempo para la acostumbrada peregrinación a Jerusalén para celebrar la Pascua, el Señor y sus discípulos van en una dirección opuesta. El segundo viaje fuera de Galilea los lleva al norte, a Fenicia, tierra que siglos después se llamará Líbano. Es parte del imperio romano y una región de cultura griega, aunque muchos son racialmente de los antiguos cananeos. Allí Jesús será menos conocido, y habrá mejor oportunidad de enseñar a los apóstoles sin interrupciones. Una mujer cuya hija está enferma lo reconoce y lo llama: "Hijo de David" (Mat. 15:22), un término mesiánico. Él prueba la fe de ella con preguntas que a primera vista parecen racistas, pero ella responde con humildad y certeza. Jesús queda admirado y sana a la hija, aunque significa abortar el propósito de ir allí (enseñar a sus discípulos en privado); de manera que estima mejor seguir a otra parte.

§ 79. Tercer retiro, curación de un sordo y tartamudo, y alimentación de los cuatro mil*

Mateo 15:29-38
29 Cuando Jesús
partió de allí, fue
junto
al mar de Galilea,

Lucas

Marcos 7:31—8:9a
31 Al salir de nue-
vo de los territorios
de Tiro, fue por
Sidón al mar de Galilea, atravesando el te-
rritorio de Decápolis. **32** Entonces le tra-
jeron un sordo y tartamudo, y le rogaron
que le pusiera la mano encima.
33 Y tomándole aparte de la multitud,
metió los dedos en sus orejas, escupió y
tocó su lengua. **34** Luego mirando al cielo,
suspiró y le dijo: "¡Efata!" —que quiere
decir: "Sé abierto—".
35 Y de inmediato fueron abiertos sus
oídos y desatada la ligadura de su lengua,
y hablaba bien. **36** Él les mandó que no lo
dijeran a nadie; pero cuanto más les man-
daba, tanto más lo proclamaban. **37** Se ma-
ravillaban sin medida, diciendo: "¡Todo lo
ha hecho bien! Aun a los sordos hace oír, y

Juan

* **En § 79 el orden de Marcos y Lucas se ha invertido por facilidad de diagramación.**

Mateo 15:29-38

y subiendo al monte
se sentó allí. **30** En-
tonces se acercaron a él grandes multitudes
que tenían consigo cojos, ciegos, mancos,
mudos y muchos otros enfermos. Los pu-
sieron a los pies de Jesús, y él los sanó;
31 de manera que la gente se maravillaba
al ver a los mudos hablar, a los mancos sa-
nos, a los cojos andar y a los ciegos ver. Y
glorificaban al Dios de Israel.

32 Jesús llamó a sus discípulos y dijo:
"Tengo compasión de la multitud, porque
ya hace tres días que permanecen conmigo
y no tienen qué comer. No quiero despe-
dirlos en ayunas, no sea que se desma-
yen en el camino".

33 Entonces sus discípulos le dijeron:
"¿De dónde conseguiremos nosotros tantos
panes en un lugar desierto, como para
saciar a una multitud tan grande?"
34 Jesús les dijo: "¿Cuántos panes tenéis?"
Ellos dijeron: "Siete, y unos pocos pesca-
ditos".
35 Entonces él mandó a la multitud que
se recostase sobre la tierra. **36** Tomó los
siete panes y los pescaditos, y habiendo
dado gracias los partió e iba dando a los
discípulos,* y los discípulos
a las multitudes.

37 Todos comieron y se
saciaron, y recogieron siete cestas llenas
de lo que sobró de los pedazos. **38** Los que
comían eran cuatro mil hombres, sin con-
tar las mujeres y los niños.

*15:36 Algunos mss. antiguos dicen **sus discípulos**.

Lucas

Marcos 7:31—8:9a

a los mudos hablar".

1 En aquellos días, ya que otra vez había
una gran multitud y no tenían qué comer,
Jesús llamó a sus discípulos y les dijo:
2 "Tengo compasión de la multitud, porque
ya hace tres días que permanecen conmigo
y no tienen qué comer. **3** Si les despi-
do a sus casas en ayunas, se desma-
yarán en el camino; y algunos de ellos han
venido de lejos".
4 Sus discípulos le respondieron:
"¿De dónde podrá alguien saciar a éstos de
pan, aquí en el desierto?"

5 Y les preguntó: "¿Cuántos panes tenéis?"
Ellos dijeron: "Siete".

6 Entonces él mandó a la multitud
recostarse en tierra. Tomó los
siete panes, y habiendo
dado gracias, los partió y daba a sus
discípulos para que ellos los sirviesen. Y
ellos los sirvieron a la multitud.
7 También tenían unos pocos pescaditos.
Y después de bendecirlos, él mandó que
también los sirviesen. **8** Comieron y se
saciaron, y recogieron siete cestas de los
pedazos que habían sobrado.
9 Y eran* como cuatro mil.

*8:9 Algunos mss. antiguos tienen **y los que comieron eran**...

Juan

Nota 79: Con los apóstoles Jesús anda hacia el lado oriental del mar de Galilea, pero rodeándolo, cruzando el actual Líbano y parte de Siria. El gobernante allí es Felipe, hermano de Antipas. En una región no muy lejos de donde le habían pedido que se fuera (Mar. 5:1 en **§ 66**), ahora no le piden eso, más bien le traen enfermos. Mucha gente lo ha seguido, no horas sino días. Entre los sanados hay uno que era sordo y tartamudo. De nuevo el pedido de silencio que hace el Maestro es desoído. Nuevamente (Mar. 6:44 en **§ 72**) Jesús da de comer a la gente, un total de más de cuatro mil personas. Algunos eruditos han opinado que las dos veces en que alimenta una multitud son dos relatos del mismo evento; pero las circunstancias son diferentes: lugar, número de personas, cantidad de panes y peces, lo sobrado, y la clase de canastas. Además, son Marcos y Mateo los que presentan los dos casos, y Jesús se refiere a las dos veces (Mar. 8:19, 20 en **§ 81**).

§ 80. Los fariseos y saduceos demandan una señal★

Mateo 15:39—16:4	**Lucas**	**Marcos 8:9b-12**	**Juan**
39 Entonces, una vez despedida la gente, subió en la barca y se fue a las regiones de Magdala.		**9b** Él los despidió; **10** y luego, entrando en la barca con sus discípulos, se fue a la región de Dalmanuta.	
1 Se acercaron los fariseos y los saduceos, y para probarle le pidieron que les mostrase una señal del cielo. **2** Pero él		**11** Salieron los fariseos y comenzaron a discutir con él, pidiéndole una señal del cielo, para probarle. **12** Él suspiró profundamente en su espíritu y	
les respondió diciendo: "Al atardecer decís: 'Hará buen tiempo, porque el cielo está enrojecido'; **3** y al amanecer decís: 'Hoy habrá tempestad, porque el cielo está enrojecido y sombrío.' Sabéis* discernir el aspecto del cielo, pero no podéis discernir las señales de los tiempos.* **4** Una generación malvada y adúltera pide señal, pero no le será dada ninguna señal, sino la señal de Jonás".*		dijo: "¿Por qué pide esta generación una señal? De cierto os digo que a esta generación no se le dará ninguna señal."	
Y dejándolos se fue.			

*16:3 Algunos mss. antiguos tienen **¡Hipócritas! Sabéis...** *16:3 Algunos mss. antiguos no incluyen vv. **2b**, **3**: **Al atardecer... tiempos**. *16:4 Ver Jon. 2:1 ss.; algunos mss. antiguos dicen **del profeta Jonás**.

Nota 80: Con sus discípulos Jesús cruza en una barca el mar de Galilea de oriente a occidente. En nuestros tiempos no se sabe exactamente donde se ubica Dalmanuta o Magdala, salvo que "magdala" significa "torre". De nuevo los fariseos piden una "señal del cielo", aunque no aceptan "las señales" ya dadas. Jesús sabe que no aceptarían otras tampoco. Nunca creerá quien no quiere creer. De nuevo (Mat. 12:39 en **§ 62**) el Señor menciona la "señal de Jonás" (Mat. 16:4; ver Jon.

★ **En § 80 el orden de Marcos y Lucas se ha invertido por facilidad de diagramación.**

1:17), aludiendo a su resurrección; y lo volverá a hacer después (Luc. 11:27 en **§ 106**), siempre tratando la dureza de corazón de los dirigentes religiosos. Con esa clase de gente hay poco que se puede hacer.

§ 81. Cuarto retiro, reprensión a sus discípulos y curación de un ciego★

Mateo 16:5-12

5 Cuando los discí-
pulos*
cruzaron a la
otra orilla,
se olvidaron de tomar consigo pan.
6 Entonces Jesús les dijo: "Mirad,
guardaos de la levadura de los fariseos
y de los saduceos".
7 Ellos discutían entre sí, diciendo: "Es
porque no trajimos pan".
8 Pero como Jesús lo entendió, les dijo:
"¿Por qué discutís entre vosotros que no
tenéis pan, hombres de poca fe? **9** ¿To-
davía no entendéis,
ni os acordáis de los
cinco panes para los cinco mil hombres, y
cuántas canastas reco-
gisteis?
10 ¿Ni tampoco de los siete panes para
los cuatro mil y cuántas cestas
recogistéis?
11 ¿Cómo es que no
entendéis que no os hablé del pan? ¡Pero
guardaos de la levadura de los fariseos y
de los saduceos!"
12 Entonces entendieron que no les habló
de guardarse de la levadura del pan, sino
más bien de la doctrina de los fariseos y de
los saduceos.

Lucas

Marcos 8:13-26

13 Y dejándolos,
volvió a entrar en la
barca y cruzó a la
otra orilla.
14 Se habían olvidado de llevar pan, y no
tenían consigo en la barca sino un solo
pan. **15** Y él les mandó, diciendo: "Mirad;
guardaos de la levadura de los fariseos
y de la levadura de Herodes".
16 Ellos discutían los unos con los otros,
porque no tenían pan.*
17 Como Jesús lo entendió, les dijo:
" ¿Por qué discutís? ¿Porque no tenéis
pan? ¿To-
davía no entendéis ni comprendéis? ¿Te-
néis* endurecido vuestro corazón? **18** Te-
niendo ojos, ¿no veis? Teniendo oídos, ¿no
oís? ¿No os acordáis? **19** Cuando partí los
cinco panes entre cinco mil,
¿cuántas canastas llenas de pedazos reco-
gisteis?"
Ellos dijeron: "Doce".
20 "Y cuando repartí los siete panes entre
los cuatro mil, ¿cuántas cestas llenas de
pedazos recogisteis?"
Ellos dijeron: "Siete".
21 Él les preguntó: "¿Todavía no com-
prendéis?"
22 Jesús fue a Betsaida, y le trajeron un
ciego y le rogaban que lo tocase. **23** En-

Juan

★ **En § 81 el orden de Marcos y Lucas se ha invertido por facilidad de diagramación.**

Mateo 16:5-12	Lucas	Marcos 8:13-26	Juan
		tonces tomando al ciego de la mano, le sacó fuera de la aldea. Después de mojarle los ojos con saliva e imponerle las manos, le preguntó: "¿Ves algo?" **24** Al mirar, él decía: "Veo a los hombres, pero los veo como árboles que andan". **25** Luego puso otra vez las manos sobre sus ojos, y miró intensamente. Y fue restaurada su vista, y veía todo de lejos y claramente. **26** Entonces Jesús le envió a su casa, diciéndole: "No entres en la aldea".*	

*16:5 Algunos mss. antiguos dicen **sus discípulos**.

*8:16 Algunos mss. antiguos dicen **diciendo: No tenemos pan**. *8:17 Algunos mss. antiguos incluyen **aún**.
*8:26 Algunos mss. antiguos incluyen **ni lo digas a nadie en la aldea**.

Nota 81: Rodean la orilla del mar de Galilea en una barca. El Maestro está aún pensando en el encuentro con los fariseos y advierte a sus discípulos contra los excesos de esos dirigentes religiosos. En un sentido estos dirigentes representan lo mejor de la sociedad judía pero en la práctica han llegado a dar mayor énfasis a ciertos detalles que son agregados, en vez de los grandes principios de la Ley. Jesús llama a este énfasis sobredimensionado "la levadura de los fariseos", quienes son rígidos en la forma pero con poco contenido y que pretenden cumplir más de lo que hacen, lo cual es hipocresía (Luc. 12:1 en **§ 108**). Esa actitud echa a perder lo bueno que tienen. "La levadura de Herodes" Antipas es su egoísmo y el actuar sin principios. La "de los saduceos" es su racionalismo y escepticismo. Todas son cosas en que se puede caer. "La levadura" representa un mal que va aumentando. Pero los discípulos entienden la referencia como una indirecta por haber ellos olvidado abastecerse de pan, el alimento básico de esa época. Entonces Jesús los regaña usando expresiones como en Jeremías 5:21 y Ezequiel 12:2, y les recuerda cómo dos veces él ha provisto comida.

Llegando a la Betsaida cerca de donde él dio de comer a cinco mil, le traen un ciego el cual pide que lo sane. Para evitar mayor publicidad lo conduce fuera de la aldea y le sana de su ceguera. Es el único caso en los Evangelios en que un milagro se hace en dos etapas.

§ 82. Los discípulos reconocen a Jesús como el Mesías

Mateo 16:13-20	Marcos 8:27-30	Lucas 9:18-21
13 Cuando llegó Jesús a las regiones de Cesarea de Filipo, preguntó a sus discípulos diciendo: "¿Quién	**27** Salieron Jesús y sus discípulos por las aldeas de Cesarea de Filipo, y en el camino les preguntó a sus discípulos diciendo: "¿Quién	**18** Aconteció que, mientras él estaba orando aparte, sus discípulos estaban con él, y les pre- guntó diciendo: ¿Quién

Mateo 16:13-20
dicen los hombres que es el
Hijo del Hombre?"
14 Ellos
dijeron: "Unos, Juan el
Bautista; otros, Elías; y
otros, Jeremías o uno de los
profetas".

15 Les dijo:
"Pero vosotros,
¿quién decís que soy yo?"
16 Respondió Simón
Pedro y dijo: "¡Tú
eres el Cristo, el Hijo del
Dios viviente!"
17 Entonces Jesús
respondió y le dijo: "Bien-
aventurado eres, Simón hijo
de Jonás, porque no te lo re-
veló carne ni sangre, sino
mi Padre que está en los
cielos. **18** Mas yo también
te digo que tú eres Pedro; y
sobre esta roca edificaré mi
iglesia, y las puertas del
Hades* no prevalecerán
contra ella. **19** A ti te daré
las llaves del reino de los
cielos. Todo lo que ates en
la tierra habrá sido atado en
el cielo, y lo que desates en
la tierra habrá sido desatado
en los cielos".
20 Entonces mandó a los
discípulos* que no dijesen
a nadie que él era el
Cristo.

*16:18 O sea, **la morada de los muertos**. *16:20 Algunos mss. antiguos dicen **sus discípulos**.

Marcos 8:27-30
dice la gente que
soy yo?"
28 Ellos respondieron:
"Unos, Juan el
Bautista; otros, Elías;
otros, uno de los
profetas".

29 Entonces él les pre-
guntó: "Pero vosotros,
¿quién decís que soy yo?"
Respondiendo
Pedro le dijo: "¡Tú
eres el Cristo!"

30 Él les mandó enér-
gicamente que no hablasen
a nadie acerca de él.

Lucas 9:18-21
dice la gente que
soy yo?"
19 Respondiendo ellos
dijeron: "Unos, que Juan el
Bautista; otros, que Elías; y
otros, que alguno de los
antiguos profetas ha resuci-
tado".
20 Y les dijo:
"Y vosotros,
¿quién decís que soy yo?"
Entonces
Pedro respondiendo dijo:
"El Cristo de
Dios".

21 Pero él les mandó enér-
gicamente que no dijeran
esto a nadie.

Nota 82: Alejándose de los lugares donde es tan conocido, Jesús va hacia el norte, hasta las faldas del monte Hermón. Allí Jesús puede estar a solas con los doce apóstoles para uno de los tiempos más críticos de su ministerio. Durante los dos años en que han estado con él, ¿qué han logrado comprender acerca de él y de su propósito? La culminación de su obra está solo a unos meses de distancia. Así, ahora habla en forma clara de su mesiazgo, de su muerte y resurrección, y luego de su venida en gloria. Después los discípulos lo ven transfigurado junto con dos personajes del Antiguo Testamento. Sin embargo no ha llegado aún el tiempo para anunciarle al público que él es el Mesías por el concepto erróneo de la gente, quien considera que el Mesías será libertador político y militar.

Como suele ser, Simón Pedro es el primero que expresa su fe en Jesús como el Mesías (Cristo), Hijo de Dios. Y el Maestro promete que edificará su iglesia sobre hombres como Pedro que lo confiesan con voz y vida.

§ 83. Jesús predice que él, el Mesías, padecerá

Mateo 16:21-26

21 Desde entonces, Jesús
comenzó a explicar a sus
discípulos que le era preciso
ir a Jerusalén
y padecer mucho
de parte de los ancia-
nos, de los principales sa-
cerdotes y de los escribas,
y ser muerto,
y resucitar al tercer
día.
22 Pedro
le tomó aparte y comenzó a
reprenderle diciendo:
"Señor, ten compasión de ti
mismo. ¡Jamás te suceda
esto!"
23 Entonces él volvién-
dose,
dijo a Pedro:
"¡Quítate de delante
de mí, Satanás!* Me eres
tropiezo, porque no piensas
en las cosas de Dios, sino
en las de los hombres".
24 Entonces Jesús
dijo a sus discípu-
los: "Si alguno
quiere venir en pos de mí,
niéguese a sí mismo, tome
su cruz y sígame.
25 Porque el que quiera sal-
var su vida la perderá,
y el que pierda su vida

Marcos 8:31-37

31 Luego
comenzó a enseñarles
que era necesario
que el Hijo del Hombre
padeciese mucho, que fuese
desechado por los ancia-
nos, los principales sa-
cerdotes y los escribas,
y que fuese muerto y
resucitado después de tres
días. **32** Les decía esto
claramente. Entonces Pedro
le tomó aparte y comenzó a
reprenderle.
33 Pero él se dio vuelta, y
mirando a sus discípulos
reprendió a Pedro dicién-
dole: "¡Quítate de delante
de mí, Satanás!*
Porque no piensas
en las cosas de Dios, sino
en las de los hombres".
34 Y llamó a sí a la gente,
juntamente con sus discípu-
los, y les dijo: "Si alguno
quiere venir en pos de mí,
niéguese a sí mismo, tome
su cruz y sígame.
35 Porque el que quiera sal-
var su vida, la perderá;
pero el que pierda su vida

Lucas 9:22-25

22 Y les dijo:
"Es necesario
que el Hijo del Hombre
padezca muchas cosas, y que
sea desechado por los ancia-
nos, por los principales sa-
cerdotes y por los escribas,
y que sea muerto y que
resucite al tercer
día".
23 Decía entonces a todos:
"Si alguno
quiere venir en pos de mí,
niéguese a sí mismo, tome
su cruz cada día y sígame.
24 Porque el que quiera sal-
var su vida, la perderá;
pero el que pierda su vida

Mateo 16:21-26
por causa de mí la hallará. **26** Pues, ¿de qué le sirve al hombre si gana el mundo entero y pierde su alma? ¿O qué dará el hombre en rescate por su alma?"

*16:23 Otra trad., **¡Apártate! ¡Detrás de mí, Satanás!**

Marcos 8:31-37
por causa de mí y del evangelio, la salvará. **36** Pues, ¿de qué le sirve al hombre ganar el mundo entero y perder su alma? **37** Porque, ¿qué dará el hombre en rescate por su alma?

*8:33 Otra trad., **¡Apártate! ¡Detrás de mí, Satanás!**

Lucas 9:22-25
por causa de mí, la salvará. **25** Pues, ¿de qué le sirve al hombre si gana el mundo entero y se destruye o se pierde a sí mismo?"

Nota 83: "Desde entonces, Jesús comenzó a explicar a sus discípulos" (Mat. 16:21) la necesidad de su muerte y resurrección, una noticia no muy grata para ellos, quienes aún tienen ambiciones terrenales (Mar. 9:34; 10:37; Luc. 22:24 en **§ 90, 125** y **145**). Pedro rechaza la idea de tal sufrimiento para su Maestro y es reprendido por éste. Parece que ya otra gente se ha unido a ellos y oye lo dicho. Jesús les advierte que servirle a él les va a costar, pero que la alternativa es perder el alma.

§ 84. Algunos verán la venida del Hijo del Hombre en su reino

Mateo 16:27, 28
27 Porque el Hijo del Hombre ha de venir en la gloria de su Padre con sus ángeles, y entonces recompensará a cada uno conforme a sus hechos.

28 "De cierto os digo que hay algunos que están aquí, que no gustarán la muerte hasta que hayan visto al Hijo del Hombre viniendo en su reino".

Marcos 8:38—9:1
38 "Pues el que se avergüence de mí y de mis palabras en esta generación adúltera y pecadora, el Hijo del Hombre se avergonzará también de él cuando venga en la gloria de su Padre con los santos ángeles".

1 También les dijo: "De cierto os digo que hay algunos de los que están aquí presentes que no gustarán la muerte hasta que hayan visto que el reino de Dios ha venido con poder".

Lucas 9:26, 27
26 "Pues el que se avergüence de mí y de mis palabras, de éste se avergonzará el Hijo del Hombre cuando venga en su gloria y la del Padre y la de los santos ángeles.

27 Y os digo, en verdad, que hay algunos de los que están aquí presentes que no gustarán la muerte hasta que hayan visto el reino de Dios".

Nota 84: En seguida, Jesús hace la primera referencia clara a su segunda venida, tema que posteriormente recibirá mas atención. La plenitud de su reino vendrá en aquel entonces, pero mientras tanto, "hay algunos de los que están aquí presentes que no gustarán la muerte hasta que hayan visto el reino de Dios" (Luc. 9:27). ¿Y qué persona de la historia ha afectado al mundo más que el Señor Jesucristo?

§ 85. La transfiguración de Jesús

Mateo 17:1-8	**Marcos 9:2-8**	**Lucas 9:28-36**
1 Seis días después, Jesús tomó consigo a Pedro, a Jacobo y a Juan su hermano, y les hizo subir aparte a un monte alto.	**2** Seis días después, Jesús tomó consigo a Pedro, a Jacobo y a Juan, y les hizo subir aparte, a solas, a un monte alto,	**28** Aconteció, como ocho días después de estas palabras, que tomó consigo a Pedro, a Juan y a Jacobo, y subió al monte a orar. **29** Y mientras oraba, la apariencia de su rostro se hizo otra,
2 Y fue transfigurado delante de ellos. Su cara resplandeció como el sol, y sus vestiduras se hicieron blancas como la luz.	y fue transfigurado delante de ellos. **3** Sus vestiduras se hicieron resplandecientes, muy blancas,* tanto que ningún lavandero en la tierra las puede dejar tan blancas.	y sus vestiduras se hicieron blancas y resplandecientes.
3 Y he aquí les aparecieron Moisés y Elías, hablando con él.	**4** Y les apareció Elías con Moisés, y estaban hablando con Jesús.	**30** Y he aquí, dos hombres hablaban con él. Eran Moisés y Elías, **31** quienes aparecieron en gloria y hablaban de su partida,* que él iba a cumplir en Jerusalén. **32** Pedro y los otros con él estaban cargados de sueño; pero se mantuvieron vigilando y* vieron su gloria y a dos hombres que estaban con él.
4 Entonces intervino Pedro y dijo a Jesús:	**5** Entonces intervino Pedro y dijo a Jesús:	**33** Aconteció que, mientras aquéllos se apartaban de él, Pedro dijo a Jesús, sin saber lo que decía:
"Señor, bueno es que nosotros estemos aquí. Si quieres, yo levantaré* aquí tres enramadas:* una para ti, otra para Moisés y otra para Elías".	"Rabí,* es bueno que nosotros estemos aquí. Levantemos, pues, tres enramadas:* una para ti, otra para Moisés y otra para Elías".	"Maestro, nos es bueno estar aquí. Levantemos, pues, tres enramadas:* una para ti, otra para Moisés y otra para Elías".

Mateo 17:1-8

5 Mientras él aún
hablaba, de pronto una nube
brillante les hizo sombra,

y he aquí salió una
voz de la nube diciendo:
"Este es mi Hijo amado, en
quien tengo complacencia.
A él oíd".
6 Al oír esto, los discípu-
los se postraron sobre sus
rostros y temieron en gran
manera. **7** Entonces Jesús se
acercó, los tocó y dijo: "Le-
vantaos y no temáis".
8 Y cuando ellos alzaron
los ojos, no vieron
a nadie sino
a Jesús mismo, solo.

---

*17:4 Algunos mss. antiguos dicen **Levantemos**. *17:4 O: **tabernáculos**.

Marcos 9:2-8

6 Pues él no sabía qué
decir, porque tuvieron
miedo.
7 Vino una nube
haciéndoles sombra,

y desde la nube
una voz decía:
"Este es mi Hijo amado;

a él oíd".

8 Y de inmediato, miran-
do alrededor, ya no vieron
a nadie más con ellos, sino
sólo a Jesús.

---

*9:3 Algunos mss. antiguos incluyen **como la nieve**. *9:5 O: **Maestro**. *9:5 O: **tabernáculos**.

Lucas 9:28-36

34 Mientras él estaba di-
ciendo esto, vino una nube
y les hizo sombra. Y
ellos tuvieron temor cuando
entraron en la nube.
35 Entonces de la nube
salió una voz que decía:
"Este es mi Hijo, el Escogi-
do.*
A él oíd".

36 Cuando cesó la voz,

Jesús fue hallado solo. Y
ellos callaron, y en aquellos
días no dijeron a nadie nada
de lo que habían visto.

---

*9:31 Lit., **éxodo**. *9:32 Otra trad., **pero una vez bien despiertos, vieron...** *9:33 O: **tabernáculos**. *9:35 Algunos mss. antiguos dicen **el Amado**.

Nota 85: A la semana siguiente "Jesús tomó consigo a Pedro, a Jacobo y a Juan" y sube a un monte alto, talvez el Hermón al norte de Cesarea de Filipos. Allí los tres ven el resplendor de la gloria del Señor, mientras él conversa con Moisés y Elías, majestuosos representantes de la Ley y los Profetas. El tema es "su partida, que él iba a cumplir en Jerusalén" (Luc. 9:31). La experiencia es de aliento para Jesús, muy diferente de la "no ayuda" de los discípulos al tratar con ellos antes. Mucho después Pedro y Juan harán referencia a ella (2 Ped. 1:16-18; Juan 1:14). Una voz del cielo les habla (ver Deut. 18:15), tal como había expresado aprobación en el bautismo (Mar. 1:11 en **§ 24**) y volverá a hacerlo breves días antes de la crucifixión (Juan 12:28 en **§ 131**).

La sugerencia de Pedro de hacer "tres enramadas" probablemente indica que está cerca la fiesta de los Tabernáculos en septiembre. Para cualquiera, menos el Señor, sería un honor ser incluido con personajes como Moisés y Elías; pero Pedro debe darse cuenta de que, al final de cuentas, "Jesús fue hallado solo".

§ 86. Confusión de los discípulos con relación a la resurrección y a la venida de Elías*

Mateo 17:9-13

9 Mientras ellos descendían del monte, Jesús les mandó, diciendo: "No mencionéis la visión a nadie, hasta que el Hijo del Hombre resucite de entre los muertos".

10 Entonces los discípulos* le preguntaron diciendo: "¿Por qué dicen los escribas que es necesario que Elías venga primero?"

11 Y respondiendo* dijo: "A la verdad, Elías viene* y restaurará todas las cosas.

12 Pero yo os digo que Elías ya vino, y no le reconocieron; más bien, hicieron con él todo lo que quisieron. Así también el Hijo del Hombre ha de padecer de ellos".

13 Entonces los discípulos entendieron que les hablaba de Juan el Bautista.

*17:10 Algunos mss. antiguos dicen **sus discípulos**. *17:11 Algunos mss. antiguos incluyen **Jesús**. *17:11 Algunos mss. antiguos incluyen **primero**.

Lucas

Marcos 9:9-13

9 Mientras descendían ellos del monte, Jesús les ordenó que no contaran a nadie lo que habían visto, sino cuando el Hijo del Hombre resucitara de entre los muertos. **10** Y ellos guardaron la palabra entre sí, discutiendo qué significaría aquello de resucitar de entre los muertos. **11** Le preguntaron diciendo: "¿Por qué dicen los escribas que es necesario que Elías venga primero?"

12 Él les dijo: "A la verdad, Elías viene primero y restaura todas las cosas. Y, ¿cómo está escrito acerca del Hijo del Hombre, que padezca mucho y sea menospreciado? **13** Sin embargo, os digo que Elías* ya ha venido; e hicieron con él todo lo que quisieron, tal como está escrito de él".

*9:13 Ver 1 Rey. 19:1, 10. Aquí Jesús se refiere a Juan el Bautista.

Juan

Nota 86: Pedro, Jacobo y Juan, al descender del monte con su Maestro, se sienten confundidos por lo que oyeron y vieron, en especial "aquello de resucitar de entre los muertos" (Mar. 9:10). Saben de la resurrección y han visto lo que Jesús hizo con un joven en Naín (Luc. 7:15 en **§ 56**) y con la hija de Jairo (Luc. 8:55 en **§ 67**); pero en un caso de Cristo mismo en quien han puesto sus esperanzas, ¿cómo? No conciben que él muera. Sin embargo, según la instrucción de Jesús, no lo comentan. Pero preguntan sobre el papel de Elías, a quien recién han visto en la visión, en relación con la profecía de Malaquías 4:5, 6. Juan el Bautista no era Elías en persona (Juan 1:21 en **§ 26**), pero vino en el espíritu de Elías como precursor del Mesías. Trataron de matar a Elías (1 Rey. 19:2, 10), y lo lograron con Juan.

* **En § 86 el orden de Marcos y Lucas se ha invertido por facilidad de diagramación.**

§ 87. Jesús sana a un muchacho endemoniado

Mateo 17:14-21

14 Cuando llegaron a la
multitud,
vino a él un
hombre y se arrodilló delan-
te de él, **15** diciendo:
"¡Señor, ten misericordia de
mi hijo, que es lunático y
padece gravemente.
Pues muchas veces
cae en el fuego, y muchas
veces en el agua. **16** Lo
traje a tus discípulos,
y no le
pudieron sanar".
17 Jesús respondió y
dijo: "¡Oh generación incré-
dula y perversa! ¿Hasta
cuándo estaré con vosotros?
¿Hasta cuándo os soportaré?
¡Traédmelo acá!"

Marcos 9:14-29

14 Cuando llegaron a los
discípulos, vieron* una
gran multitud alrededor de
ellos, y a unos escribas que
disputaban con ellos. **15** En
seguida, cuando toda la
gente le vio, se sorprendió,
y corriendo hacia él le salu-
daron. **16** Y les preguntó:
"¿Qué disputáis con ellos?"
17 Le respondió uno de la
multitud:
"Maestro, traje a ti
mi hijo
porque tiene un
espíritu mudo, **18** y don -
dequiera que se apodera de
él, lo derriba. Echa espu-
marajos y cruje los dientes,
y se va desgastando.
Dije
a tus discípulos que lo
echasen fuera, pero no
pudieron".
19 Y respondiendo les
dijo: "¡Oh generación incré-
dula! ¿Hasta
cuándo estaré con vosotros?
¿Hasta cuándo os soportaré?
¡Traédmelo!"
20 Se lo trajeron; y cuan-
do el espíritu le vio, de
inmediato sacudió al
muchacho, quien cayó en
tierra y se revolcaba,
echando espumarajos.
21 Jesús preguntó a su
padre: "¿Cuánto tiempo
hace que le sucede esto?"

Lucas 9:37-43a

37 Aconteció al día siguien-
te, cuando habían bajado
del monte,
que una gran
multitud le salió al encuen-
tro.
38 Y he aquí, un
hombre de la multitud
clamó diciendo:
"Maestro, te ruego que veas
a mi hijo, que es el único
que tengo. **39** He aquí un
espíritu le toma, y de
repente grita y le convul-
siona con espu-
marajos;
le hace pedazos y difícil-
mente se aparta de él. **40** Yo
rogué a tus discípulos que le
echasen fuera, pero no
pudieron".
41 Respondiendo Jesús,
dijo: "¡Oh generación incré-
dula y perversa! ¿Hasta
cuándo estaré con vosotros
y os soportaré?
Trae a tu hijo acá".
42 Y mientras aún se acer-
caba, el demonio le derribó
y le convulsionó.

Mateo 17:14-21

18 Jesús
le reprendió,

y el demonio salió de él;
y el niño
fue sanado desde
aquella hora.

19 Luego,
los discípulos se acercaron
en privado a Jesús y le dije-
ron: "¿Por qué no pudimos
nosotros echarlo fuera?"
20, 21* Jesús les dijo:
"Por causa de vuestra poca
fe.* Porque de cierto os
digo que si tenéis fe como
un grano de mostaza, diréis

Marcos 9:14-29

Él dijo: "Desde niño.
22 Muchas veces le echa
en el fuego o en el agua pa-
ra matarlo; pero si puedes
hacer algo, ¡ten misericor-
dia de nosotros y ayúda-
nos!"
23 Jesús le dijo: " '¿Si
puedes...?'* ¡Al que cree
todo le es posible!"
24 Inmediatamente el
padre del muchacho clamó
diciendo: "¡Creo! ¡Ayuda
mi incredulidad!"
25 Pero cuando Jesús vio
que la multitud se agolpa-
ba, reprendió al espíritu
inmundo diciéndole:
"Espíritu mudo y sordo, yo
te mando, ¡sal de él y
nunca más entres en él!"
26 Entonces, clamando y
desgarrándole con violen-
cia, el espíritu salió; y el
muchacho quedó como
muerto, de modo que
muchos decían: "¡Está
muerto!"
27 Pero Jesús le tomó de
la mano y le enderezó, y él
se levantó.

28 Cuando él entró en casa,
sus discípulos le pregun-
taron en privado:
"¿Por qué no pudimos
nosotros echarlo fuera?"

Lucas 9:37-43a

Pero Jesús
reprendió al espíritu
inmundo

y sanó al mucha-
cho, y se lo entregó a su
padre.
43 Y todos se maravillaban
de la grandeza de Dios.

Mateo 17:14-21

a este monte: 'Pásate de
aquí, allá'; y se pasará.
Nada os será imposible".

*17:20 Algunos mss. dicen **vuestra incredulidad**. *17:21 Algunos mss. antiguos incluyen: [21]**Pero este género de demonio sale sólo con oración y ayuno**; texto similar a Mar. 9:29.

Marcos 9:14-29

29 Él les dijo: "Este gé-
nero con nada puede salir,
sino con oración".*

*9:14 Algunos mss. antiguos dicen **vio**. *9:23 Algunos mss. antiguos dicen **Si puedes creer,...** *9:29 Algunos mss. antiguos incluyen **y ayuno**.

Lucas 9:37-43a

Nota 87: Los nueve apóstoles que no estaban con Jesús en el monte tienen un problema: Al pedírselo el padre, tratan de sanar a un muchacho mudo y afligido por un espíritu malo. Lo han hecho antes (Mar. 6:13 en **§ 70**); ¿por qué no ahora? Pero los nueve no lo pueden hacer, resultando en el desaliento del padre y el regocijo de los escribas allí presentes. Al ver acercarse a Jesús, el padre corre y le pide su ayuda. Cuando el Señor le pide fe, el afligido padre responde con algo que muchos hemos sentido: "¡Creo! ¡Ayuda mi incredulidad!" (Mar. 9:24). Su escasez de confianza es lamentable pero no fatal. Su medida de fe y la disposición de creer más son suficientes, y Jesús sana al muchacho.

En este caso el Maestro atribuye la incapacidad de sanar a la falta de fe y de oración. Talvez los discípulos han confiado demasiado en sí mismos.

§ 88. Por segunda vez Jesús predice su muerte y resurrección

Mateo 17:22, 23

22 Estando ellos reunidos
en Galilea,
Jesús les dijo:
"El
Hijo del Hombre ha de ser
entregado en manos de
hombres, **23** y le matarán.
Pero al tercer día
resucitará". Y ellos se en-
tristecieron en gran manera.

Marcos 9:30-32

30 Habiendo salido de
allí, caminaban por Galilea.
Él no quería que nadie lo
supiese, **31** porque iba
enseñando a sus discípulos,
y les decía:
"El
Hijo del Hombre ha de ser
entregado en manos de
hombres, y le matarán. Y
una vez muerto, resucitará
después de tres días".

32 Pero ellos no entendían
esta palabra

Lucas 9:43b-45

43b Como todos se maravi-
llaban de todas las cosas
que hacía,
dijo a sus discípulos:
44 "Poned en vuestros oídos
estas palabras, porque el
Hijo del Hombre ha de ser
entregado en manos de
hombres".

45 Pero ellos no entendían
este dicho, pues les estaba

Mateo 17:22, 23	Marcos 9:30-32	Lucas 9:43b-45
	y temían miedo de preguntarle.	encubierto para que no lo percibieran. Y temían preguntarle acerca de este dicho.

Nota 88: Caminando hacia el sur llegan a Galilea, pero Jesús prefiere "que nadie lo supiese", porque estima que su tarea principal ahora es preparar a sus discípulos para la separación que ya se acerca. De nuevo les habla de su muerte y resurrección; pero les cuesta entender, porque va contra su concepto de lo que debe hacer el Mesías. Al buen entendedor, pocas palabras; pero al mal entendedor, muchas palabras no ayudan.

§ 89. Jesús paga el impuesto del templo

Mateo 17:24-27	Marcos 9:33a	Lucas	Juan
24 Cuando ellos llegaron a Capernaúm, fueron a Pedro los	**33a** Llegó a Capernaúm.		

que cobraban el impuesto del templo* y dijeron: "¿Vuestro maestro no paga el impuesto del templo?"

25 Él dijo: "Sí".

Al entrar en casa, Jesús le habló primero diciendo: "¿Qué te parece, Simón? Los reyes de la tierra, ¿de quiénes cobran los tributos o los impuestos? ¿De sus hijos o de otros?"

26 Pedro* le dijo: "De otros".

Jesús le dijo: "Luego, los hijos están libres de obligación. **27** Pero, para que no los ofendamos, vé al mar, echa el anzuelo, y el primer pez que suba, tómalo. Cuando abras su boca, hallarás un estatero.* Tómalo y dáselo a ellos por mí y por ti".

---

*17:24 Lit., **las dos dracmas.** Sobre el impuesto del templo, ver Éxo. 30:13-16; 38:26. Una **dracma** era igual a un denario; equivalía al salario de un día para un obrero. *17:26 Algunos mss. antiguos no incluyen **Pedro**. *17:27 El estatero equivalía a cuatro dracmas. Aquí era el valor necesario para pagar el impuesto de dos personas.

Nota 89: Éxodo 30:11-15 fija el pago de medio siclo anualmente de todo varón judío mayor de 20 años, para el servicio del santuario. Equivale más o menos al salario de dos días de trabajo de un obrero común. Debe pagarse con monedas judías, lo cual explica en gran parte la importancia de los cambistas de monedas en Jerusalén (Mat. 21:12 en **§ 130**). Según la costumbre, debe pagarse en marzo o abril. En agosto o septiembre Jesús no lo ha pagado aún, pues con sus discípulos ha pasado esos meses mayormente fuera de Israel. Solo ahora llega a Capernaúm. ¿Sería por respeto al Maestro que los oficiales judíos preguntan a Pedro en vez de a Jesús mismo? El Señor instruye a Pedro a cumplir esa obligación, pero le demuestra que "uno mayor que el templo está aquí" (Mat. 12:6 en **§ 50**), quien por derecho debe estar exento. Luego, para confirmarles sobre quién es él verdaderamente y qué autoridad tiene, hace el único milagro que le favorece personalmente.

§ 90. Los súbditos del reino tienen que humillarse como niños

Mateo 18:1-5

1 En aquel tiempo los dis-
cípulos se acercaron a Jesús
diciendo: "¿Quién es el más
importante en el reino de
los cielos?"

2 Jesús llamó a un niño, lo
puso en medio de ellos

3 y dijo: "De cierto os digo
que si no os volvéis y os ha-
céis como los niños, jamás
entraréis en el reino de los
cielos. **4** Así que, cualquiera
que se humille como este
niño, ése es el
más importante en el reino
de los cielos. **5** Y cualquiera
que en mi nombre reciba a
un niño como éste, a mí me
recibe.

Marcos 9:33b-37

33b Y cuando estuvo en ca-
sa, Jesús les preguntó:
"¿Qué disputabais entre
vosotros en el camino?"
34 Pero ellos callaron,
porque lo que habían
disputado los unos con los
otros en el camino era so-
bre quién era el más impor-
tante. **35** Entonces se sentó,
llamó a los doce
y les dijo: "Si alguno quie-
re ser el primero, deberá
ser el último de todos y el
siervo de todos".
36 Y tomó a un niño y lo
puso en medio de ellos; y
tomándole en sus brazos,
les dijo:

37 "El que en mi nombre
recibe a alguien como este
niño, a mí me
recibe; y el que a mí
me recibe no me recibe
a mí, sino al que me
envió".

Lucas 9:46-48

46 Entonces hubo una dis-
cusión entre los discípulos:
cuál de ellos sería el
más importante.

47 Pero Jesús, percibiendo
los razonamientos de sus
corazones, tomó a un niño y
lo puso a su lado,

48 y les dijo:

{**48b** "Porque el
que es más pequeño entre
todos vosotros, éste es el
más importante.}
Cualquiera que reciba a este
niño en mi nombre
me
recibe a mí; y cualquiera
que me reciba a mí
recibe al que me
envió".

Nota 90: Los apóstoles quieren ser leales a su Señor, pero aún no comprenden la naturaleza del reino de él ni su propia parte en su servicio. Todavía sueñan con ocupar puestos de importancia en un gobierno de su Maestro, pese a los esfuerzos repetidos de Jesús por explicar. Recién se les ha dicho (**§ 83** y **88**) que su Señor va a morir, ¡y siempre discuten sobre quiénes merecen los puestos más altos! Entonces, como lo tendrá que hacer varias veces, Jesús pone la humildad como característica esencial de la grandeza, y usa a un niño como ilustración de ella.

§ 91. Reprensión al exclusivismo propuesto por Juan, y una actitud de apertura hacia los demás

Mateo 18:6-14

6 "Y a cualquiera que
haga tropezar a uno de estos pequeños que creen en mí, mejor le fuera que se le atase al cuello una gran piedra de molino* y que se le hundiese en lo profundo
del mar. **7** ¡Ay del mundo
por los tropiezos! Es inevitable que haya tropiezos, pero ¡ay del hombre que los ocasione!
8 "Por tanto, si tu mano o tu pie te hace tropezar, córtalo y échalo de ti. Mejor te es entrar en la vida cojo o

Marcos 9:38-50

38 Juan le dijo: "Maestro, vimos a alguien que echaba fuera demonios en tu nombre,* y se lo prohibimos, porque no nos seguía".

39 Pero Jesús dijo: "No se lo prohibáis, porque nadie que haga milagros en mi nombre podrá después hablar mal de mí. **40** Porque
el que no es contra nosotros, por nosotros es.
41 Cualquiera que os dé un vaso de agua en mi nombre, porque sois de Cristo, de cierto os digo que jamás perderá su recompensa.
42 "Y a cualquiera que haga tropezar a uno de estos pequeños que creen en mí, mejor le fuera que se le atase una gran piedra de molino* al cuello y que fuese echado al mar.

43 "Si tu mano te hace tropezar, córtala. Mejor te es entrar manco

Lucas 9:49, 50

49 Entonces respondiendo Juan dijo: "Maestro, vimos a cierto hombre echando fuera demonios en tu nombre, y se lo prohibimos, porque no sigue con nosotros".
50 Jesús le dijo: "No se lo prohibáis.

Porque el que no es contra vosotros,* por vosotros* es".

Mateo 18:6-14
manco, que teniendo dos
manos o dos pies ser echado
en el fuego eterno.

9 Y si
tu ojo te hace tropezar, sá-
calo y échalo de ti. Mejor te
es entrar en la vida con un
solo ojo, que teniendo
dos ojos ser echado en el
infierno* de fuego.

10, **11*** "Mirad, no tengáis
en poco a ninguno de estos
pequeños, porque os digo
que sus ángeles en los cie-
los siempre ven el rostro de
mi Padre que está en los
cielos.
12 "¿Qué os parece? Si al-
gún hombre tiene cien ove-
jas y se extravía una, ¿acaso
no dejará las noventa y nue-
ve en las montañas e irá a
buscar la descarriada? **13** Y
si sucede que la encuentra,
de cierto os digo que se
goza más por aquélla que
por las noventa y nueve que
no se extraviaron. **14** Así
que, no es la voluntad de
vuestro Padre que está en
los cielos que se pierda ni

Marcos 9:38-50
a la vida que teniendo dos
manos, ir al infierno,*
al fuego inextinguible **44***,
45 Si tu pie te hace
tropezar, córtalo. Mejor te
es entrar cojo a la vida que
teniendo dos pies, ser echa-
do al infierno* **46***, **47** Y si
tu ojo te hace tropezar, sá-
calo. Mejor te
es entrar con un solo ojo al
reino de Dios que, teniendo
dos ojos, ser echado en el
infierno,* **48** donde su
gusano no muere, y el
fuego nunca se apaga.*
49 "Porque todo será sala-
do con fuego.* **50** Buena es
la sal; pero si la sal se vuel-
ve insípida, ¿con qué será
salada? Tened sal en voso-
tros y vivid en paz los unos
con los otros".

Lucas 9:49, 50

Mateo 18:6-14

uno de estos pequeños".

*18:6 Lit., **una piedra de molino que se mueve por medio de un asno**. *18:9 Gr., **Gehena**. *18:11 Algunos mss. antiguos incluyen: [11]**Porque el Hijo del Hombre ha venido a salvar lo que se había perdido**; texto similar a Luc. 19:10.

Marcos 9:38-50

*9:38 Algunos mss. antiguos incluyen **que no nos sigue**. *9:42 Lit., **una piedra de molino que se mueve mediante un asno**. *9:43, 47 Gr., **Gehena** *9:44, 46 Algunos mss. antiguos repiten como vv. 44 y 46 la frase que aparece en v. 48: **donde su gusano no muere, y el fuego nunca se apaga**. *9:45 Gr. **Gehena**; algunos mss. antiguos también incluyen **de fuego**. *9:48 Isa. 66:24. *9:49 Algunos mss. antiguos incluyen **y todo sacrificio será salado con sal**.

Lucas 9:49, 50

*9:50 Algunos mss. antiguos dicen **nosotros**.

Nota 91: ¿Quiere Juan cambiar a un tema menos incómodo al comentar acerca de un encuentro con un extraño que se atrevía a hacer obras a nombre de Jesús? Si es así, no le resulta; puesto que el Maestro lo reprende en vez de encomiarlo. "El que no es contra nosotros, por nosotros es" (Mar. 9:40). No precisa estar en el equipo nuestro para estar en el de Cristo. Pero eso no quiere decir que cualquier cosa esté bien. Tal como "un vaso de agua en mi nombre" es positivo, el hacer "tropezar a uno de estos pequeños que creen en mí" es muy negativo y recibirá su castigo. El Señor ha tratado algo de eso antes, en el Sermón del monte (Mat. 5:29 en **§ 54**).

§ 92. La necesidad de perdonar

Mateo 18:15-35	Marcos	Lucas	Juan

15 "Por tanto, si tu hermano peca contra ti, vé, amonéstale a
solas entre tú y él. Si él te escucha, has ganado a tu hermano. **16** Pero si no escucha, toma aún contigo uno o dos, para que *todo asunto conste según la boca de dos o tres testigos*.* **17** Y si él no les hace caso a ellos, dilo a la iglesia; y si no hace caso a la iglesia, tenlo por gentil y publicano. **18** De cierto os digo que todo lo que atéis en la tierra habrá sido atado en el cielo, y todo lo que desatéis en la tierra habrá sido desatado en el cielo.

19 "Otra vez os digo que, si dos de vosotros se ponen de acuerdo en la tierra acerca de cualquiera cosa que pidan, les será hecha por mi Padre que está en los cielos. **20** Porque donde dos o tres están congregados en mi nombre, allí estoy yo en medio de ellos".

21 Entonces Pedro se acercó y le dijo: "Señor, ¿cuántas veces pecará mi hermano contra mí y yo le perdonaré? ¿Hasta siete veces?"

22 Jesús le dijo: "No te digo hasta siete, sino hasta setenta veces siete".

23 "Por esto, el reino de los cielos es semejante a un hombre rey, que quiso hacer cuentas con sus siervos. **24** Y cuando él comenzó a hacer cuentas, le fue traído uno que le debía diez mil talentos.* **25** Puesto que él no podía pagar, su señor mandó venderlo a él, junto con su mujer, sus hijos y todo lo que tenía, y que se le pagara. **26** Entonces el siervo cayó y se postró delante de él diciendo:* "Ten paciencia conmigo, y yo te lo pagaré todo." **27** El señor de aquel siervo, movido a compasión, le soltó y le perdonó la deuda.

28 "Pero al salir, aquel siervo halló a uno de sus consiervos que le debía cien denarios,* y asiéndose de él, le ahogaba diciendo: "Paga lo que debes."* **29** Entonces su consiervo,

Mateo 18:15-35	**Marcos**	**Lucas**	**Juan**
cayendo, le rogaba diciendo: '¡Ten paciencia conmigo, y			

yo te pagaré!'* **30** Pero él no quiso, sino que fue y lo echó en la cárcel hasta que le
pagara lo que le debía.
31 "Así que, cuando sus consiervos vieron lo que había sucedido, se entristecieron mu-
cho; y fueron y declararon a su señor todo lo que había sucedido. **32** Entonces su señor
le llamó y le dijo: '¡Siervo malvado! Toda aquella deuda te perdoné, porque me rogaste.
33 ¿No debías tú también tener misericordia de tu consiervo, así como también yo tuve
misericordia de ti?' **34** Y su señor, enojado, le entregó a los verdugos hasta que le
pagara todo lo que le debía. **35** Así también hará con vosotros mi Padre celestial, si no
perdonáis de corazón cada uno a su hermano."*

---

*18:16 Deut. 19:15. *18:24 El talento equivalía aprox. a 34 kilos de plata o 6.000 dracmas. Aquí representa una cantidad enorme de dinero. *18:26 Algunos mss. antiguos incluyen **Señor,...** *18:28 Una suma que representaba el salario de unos 100 días de trabajo de un obrero. *18:28 Algunos mss. antiguos dicen **Págame lo que me debes**. *18:29 Algunos mss. antiguos dicen **Yo te lo pagaré todo**. *18:35 Algunos mss. antiguos incluyen **sus ofensas**.

Nota 92: Este es el otro lado de los conflictos entre hermanos (Mat. 5:21-24 en **§ 54**), al pensar en quién debe buscar la reconciliación. No es tanto un asunto de quién tiene la culpa, sino de cuál se ajusta más a las normas de Cristo. Luego, la congregación es la corte de apelaciones después de intentar otros medios (Deut. 19:15). Un propósito básico de todo ello es ganar a tu hermano. Pedro, como los fariseos, mira el perdón con ojos generosos pero siempre legalistas. Pero Jesús ilustra el perdón con la parábola del siervo perdonado pero no perdonador. Tendrá ocasión de volver al tema del perdón después (Luc. 17:3, 4 en **§ 117**).

§ 93. El seguimiento al Señor

Mateo 8:19-22	**Marcos**	**Lucas 9:57-62**	**Juan**
19 Entonces se le acercó un escriba y le dijo:		**57** Mientras ellos iban por el camino, cierto hombre le dijo:	

Mateo 8:19-22

"Maestro, te seguiré a dondequiera que
vayas".
20 Jesús le dijo: "Las zorras tienen cue-
vas, y las aves del cielo tienen nidos, pero
el Hijo del Hombre no tiene dónde recostar
la cabeza".

21 Otro de sus discípulos le dijo: "Señor,
permíteme que primero vaya y entierre a
mi padre".
22 Pero Jesús le dijo: "Sígueme y deja
que los muertos entierren a sus muertos".

Lucas 9:57-62

"¡Te seguiré* a dondequiera que
vayas!"
58 Jesús le dijo: "Las zorras tienen cue-
vas, y las aves del cielo tienen nidos; pero
el Hijo del Hombre no tiene dónde recostar
la cabeza".
59 Dijo a otro: "Sígueme".
Pero él dijo: "Señor,
permíteme ir primero a enterrar a
mi padre".
60 Y Jesús le dijo: "Deja
que los muertos entierren a sus muertos;
pero tú, ¡vé y anuncia el reino de Dios!"

Mateo 8:19-22	Marcos	Lucas 9:57-62	Juan
		61 Entonces también dijo otro: "Te seguiré, Señor, pero primero permite que me despida de los que están en mi casa". **62** Pero Jesús le dijo: "Ninguno que ha puesto su mano en el arado y sigue mirando atrás, es apto para el reino de Dios". *9:57 Algunos mss. antiguos tienen **¡Señor, te seguiré a donde...**	

Nota 93: Algunos estudiosos estiman que Mateo y Lucas tratan dos casos similares, pero diferentes, de personas que responden al llamado de Cristo con entusiasmo pero sin convicciones firmes. Aquí lo presentamos como una misma experiencia. Un escriba, a diferencia de la actitud de casi todos sus colegas escribas, se ofrece para seguir "a dondequiera que tú vayas"; pero Jesús ve su superficialidad y le recuerda que seguirlo será costoso. Otro pretende seguirlo pero después, cuando fallezca su padre. Jesús le dice que el tiempo para seguirlo es ahora. Lucas presenta a un tercero, quien no quiere esperar tanto, pero que quiere esperar algo. Está dispuesto a comprometerse a medias. Debe aprender que se puede mirar atrás (se aprende así); pero cuando uno sigue "mirando atrás", no es apto para esta obra.

§ 94. Jesús rechaza los consejos de sus hermanos

Mateo	Marcos	Lucas	Juan 7:2-9
			2 Estaba próxima la fiesta de los Tabernáculos de los judíos. **3** Por tanto, le dijeron sus hermanos: "Sal de aquí y vete a Judea, para que también tus discípulos vean las obras que haces. **4** Porque nadie que procura darse a conocer hace algo en oculto. Puesto que haces estas cosas, manifiéstate al mundo". **5** Pues ni aun sus hermanos creían en él. **6** Entonces Jesús les dijo: "Mi tiempo no ha llegado todavía, pero vuestro tiempo siempre está a la mano. **7** El mundo no puede aborreceros a vosotros; pero a mí me aborrece porque yo doy testimonio de él, que sus obras son malas. **8** Subid vosotros a la fiesta. Yo no subo todavía* a esta fiesta, porque mi tiempo aún no se ha cumplido". **9** Habiendo* dicho esto, él se quedó en Galilea.

*7:8 Algunos mss. antiguos no incluyen **todavía**. *7:9 Algunos mss. antiguos dicen **habiéndoles dicho**.

Nota 94: Los hermanos, de parte de madre, aún no creen que Jesús es un Ser superior, aunque después de la resurrección, sí lo van a creer (Hech. 1:14); Jacobo (Santiago) y Judas llegan a ser dirigentes del movimiento cristiano. Pero por ahora, listos para ir a Jerusalén para la fiesta de Tabernáculos, tratan de incomodar a Jesús sugeriendo que sus maravillas en Judea le ganarían notoriedad, si bien saben que los dirigentes religiosos de allí se oponen tenazmente a la obra de su hermano (Juan 7:1 en **§ 77**). El Maestro responde que no va a Jerusalén, es decir, todavía.

§ 95. Viaje a Jerusalén, pasando por Samaria★

Mateo

Lucas 9:51-56

51 Aconteció que,
cuando se cumplía el
tiempo en que había
de ser recibido arriba,
él afirmó
su rostro para ir a Jerusalén.

52 Envió mensajeros delante de sí, los
cuales fueron y entraron en una aldea de
los samaritanos para hacerle preparativos,
53 pero no le recibieron porque vieron en
su cara que iba a Jerusalén. **54** Al ver esto
sus discípulos Jacobo y Juan, le dijeron:
"Señor, ¿quieres que mandemos que des-
cienda fuego del cielo y los consuma?"*
55 Él se dio vuelta y los reprendió,* **56** y
fueron a otra aldea.

*9:54 Algunos mss. antiguos añaden **como también lo hizo Elías**. *9:55 Algunos mss. antiguos incluyen **y dijo: Vosotros no sabéis de qué espíritu sois; [56]porque el Hijo del Hombre no ha venido para perder las almas, sino para salvarlas**; comp. 19:10.

Marcos

Juan 7:10

10 Pero
cuando sus hermanos
habían subido a la fiesta, entonces él también subió, no abiertamente
sino en secreto.

Nota 95: Jesús no se junta a una caravana de peregrinos que normalmente cruzan el Jordán y caminan por la orilla oriental del río hasta frente a Jericó donde vuelven a cruzar el Jordán y subir a la Santa Ciudad, para evitar así pasar por Samaria. Más bien, el Maestro con sus discípulos espera un tanto y luego toma el camino directo por Samaria. Muchos samaritanos sienten la misma animosidad hacia los judíos que éstos hacia ellos, y en una aldea no aceptan proveerles de alojamiento. Jacobo y Juan recuerdan lo que en antaño hizo Elías (2 Rey. 1:10-12) y muestran que aún merecen el apodo de "hijos del trueno" (Mar. 3:17 en **§ 53**) por su mal genio, y Jesús los reprende. Entonces van a otra aldea, donde son tratados mejor. Y así llegan a Jerusalén para estar durante la semana de la fiesta de los Tabernáculos.

★ **En § 95 el orden de Marcos y Lucas se ha invertido por facilidad de diagramación.**

PARTE IX

MINISTERIO DE JESÚS EN JUDEA

(MAPA V)

Probablemente esta etapa del ministerio de Jesús sucede desde la fiesta de los Tabernáculos (septiembre) hasta la fiesta de Dedicación (diciembre), unos tres meses, en el año 29 d. de J.C. (o el año anterior, si es que el ministerio de Jesús dura solo dos años y medio). Este ministerio (**§ 96-111**) es narrado únicamente por Juan y Lucas. Juan habla del ministerio efectuado en Jerusalén; y Lucas, el que se realiza en otras partes del territorio de Judea.

§ 96. Presencia de Jesús en la fiesta de los Tabernáculos

Mateo	**Marcos**	**Lucas**	**Juan 7:11-52**
			11 Los judíos le buscaban en la fiesta y decían: "¿Dónde

está aquél?"
12 Había una gran murmuración acerca de él entre las multitudes. Unos decían: "Es
bueno". Pero otros decían: "No, sino que engaña a la gente". **13** Sin embargo, nadie
hablaba abiertamente de él, por miedo de los judíos.
14 Cuando ya había pasado la mitad de la fiesta, subió Jesús al templo y enseñaba.
15 Entonces los judíos se asombraban diciendo: "¿Cómo sabe éste de letras, sin haber
estudiado?"
16 Por tanto, Jesús les respondió y dijo: "Mi doctrina no es mía, sino de aquel que me
envió. **17** Si alguien quiere hacer su voluntad, conocerá si mi doctrina proviene de Dios
o si yo hablo por mi propia cuenta. **18** El que habla de sí mismo busca su propia gloria;
pero el que busca la gloria del que le envió, éste es verdadero, y en él no hay injusticia.
19 ¿No os dio Moisés la Ley? Y ninguno de vosotros la cumple. ¿Por qué buscáis
matarme?"
20 La multitud respondió: "Demonio tienes. ¿Quién busca matarte?"
21 Jesús respondió y les dijo: "Una sola obra hice, y todos os asombráis. **22** Por esto
Moisés os dio la circuncisión (no porque sea de Moisés, sino de los padres), y en sábado
circuncidáis al hombre. **23** Si el hombre recibe la circuncisión en sábado a fin de que la
ley de Moisés no sea quebrantada, ¿os enojáis conmigo porque en sábado sané a un
hombre por completo? **24** No juzguéis según las apariencias, sino juzgad con justo
juicio".
25 Decían entonces algunos de Jerusalén: "¿No es éste a quien buscan para matarle?
26 ¡He aquí, habla públicamente, y no le dicen nada! ¿Será que los principales real-
mente han reconocido que él es el Cristo? **27** Pero éste, sabemos de dónde es; pero
cuando venga el Cristo, nadie sabrá de dónde sea".

Mateo	Marcos	Lucas	Juan 7:11-52
			28 Entonces Jesús alzó la voz en el templo, enseñando y

diciendo: "A mí me conocéis y sabéis de dónde soy. Y yo no he venido por mí mismo;
más bien, el que me envió, a quien vosotros no conocéis, es verdadero. **29** Yo le conoz-
co, porque de él provengo, y él me envió".
30 Entonces procuraban prenderle, pero nadie puso su mano sobre él, porque todavía
no había llegado su hora. **31** Muchos del pueblo creyeron en él y decían: "Cuando ven-
ga el Cristo, ¿hará más señales que las que hizo éste?"
32 Los fariseos oyeron que la multitud murmuraba estas cosas acerca de él, y los prin-
cipales sacerdotes y los fariseos enviaron guardias para tomarlo preso. **33** Entonces dijo
Jesús: "Todavía estaré con vosotros un poco de tiempo; luego iré al que me envió.
34 Me buscaréis y no me hallaréis, y a donde yo estaré vosotros no podréis ir".
35 Entonces los judíos se decían entre sí: "¿A dónde se ha de ir éste, que nosotros no
le hallemos? ¿Acaso ha de ir a la dispersión entre los griegos para enseñar a los griegos?
36 ¿Qué significa este dicho que dijo: 'Me buscaréis y no me hallaréis, y no podréis ir a
donde yo estaré'?"
37 Pero en el último y gran día de la fiesta, Jesús se puso de pie y alzó la voz diciendo:
"Si alguno tiene sed, venga a mí y beba.* **38** El que cree en mí, como dice la Escritura,
ríos de agua viva correrán de su interior".
39 Esto dijo acerca del Espíritu que habían de recibir los que creyeran en él, pues
todavía no había sido dado* el Espíritu,* porque Jesús aún no había sido glorificado.
40 Entonces, cuando algunos de la multitud oyeron estas palabras, decían: "¡Verdade-
ramente, éste es el profeta!"* **41** Otros decían: "Este es el Cristo". Pero otros decían:
"¿De Galilea habrá de venir el Cristo? **42** ¿No dice la Escritura que el Cristo vendrá de
la descendencia de David y de la aldea de Belén, de donde era David?"* **43** Así que
había disensión entre la gente por causa de él. **44** Algunos de ellos querían tomarlo
preso, pero ninguno le echó mano.
45 Luego los guardias regresaron a los principales sacerdotes y a los fariseos, y ellos
les dijeron: "¿Por qué no le trajisteis?"
46 Los guardias respondieron: "¡Nunca habló hombre alguno así!"*
47 Entonces los fariseos les respondieron: "¿Será posible que vosotros también hayáis
sido engañados? **48** ¿Habrá creído en él alguno de los principales o de los fariseos?
49 Pero esta gente que no conoce la ley es maldita".
50 Nicodemo, el que fue a Jesús al principio* y que era uno de ellos, les dijo: **51** "¿Juz-
ga nuestra ley a un hombre si primero no se le oye y se entiende qué hace?"
52 Le respondieron y dijeron: "¿Eres tú también de Galilea? Escudriña y ve que de
Galilea no se levanta ningún profeta".

---

*7:37 Ver Isa. 55:1. *7:39 Los mss. más antiguos dicen solamente **era** (o sea, **se daba** o **venía**) en lugar de **había sido dado**. *7:39 Algunos mss. antiguos dicen **Espíritu Santo**. *7:40 Ver Deut. 18:15, 18. *7:42 Ver Miq. 5:2 *7:46 Algunos mss. antiguos incluyen **como habla este hombre**. *7:50 Algunos mss. antiguos tienen **fue a Jesús de noche y...**; ver 3:1 ss.

Nota 96: Ya hace tiempo que Jesús no ha asistido a una fiesta en Jerusalén, y durante varios meses ha andado con sus discípulos fuera de las fronteras de Israel. Así hay expectativa sobre si llegará en esta ocasión y también profundo interés cuándo aparecerá. Los gobernantes judíos (sacerdotes principales y fariseos) intentan apresar a Jesús. Los sentimientos de la multitud de Galilea se dividen durante la fiesta. El pueblo de Jerusalén sabe cuál es el intento malévolo de los dirigentes; aunque el fariseo Nicodemo (**§ 32**) se opone débilmente, pues aún no decide definitivamente su actitud hacia Jesús. Los guardias del templo, enviados para tomar preso al Maestro, se impresionan por las enseñanzas de él y regresan a los dirigentes sin haberlo hecho. Hay un intenso diálogo entre Jesús y la gente sobre quién es él. Muchos se maravillan ante la profundidad de sus enseñanzas "sin haber estudiado", pues no ha asistido a ninguna de las escuelas de teología.

El cuarto Evangelio, al hablar de "los judíos", comúnmente se refiere no al pueblo sino a los dirigentes, los que son contrarios a Jesús.

§ 97. Una mujer sorprendida en adulterio

Mateo	Marcos	Lucas	Juan 7:53—8:11
			53* [Y se fue cada uno a su casa. **1** Pe- ro Jesús se fue al

monte de los Olivos, **2** y muy de mañana volvió al templo. Todo el pueblo venía a él, y
sentado les enseñaba. **3** Entonces los escribas y los fariseos le trajeron una mujer sor-
prendida en adulterio; y poniéndola en medio, **4** le dijeron: "Maestro, esta mujer ha sido
sorprendida en el mismo acto de adulterio. **5** Ahora bien, en la ley Moisés nos mandó
apedrear a las tales.* Tú, pues, ¿qué dices?"

6 Esto decían para probarle, para tener de qué acusarle. Pero Jesús, inclinado hacia el
suelo, escribía en la tierra con el dedo. **7** Pero como insistieron en preguntarle, se en-
derezó y les dijo: "El de vosotros que esté sin pecado sea el primero en arrojar la piedra
contra ella".

8 Al inclinarse hacia abajo otra vez, escribía en tierra. **9** Pero cuando lo oyeron*, salían
uno por uno, comenzando por los más viejos.* Sólo quedaron Jesús y la mujer, que esta-
ba en medio. **10** Entonces Jesús se enderezó y* le preguntó: "Mujer, ¿dónde están?*
¿Ninguno te ha condenado?"

11 Y ella dijo: "Ninguno, Señor".

Entonces Jesús le dijo: "Ni yo te condeno. Vete y desde ahora no peques más".]

---

*7:53 Algunos mss. antiguos no incluyen los vv. entre corchetes (7:53—8:11); en otros, el pasaje aparece después de Luc. 21:38 ó 24:53 o después de Juan 8:36. *8:5 Ver Lev. 20:10; Deut. 22:22. *8:9 Algunos mss. antiguos incluyen **censurados por sus conciencias**. *8:9 Algunos mss. antiguos incluyen **hasta los últimos**. *8:10 Algunos mss. antiguos tienen **y cuando no vio a nadie más que a la mujer,...** *8:10 Algunos mss. antiguos incluyen **...los que te acusaban?**

Nota 97: En nuestra versión de la Biblia, como en muchas contemporáneas, este pasaje está entre corchetes porque no se encuentra en muchos de los manuscritos más antiguos del Evangelio. Y en algunos en que aparece, está marcado de manera especial como si hubiese duda, o está en otra parte; en un manuscrito aparece en Lucas. Sin embargo, muchos eruditos creen que es un relato auténtico de una experiencia de nuestro Señor.

Según la Ley tanto la adúltera como el adúltero deben morir (Lev. 20:10), pero los fariseos traen ante Jesús solo a la mujer a fin de ver qué dirá el Salvador. Con una advertencia contra una repetición de ese pecado Jesús la perdona.

§ 98. Jesús la luz del mundo

Mateo	**Marcos**	**Lucas**	**Juan 8:12-20**
			12 Jesús les habló otra vez a los fariseos diciendo:

"Yo soy la luz del mundo. El que me sigue nunca andará en tinieblas, sino que tendrá la
luz de la vida".
13 Entonces los fariseos le dijeron: "Tú das testimonio de ti mismo; tu testimonio no
es verdadero".
14 Jesús respondió y les dijo: "Aun si yo doy testimonio de mí mismo, mi testimonio
es verdadero, porque sé de dónde vine y a dónde voy. Pero vosotros no sabéis de dónde
vengo ni a dónde voy. **15** Vosotros juzgáis según la carne, pero yo no juzgo a nadie.
16 Y aun si yo juzgo, mi juicio es verdadero; porque no soy yo solo, sino yo y el Padre
que me envió. **17** En vuestra ley está escrito que el testimonio de dos hombres es ver-
dadero. **18** Yo soy el que doy testimonio de mí mismo, y el Padre que me envió también
da testimonio de mí".
19 Entonces le decían: "¿Dónde está tu Padre?"
Respondió Jesús: "Ni a mí me conocéis, ni a mi Padre. Si a mí me hubierais conocido,
a mi Padre también habríais conocido".
20 Estas palabras habló Jesús enseñando en el templo en el lugar de las ofrendas; y
nadie le prendió, porque todavía no había llegado su hora.

Nota 98: En estos últimos meses de su vida terrenal Jesús habla más claramente que nunca antes acerca de su procedencia y su propósito. Es posible que su referencia a "la luz del mundo" tenga que ver con las grandes lámparas que adornan el templo durante esa fiesta, commemorando la columna de fuego que guiaba a Israel en camino a la tierra prometida (Éxo. 13:21). Los dirigentes de buenas ganas tomarían preso a Jesús, pero no se atreven.

§ 99. Los dirigentes intentan apedrear a Jesús

Mateo	**Marcos**	**Lucas**	**Juan 8:21-59**
			21 Luego Jesús les dijo otra vez: "Yo me voy, y me bus-

caréis; pero en vuestro pecado moriréis. A donde yo voy, vosotros no podéis ir".
22 Entonces los judíos decían: "¿Será posible que se habrá de matar a sí mismo? Pues
dice: 'A donde yo voy, vosotros no podéis ir' ".
23 Él les decía: "Vosotros sois de abajo; yo soy de arriba. Vosotros sois de este mundo;
yo no soy de este mundo. **24** Por esto os dije que moriréis en vuestros pecados; porque a
menos que creáis que Yo Soy, en vuestros pecados moriréis".
25 Así que le decían: "Tú, ¿quién eres?"
Entonces Jesús les dijo: "Lo mismo que os vengo diciendo desde el principio. **26** Mu-
chas cosas tengo que decir y juzgar de vosotros. Pero el que me envió es verdadero; y
yo, lo que he oído de parte de él, esto hablo al mundo".
27 Pero no entendieron que les hablaba del Padre. **28** Entonces Jesús les dijo: "Cuando

Mateo	Marcos	Lucas	Juan 8:21-59
			hayáis levantado al Hijo del Hombre, entonces entenderéis

que Yo Soy, y que nada hago de mí mismo; sino que estas cosas hablo, así como el
Padre me enseñó. **29** Porque el que me envió, conmigo está. El Padre no me ha dejado
solo, porque yo hago siempre lo que le agrada a él".
30 Mientras él decía estas cosas, muchos creyeron en él.
31 Por tanto, Jesús decía a los judíos que habían creído en él: "Si vosotros permane-
céis en mi palabra, seréis verdaderamente mis discípulos; **32** y conoceréis la verdad, y la
verdad os hará libres".
33 Le respondieron: "Somos descendientes de Abraham y jamás hemos sido esclavos
de nadie. ¿Cómo dices tú: 'Llegaréis a ser libres'?"
34 Jesús les respondió: "De cierto, de cierto os digo que todo aquel que practica el pe-
cado es esclavo del pecado. **35** El esclavo no permanece en la casa para siempre; el Hijo
sí queda para siempre. **36** Así que, si el Hijo os hace libres, seréis verdaderamente li-
bres. **37** Sé que sois descendientes de Abraham; no obstante, procuráis matarme, porque
mi palabra no tiene cabida en vosotros. **38** Yo hablo de lo que he visto estando con el
Padre,* y vosotros hacéis lo que habéis oído de parte de vuestro* padre".
39 Respondieron y le dijeron: "Nuestro padre es Abraham".
Jesús les dijo: "Puesto que sois hijos de Abraham, haced las obras de Abraham.*
40 Pero ahora procuráis matarme, hombre que os he hablado la verdad que oí de parte
de Dios. ¡Esto no lo hizo Abraham! **41** Vosotros hacéis las obras de vuestro padre".
Entonces le dijeron: "Nosotros no hemos nacido de fornicación. Tenemos un solo
padre, Dios".
42 Entonces Jesús les dijo: "Si Dios fuera vuestro padre, me amaríais; porque yo he
salido y he venido de Dios. Yo no he venido por mí mismo, sino que él me envió.
43 ¿Por qué no comprendéis lo que digo? Porque no podéis oír mi palabra. **44** Vosotros
sois de vuestro padre el diablo, y queréis satisfacer los deseos de vuestro padre. Él era
homicida desde el principio y no se basaba* en la verdad, porque no hay verdad en él.
Cuando habla mentira, de lo suyo propio habla, porque es mentiroso y padre de mentira.
45 Pero a mí, porque os digo la verdad, no me creéis. **46** ¿Quién de vosotros me halla
culpable de pecado? Y si digo la verdad, ¿por qué vosotros no me creéis? **47** El que es
de Dios escucha las palabras de Dios. Por esta razón vosotros no las escucháis, porque
no sois de Dios".
48 Respondieron los judíos y le dijeron: "¿No decimos bien nosotros que tú eres sama-
ritano y que tienes demonio?"
49 Respondió Jesús: "Yo no tengo demonio. Más bien, honro a mi Padre, pero voso-
tros me deshonráis. **50** Yo no busco mi gloria; hay quien la busca y juzga. **51** De cierto,
de cierto os digo que si alguno guarda mi palabra, nunca verá la muerte para siempre".
52 Entonces los judíos le dijeron: "¡Ahora sabemos que tienes demonio! Abraham
murió, y también los profetas; y tú dices: 'Si alguno guarda mi palabra, nunca gustará
muerte para siempre'. **53** ¿Eres tú acaso mayor que nuestro padre Abraham quien murió,
o los profetas quienes también murieron? ¿Quién pretendes ser?"
54 Respondió Jesús: "Si yo me glorifico a mí mismo, mi gloria no es nada. El que me
glorifica es mi Padre, de quien vosotros decís: 'Es nuestro* Dios'. **55** Y vosotros no le

Mateo	Marcos	Lucas	Juan 8:21-59
			conocéis. Pero yo sí le conozco. Si digo que no le conozco,

seré mentiroso como vosotros. Pero le conozco y guardo su palabra. **56** Abraham, vues-
tro padre, se regocijó de ver mi día. Él lo vio y se gozó".
57 Entonces le dijeron los judíos: "Aún no tienes ni cincuenta años, ¿y has visto a
Abraham?"
58 Les dijo Jesús: "De cierto, de cierto os digo que antes que Abraham existiera, Yo
Soy".*
59 Entonces tomaron piedras para arrojárselas, pero Jesús se ocultó y salió del templo.*

---

*8:38 Algunos mss. antiguos dicen **mi Padre**. *8:38 Algunos mss. antiguos no incluyen **vuestro**. *8:39 Algunos mss. antiguos dicen **Si fuerais hijos de Abraham, haríais las obras de Abraham**. *8:44 O: **no se mantuvo en**. *8:54 Algunos mss. antiguos dicen **vuestro**. *8:58 Ver Éxo. 3:14. *8:59 Algunos mss. antiguos incluyen **Y atravesando por medio de ellos**, se fue; comp. Luc. 4:30.

Nota 99: El Evangelio de Juan tiene varios "Yo Soy", recordándonos lo que se le explicó a Moisés en Éxodo 3:14 acerca de la naturaleza de Dios. Aquí hay tres casos, en versículos 24, 28 y 58. En este pasaje Jesús se presenta como el divino Hijo de Dios quien vive para siempre, pero que tiene que ser "levantado" (sin duda, se refiere a la crucifixión). Él ha sido antes que Abraham existiera. Los fariseos dirigen las acusaciones; los saduceos aún no sienten que sus puestos estén amenazados, y no son tan celosos por asuntos de doctrina como lo son los fariseos.

§ 100. Jesús sana a un hombre que nació ciego

Mateo	Marcos	Lucas	Juan 9:1-41
			1 Mientras pasaba Jesús, vio a un hombre ciego de naci-

miento, **2** y sus discípulos le preguntaron diciendo: "Rabí,*¿quién pecó, éste o sus
padres, para que naciera ciego?"
3 Respondió Jesús: "No es que éste pecó, ni tampoco sus padres. Al contrario, fue para
que las obras de Dios se manifestaran en él. **4** Me* es preciso hacer las obras del que
me* envió, mientras dure el día. La noche viene cuando nadie puede trabajar. **5** Mien-
tras yo esté en el mundo, luz soy del mundo".
6 Dicho esto, escupió en tierra, hizo lodo con la saliva y con el lodo untó los ojos del
ciego. **7** Y le dijo: "Vé, lávate en el estanque de Siloé" —que significa enviado—.
Por tanto fue, se lavó y regresó viendo. **8** Entonces los vecinos y los que antes le
habían visto que era mendigo* decían: "¿No es éste el que se sentaba para mendigar?"
9 Unos decían: "Este es".
Y otros: "No.* Pero se parece a él".
Él decía: "Yo soy".
10 Entonces le decían: "¿Cómo te fueron abiertos los ojos?"
11 Él respondió: "El hombre que se llama Jesús hizo lodo, me untó los ojos y me dijo:
'Vé a Siloé y lávate'. Entonces cuando fui y me lavé, recibí la vista".

Mateo	Marcos	Lucas	Juan 9:1-41
			12 Y le dijeron: "¿Dónde está él?" Él dijo: "No sé".

13 Llevaron ante los fariseos al que antes era ciego, **14** porque el día en que Jesús hizo
lodo y le abrió los ojos era sábado. **15** Entonces, los fariseos le volvieron a preguntar de
qué manera había recibido la vista, y les dijo: "Él me puso lodo sobre los ojos; me lavé
y veo".
16 Entonces algunos de los fariseos decían: "Este hombre no es de Dios, porque no
guarda el sábado".
Pero otros decían: "¿Cómo puede un hombre pecador hacer tales señales?"
Había una división entre ellos. **17** Entonces volvieron a hablar al ciego: "Tú, ¿qué
dices de él, puesto que te abrió los ojos?"
Y él dijo: "Que es profeta".
18 Los judíos, pues, no creían que él había sido ciego y que había recibido la vista,
hasta que llamaron a los padres del que había recibido la vista, **19** y les preguntaron
diciendo: "¿Es éste vuestro hijo, el que vosotros decís que nació ciego? ¿Cómo, pues, ve
ahora?"
20 Respondieron sus padres y dijeron: "Sabemos que éste es nuestro hijo y que nació
ciego. **21** Pero cómo ve ahora, no sabemos; o quién le haya abierto los ojos, nosotros
tampoco lo sabemos. Edad tiene; preguntadle a él, y él hablará por su cuenta".
22 Sus padres dijeron esto porque tenían miedo de los judíos, porque ya los judíos
habían acordado que si alguno confesara que Jesús era el Cristo, fuera expulsado de la
sinagoga. **23** Por esta razón dijeron sus padres: "Edad tiene; preguntadle a él". **24** Así
que por segunda vez llamaron al hombre que había sido ciego y le dijeron: "¡Da gloria a
Dios! Nosotros sabemos que este hombre es pecador".
25 Entonces él respondió: "Si es pecador, no lo sé. Una cosa sé: que habiendo sido
ciego, ahora veo".
26 Luego le dijeron: "¿Qué te hizo? ¿Cómo te abrió los ojos?"
27 Les contestó: "Ya os dije, y no escuchasteis. ¿Por qué lo queréis oír otra vez? ¿Aca-
so queréis también vosotros haceros sus discípulos?"
28 Entonces le ultrajaron y dijeron: "¡Tú eres discípulo de él! ¡Pero nosotros somos
discípulos de Moisés! **29** Nosotros sabemos que Dios ha hablado por Moisés, pero éste,
no sabemos de dónde sea".
30 Respondió el hombre y les dijo: "¡Pues en esto sí tenemos una cosa maravillosa!
Que vosotros no sepáis de dónde es, y a mí me abrió los ojos. **31** Sabemos que Dios no
oye a los pecadores; pero si alguien es temeroso de Dios y hace su voluntad, a ése oye.
32 Desde la eternidad nunca se oyó que alguien abriese los ojos de uno que había naci-
do ciego. **33** Si éste no procediera de Dios, no podría hacer nada".
34 Le contestaron diciendo: "Tú naciste sumido en pecado, ¿y tú quieres enseñarnos a
nosotros?"
Y lo echaron fuera.
35 Jesús oyó que lo habían echado fuera; y cuando lo halló, le dijo: "¿Crees tú en el
Hijo del Hombre?"*
36 Él respondió y dijo: "Señor, ¿quién es, para que yo crea en él?"
37 Jesús le dijo: "Le has visto, y el que habla contigo, él es".

Mateo	Marcos	Lucas	Juan 9:1-41
			38 Y dijo: "¡Creo, Señor!" Y le adoró.

39 Y dijo Jesús: "Para juicio yo he venido a este mundo; para que vean los que no ven,
y los que ven sean hechos ciegos".
40 Al oír esto, algunos de los fariseos que estaban con él le dijeron: "¿Acaso somos
nosotros también ciegos?"
41 Les dijo Jesús: "Si fuerais ciegos, no tendríais pecado; pero ahora porque decís:
'Vemos', vuestro pecado permanece".

---

*9:2 O: **Maestro** *9:4 Algunos mss. antiguos dicen **nos**. *9:8 Algunos manuscritos antiguos dicen **ciego**. *9:9 Algunos mss. antiguos no incluyen **No**. *9:35 Algunos mss. antiguos dicen **Hijo de Dios**.

Nota 100: Para los discípulos el hombre es objeto que provoca curiosidad teológica; para Jesús, un ser humano que requiere ayuda. El ciego tiene que mostrar su fe caminando hasta el estanque de Siloé, ubicado a cierta distancia en la parte más baja de Jerusalén. Según el modo de ver de los fariseos, el sanar a un enfermo es considerado como "trabajo" que no debe hacerse en día sábado. Por temor, los padres del sanado no quieren comprometerse; pero su hijo es más perspicaz que los fariseos, quienes "lo echaron fuera". Esto significa que él llega a ser un "no persona", aislado de todos. Después Jesús lo conduce a la salvación eterna.

§ 101. Jesús el buen pastor

Mateo	Marcos	Lucas	Juan 10:1-21
			1 "De cierto, de cierto os digo que el que no entra al redil

de las ovejas por la puerta, sino que sube por otra parte, ése es ladrón y asaltante. **2** Pero
el que entra por la puerta es el pastor de las ovejas. **3** A él le abre el portero, y las ovejas
oyen su voz. A sus ovejas las llama por nombre y las conduce afuera. **4** Y cuando saca
fuera a todas las suyas, va delante de ellas; y las ovejas le siguen, porque conocen su
voz. **5** Pero al extraño jamás seguirán; más bien, huirán de él, porque no conocen la voz
de los extraños".
6 Jesús les dijo esta figura, pero ellos no entendieron qué era lo que les decía. **7** En-
tonces Jesús les habló de nuevo: "De cierto, de cierto os digo que yo soy la puerta de las
ovejas. **8** Todos los que vinieron antes de mí eran ladrones y asaltantes, pero las ovejas
no les oyeron. **9** Yo soy la puerta. Si alguien entra por mí, será salvo; entrará, saldrá y
hallará pastos. **10** El ladrón no viene sino para robar, matar y destruir. Yo he venido para
que tengan vida, y para que la tengan en abundancia. **11** Yo soy el buen pastor; el buen
pastor pone* su vida por las ovejas. **12** Pero el asalariado, que no es el pastor, y a quien
no le pertenecen las ovejas, ve que viene el lobo, abandona las ovejas y huye; y el lobo
arrebata y esparce las ovejas. **13** Huye* porque es asalariado, y a él no le importan las
ovejas. **14** Yo soy el buen pastor y conozco mis ovejas, y las mías me conocen. **15** Co-
mo el Padre me conoce, yo también conozco al Padre; y pongo mi vida por las ovejas.

Mateo	Marcos	Lucas	Juan 10:1-21
			16 "También tengo otras ovejas que no son de este redil. A

ellas también me es necesario traer, y oirán mi voz. Así habrá un solo rebaño y un solo pastor. **17** Por esto me ama el Padre, porque yo pongo mi vida, para volverla a tomar. **18** Nadie me la quita, sino que yo la pongo de mí mismo. Tengo poder* para ponerla, y tengo poder* para volverla a tomar. Este mandamiento recibí de mi Padre".

19 Hubo división otra vez entre los judíos a causa de estas palabras, **20** y muchos de ellos decían: "Demonio tiene y está fuera de sí. ¿Por qué le escucháis?"

21 Otros decían: "Estas palabras no son las de un endemoniado. ¿Podrá un demonio abrir los ojos de los ciegos?"

---

*10:11 Algunos mss. antiguos dicen **da**. *10:13 Algunos mss. antiguos tienen **El asalariado huye...** *10:18 Otra trad., **autoridad**.

Nota 101: Sigue con los fariseos la controversia alrededor de la curación del ciego de nacimiento, y Jesús pronuncia una alegoría sobre el buen pastor. Señala el contraste entre el verdadero pastor y aquellos que realmente se interesan poco en el bienestar de las ovejas, es decir, el contraste entre él mismo y los fariseos. Pues éstos fustigan a un pobre hombre que rehusa odiar a aquel que le ha dado la vista. Jesús es el buen Pastor que conoce al Padre y a sus ovejas, a favor de las cuales en breve dará su vida.

§ 102. La misión de los setenta

Mateo	Marcos	Lucas 10:1-24	Juan
		1 Después de estas cosas, el Señor designó a otros seten-	

ta,* a los cuales envió delante de sí de dos en dos, a toda ciudad y lugar a donde él había de ir. **2** Y les decía: "A la verdad, la mies es mucha, pero los obreros son pocos. Rogad, pues, al Señor de la mies, que envíe obreros a su mies. **3** ¡Id! He aquí yo os envío como corderos en medio de lobos. **4** No llevéis bolsa, ni alforjas, ni calzado; ni saludéis a nadie por el camino.

5 "En cualquier casa donde entréis, primeramente decid: 'Paz sea a esta casa'. **6** Si hay allí un hijo de paz, vuestra paz reposará sobre él; pero si no, volverá a vosotros. **7** Posad en aquella misma casa, comiendo y bebiendo lo que os den; porque el obrero es digno de su salario. No andéis de casa en casa. **8** En cualquier ciudad donde entréis y os reciban, comed lo que os pongan delante. **9** Sanad a los enfermos que haya allí y decidles: 'El reino de Dios se ha acercado* a vosotros'.

10 "Pero en cualquier ciudad donde entréis y no os reciban, salid a sus calles y decid: **11** 'Aun el polvo de vuestra ciudad que se ha pegado a nuestros pies, lo sacudimos contra vosotros. Pero sabed esto: que el reino de Dios se ha acercado'.* **12** Os digo que en aquel día será más tolerable para Sodoma que para aquella ciudad.

13 "¡Ay de ti, Corazín! ¡Ay de ti, Betsaida! Porque si se hubieran realizado en Tiro y en Sidón los hechos poderosos que han sido realizados en vosotras, desde hace tiempo

Mateo	Marcos	Lucas 10:1-24	Juan
		se habrían arrepentido sentados en saco y ceniza. **14** Por lo	

tanto, en el juicio será más tolerable para Tiro y Sidón que para vosotras. **15** Y tú, Capernaúm, ¿serás exaltada hasta el cielo? ¡Hasta el Hades* serás hundida!*

16 "El que os escucha me escucha a mí; el que os rechaza me rechaza a mí; y el que me rechaza, rechaza al que me envió".

17 Los setenta* volvieron con gozo, diciendo: "Señor, ¡aun los demonios se nos sujetan en tu nombre!"

18 Él les dijo: "Yo veía a Satanás caer del cielo como un rayo. **19** He aquí, os doy autoridad* de pisar serpientes, escorpiones, y sobre todo el poder del enemigo; y nada os dañará. **20** Sin embargo, no os regocijéis de esto, de que los espíritus se os sujeten; sino regocijaos de que vuestros nombres están inscritos en los cielos".

21 En aquella misma hora Jesús se regocijó en el Espíritu Santo* y dijo: 'Yo te alabo, oh Padre, Señor del cielo y de la tierra, porque has escondido estas cosas de los sabios y entendidos y las has revelado a los niños. Sí, Padre, porque así te agradó.

22 "Todas las cosas me han sido entregadas por mi Padre. Nadie conoce quién es el Hijo, sino el Padre; ni quién es el Padre, sino el Hijo y aquel a quien el Hijo lo quiera revelar".

23 Volviéndose a los discípulos les dijo aparte: "Bienaventurados los ojos que ven lo que vosotros veis. **24** Porque os digo que muchos profetas y reyes desearon ver lo que vosotros veis, y no lo vieron; y oír lo que oís, y no lo oyeron".

---

*10:1, 17 Algunos mss. antiguos dicen **setenta y dos**. *10:9 Otra trad., **está cerca**. *10:11 Algunos mss. antiguos añaden **a vosotros**. *10:15 O sea, la morada de los muertos. *10:15 Ver Isa. 14:13, 15 *10:19 Otra trad., **potestad**. *10:21 Algunos mss. antiguos dicen en **espíritu**.

Nota 102: En **§ 102-110** hay asuntos relatados solo por Lucas, y probablemente ocurren en Judea, si bien son parecidos a sucesos relacionados con el trabajo del Señor con los Doce durante el ministerio anterior en Galilea, asuntos tratados en **§ 70** por Marcos y Mateo. Como otros maestros, Jesús repite sus enseñanzas en diferentes lugares y ocasiones.

Como los discípulos han de dar una mayor atención a obras de misericordia, pueden confiar en Dios y en la gente por su sustento, recordando sí que han de dedicarse a la obra y no a la vida social. Después corresponderán otras instrucciones diferentes (Luc. 22:35 ss. en **§ 147**).

§ 103. Parábola del buen samaritano

Mateo	Marcos	Lucas 10:25-37	Juan
		25 Y he aquí, cierto maestro de la ley se levantó para probar-	

le, diciendo: "Maestro, ¿haciendo qué cosa poseeré la vida eterna?"

26 Y él le dijo: "¿Qué está escrito en la ley? ¿Cómo lees?"

27 Él le respondió diciendo: "*Amarás al Señor tu Dios con todo tu corazón, con toda tu alma, con todas tus fuerzas* y con toda tu mente; *y a tu prójimo como a ti mismo*".*

Mateo	Marcos	Lucas 10:25-37	Juan
		28 Le dijo: "Has respondido bien. Haz esto y vivirás".	

29 Pero él, queriendo justificarse, preguntó a Jesús: "¿Y quién es mi prójimo?"
30 Respondiendo Jesús dijo: "Cierto hombre descendía de Jerusalén a Jericó y cayó en
manos de ladrones, quienes le despojaron de su ropa, le hirieron y se fueron, dejándole
medio muerto. **31** Por casualidad, descendía cierto sacerdote por aquel camino; y al ver-
le, pasó de largo. **32** De igual manera, un levita también llegó al lugar; y al ir y verle,
pasó de largo. **33** Pero cierto samaritano, que iba de viaje, llegó cerca de él; y al verle,
fue movido a misericordia. **34** Acercándose a él, vendó sus heridas, echándoles aceite y
vino. Y poniéndole sobre su propia cabalgadura, le llevó a un mesón y cuidó de él.
35 Al día siguiente, sacó dos denarios* y los dio al mesonero diciéndole: 'Cuídamelo, y
todo lo que gastes de más, yo te lo pagaré cuando vuelva'. **36** ¿Cuál de estos tres te
parece haber sido el prójimo de aquel que cayó en manos de ladrones?"
37 Él dijo: "El que hizo misericordia con él".
Entonces Jesús le dijo: "Vé y haz tú lo mismo".

*10:27 Deut. 6:5; Lev. 19:18. *10:35 Una moneda romana; equivalía al salario de un día para un obrero.

Nota 103: En algún punto de Judea, con el fin de atrapar a Jesús, un maestro de la ley hace una pregunta sobre la vida eterna. Según Marcos y Mateo, después en Jerusalén se le hará otra pregunta parecida (**§ 135**). Aquí el asunto es: "¿Haciendo qué cosa...?" Alguien sugiere que a los que actúan con autosatisfacción Jesús les pone la Ley, pero a los contritos de corazón les ofrece el evangelio. En la parábola del buen samaritano el Señor presenta como prójimo a uno de los odiados vecinos al norte de Judea, cuya raza el interrogante ni quiere mencionar. Luego, la estocada de "Vé y haz tú lo mismo".

§ 104. Jesús huésped en el hogar de Lázaro, Marta y María

Mateo	Marcos	Lucas 10:38-42	Juan
		38 Prosiguiendo* ellos su camino, él entró en una aldea; y	

una mujer llamada Marta le recibió en su casa.* **39** Esta tenía una hermana que se lla-
maba María, la cual se sentó a los pies del Señor* y escuchaba su palabra. **40** Pero Mar-
ta estaba preocupada con muchos quehaceres, y acercándose dijo: "Señor, ¿no te impor-
ta que mi hermana me haya dejado servir sola? Dile, pues, que me ayude".
41 Pero respondiendo el Señor* le dijo: "Marta, Marta, te afanas y te preocupas por
muchas cosas. **42** Pero una sola cosa es necesaria.* Pues María ha escogido la buena
parte, la cual no le será quitada".

*10:38 Algunos mss. antiguos tienen **aconteció que, prosiguiendo...** *10:38 Algunos mss. antiguos no incluyen **en su casa**. *10:39, 41 Algunos mss. antiguos tienen **Jesús**. *10:42 Algunos mss. antiguos tienen **Pero pocas cosas son necesarias**, o **sólo una**.

Nota 104: Durante sus viajes por Judea llegan a Betania, cerca de Jerusalén, donde Jesús (sin duda con sus discípulos) es hospedado en el hogar de sus amigos Lázaro, Marta y María. Vemos el temperamento de las hermanas: Marta sirviendo y María escuchando. Pero Jesús prefiere una comida sencilla con un compañerismo amplio. Unos pocos meses después el Señor estará en esa casa bajo condiciones muy diferentes (**§ 118**).

§ 105. Enseñanzas sobre la oración

Mateo	**Marcos**	**Lucas 11:1-13**	**Juan**
		1 Aconteció que, estando Jesús orando en cierto lugar,	

cuando terminó, uno de sus discípulos le dijo: "Señor, enséñanos a orar, como también
Juan enseñó a sus discípulos".
2 Él les dijo: "Cuando oréis, decid:
'Padre [nuestro que estás en los cielos]:*
Santificado sea tu nombre;
venga tu reino;
[sea hecha tu voluntad,
como en el cielo,
así también en la tierra.]*
3 el pan nuestro de cada día,
dánoslo hoy;*
4 y perdónanos nuestros pecados
porque también nosotros perdonamos
a todos los que nos deben.
Y no nos metas en tentación,
[mas líbranos del mal.]' "*
5 Les dijo también: "Supongamos que uno de vosotros* tiene un amigo y va a él a la
medianoche y le dice: 'Amigo, préstame tres panes, **6** porque ha llegado a mí un amigo
de viaje, y no tengo nada que poner delante de él.' **7** ¿Le responderá aquél desde aden-
tro: 'No me molestes; ya está cerrada la puerta, y mis niños están conmigo en la cama;
no puedo levantarme para dártelos'? **8** Os digo que, aunque no se levante a dárselos por
ser su amigo, ciertamente por la insistencia de aquél se levantará y le dará todo lo que
necesite.
9 "Y yo os digo: Pedid, y se os dará; buscad y hallaréis; llamad, y se os abrirá. **10** Por-
que todo aquel que pide recibe, y el que busca halla, y al que llama se le abrirá.
11 "¿Qué padre de entre vosotros, si su hijo le pide* pescado, en lugar de pescado le
dará una serpiente? **12** O si le pide un huevo, ¿le dará un escorpión? **13** Pues si voso-
tros, siendo malos, sabéis dar buenos regalos a vuestros hijos, ¿cuánto más vuestro
Padre celestial dará el Espíritu Santo a los que le pidan?"

---

*11:2, 4 Los mss. más antiguos omiten la frase entre corchetes; comp. Mat. 6:9, 10. *11:3 Otra trad., **continúa dándonos cada día nuestro pan diario**. *11:5 Lit., **¿Quién de vosotros que... él"?** *11:11 Algunos mss. antiguos tienen **...le pide pan, ¿le dará una piedra? O si le pide...**

Nota 105: El Maestro les dio un modelo de oración en el Sermón del monte (Mat. 6:9 ss.). Aunque los discípulos han estado orando desde jóvenes, ven en la actuación de Jesús algo extra que ellos no poseen, y lo piden. La oración modelo revela más ajuste a la voluntad de Dios que solicitar cosas. Luego el Señor da énfasis a la importancia de continuar orando: seguir pidiendo, seguir buscando, seguir llamando; pero siempre dentro de la voluntad del Padre. La parábola también trata el asunto de persisitir o, como lo expresara Pablo: "Orad sin cesar" (1 Tes. 5:17).

§ 106. Jesús es acusado de que está aliado con Beelzebul

Mateo	Marcos	Lucas 11:14-36	Juan
		14 Jesús estaba echando fuera un demonio que era mudo.	

Y aconteció que, cuando salió el demonio, el mudo habló. Las muchedumbres se asombraron, **15** pero algunos de ellos dijeron: "Por Beelzebul,* el príncipe de los demonios, echa fuera a los demonios".

16 Otros, para probarle, pedían de él una señal del cielo. **17** Pero como conocía los razonamientos de ellos, les dijo: "Todo reino dividido contra sí mismo está arruinado, y cae casa sobre casa. **18** Y si Satanás está dividido contra sí mismo, ¿cómo permanecerá en pie su reino? Pues decís que por Beelzebul* yo echo fuera los demonios. **19** Y si yo echo fuera los demonios por Beelzebul,* ¿por quién los echan fuera vuestros hijos? Por tanto, ellos serán vuestros jueces. **20** Pero si por el dedo de Dios yo echo fuera los demonios, ciertamente ha llegado a vosotros el reino de Dios. **21** Cuando el hombre fuerte y armado guarda su propia casa, sus posesiones están en paz. **22** Pero si viene uno más fuerte que él y le vence, le toma todas sus armas en que confiaba y reparte sus despojos. **23** El que no está conmigo, contra mí está; y el que conmigo no recoge, desparrama.

24 "Cuando el espíritu inmundo ha salido de un hombre, anda por lugares secos buscando reposo, y al no hallarlo, dice: 'Volveré a mi casa de donde salí'. **25** Y cuando regresa, la halla barrida y adornada. **26** Entonces va y trae otros siete espíritus peores que él. Y después de entrar, habitan allí; y el estado final de aquel hombre llega a ser peor que el primero".

27 Mientras él decía estas cosas, aconteció que una mujer de entre la multitud levantó la voz y le dijo: "¡Bienaventurado el vientre que te llevó y los pechos que mamaste!"

28 Y él dijo: "Más bien, bienaventurados son los que oyen la palabra de Dios y la guardan".

29 Y apiñándose las multitudes, él comenzó a decir: "Esta generación es una generación malvada. Pide señal, y no le será dada ninguna señal, sino la señal de Jonás.* **30** Porque como Jonás fue señal para los habitantes de Nínive, así también lo será el Hijo del Hombre para esta generación. **31** La reina del Sur* se levantará en el juicio contra los hombres de esta generación y los condenará, porque vino de los confines de la tierra para oír la sabiduría de Salomón. ¡Y he aquí uno* mayor que Salomón está en este lugar! **32** Los hombres de Nínive se levantarán en el juicio contra esta generación y la condenarán, porque ellos se arrepintieron ante la predicación de Jonás. ¡Y he aquí uno* mayor que Jonás está en este lugar!

33 "Al encender una lámpara nadie la pone en oculto, ni debajo de un cajón,* sino sobre un candelero para que todos los que entren vean la luz. **34** La lámpara de tu cuerpo es tu ojo. Cuando tu ojo está sano, también todo tu cuerpo está lleno de luz. Pero

Mateo	Marcos	Lucas 11:14-36	Juan
		cuando es malo, también tu cuerpo está en tinieblas. **35** Mira,	

pues, no sea que la luz que hay en ti sea tinieblas. **36** Así que, si todo tu cuerpo está
lleno de luz y no tiene ninguna parte oscura, estará todo lleno de luz como cuando una
lámpara te alumbra con su resplandor".

---

*11:15, 18, 19 O sea, **Satanás**; de la Peshita y la Vulgata viene la ortografía Beelzebub; gr., **Beelzebul** *11:29 Ver Jon. 1:17 *11:31 Ver 1 Rey. 10:1-10 *11:31, 32 Lit., algo *11:33 O sea, **almud**; una vasija, canasta, o caja que representaba una "medida" de casi nueve litros

Nota 106: Este pasaje, probablemente en Judea, repite la acusación que los fariseos hicieron antes en Galilea (**§ 61** y **68**). Al igual que antes, piden señales cuando no aceptan las que ven. Jesús responde como antes, indicando que Satanás "no está dividido contra sí mismo" para trabajar contra sus propios intereses. Más bien el Señor actúa "por el dedo de Dios" (Éxo. 31:18). Otros han creído; ahora deben hacerlo ellos, pues hay una relación íntima entre oportunidad y responsabilidad.

§ 107. Jesús denuncia a los fariseos y a los maestros de la ley

Mateo	Marcos	Lucas 11:37-54	Juan
		37 Cuando Jesús acabó de hablar, un fariseo le rogó que	

comiese con él; y habiendo entrado Jesús en su casa, se sentó a la mesa. **38** Y el fariseo
se asombró al ver que no se lavó antes de comer. **39** Entonces el Señor le dijo: "Vosotros los fariseos limpiáis el exterior de la copa o del plato, pero vuestro interior está
lleno de rapiña y de maldad. **40** Necios, ¿el que hizo lo de fuera no hizo también lo de
dentro? **41** Pero dad con misericordia* de las cosas que están dentro, y he aquí, todas las
cosas os serán limpias.

42 "¡Ay de vosotros, fariseos! Porque diezmáis la menta, la ruda y toda hortaliza, pero pasáis por alto el juicio y el amor de Dios. Es necesario hacer estas cosas, sin pasar por alto aquéllas.

43 "¡Ay de vosotros, fariseos! Porque amáis los primeros asientos en las sinagogas y las salutaciones en las plazas.

44 "¡Ay de vosotros!* Porque sois como sepulcros ocultos, y los hombres que andan por encima no lo saben".

45 Respondió uno de los maestros de la ley y le dijo: "Maestro, cuando dices esto, también nos afrentas a nosotros".

46 Y él le dijo: "¡Ay de vosotros también, maestros de la ley! Porque imponéis a los hombres cargas que no pueden llevar, pero vosotros mismos no las tocáis ni aun con uno de vuestros dedos.

47 "¡Ay de vosotros! Porque edificáis los sepulcros de los profetas, pero vuestros padres los mataron. **48** Con eso, sois testigos y consentís en los hechos de vuestros padres;
porque a la verdad ellos los mataron, pero vosotros edificáis sus sepulcros.* **49** Por esto,
la sabiduría de Dios también dijo: 'Les enviaré profetas y apóstoles; y de ellos, a unos

Mateo	Marcos	Lucas 11:37-54	Juan
		matarán y a otros perseguirán';* **50** para que de esta	

generación sea demandada la sangre de todos los profetas que ha sido derramada desde
la fundación del mundo; **51** desde la sangre de Abel hasta la sangre de Zacarías,* quien
pereció entre el altar y el santuario.*¡Sí! Os digo que la sangre de ellos será demandada
de esta generación.
52 "¡Ay de vosotros, maestros de la ley! Porque habéis quitado la llave del conocimiento. Vosotros mismos no entrasteis, y a los que entraban se lo habéis impedido".
53 Cuando salió de allí,* los escribas y los fariseos comenzaron a presionarle mucho y
a provocarle a que hablase de muchas cosas, **54** acechándole para cazar algo de su boca.*

---

*11:41 O: **dad limosna**. *11:44 Algunos mss. antiguos añaden **escribas y fariseos, hipócritas**; comp. Mat. 23:29. *11:48 Algunos mss. antiguos no incluyen **sus sepulcros**. *11:49 Ver 2 Crón. 24:19-21; comp. 2 Crón. 36:15, 16 *11:51 Ver Gén. 4:10 y 2 Crón. 24:20-22. *11:51 Lit., **casa**; o sea, **templo**. *11:53 Algunos mss. antiguos tienen **Y diciéndoles estas cosas, los escribas...** *11:54 Algunos mss. antiguos añaden **para acusarle**.

Nota 107: Esta es la segunda mención en los Evangelios de una comida de Jesús con un fariseo (**§ 59**). Las dos invitaciones parecen más una oportunidad de escudriñar las acciones del Maestro que una muestra de cariño. Aquí el fariseo expresa su asombro de que Jesús "no se lavó antes de comer". El Señor responde que los fariseos están tan preocupados con lo exterior que se olvidan de lo interior, con los detalles más que con los principios. Les indica que a los únicos profetas que honran son los que ya se han muerto. Por parte de ellos tratan aun más de "cazar algo de su boca".

§ 108. Jesús enseña a una gran multitud y a sus discípulos

Mateo	Marcos	Lucas 12:1-59	Juan
		1 En esto, habiéndose juntado una multitud de miles y	

miles, tanto que se pisoteaban unos a otros, él comenzó a decir primeramente a sus discípulos: "Guardaos de la levadura de los fariseos, que es la hipocresía. **2** Porque no hay
nada encubierto que no haya de ser revelado, ni oculto que no haya de ser conocido.
3 Más bien, las cosas que habéis dicho en las tinieblas serán oídas en la luz, y lo que
habéis hablado al oído en las habitaciones será pregonado en las azoteas.
4 "Y os digo a vosotros mis amigos: No temáis a los que matan el cuerpo, y después
no tienen nada peor que hacer. **5** Pero yo os enseñaré a quién debéis temer: Temed a
aquel que, después de haber dado muerte, tiene poder* de echar en el infierno.* Sí, os
digo: A éste temed. **6** ¿No se venden cinco pajaritos por dos cuartos?* Pues ni uno de
ellos está olvidado delante de Dios. **7** Pero aun los cabellos de vuestra cabeza están todos contados. No temáis; más valéis vosotros que muchos pajaritos.
8 "Os digo que todo aquel que me confiese* delante de los hombres, también el Hijo
del Hombre le confesará delante de los ángeles de Dios; **9** pero el que me niegue delante
de los hombres será negado delante de los ángeles de Dios. **10** A todo aquel que diga
palabra en contra del Hijo del Hombre, le será perdonado; pero al que blasfeme contra
el Espíritu Santo, no le será perdonado.

Mateo	Marcos	Lucas 12:1-59	Juan
		11 "Cuando os lle- ven a las sinagogas y a los magistrados	

y autoridades, no estéis preocupados de cómo o qué responderéis, o qué habréis de
decir. **12** Porque el Espíritu Santo os enseñará en aquella hora lo que se debe decir".

13 Le dijo uno de la multitud: "Maestro, dile a mi hermano que reparta conmigo la
herencia".

14 Y él le dijo: "Hombre, ¿quién me ha puesto como juez o repartidor sobre vosotros?"

15 Y les dijo: "Mirad, guardaos de toda codicia, porque la vida de uno no consiste en
la abundancia de los bienes que posee".

16 Entonces les refirió una parábola, diciendo: "Las tierras de un hombre rico habían
producido mucho. **17** Y él razonaba dentro de sí, diciendo: '¿Qué haré? Porque ya no
tengo dónde juntar mis productos'. **18** Entonces dijo: '¡Esto haré! Derribaré mis grane-
ros y edificaré otros más grandes. Allí juntaré todo mi grano y mis bienes, **19** y diré a
mi alma: Alma, muchos bienes tienes almacenados para muchos años. Descansa, come,
bebe, alégrate'. **20** Pero Dios le dijo: '¡Necio! Esta noche vienen a pedir tu alma; y lo
que has provisto, ¿para quién será?' **21** Así es el que hace tesoro para sí y no es rico
para con Dios".

22 Dijo a sus discípulos: "Por tanto, os digo: No os afanéis por vuestra vida, qué ha-
béis de comer; ni por vuestro cuerpo, qué habéis de vestir. **23** La vida es más que el ali-
mento, y el cuerpo es más que el vestido. **24** Considerad los cuervos, que ni siembran,
ni siegan, ni tienen almacenes ni graneros; y Dios los alimenta. ¡Cuánto más valéis
vosotros que las aves! **25** ¿Quién de vosotros podrá, con afanarse, añadir un codo* a su
estatura? **26** Pues si no podéis lo que es menos, ¿por qué estáis afanosos de lo demás?
27 Considerad los lirios, cómo crecen. No trabajan, ni hilan; y os digo que ni aun
Salomón, con toda su gloria, fue vestido como uno de ellos. **28** Si Dios viste así la hier-
ba, que hoy está en el campo y mañana es echada en el horno, ¡cuánto más hará por
vosotros, hombres de poca fe!

29 "Vosotros, pues, no busquéis qué habéis de comer o qué habéis de beber, ni estéis
ansiosos. **30** Porque todas estas cosas busca la gente del mundo; pero vuestro Padre sabe
que necesitáis estas cosas. **31** Más bien, buscad su reino,* y estas cosas* os serán añadi-
das. **32** No temáis, manada pequeña, porque a vuestro Padre le ha placido daros el reino.

33 "Vended vuestros bienes y dad ofrendas de misericordia.* Haceos bolsas que no se
envejecen, un tesoro inagotable en los cielos, donde no se acerca el ladrón, ni la polilla
destruye. **34** Porque donde esté vuestro tesoro, allí también estará vuestro corazón.

35 "Estén ceñidos vuestros lomos y encendidas vuestras lámparas. **36** Y sed vosotros se-
mejantes a los siervos que esperan a su señor cuando ha de volver de las bodas, para que
le abran al instante en que llegue y llame. **37** Bienaventurados aquellos siervos a quienes
el señor les encuentre velando cuando llegue. De cierto os digo que se ceñirá y hará que se
sienten a la mesa, y viniendo les servirá. **38** Aunque venga a la segunda vigilia,* y aunque
venga a la tercera vigilia,* si los halla así, ¡bienaventurados aquellos siervos!

39 "Sabed que si el dueño de casa hubiera sabido a qué hora habría de venir el la-
drón,* no habría permitido que forzara la entrada a su casa. **40** Vosotros también estad
preparados, porque a la hora que no penséis, vendrá el Hijo del Hombre".

Mateo	Marcos	Lucas 12:1-59	Juan
		41 Entonces Pedro le dijo: "Señor, ¿dices esta parábola	

para nosotros, o también para todos?"
42 Y dijo el Señor: "¿Quién es, pues, el mayordomo fiel y prudente, a quien el señor
pondrá sobre los de su casa para que les dé sus raciones a su debido tiempo? **43** Bien-
aventurado será aquel siervo a quien, cuando su señor venga, le encuentre haciéndolo
así. **44** En verdad os digo que le pondrá sobre todos sus bienes. **45** Pero si aquel siervo
dice en su corazón: 'Mi señor tarda en venir' y comienza a golpear a los siervos y a las
siervas, y a comer y a beber y a embriagarse, **46** vendrá el señor de aquel siervo en el
día que no espera y a la hora que no sabe, y le castigará duramente* y pondrá su parte
con los incrédulos. **47** Porque aquel siervo que entendió la voluntad de su señor y no se
preparó ni hizo conforme a su voluntad, recibirá muchos azotes. **48** Pero el que no en-
tendió, aunque hizo cosas dignas de azotes, recibirá pocos azotes. Porque de todo aquel
a quien le ha sido dado mucho, mucho se demandará de él; y de aquel a quien confiaron
mucho, se le pedirá más.
49 "He venido a echar fuego en la tierra. ¡Y cómo quisiera que ya estuviese encendi-
do!* **50** Tengo un bautismo con que ser bautizado, ¡y cómo me angustio hasta que se
cumpla! **51** ¿Pensáis que he venido a dar paz en la tierra? ¡Os digo que no, sino a causar
división! **52** Porque de aquí en adelante cinco en una casa estarán divididos: tres contra
dos y dos contra tres. **53** El padre estará dividido contra el hijo, y el hijo contra el padre;
la madre contra la hija, y la hija contra la madre; la suegra contra su nuera, y la nuera
contra su suegra".
54 Decía también a las multitudes: "Cuando veis la nube que sale del poniente, luego
decís: 'Va a llover'. Y así sucede. **55** Cuando sopla el viento del sur, decís: 'Hará calor'.
Y lo hace. **56** ¡Hipócritas! Sabéis interpretar el aspecto del cielo y de la tierra, ¿y cómo
no sabéis interpretar este tiempo?
57 "¿Por qué no juzgáis vosotros mismos lo que es justo? **58** Pues cuando vayas al
magistrado con tu adversario, procura con diligencia arreglarte con él en el camino, no
sea que te arrastre al juez y el juez te entregue al policía, y el policía te meta en la cár-
cel. **59** Te digo que no saldrás de allí hasta que hayas pagado la última blanca".*

---

*12:5 O: **autoridad**. *12:5 Gr., **Gehena**. *12:6 Lit., **dos asariones**, monedas de muy poco valor. *12:8 Otras trads., **se declare por mí**; **se identifique conmigo**; o, **me reconozca**. *12:25 Una medida antigua, desde el codo hasta la punta de los dedos; aprox. 45 a 50 cm. *12:31 Algunos mss. antiguos tienen **el reino de Dios**. *12:31 Algunos mss. antiguos tienen **todas estas cosas**. *12:33 O: **limosnas**. *12:38 O sea, **entre las 9:00 p.m. y medianoche**, según la costumbre romana que dividía la noche entre cuatro vigilias. *12:38 O sea, **entre la medianoche y las 3:00 a.m.** *12:39 Varios mss. antiguos incluyen **habría velado y**. *12:46 Otra trad., **le hará trizas**. *12:49 Otra trad., **¿Y qué quiero, si ya está encendido?** *12:59 Gr., **lepton**; otra trad., **hasta el último centavo**.

Nota 108: Es probable que el Señor esté en alguna parte de Judea con sus discípulos; pero miles de otra gente también se hacen presentes, atraídos talvez por los milagros y las controversias con los fariseos. Mucho de lo que expresa Jesús aquí lo ha dicho antes. Algo muy parecido referente a la hipocresía está en **§ 81**, a la confesión audaz, a la ayuda del Espíritu Santo y a las divisiones en el hogar por asuntos de fe en **§ 70**, al pecado contra el Espíritu en **§ 61**, a la ansiedad mundana en **§ 54**, y a la interpretación de los tiempos en **§ 80** (todos relatados por Marcos y/o Mateo.) Pero lo repetido y lo nuevo sirven bien a los discípulos y a la otra gente, si es que le hacen caso.

§ 109. Necesidad de arrepentirse

Mateo	Marcos	Lucas 13:1-9	Juan
		1 En aquella misma ocasión, algunos estaban allí contán-	

dole de ciertos galileos cuya sangre Pilato había mezclado con la sangre de sus sacrifi-
cios. **2** Respondiendo Jesús les dijo: "¿Pensáis que estos galileos, porque padecieron
estas cosas, habrán sido más pecadores que todos los galileos? **3** Os digo que no; más
bien, si no os arrepentís, todos pereceréis igualmente. **4** O aquellos dieciocho sobre los
cuales cayó la torre de Siloé y los mató, ¿pensáis que ellos habrán sido más culpables
que todos los hombres que viven en Jerusalén? **5** Os digo que no; más bien, si no os
arrepentís, todos pereceréis de la misma manera".

6 Entonces dijo esta parábola: "Cierto hombre tenía una higuera plantada en su viña, y
fue a buscar fruto en ella y no lo halló. **7** Entonces dijo al viñador: 'He aquí, ya son tres
años que vengo buscando fruto en esta higuera y no lo hallo. Por tanto, córtala. ¿Por qué
ha de inutilizar también la tierra?' **8** Entonces él le respondió diciendo: 'Señor, déjala
aún este año, hasta que yo cave alrededor de ella y la abone. **9** Si da fruto en el futuro,
bien; y si no, la cortarás' ".

Nota 109: De otras fuentes no sabemos nada de las dos tragedias mencionadas aquí. Ya que Jesús es conocido como galileo y mucha gente lo sigue, ¿correrá la misma sospecha de sedición de parte de Pilato como aquellos? Luego el Señor se refiere a los judíos sobre quienes cayó una torre. Al igual que los amigos de Job (Job 4:7-9), muchos creen que todo el sufrimiento viene por haber pecado. No es necesariamente así, dice Jesús; todos deben arrepentirse.

§ 110. Enseña y sana en una sinagoga en un día sábado

Mateo	Marcos	Lucas 13:10-21	Juan
		10 Jesús enseñaba en una de las sinagogas en el sábado.	

11 Y he aquí una mujer que tenía espíritu de enfermedad desde hacía dieciocho años;
andaba encorvada y de ninguna manera se podía enderezar. **12** Cuando Jesús la vio, la
llamó y le dijo: "Mujer, quedas libre de tu enfermedad".

13 Puso las manos sobre ella, y al instante se enderezó y glorificaba a Dios. **14** Y res-
pondiendo el principal de la sinagoga, enojado de que Jesús hubiese sanado en sábado,
decía a la gente: "Seis días hay en la semana en los cuales se debe trabajar. Venid, pues,
en estos días y sed sanados, y no en el día de sábado".

15 Entonces el Señor le respondió diciendo: "¡Hipócrita! ¿No desata cada uno de vo-
sotros en sábado su buey o su asno del pesebre y lo lleva a beber? **16** Y a ésta, siendo
hija de Abraham, a quien Satanás ha tenido atada por dieciocho años, ¿no debía ser li-
brada de esta atadura en el día de sábado?"

17 Cuando él decía estas cosas, todos sus adversarios se avergonzaban. Y todo el
pueblo se regocijaba por todas las cosas gloriosas que él hacía.

18 Por lo tanto, él decía: "¿A qué es semejante el reino de Dios? ¿A qué lo compararé?

Mateo	**Marcos**	**Lucas 13:10-21**	**Juan**
		19 Es semejante a un grano de mostaza que un hombre tomó	

y sembró en su huerto; y creció y se convirtió en un árbol, y las aves del cielo hicieron
nidos en sus ramas”.
20 Otra vez dijo: “¿A qué compararé el reino de Dios? **21** Es semejante a la levadura
que una mujer tomó y escondió en tres medidas* de harina, hasta que todo quedó leuda-
do”.

---

*13:21 Gr., **saton**; un total de aprox. 39 litros de harina, ya que esta “medida” antigua contenía unos 13 litros.

Nota 110: Como ha sucedido antes (**§ 49-51**) y volverá a suceder (**§ 114**), Jesús es censurado por un dirigente religioso por sanar en día sábado, aunque en este caso la crítica es dirigida a la mujer, quizás por no saber cómo hacerlo directamente al Señor, por ser tan evidente el milagro. Jesús lo llama un hipócrita pues, si se puede dar de beber agua a un animal el sábado, ¿por qué no se puede desligar a una persona de su mal?

§ 111. Jesús declara ser el Hijo de Dios; tratan de apedrearlo

Mateo	**Marcos**	**Lucas**	**Juan 10:22-39**
			22 Se celebraba entonces la fiesta de la Dedicación* en

Jerusalén. Era invierno, **23** y Jesús andaba en el templo por el pórtico de Salomón.
24 Entonces le rodearon los judíos y le dijeron: “¿Hasta cuándo nos tendrás en suspen-
so? Si tú eres el Cristo, dínoslo abiertamente”.
25 Jesús les contestó: “Os lo he dicho, y no creéis. Las obras que yo hago en nombre
de mi Padre, éstas dan testimonio de mí. **26** Pero vosotros no creéis, porque no sois de
mis ovejas.* **27** Mis ovejas oyen mi voz, y yo las conozco, y me siguen. **28** Yo les doy
vida eterna, y no perecerán jamás, y nadie las arrebatará de mi mano. **29** Mi Padre que
me las ha dado,* es mayor que todos; y nadie las puede arrebatar de las manos del Pa-
dre.* **30** Yo y el Padre uno* somos”.
31 Los judíos volvieron a tomar piedras para apedrearle. **32** Jesús les respondió:
“Muchas buenas obras os he mostrado de parte del Padre*. ¿Por cuál de estas obras me
apedreáis?”
33 Los judíos le respondieron: “No te apedreamos por obra buena, sino por blasfemia
y porque tú, siendo hombre, te haces Dios”.
34 Jesús les respondió: “¿No está escrito en vuestra ley, *‘Yo dije: Sois dioses’?** **35** Si
dijo ‘dioses’ a aquellos a quienes fue dirigida la palabra de Dios (y la Escritura no puede
ser anulada), **36** ¿decís vosotros: ‘Tú blasfemas’ a quien el Padre santificó y envió al
mundo, porque dije: ‘Soy Hijo de Dios’? **37** Si no hago las obras de mi Padre, no me
creáis. **38** Pero si las hago, aunque a mí no me creáis, creed a las obras; para que co-
nozcáis y creáis* que el Padre está en mí, y yo en el Padre”.

Mateo	Marcos	Lucas	Juan 10:22-39
			39 Procuraban otra vez tomarle preso, pero él se salió de las manos de ellos.

---

*10:22 Fiesta anual originada en el período intertestamentario; cae en diciembre. *10:26 Algunos mss. antiguos incluyen **como os he dicho**. *10:29 Algunos mss. antiguos dicen **Lo que mi Padre me ha dado es mayor...** *10:29 Algunos mss. antiguos dicen **de mi Padre**. *10:30 Lit., **una misma cosa**. *10:32 Algunos mss. antiguos dicen **de mi Padre**. *10:34 Sal. 82:6. *10:38 Algunos mss. muy antiguos dicen **comprendáis**.

Nota 111: En la celebración de la Dedicación, en el mes de diciembre, se comemora la nueva dedicación del templo en el año 165 a. de J.C. después de que Antíoco Epífanes, en odio y desdén, sacrificara una cerda sobre el altar y Judas Macabeo lo volviera a edificar y purificar. Como es invierno (en el hemisferio norte) y menos importante que las fiestas instituidas por la Ley, la concurrencia en Jerusalén es menor que para las fiestas de Pascua, Pentecostés o Tabernáculos. Pero los judíos quieren forzar al Señor a declarar abiertamente que es el Mesías (Cristo), pero él declina hacerlo. De todos modos lo quieren apedrear, pues entienden que él se presenta como Hijo de Dios.

PARTE X

MINISTERIO DE JESÚS EN PEREA

(MAPA V)

Probablemente **§ 112 — 127** tratan los acontecimientos más importantes desde la fiesta de Dedicación, en el año 29 d. de J.C., hasta el último viaje a Jerusalén algunos días antes de la fiesta de Pascua en el año 30 (unos tres meses y medio).

§ 112. Jesús se retira a Betania, más allá del Jordán

Mateo	Marcos	Lucas	Juan 10:40-42
			40 Y volvió al otro lado del Jordán al lugar donde al prin-

cipio Juan había estado bautizando, y se quedó allí. **41** Y muchos fueron a él y decían:
"Juan, a la verdad, ninguna señal hizo; pero todo lo que Juan dijo de éste era verdad".
42 Y muchos creyeron en él allí.

Nota 112: Durante los próximos meses el centro de operaciones de Jesús está en Perea, "el lugar donde al principio Juan había estado bautizando", al lado oriental del río. No es cosa segura que los episodios siguientes, presentados por Lucas, sean de este período, pero nos parece que sí. De todos modos, son aptos para cualquier período.

§ 113. Jesús enseña en Perea

Mateo	Marcos	Lucas 13:22-35	Juan
		22 Jesús pasaba por las ciudades y aldeas, enseñando y	

caminando hacia Jerusalén. **23** Entonces alguien le dijo: "Señor, ¿son pocos los que se
salvan?"
Y él les dijo: **24** "Esforzaos a entrar por la puerta angosta, porque os digo que muchos
procurarán entrar, y no podrán. **25** Después que el dueño de casa se levante y cierre la
puerta, vosotros, afuera, comenzaréis a llamar a la puerta diciendo: '¡Señor,* ábrenos!'
Pero respondiendo él os dirá: 'No os conozco de dónde sois.' **26** Entonces comenzaréis
a decir: 'Delante de ti hemos comido y bebido, y en nuestras plazas enseñaste'. **27** Pero
os hablará diciendo: 'No os conozco de dónde sois. ¡Apartaos de mí todos los que
hacéis iniquidad!' **28** Allí habrá llanto y crujir de dientes, cuando veáis a Abraham, a
Isaac, a Jacob y a todos los profetas en el reino de Dios, y a vosotros echados fuera.
29 Vendrán del oriente y del occidente, del norte y del sur; y se sentarán a la mesa en el

Mateo	Marcos	Lucas 13:22-35	Juan
		reino de Dios. **30** He aquí, hay últimos que serán primeros,	

y hay primeros que serán últimos".

31 En la misma hora* llegaron ciertos fariseos y le dijeron: "Sal y vete de aquí, porque Herodes te quiere matar".

32 Él les dijo: "Id y decid a ese zorro: 'He aquí echo fuera demonios y realizo sanidades hoy y mañana, y al tercer día termino'. **33** Sin embargo, es necesario que yo siga mi camino hoy, mañana y pasado mañana; porque no es posible que un profeta muera fuera de Jerusalén.

34 "¡Jerusalén, Jerusalén, que matas a los profetas y apedreas a los que te son enviados! ¡Cuántas veces quise juntar a tus hijos, así como la gallina junta sus pollitos debajo de sus alas, y no quisiste! **35** He aquí vuestra casa* os es dejada desierta. Os digo que no me veréis más, hasta que venga el día cuando digáis: '*¡Bendito el que viene en el nombre del Señor!*' "*

*13:25 Algunos mss. antiguos repiten la palabra **Señor**. *13:31 Algunos mss. antiguos dicen **En el mismo día**. *13:35 Comp. Miq. 3:12. *13:35 Sal. 118:26.

Nota 113: Frente a uno que especula sobre cuántos han de salvarse, el Maestro responde que mejor que esté seguro de estar él entre ellos. Ya que Perea, al igual que Galilea, está bajo el gobierno de Herodes Antipas, algunos fariseos, con propósito amigable o no, advierten a Jesús a que tenga cuidado, que no le suceda lo que le pasó a Juan el Bautista. Sin embargo, el Señor no se asusta fácilmente pero lamenta lo que le sucederá a Jerusalén.

§ 114. Jesús sana en un día sábado; parábola de la gran cena

Mateo	Marcos	Lucas 14:1-24	Juan
		1 Aconteció un sábado, cuando él entró en casa de uno	

de los principales de los fariseos para comer pan, que ellos le observaban cuidadosamente. **2** Y he aquí un hombre hidrópico estaba delante de él. **3** Entonces respondiendo Jesús, habló a los maestros de la ley y a los fariseos, diciendo: "¿Es lícito sanar en sábado, o no?"*

4 Pero ellos callaron. Entonces él le tomó, le sanó y le despidió. **5** Y dijo a ellos: "¿Cuál de vosotros, si su hijo* o su buey cae en un pozo, no lo sacará de inmediato en el día de sábado?"

6 Y no le podían responder a estas cosas.

7 Observando a los invitados, cómo escogían los primeros asientos a la mesa, refirió una parábola diciéndoles: **8** "Cuando seas invitado por alguien a una fiesta de bodas, no te sientes en el primer lugar; no sea que otro más distinguido que tú haya sido invitado por él, **9** y que viniendo el que os invitó a ti y al otro, te diga: 'Da lugar a éste', y luego comiences con vergüenza a ocupar el último lugar. **10** Más bien, cuando seas invitado, vé y siéntate en el último lugar; para que cuando venga el que te invitó, diga: 'Amigo,

Mateo	Marcos	Lucas 14:1-24	Juan
		sube más arriba'. Entonces tendrás gloria delante de los	

que se sientan contigo a la mesa. **11** Porque cualquiera que se enaltece será humillado, y
el que se humilla será enaltecido".
12 Dijo también al que le había invitado: "Cuando hagas comida o cena, no invites a
tus amigos, ni a tus hermanos, ni a tus parientes, ni a tus vecinos ricos; no sea que ellos
te vuelvan a invitar a ti, y te sea hecha compensación. **13** Pero cuando hagas banquete,
llama a los pobres, a los mancos, a los cojos y a los ciegos. **14** Y serás bienaventurado,
porque ellos no te pueden retribuir, pero te será recompensado en la resurrección de los
justos".
15 Al oír esto, uno de los que estaban sentados juntos a la mesa le dijo: ¡Bienaventurado el que coma pan en el reino de Dios!"
16 Pero él le dijo: "Un hombre hizo un gran banquete e invitó a muchos. **17** A la hora
del banquete envió a su siervo para decir a los invitados: 'Venid, porque ya está*
preparado'. **18** Pero todos a una comenzaron a disculparse. El primero dijo: 'He comprado un campo y necesito salir para verlo; te ruego que me disculpes'. **19** El otro dijo:
'He comprado cinco yuntas de bueyes y voy a probarlos. Te ruego que me disculpes'.
20 El otro dijo: 'Acabo de casarme y por tanto no puedo ir'. **21** Cuando volvió el siervo,
hizo saber estas cosas a su señor. Entonces se enojó el dueño de casa y dijo a su siervo:
'Vé pronto a las plazas y a las calles de la ciudad y trae acá a los pobres, a los mancos,
a los ciegos y a los cojos'. **22** Luego dijo el siervo: 'Señor, se ha hecho lo que mandaste,
y aún queda lugar'. **23** El señor dijo al siervo: 'Vé por los caminos y por los callejones,
y exígeles a que entren para que mi casa se llene. **24** Pues os digo que ninguno de aquellos hombres que fueron invitados gustará de mi banquete' ".

*14:3 Algunos mss. antiguos no incluyen **o no**. *14:5 Algunos mss. antiguos tienen **asno**. *14:17 Algunos mss. antiguos tienen **porque todo ya está preparado**.

Nota 114: El Señor come con "uno de los principales de los fariseos", y otros están a la mesa con ellos; es, a lo menos, la tercera vez que come con un fariseo (**§ 59** y **107**). Que "ellos le observaban cuidadosamente" parece indicar que han puesto allí al hidrópico precisamente para ver cómo reaccionaría Jesús, a fin de tener de qué acusarle. El Maestro lo sana y responde a la pregunta no expresada con palabras sobre "trabajar" el sábado: Los fariseos lo hacen por causa de sus animales; ¿por qué no hacerlo con el sufrimiento humano?

Luego Jesús tiene algo que decir sobre los que buscan los honores de los puestos y los que prefieren bienes de menor valía antes que las bendiciones del cielo.

§ 115. El costo de ser discípulo de Jesús

Mateo	Marcos	Lucas 14:25-35	Juan
		25 Grandes multitudes iban con él, y él se volvió y les	

dijo: **26** "Si alguno viene a mí y no aborrece a su padre, madre, mujer, hijos, hermanos,
hermanas y aun su propia vida, no puede ser mi discípulo. **27** Y cualquiera que no toma

Mateo	Marcos	Lucas 14:25-35	Juan
		su propia cruz y viene en pos de mí, no puede ser mi discí-	

pulo. **28** Porque ¿cuál de vosotros, queriendo edificar una torre, no se sienta primero y
calcula los gastos, a ver si tiene lo que necesita para acabarla? **29** No sea que después de
haber puesto los cimientos y al no poderla terminar, todos los que la vean comiencen a
burlarse de él, **30** diciendo: 'Este hombre comenzó a edificar, y no pudo acabar'. **31** ¿O
qué rey, que sale a hacer guerra contra otro rey, no se sienta primero y consulta si puede
salir con diez mil al encuentro del que viene con veinte mil? **32** De otra manera, cuando
el otro rey está todavía lejos, le envía una embajada y pide condiciones de paz. **33** Así,
pues, cualquiera de vosotros que no renuncia a todas las cosas que posee, no puede ser
mi discípulo.

34 "Buena es la sal; pero si la sal se vuelve insípida, ¿con qué será sazonada? **35** No
es buena ni para la tierra ni para abono; por eso la arrojan fuera. Quien tiene oídos para
oír, oiga".

Nota 115: Se debe buscar el bien más alto, como se presenta en la sección anterior; pero se precisa recordar que va a costar. En **§ 70** y **83** el Señor lo ha dicho, y ahora le reitera con una hipérbole: Hay que ser fiel al Señor aunque signifique "aborrecer" a la familia. O él es Señor de todo, o no es Señor. Él no desea discípulos a medias.

§ 116. Tres parábolas sobre los perdidos

Mateo	Marcos	Lucas 15:1-32	Juan
		1 Se acercaban a él todos los publicanos y pecadores para	

oírle, **2** y los fariseos y los escribas murmuraban diciendo: "Este recibe a los pecadores
y come con ellos".

3 Entonces él les refirió esta parábola, diciendo: **4** "¿Qué hombre de vosotros, si tiene
cien ovejas, y pierde una de ellas, no deja las noventa y nueve en el desierto y va tras la
que se ha perdido, hasta hallarla? **5** Y al hallarla, la pone sobre sus hombros gozoso, **6** y
cuando llega a casa reúne a sus amigos y vecinos, y les dice: 'Gozaos conmigo, porque
he hallado mi oveja que se había perdido'. **7** Os digo que del mismo modo habrá más
gozo en el cielo por un pecador que se arrepiente, que por noventa y nueve justos que
no necesitan de arrepentimiento.

8 "¿O qué mujer que tiene diez dracmas,* si pierde una dracma, no enciende una lám-
para, barre la casa y busca con empeño hasta hallarla? **9** Cuando la halla, reúne a sus
amigas y vecinas, y les dice: 'Gozaos conmigo, porque he hallado la dracma que estaba
perdida'. **10** Os digo que del mismo modo hay gozo delante de los ángeles de Dios por
un pecador que se arrepiente".

11 Dijo además: "Un hombre tenía dos hijos. **12** El menor de ellos dijo a su padre: 'Pa-
dre, dame la parte de la herencia que me corresponde'. Y él les repartió los bienes.
13 No muchos días después, habiendo juntado todo, el hijo menor se fue a una región
lejana, y allí desperdició sus bienes viviendo perdidamente.

Mateo	Marcos	Lucas 15:1-32	Juan
		14 "Cuando lo hu- bo malgastado todo, vino una gran ham-	

bre en aquella región, y él comenzó a pasar necesidad. **15** Entonces fue y se allegó a
uno de los ciudadanos de aquella región, el cual le envió a su campo para apacentar los
cerdos. **16** Y él deseaba saciarse* con las algarrobas que comían los cerdos, y nadie se
las daba. **17** Entonces volviendo en sí, dijo: '¡Cuántos jornaleros en la casa de mi padre
tienen abundancia de pan, y yo aquí perezco de hambre! **18** Me levantaré, iré a mi padre
y le diré: —Padre, he pecado contra el cielo y ante ti. **19** Ya no soy digno de ser llamado
tu hijo; hazme como a uno de tus jornaleros—'.

20 "Se levantó y fue a su padre. Cuando todavía estaba lejos, su padre le vio y tuvo
compasión. Corrió y se echó sobre su cuello, y le besó. **21** El hijo le dijo: 'Padre, he
pecado contra el cielo y ante ti, y ya no soy digno de ser llamado tu hijo'. **22** Pero su
padre dijo a sus siervos: 'Sacad de inmediato el mejor vestido y vestidle, y poned un
anillo en su mano y calzado en sus pies. **23** Traed el ternero engordado y matadlo. Co-
mamos y regocijémonos, **24** porque este mi hijo estaba muerto y ha vuelto a vivir; esta-
ba perdido y ha sido hallado'. Y comenzaron a regocijarse.

25 "Su hijo mayor estaba en el campo. Cuando vino, se acercó a la casa y oyó la músi-
ca y las danzas. **26** Después de llamar a uno de los criados, le preguntó qué era aquello.
27 Este le dijo: 'Tu hermano ha venido, y tu padre ha mandado matar el ternero engor-
dado, por haberle recibido sano y salvo'. **28** Entonces él se enojó y no quería entrar.

"Salió, pues, su padre y le rogaba que entrase. **29** Pero respondiendo él dijo a su padre:
'He aquí, tantos años te sirvo, y jamás he desobedecido tu mandamiento; y nunca me
has dado un cabrito para regocijarme con mis amigos. **30** Pero cuando vino éste tu hijo
que ha consumido tus bienes con prostitutas, has matado para él el ternero engordado'.
31 Entonces su padre le dijo: 'Hijo, tú siempre estás conmigo, y todas mis cosas son
tuyas. **32** Pero era necesario alegrarnos y regocijarnos, porque este tu hermano estaba
muerto y ha vuelto a vivir; estaba perdido y ha sido hallado' ".

*15:8 Una moneda de origen griego del mismo valor que un denario, que equivalía al salario de un día para un obrero.
*15:16 Algunos mss. antiguos dicen **llenar su estómago**.

Nota 116: Miremos cómo nuestro Maestro responde a la censura injusta. Jesús no se asocia con "pecadores" porque son buenos compañeros sino para redimirlos. Algunos se pierden porque no saben (oveja); otros, porque otro los ha perdido (moneda); y otros (hijo), por malas decisiones. Pero el evangelio de amor y gracia nos conduce a buscar lo perdido.

§ 117. Tres parábolas con relación a la mayordomía

Mateo	Marcos	Lucas 16:1—17:10	Juan
		1 Dijo también a sus discípulos: "Había cierto hombre rico,	

el cual tenía un mayordomo; y éste fue acusado delante de él como derrochador de sus

Mateo	Marcos	Lucas 16:1—17:10	Juan
		bienes. **2** Su señor le llamó y le dijo: '¿Qué es esto que	

oigo de ti? Da cuenta de tu mayordomía, porque ya no podrás ser mayordomo'. **3** Entonces el mayordomo se dijo a sí mismo: '¿Qué haré? Porque mi señor me quita la mayordomía. Cavar, no puedo; mendigar, me da vergüenza. **4** ¡Ya sé lo que haré para que cuando sea destituido de la mayordomía, me reciban en sus casas!'

5 "Entonces llamó a cada uno de los deudores de su señor, y dijo al primero: '¿Cuánto debes a mi señor?' **6** Él dijo: 'Cien barriles* de aceite'. Y le dijo: 'Toma tu recibo, siéntate y de inmediato escribe: cincuenta'. **7** Después dijo a otro: 'Y tú, ¿cuánto debes?' Y él le dijo: 'Cien medidas* de trigo'. Él le dijo: 'Toma tu recibo y escribe: ochenta'.

8 "Y el señor elogió al mayordomo injusto porque actuó sagazmente, pues los hijos de este mundo* son en su generación más sagaces que los hijos de luz.

9 "Y yo os digo: Con las riquezas injustas ganaos amigos para que cuando éstas lleguen a faltar, ellos os reciban en las moradas eternas.

10 "El que es fiel en lo muy poco también es fiel en lo mucho, y el que en lo muy poco es injusto también es injusto en lo mucho. **11** Así que, si con las riquezas injustas no fuisteis fieles, ¿quién os confiará lo verdadero? **12** Y si en lo ajeno no fuisteis fieles, ¿quién os dará lo que es vuestro? **13** Ningún siervo puede servir a dos señores; porque aborrecerá al uno y amará al otro, o se dedicará al uno y menospreciará al otro. No podéis servir a Dios y a las riquezas".*

14 Los fariseos, que eran avaros, oían todas estas cosas y se burlaban de él. **15** Y él les dijo: "Vosotros sois los que os justificáis a vosotros mismos delante de los hombres. Pero Dios conoce vuestros corazones; porque lo que entre los hombres es sublime, delante de Dios es abominación.

16 "La Ley y los Profetas fueron hasta Juan. A partir de entonces son anunciadas las buenas nuevas del reino de Dios, y todos se esfuerzan por entrar en él.* **17** Pero más fácil es que pasen el cielo y la tierra, que se caiga una tilde de la ley.

18 "Cualquiera que se divorcia de su mujer y se casa con otra comete adulterio. Y el que se casa con la divorciada por su marido comete adulterio.

19 "Cierto hombre era rico, se vestía de púrpura y de lino fino, y hacía cada día banquete con esplendidez. **20** Y cierto pobre, llamado Lázaro, estaba echado a su puerta, lleno de llagas, **21** y deseaba saciarse con lo* que caía de la mesa del rico. Aun los perros venían y le lamían las llagas.

22 "Aconteció que murió el pobre y fue llevado por los ángeles al seno de Abraham. Murió también el rico, y fue sepultado. **23** Y en el Hades,* estando en tormentos, alzó sus ojos y vio de lejos a Abraham, y a Lázaro en su seno. **24** Entonces él, dando voces, dijo: 'Padre Abraham, ten misericordia de mí y envía a Lázaro para que moje la punta de su dedo en agua y refresque mi lengua; porque estoy atormentado en esta llama'.

25 "Y Abraham dijo: 'Hijo, acuérdate que durante tu vida recibiste tus bienes; y de igual manera Lázaro, males. Pero ahora él es consolado aquí, y tú eres atormentado. **26** Además de todo esto, un gran abismo existe entre nosotros y vosotros, para que los que quieran pasar de aquí a vosotros no puedan, ni de allá puedan cruzar para acá'.

27 "Y él dijo: 'Entonces te ruego, padre, que le envíes a la casa de mi padre **28** (pues tengo cinco hermanos), de manera que les advierta a ellos, para que no vengan también

Mateo	Marcos	Lucas 16:1—17:10	Juan
		a este lugar de tor- mento'. **29** Pero Abraham dijo: 'Tie-	

nen a Moisés y a los Profetas. Que les escuchen a ellos'. **30** Entonces él dijo: 'No, padre
Abraham. Más bien, si alguno va a ellos de entre los muertos, se arrepentirán'. **31** Pero
Abraham le dijo: 'Si no escuchan a Moisés y a los Profetas, tampoco se persuadirán si
alguno se levanta de entre los muertos' ".

1 Dijo a sus discípulos: "Es imposible que no vengan tropiezos; pero, ¡ay de aquel que
los ocasione! **2** Mejor le fuera que se le atase una piedra de molino al cuello y que fuese
lanzado al mar, que hacer tropezar a uno de estos pequeñitos.

3 "Mirad por vosotros mismos: Si tu hermano peca,* repréndele; y si se arrepiente,
perdónale. **4** Si siete veces al día peca contra ti, y siete veces al día vuelve a ti diciendo:
'Me arrepiento', perdónale".

5 Los apóstoles dijeron al Señor: "Auméntanos la fe".

6 Entonces el Señor dijo: "Si tuvieseis fe como un grano de mostaza, diríais a este
sicómoro: '¡Desarráigate y plántate en el mar!' Y el árbol os obedecería.

7 "¿Y quién de vosotros, teniendo un siervo que ara o apacienta, al volver éste del
campo, le dirá: 'Pasa, siéntate a la mesa'? **8** Más bien, le dirá: 'Prepara para que yo
cene. Cíñete y sírveme hasta que yo haya comido y bebido. Después de eso, come y
bebe tú'. **9** ¿Da gracias al siervo porque hizo lo que le había sido mandado?* **10** Así
también vosotros, cuando hayáis hecho todo lo que se os ha mandado, decid: 'Siervos
inútiles somos; porque sólo hicimos lo que debíamos hacer' ".

*16:6 Gr., **bato**; una medida de capacidad líquida que equivalía aprox. de 37 a 39 litros. *16:7 Gr., **coro**; una medida de capacidad para granos, equivalente a unos 375 litros. *16:8 Lit., **esta edad**. *16:13 Gr., **Mamón**; ver Mat. 6:24. *16:16 Otra trad., **y todos entran en él con violencia**. *16:21 Algunos mss. antiguos tiene **con las migajas que caían...** *16:23 O sea, la morada de los muertos. *17:3 Unos pocos mss. antiguos añaden **contra ti.** *17:9 Algunos mss. antiguos añaden **Pienso que no.**

Nota 117: Probablemente estas actividades, como las anteriores, se desarrollan en Perea. A los discípulos les recuerda que los bienes materiales tienen valor y hay que ser sagaz. Los fariseos escuchan lo que Jesús dice a los discípulos y se sienten aludidos. Entonces Jesús les dice la parábola del rico y el mendigo Lázaro, indicando que lo más importante es estar bien con Dios. Luego el Señor da una variedad de enseñanzas a sus discípulos, entre otras cosas, el papel de la humildad.

§ 118. Resurrección de Lázaro

Mateo	Marcos	Lucas	Juan 11:1-44
			1 Estaba entonces enfermo un hombre llamado Lázaro, de

Betania, la aldea de María y de su hermana Marta. **2** María era la que ungió al Señor
con perfume y secó sus pies con sus cabellos. Y Lázaro, que estaba enfermo, era su her-
mano. **3** Entonces sus hermanas enviaron para decir a Jesús: "Señor, he aquí el que
amas* está enfermo". **4** Al oírlo, Jesús dijo: "Esta enfermedad no es para muerte, sino

Mateo	Marcos	Lucas	Juan 11:1-44
			para la gloria de Dios; para que el Hijo de Dios sea

glorificado por ella".
5 Jesús amaba a Marta, a su hermana y a Lázaro. **6** Cuando oyó, pues, que estaba en-
fermo, se quedó aún dos días más en el lugar donde estaba; **7** y luego, después de esto,
dijo a sus discípulos: "Vamos a Judea otra vez".
8 Le dijeron sus discípulos: "Rabí,* hace poco los judíos procuraban apedrearte, ¿y
otra vez vas allá?"
9 Respondió Jesús: "¿No tiene el día doce horas? Si uno camina de día, no tropieza,
porque ve la luz de este mundo. **10** Pero si uno camina de noche, tropieza porque no hay
luz en él".
11 Habiendo dicho estas cosas después les dijo: "Nuestro amigo Lázaro duerme, pero
voy para despertarlo".
12 Entonces dijeron sus discípulos: "Señor, si duerme, se sanará".
13 Sin embargo, Jesús había dicho esto de la muerte de Lázaro, pero ellos pensaron
que hablaba del reposo del sueño. **14** Así que, luego Jesús les dijo claramente: "Lázaro
ha muerto; **15** y a causa de vosotros me alegro de que yo no haya estado allá, para que
creáis. Pero vayamos a él".
16 Entonces Tomás, que se llamaba Dídimo,* dijo a sus condiscípulos: "Vamos tam-
bién nosotros, para que muramos con él".
17 Cuando llegó Jesús, halló que hacía ya cuatro días que Lázaro estaba en el sepulcro.
18 Betania estaba cerca de Jerusalén, como a quince estadios,* **19** y muchos de los ju-
díos habían venido a Marta y a María para consolarlas por su hermano. **20** Entonces
cuando oyó que Jesús venía, Marta salió a encontrarle, pero María se quedó sentada en
casa.
21 Marta dijo a Jesús: "Señor, si hubieses estado aquí, mi hermano no habría muerto.
22 Pero ahora también sé que todo lo que pidas a Dios, Dios te lo dará".
23 Jesús le dijo: "Tu hermano resucitará".
24 Marta le dijo: "Yo sé que resucitará en la resurrección en el día final".
25 Jesús le dijo: "Yo soy la resurrección y la vida. El que cree en mí, aunque muera,
vivirá. **26** Y todo aquel que vive y cree en mí no morirá para siempre. ¿Crees esto?"
27 Le dijo: "Sí, Señor; yo he creído que tú eres el Cristo, el Hijo de Dios, el que había
de venir al mundo".
28 Y cuando hubo dicho esto, fue y llamó en secreto a su hermana María, diciendo:
"El Maestro está aquí y te llama".
29 Ella, cuando lo oyó, se levantó de prisa y fue a donde él estaba; **30** pues Jesús to-
davía no había llegado a la aldea, sino que estaba en el lugar donde Marta le había en-
contrado. **31** Entonces, los judíos que estaban en la casa con ella y la consolaban, cuan-
do vieron que María se levantó de prisa y salió, la siguieron, porque pensaban* que iba
al sepulcro a llorar allí.
32 Luego, cuando María llegó al lugar donde estaba Jesús y le vio, se postró a sus pies
diciéndole: "Señor, si hubieras estado aquí, no habría muerto mi hermano".
33 Entonces Jesús, al verla llorando y al ver a los judíos que habían venido junto con
ella también llorando, se conmovió en espíritu y se turbó. **34** Y dijo: "¿Dónde le habéis

Mateo	Marcos	Lucas	Juan 11:1-44
			puesto?" Le dijeron: "Señor, ven y ve".

35 Jesús lloró. **36** Entonces dijeron los judíos: "Mirad cómo le amaba".*
37 Pero algunos de ellos dijeron: "¿No podía éste, que abrió los ojos al ciego, hacer
también que Lázaro no muriese?"
38 Jesús, conmovido otra vez dentro de sí, fue al sepulcro. Era una cueva y tenía pues-
ta una piedra contra la entrada. **39** Jesús dijo: "Quitad la piedra".

Marta, la hermana del que había muerto, le dijo: "Señor, hiede ya, porque tiene cuatro días".

40 Jesús le dijo: "¿No te dije que si crees verás la gloria de Dios?"
41 Luego quitaron la piedra, y Jesús alzó los ojos arriba y dijo: "Padre, te doy gracias
porque me oíste. **42** Yo sabía que siempre me oyes; pero lo dije por causa de la gente
que está alrededor, para que crean que tú me has enviado".
43 Habiendo dicho esto, llamó a gran voz: "¡Lázaro, ven fuera!"
44 Y el que había estado muerto salió, atados los pies y las manos con vendas y su
cara envuelta en un sudario. Jesús les dijo: "Desatadle y dejadle ir".

---

*11:3 Otra trad., **el que quieres**. *11:8 O: **Maestro**. *11:16 O sea, **Mellizo**. *11:18 O sea, aprox. 3 km., ya que el **estadio** equivalía aprox. a 180 m. *11:31 Algunos mss. antiguos dicen **cuando... salió, la siguieron diciendo que...** *11:36 Otra trad., **le quería**.

Nota 118: La noticia de la enfermedad de Lázaro en Betania, cerca de Jerusalén, demora cuando menos un día en llegar al lugar en Perea donde está Jesús. Él espera dos días más antes de emprender viaje. Cuando Jesús llega, Marta y María le informan que Lázaro ya hace "cuatro días" que falleció. Por los peligros al estar tan cerca de los furiosos dirigentes en Jerusalén, los discípulos tienen pocos deseos de ir, pero lo acompañan. Ante la orden del Maestro Lázaro sale vivo del sepulcro.

§ 119. Efecto que produce la resurrección de Lázaro

Mateo	Marcos	Lucas	Juan 11:45-54
			45 Muchos de los judíos que habían venido a María y

habían visto lo que había hecho Jesús, creyeron en él. **46** Pero algunos de ellos fueron a
los fariseos y les dijeron lo que Jesús había hecho.
47 Entonces los principales sacerdotes y los fariseos reunieron al Sanedrín y decían:
"¿Qué hacemos? Pues este hombre hace muchas señales. **48** Si le dejamos seguir así,
todos creerán en él; y vendrán los romanos y destruirán nuestro lugar y nuestra nación".
49 Entonces uno de ellos, Caifás, que era sumo sacerdote en aquel año, les dijo: "Vo-
sotros no sabéis nada; **50** ni consideráis que os* conviene que un solo hombre muera
por el pueblo, y no que perezca toda la nación".
51 Pero esto no lo dijo de sí mismo; sino que, como era el sumo sacerdote de aquel

Mateo	Marcos	Lucas	Juan 11:45-54
			año profetizó que Jesús había de morir por la nación; **52** y

no solamente por la nación, sino también para reunir en uno a los hijos de Dios que estaban esparcidos. **53** Así que, desde aquel día resolvieron matarle. **54** Por lo tanto, Jesús ya no andaba abiertamente entre los judíos, sino que se fue de allí a la región que está junto al desierto, a una ciudad que se llama Efraín; y estaba allí con sus discípulos.

---

*11:50 Algunos mss. antiguos dicen **nos**.

Nota 119: Algunos creen en Jesús, y otros informan a los fariseos. Estos y los "principales sacerdotes", mayormente saduceos, "desde aquel día resolvieron matarle". Bien decía Abraham al rico: "Tampoco se persuadirán si alguno se levanta de entre los muertos" (Luc. 16:31 en **§ 117**). Así que Jesús con sus discípulos se aparta unos días a Efraín, cerca de la frontera de Judea con Samaria.

§ 120. Último viaje a Jerusalén

Mateo	Marcos	Lucas 17:11-37	Juan
		11 Aconteció que yendo a Jerusalén, pasaba por* Samaria	

y Galilea. **12** Cuando entró en una aldea, salieron a su encuentro diez hombres leprosos,
los cuales se pararon de lejos **13** y alzaron la voz diciendo: "¡Jesús, Maestro, ten misericordia de nosotros!"

14 Cuando él los vio, les dijo: "Id, mostraos a los sacerdotes".

Aconteció que mientras iban, fueron limpiados. **15** Entonces uno de ellos, al ver que
había sido sanado, volvió glorificando a Dios en alta voz. **16** Y se postró sobre su rostro
a los pies de Jesús, dándole gracias. Y éste era samaritano. **17** Y respondiendo Jesús
dijo: "¿No eran diez los que fueron limpiados? Y los nueve, ¿dónde están? **18** ¿No hubo
quién volviese y diese gloria a Dios, sino este extranjero?" **19** Y le dijo: "Levántate, vete; tu fe te ha salvado".*

20 Y cuando los fariseos le preguntaron acerca de cuándo había de venir el reino de
Dios, les respondió diciendo: "El reino de Dios no vendrá con advertencia. **21** No dirán:
'¡Mirad, aquí está!' o '¡Allí está!' Porque el reino de Dios está en medio de vosotros".

22 Dijo a sus discípulos: "Vendrá el tiempo cuando desearéis ver uno de los días del
Hijo del Hombre y no lo veréis. **23** Os dirán: '¡Mirad, aquí está!' o '¡Mirad, allí está!'
Pero no vayáis ni les sigáis. **24** Porque como el relámpago que resplandece ilumina el
cielo de un extremo al otro, así también será el Hijo del Hombre en su día. **25** Pero primero es necesario que él padezca mucho y sea rechazado por esta generación.

26 "Como pasó en los días de Noé,* así también será en los días del Hijo del Hombre:
27 Ellos comían y bebían; se casaban y se daban en casamiento, hasta el día en que Noé
entró en el arca, y vino el diluvio y los destruyó a todos.

Mateo	Marcos	Lucas 17:11-37	Juan
		28 "Asimismo, también será como pasó en los días de Lot:	

*Comían, bebían, compraban, vendían, plantaban y edificaban; **29** pero el día en que
Lot salió de Sodoma, llovió del cielo fuego y azufre, y los destruyó a todos. **30** Así será
en el día en que se manifieste el Hijo del Hombre.

31 "En aquel día, el que esté en la azotea y sus cosas estén en la casa, no descienda
para tomarlas. Asimismo, el que esté en el campo, no vuelva atrás. **32** Acordaos de la
mujer de Lot. **33** Cualquiera que procure salvar su vida, la perderá; y cualquiera que la
pierda, la conservará. **34** Os digo que en aquella noche estarán dos en una cama; el uno
será tomado, y el otro será dejado. **35**, **36*** Dos mujeres estarán moliendo juntas; la una
será tomada, y la otra dejada".

37 Respondiendo le preguntaron: "¿Dónde, Señor?"

Y él dijo: "Donde esté el cadáver, allí se juntarán los buitres".*

*17:11 Lit., **por en medio de**. *17:19 Otra trad., **te ha sanado**. *17:26 Ver Gén. 6:11. *17:28 Ver Gén. 19:24 *17:36 Algunos mss. antiguos incluyen la frase que aparece en Mat. 24:40: [36]**Estarán dos en el campo; el uno será tomado, y el otro dejado.** *17:37 Otra trad., **las águilas**.

Nota 120: Ya que se acerca la fiesta de la Pascua, el Señor opta seguir al norte, atrevesando Samaria hasta el sur de Galilea, donde se junta con otros que van a Jerusalén. En el camino le gritan diez leprosos pidiendo socorro, y Jesús los sana. Uno regresa para darle las gracias, y es samaritano. Rara vez los judíos y los samaritanos forman amistad, pero parece que los leprosos lo pueden hacer en medio de la desgracia común.

Al igual que otros, incluyendo a los apóstoles, los fariseos piensan que el Mesías establecerá un reino temporal. Puesto que Jesús no ha hecho tal cosa, preguntan con algo de desdén "acerca de cuándo había de venir el reino de Dios". El Maestro dice que "está en medio de vosotros". En esta etapa está en los corazones de creyentes. Luego Jesús sigue explicando a sus discípulos cómo será en su manifestación.

§ 121. Dos parábolas sobre la oración

Mateo	Marcos	Lucas 18:1-14	Juan
		1 Les refirió también una parábola acerca de la necesi-	

dad de orar siempre y no desmayar. **2** Les dijo: "En cierta ciudad había un juez que ni
temía a Dios ni respetaba al hombre. **3** Había también en aquella ciudad una viuda, la
cual venía a él diciendo: 'Hazme justicia contra mi adversario'. **4** Él no quiso por algún
tiempo, pero después se dijo a sí mismo: 'Aunque ni temo a Dios ni respeto al hombre,
5 le haré justicia a esta viuda, porque no me deja de molestar; para que no venga continuamente a cansarme' ".

6 Entonces dijo el Señor: "Oíd lo que dice el juez injusto. **7** ¿Y Dios no hará justicia a
sus escogidos que claman a él de día y de noche? ¿Les hará esperar? **8** Os digo que los defenderá pronto. Sin embargo, cuando venga el Hijo del Hombre, ¿hallará fe en la tierra?"

Mateo	Marcos	Lucas 18:1-14	Juan
		9 Dijo también esta parábola a unos que confiaban en sí mis-	

mos como que eran justos y menospreciaban a los demás: **10** "Dos hombres subieron al templo a orar. Uno era fariseo; y el otro, publicano. **11** El fariseo, de pie, oraba consigo mismo de esta manera: 'Dios, te doy gracias que no soy como los demás hombres: ladrones, injustos, adúlteros, ni aun como este publicano. **12** Ayuno dos veces a la semana, doy diezmos de todo lo que poseo'. **13** Pero el publicano, de pie a cierta distancia, no quería ni alzar los ojos al cielo, sino que se golpeaba el pecho, diciendo: 'Dios, sé propicio a mí,* que soy pecador'. **14** Os digo que éste descendió a casa justificado en lugar del primero. Porque cualquiera que se enaltece será humillado, y el que se humilla será enaltecido".

*18:13 Otra trad., **ten misericordia de mí.**

Nota 121: Quizás los apóstoles se sientan desanimados con lo que Jesús acaba de decirles sobre el porvenir. Ahora les dice que, si un juez malo puede hacer lo que se le pide, cuánto más Dios atenderá al que le pide con fe (**§ 105**). Sin embargo, la verdadera fe escasea.

También escuchan "unos que confiaban en sí mismos como que eran justos y menospreciaban a los demás", y Jesús les presenta la parábola de las oraciones del fariseo y del publicano, en que da énfasis a la humildad. Nadie puede llenar un vaso que ya está lleno, y el fariseo está lleno de sí mismo.

§ 122. Jesús enseña sobre el divorcio★

Mateo 19:1-12	Lucas	Marcos 10:1-12	Juan
1 Aconteció que, cuando Jesús acabó estas palabras, partió		**1** Y levantándose de allí,	

Mateo 19:1-12

de Galilea y fue a las fronteras de Judea, al otro lado del Jordán. **2** Grandes multitudes le siguieron, y los sanó allí.

3 Entonces los fariseos se acercaron a él para probarle, diciendo: "¿Le es lícito al hombre divorciarse* de su mujer por cualquier razón?"

4 Él respondió y dijo: "¿No habéis leído que el que los creó en el principio, *los hizo hombre y mujer*?* **5** Y dijo: *'Por esta causa el hombre dejará a su padre y a su madre, y se unirá a su mujer; y serán los dos una sola carne'*.* **6** Así que ya no son

Marcos 10:1-12

fue a las regiones de Judea y de más allá del Jordán. Las multitudes volvieron a acudir a él, y de nuevo les enseñaba como él acostumbraba. **2** Entonces se acercaron unos fariseos para probarle, y le preguntaron si era lícito al marido divorciarse de su mujer.

3a Pero él respondió: {**6** "Pero desde el principio de la creación, *Dios los hizo hombre y mujer*.* **7** *Por esta causa el hombre dejará a su padre y a su madre, y se unirá a su mujer*; **8** *y serán los dos una sola carne*.* Así que, ya no son

★ **En § 122 el orden de Marcos y Lucas se ha invertido por facilidad de diagramación.**

Mateo 19:1-12	Lucas	Marcos 10:1-12	Juan
más dos, sino una sola carne. Por tanto, lo que Dios ha unido, no lo separe el hombre.		más dos, sino una sola carne. **9** Por tanto, lo que Dios ha unido,* no lo separe el hombre.}	

Mateo 19:1-12

7 Le dijeron: "¿Por qué, pues, mandó Moisés *darle carta de divorcio y despedirla*?"*

8 Les dijo: "Ante vuestra dureza de corazón, Moisés os permitió divorciaros de vuestras mujeres; pero desde el principio no fue así. **9** Y os digo que cualquiera que se divorcia de su mujer, a no ser por causa de fornicación, y se casa con otra, comete adulterio".

10 Le dijeron sus discípulos: "Si así es el caso del hombre con su mujer, no conviene casarse".

11 Entonces él les dijo: "No todos son capaces de aceptar esta palabra, sino aquellos a quienes les está concedido. **12** Porque hay eunucos que nacieron así desde el vientre de la madre, hay eunucos que fueron hechos eunucos por los hombres, y hay eunucos que a sí mismos se hicieron eunucos por causa del reino de los cielos. El que puede aceptar esto, que lo acepte".

*19:3 Otra trad., **despedir o repudiar**. *19:4 Gén. 1:27. *19:5 Gén. 2:24; comp. Ef. 5:31. *19:7 Deut. 24:1; comp. Mat. 5:31.

Marcos 10:1-12

3b "¿Qué os mandó Moisés?"

4 Ellos dijeron: "Moisés permitió *escribir carta de divorcio y despedirla*".*

5 Pero Jesús les dijo: "Ante vuestra dureza de corazón, os escribió este mandamiento".

{**11** Él les dijo: "Cualquiera que se divorcia de su mujer y se casa con otra, comete adulterio contra ella. **12** Y si la mujer se divorcia de su marido y se casa con otro, comete adulterio".}

10 En casa sus discípulos volvieron a preguntarle acerca de esto.

*10:4 Deut. 24:1, 3; comp. Mat. 5:31. *10:6 Gén. 1:27. *10:8 Gén. 2:24; comp. Ef. 5:31. *10:9 Lit., **juntó en yugo**.

Nota 122: Como hemos visto en **§ 95**, el camino preferido por los judíos de Galilea para ir a Jerusalén cruza el Jordán hacia Perea y sigue hacia el sur para volver a cruzar el río hacia Judea. Parece que Jesús hace eso esta vez, y en Perea suceden varias cosas. Entre ellas está la pregunta relacionada con el divorcio, pues algunos fariseos "para probarle" le preguntan acerca de ello. Jesús explica cuál es el plan de Dios para la pareja.

§ 123. Jesús bendice a los niños

Mateo 19:13-15

13 Entonces le fueron presentados unos niños, para que pusiese las manos sobre ellos y orase. Pero los discípulos los reprendieron.
14 Entonces Jesús les dijo: "Dejad a los niños y no les impidáis venir a mí, porque de los tales es el reino de los cielos.
15 Y habiendo puesto las manos sobre ellos, partió de allí.

Marcos 10:13-16

13 Y le presentaban niños para que los tocase, pero los discípulos los reprendieron.*
14 Al verlo, Jesús se indignó y les dijo: "Dejad a los niños venir a mí, y no les impidáis; porque de los tales es el reino de Dios.
15 De cierto os digo que cualquiera que no reciba el reino de Dios como un niño, jamás entrará en él".
16 Entonces tomándolos en los brazos, puso las manos sobre ellos y los bendijo.

*10:13 Algunos mss. antiguos incluyen **a los que los presentaban**.

Lucas 18:15-17

15 También le presentaban los niños pequeños para que los tocase. Y los discípulos, al ver esto, les reprendían.
16 Pero Jesús los llamó diciendo: "Dejad a los niños venir a mí y no les impidáis, porque de los tales es el reino de Dios.
17 De cierto os digo que cualquiera que no reciba el reino de Dios como un niño, jamás entrará en él".

Nota 123: El traer a los niños a Jesús interrumpe lo que está haciendo, y los apóstoles quieren protegerlo de eso. Pero el Señor lo ve como una oportunidad: Ha hablado de humildad (**§ 90**) y ahora ofrece una parábola en acción: En los niños está la esperanza.

Desde este punto en adelante, las narraciones de Marcos, Mateo y Lucas serán paralelas aun con más frecuencia de lo que fueron durante el gran ministerio en Galilea.

§ 124. El joven rico

Mateo 19:16—20:16

16 He aquí vino uno a él y le dijo: "Maestro, ¿qué cosa buena haré para tener la vida eterna?"
17 Él le dijo: "¿Por qué me preguntas acerca de lo bueno? Hay uno solo que es bueno.*

Marcos 10:17-31

17 Cuando salía para continuar su camino, un hombre vino corriendo, se puso de rodillas delante de él y le preguntó: "Maestro bueno, ¿qué haré para obtener la vida eterna?"
18 Pero Jesús le dijo: "¿Por qué me llamas 'bueno'? Ninguno es bueno, sino sólo uno, Dios.

Lucas 18:18-30

18 Le preguntó cierto hombre principal, diciendo: "Maestro bueno, ¿qué haré para obtener la vida eterna?"
19 Y Jesús le dijo: "¿Por qué me llamas 'bueno'? Ninguno es bueno, sino sólo uno, Dios.

Mateo 19:16—20:16
Pero si quieres entrar en la
vida, guarda los manda-
mientos".
18 Le dijo: "¿Cuáles?"
Jesús respondió: "*No*
cometerás homicidio, no co-
meterás adulterio, no roba-
rás, no dirás falso testimo-
nio, 19 *honra a*
*tu padre y a tu madre,** y
amarás a tu prójimo como a
ti mismo".*
20 El joven le dijo:
"Todo esto he guardado.*
¿Qué más
me falta?"
21 Le dijo Jesús:

"Si quieres ser perfecto,
anda, vende
tus bienes y dalo*
a los pobres; y tendrás
tesoro en el cielo; y ven,
sígueme".
22 Pero cuando el joven
oyó la palabra,* se
fue triste, porque
tenía muchas posesiones.
23 Entonces Jesús
dijo a sus dis-
cípulos:
"De cierto os digo, que difí-
cilmente entrará el rico en
el reino de los cielos.

24 Otra vez os digo

que le es más fá-
cil a un camello pasar
por el ojo de una aguja, que
a un rico entrar en el reino
de Dios".

Marcos 10:17-31

19 Tú conoces los manda-
mientos:

No
cometas homicidio, no co-
metas adulterio, no robes,
no des falso testimo-
nio, no defraudes, *honra a*
tu padre y a tu madre".*

20 Pero él le dijo:* "Maes-
tro, todo esto he guardado
desde mi juventud".

21 Entonces al mirarlo
Jesús, le amó y le dijo:
"Una
cosa te falta: Anda, vende
todo lo que tienes y dalo*
a los pobres; y tendrás
tesoro en el cielo; y ven,
sígueme".*
22 Pero él,
abatido por esta palabra, se
fue triste, porque
tenía muchas posesiones.
23 Entonces Jesús, miran-
do alrededor, dijo a sus dis-
cípulos:
"¡Cuán difí-
cilmente entrarán en el
reino de Dios los que tienen
riquezas!"
24 Los discípulos se asom-
braron por sus palabras; pe-
ro Jesús, respondiendo de
nuevo, les dijo: "Hijitos,
¡cuán difícil es entrar en el
reino de Dios!* 25 Más fá-
cil le es a un camello pasar
por el ojo de una aguja, que
a un rico entrar en el reino
de Dios".

Lucas 18:18-30

20 Tú conoces los manda-
mientos:

No
cometas adulterio, no co-
metas homicidio, no robes,
no digas falso testimo-
nio, honra a
tu padre y a tu madre".*

21 Entonces él dijo:
"Todo esto lo he guardado
desde mi juventud".

22 Jesús, al oírlo, le dijo:
"Aún te falta una
cosa: Vende
todo lo que tienes y repárte-
lo* a los pobres, y tendrás
tesoro en el cielo; y ven,
sígueme".
23 Entonces él,
al oír estas cosas, se
entristeció mucho, porque
era muy rico.
24 Jesús, al ver que se
había entristecido mucho,
dijo:
"¡Cuán difí-
cilmente entrarán en el
reino de Dios los que tienen
riquezas!

25 Porque más fá-
cil le es a un camello pasar
por el ojo de una aguja, que
a un rico entrar en el reino
de Dios".

Mateo 19:16—20:16	Marcos 10:17-31	Lucas 18:18-30
25 Cuando los discípulos* lo oyeron, se asombraron en gran manera diciendo: "Entonces, ¿quién podrá ser salvo?"	**26** Pero ellos quedaron aun más atónitos diciendo entre sí: "¿Y quién podrá ser salvo?"	**26** Los que oyeron esto dijeron: "¿Y quién podrá ser salvo?"
26 Jesús los miró y les dijo: "Para los hombres esto es imposible, pero para Dios todo es posible".	**27** Entonces Jesús, mirándolos, les dijo: "Para los hombres es imposible; pero no para Dios. Porque para Dios todas las cosas son posibles".	**27** Él les dijo: "Lo que es imposible para los hombres es posible para Dios".
27 Entonces respondió Pedro y le dijo: "He aquí, nosotros lo hemos dejado todo y te hemos seguido. ¿Qué hay, pues, para nosotros?"	**28** Pedro comenzó a decirle: "He aquí, nosotros hemos dejado todo y te hemos seguido".	**28** Entonces Pedro dijo: "He aquí, nosotros hemos dejado lo nuestro y te hemos seguido".
28 Jesús les dijo: "De cierto os digo que en el tiempo de la regeneración,* cuando el Hijo del Hombre se siente en el trono de su gloria, vosotros que me habéis seguido os sentaréis también sobre doce tronos para juzgar a las doce tribus de Israel.	**29** Jesús* le dijo: "De cierto os digo que	**29** Y él les dijo: "De cierto os digo que
29 Y todo aquel que deja casas, o hermanos, o hermanas, o padre, o madre, o mujer,* o hijos, o campos por causa de mi nombre, recibirá cien veces más	no hay nadie que haya dejado casa, o hermanos, o hermanas, o madre, o padre,* o hijos, o campos, por causa de mí y del evangelio, **30** que no reciba cien veces más ahora en este tiempo: casas, hermanos, hermanas, madres, hijos y campos, con persecuciones;	no hay nadie que haya dejado casa, mujer, hermanos, padres o hijos por causa del reino de Dios, **30** que no haya de recibir muchísimo más en este tiempo,
y heredará la vida eterna. **30** Pero muchos primeros serán últimos, y muchos últimos serán primeros.	y en la edad venidera, la vida eterna. **31** Pero muchos primeros serán los últimos, y los últimos, primeros".	y en la edad venidera, la vida eterna".
1 "Porque el reino de los cielos es semejante a un hombre, dueño de un campo, que salió al amanecer a		

Mateo 19:16—20:16	Marcos 10:17-31	Lucas 18:18-30

contratar obreros para su viña. **2** Habiendo convenido con los obreros en un denario* al día, los envió a su viña. **3** Salió también como a la tercera hora* y vio que otros estaban en la plaza desocupados, **4** y les dijo: 'Id también vosotros a mi viña, y os daré lo que sea justo'. Y ellos fueron. **5** Salió otra vez como a la sexta hora* y a la novena hora,* e hizo lo mismo. **6** También alrededor de la undécima hora* salió y halló que otros estaban allí, y les dijo: '¿Por qué estáis aquí todo el día desocupados?' **7** Le dijeron: 'Porque nadie nos ha contratado'. Les dijo: 'Id también vosotros a la viña'.*

8 "Al llegar la noche, dijo el señor* de la viña a su mayordomo: 'Llama a los obreros y págales el jornal. Comienza desde los últimos hasta los primeros'. **9** Entonces vinieron los que habían ido cerca de la undécima hora* y recibieron cada uno un denario. **10** Y cuando vinieron, los primeros pensaron que recibirían más; pero ellos también recibieron un denario cada uno. **11** Al recibirlo, murmuraban contra el dueño del campo, **12** diciendo: 'Estos últimos trabajaron una sola hora, y los has hecho iguales a nosotros, que hemos soportado el peso y el calor del día'. **13** Pero él respondió y dijo a uno de ellos: 'Amigo, no te hago ninguna injusticia. ¿No conviniste conmigo en un denario? **14** Toma lo que es tuyo y vete. Pero quiero darle a este último como a ti. **15** ¿No me es lícito hacer lo que quiero con lo mío? ¿O tienes envidia* porque soy bueno?' **16** Así, los últimos serán primeros, y los primeros últimos".*

*19:17 Algunos mss. antiguos dicen **Sólo uno es bueno, Dios;** y otros, **No hay ninguno que sea bueno sino sólo Dios**. *19:19 Éxo. 20:12-16; comp. Deut. 5:16-20. *19:19 Lev. 19:18; comp. Rom. 13:9. *19:20 Algunos mss. antiguos incluyen **desde mi juventud**. *19:21 Griego omite **-lo**. *19:22 Algunos mss. antiguos dicen **esta palabra**. *19:25 Algunos mss. antiguos dicen **sus discípulos**. *19:28 Comp. Hech. 3:21 y Tito 3:5. *19:29 Algunos mss. antiguos no incluyen **o mujer**; ver Luc. 18:29. *20:2 El denario era una moneda romana que equivalía al salario de un día para un obrero. *20:3 O sea, **como a las 9:00 a.m.** *20:5 O sea, **como al mediodía**. *20:5 O sea, **como a las 3:00 p.m.** *20:6, 9 O sea, **como a las 5:00 p.m.** *20:7 Algunos mss. antiguos añaden **y recibiréis lo que sea justo**. *20:8 O: **dueño**. *20:15 Lit., **es tu ojo maligno**. *20:16 Algunos mss. antiguos incluyen **porque muchos son los llamados, pero pocos los escogidos**; ver 22:14.

*10:19 Éxo. 20:12-16; comp. Deut. 5:16-20. *10:20 Algunos mss. antiguos dicen **Entonces respondiendo le dijo**. *10:21 Griego omite **-lo**. *10:21 Algunos mss. antiguos incluyen **tomando tu cruz**. *10:24 Algunos mss. antiguos incluyen **para los que confían en las riquezas**. *10:29 Algunos mss. incluyen **respondiendo**. *10:29 Algunos mss. incluyen **o mujer**.

*18:20 Éxo. 20:12-16; comp. Deut. 5:16-20. *18:22 Gr. omite **-lo**.

Nota 124: La pregunta del joven rico "¿Qué haré para obtener la vida eterna?" es parecida a la que se hace en **§ 103**, pero las circunstancias son distintas. En el otro caso el Señor ve insinceridad, pero aquí ve mucha promesa y "al mirarlo Jesús, le amó" (Mar. 10:21). Pero el joven tiene un estorbo grande: Tiene otro dios: su dinero. Los apóstoles se sorprenden porque, al igual que muchos, consideran el dinero como indicio del favor de Dios. Frente a la pregunta sobre el galardón que ellos recibirán por haber seguido a Jesús, éste promete mucho, pero siempre que sea para servir y no para ser servido; e ilustra con la parábola sobre el pago a los jornaleros.

§ 125. Jesús predice lo que acontecerá y censura la ambición

Mateo 20:17-28	Marcos 10:32-45	Lucas 18:31-34
17 Mientras Jesús subía a Jerusalén,	**32** Iban por el camino subiendo a Jerusalén, y Jesús iba delante de ellos. Estaban asombrados, y los que le seguían tenían miedo. Entonces, volviendo a	**31** Jesús,
tomó a sus doce discípulos aparte y les dijo en el camino:*	tomar a los doce aparte, les comenzó a declarar las cosas que le estaban por acontecer:	tomando a los doce, les dijo:
18 "He aquí subimos a Jerusalén,	**33** "He aquí subimos a Jerusalén,	"He aquí subimos a Jerusalén, y se cumplirán todas las cosas que fueron escritas por los profetas acerca del Hijo del Hombre. **32** Porque
y el Hijo del Hombre será entregado a los principales sacerdotes y a los escribas, y le condenarán a muerte. **19** Le entregarán a los gentiles para que se burlen de él, le azoten y le crucifiquen;	y el Hijo del Hombre será entregado a los principales sacerdotes y a los escribas. Le condenarán a muerte y le entregarán a los gentiles. **34** Se burlarán de él, le escupirán, le azotarán y le matarán;	será entregado a los gentiles, y será escarnecido, injuriado y escupido. **33** Después que le hayan azotado, le matarán;
pero al tercer día resucitará".	y después de tres días* resucitará".	pero al tercer día resucitará".
		34 Sin embargo, ellos no entendían nada de esto. Esta palabra les estaba encubierta, y no entendían lo que se les decía.
20 Entonces se acercó a él la madre de los hijos de Zebedeo con sus hijos, postrándose ante él y pidiéndole algo.	**35** Entonces Jacobo y Juan, hijos de Zebedeo, se acercaron a él y le dijeron: "Maestro, queremos que nos concedas lo que pidamos".	
21 Él le dijo: "¿Qué deseas?"	**36** Él les dijo: "¿Qué queréis que haga por vosotros?"	
Ella le dijo: "Ordena que en tu reino estos dos hijos míos se sienten el uno a tu derecha y el otro a tu izquierda".	**37** Ellos dijeron: "Concédenos que en tu gloria nos sentemos el uno a tu derecha y el otro a tu izquierda".	

Mateo 20:17-28

22 Entonces respondiendo
Jesús dijo: "No sabéis lo
que pedís. ¿Podéis beber la
copa que yo he de beber?"*

Ellos le dijeron: "Podemos".
23 Les dijo: "A la verdad,
beberéis de mi copa;*

pero el
sentarse a mi derecha o a
mi izquierda no es mío con-
cederlo, sino que es para
quienes lo ha preparado mi
Padre".
24 Cuando los diez oyeron
esto, se enoja-
ron contra los dos herma-
nos. **25** Entonces Jesús los
llamó y les dijo: "Sabéis
que los gobernantes de los
gentiles se
enseñorean de ellos, y los
que son grandes ejercen
autoridad sobre ellos. **26** En-
tre* vosotros no será así.
Más bien, cualquiera que
anhele ser grande entre
vosotros será vuestro servi-
dor; **27** y el que
anhele ser el primero entre
vosotros, será vuestro sier-
vo. **28** De la misma manera,
el Hijo del Hombre no
vino para ser servido, si-
no para servir y para dar su
vida en rescate por muchos".

---

*20:17 Algunos mss. antiguos dicen **tomó a sus doce discípulos aparte en el camino y les dijo**. *20:22 Algunos mss. antiguos incluyen **...y ser bautizados con el bautismo con que yo soy bautizado?** *20:23 Algunos mss. antiguos incluyen **y seréis bautizados con el bautismo con que yo soy bautizado**. *20:26 Algunos mss. antiguos dicen **Pero entre**.

Marcos 10:32-45

38 Entonces
Jesús les dijo: "No sabéis
lo que pedís. ¿Podéis beber
la copa que yo bebo, o ser
bautizados con el bautismo
con que yo soy bautizado?"
39 Ellos dijeron: "Podemos".
Y Jesús les dijo:
"Beberéis la copa que yo
bebo, y seréis bautizados
con el bautismo con que yo
soy bautizado. **40** Pero el
sentarse a mi derecha o a
mi izquierda no es mío con-
cederlo, sino que es para
quienes está preparado".

41 Cuando lo oyeron los
diez, comenzaron a enojar-
se con Jacobo y Juan.
42 Pero Jesús los
llamó y les dijo: "Sabéis
que los que son tenidos por
príncipes de los gentiles se
enseñorean de ellos, y
sus grandes ejercen
autoridad sobre ellos. **43** Pe-
ro no es* así entre vosotros.
Más bien, cualquiera que
anhele hacerse grande entre
vosotros será vuestro servi-
dor, **44** y cualquiera que
anhele ser el primero entre
vosotros será siervo de
todos. **45** Porque
el Hijo del Hombre tampo-
co vino para ser servido, si-
no para servir y para dar su
vida en rescate por muchos".

10:34 Algunos mss. antiguos dicen **en el tercer día**. *10:43 Algunos mss. antiguos dicen **será**.

Lucas 18:31-34

Nota 125: Jesús y sus apóstoles siguen por la orilla oriental del Jordán, en Perea. Estos sienten miedo de ir hacia Jerusalén, pues se dan cuenta de la fuerte animosidad de los dirigentes judíos. Entonces el Maestro los aparta de los otros viajeros y les confirma que después que lo hayan azotado, lo matarán; pero al tercer día resucitará. Anteriormente les ha hablado de ello (**§ 83, 85, 86** y **88**). "Sin embargo, ellos no entendían nada de esto" (Luc. 18:33, 34). Tan profundo está su deseo de tener un reino terrenal que no pueden captar otro concepto. Tanto es así que los hermanos Jacobo y Juan, con la ayuda de su madre Salomé, procuran conseguir los puestos más importantes en su reino. Se cree que Salomé, esposa de Zebedeo, es hermana de María, madre de Jesús (Mar. 15:40; Mat. 27:56; Juan 19:25 en **§ 167** y **165**).

§ 126. Curación del ciego Bartimeo y de su compañero

Mateo 20:29-34	Marcos 10:46-52	Lucas 18:35-43
	46 Entonces llegaron a Jericó. Y cuando él	**35** Aconteció, al acercarse Jesús a Jericó,
29 Saliendo ellos de Jericó, le siguió una gran multitud. **30** Y he aquí dos ciegos estaban sentados junto al camino,	iba saliendo de Jericó junto con sus discípulos y una gran multitud, el ciego Bartimeo, hijo de Timeo, estaba sentado junto al camino mendigando.	que un ciego estaba sentado junto al camino, mendigando. **36** Este, como oyó pasar a la multitud, preguntó qué era aquello. **37** Y le dijeron
y cuando oyeron que Jesús pasaba, clamaron diciendo: "¡Señor, Hijo de David, ten misericordia de nosotros!"	**47** Y cuando oyó que era Jesús de Nazaret, comenzó a gritar diciendo: "¡Jesús, Hijo de David, ten misericordia de mí!"	que pasaba Jesús de Nazaret. **38** Entonces él gritó diciendo: "¡Jesús, Hijo de David, ten misericordia de mí!"
31 La gente les reprendía para que se callaran, pero ellos gritaron aun más fuerte diciendo: "¡Señor, Hijo de David, ten misericordia de nosotros!"	**48** Muchos le regañaban para que se callara, pero él gritaba aun más fuerte: "¡Hijo de David, ten misericordia de mí!"	**39** Los que iban delante le reprendían para que se callara, pero él clamaba con mayor insistencia: "¡Hijo de David, ten misericordia de mí!"
32 Jesús se detuvo, los llamó y	**49** Entonces Jesús se detuvo y mandó llamarle. Llamaron al ciego diciéndole: "Ten confianza. Levántate. Él te llama". **50** Entonces él, tirando su manto, se levantó y fue a Jesús.	**40** Entonces Jesús se detuvo, mandó que se lo trajesen; y cuando llegó,
les dijo: "¿Qué queréis que os haga?"	**51** Y Jesús le respondió diciendo: "¿Qué quieres que te haga?"	le preguntó **41** diciendo: "¿Qué quieres que te haga?"

Mateo 20:29-34	Marcos 10:46-52	Lucas 18:35-43
33 Le dijeron: "Señor, que sean abiertos nuestros ojos".	El ciego le dijo: "Rabí,* que yo recobre la vista".	Y él dijo: "Señor, que yo recobre la vista".
34 Entonces Jesús, conmovido dentro de sí, les tocó los ojos;	**52** Jesús le dijo: "Vete. Tu fe te ha salvado".*	**42** Jesús le dijo: "Recobra la vista; tu fe te ha salvado".*
y de inmediato recobraron la vista y le siguieron.	Al instante recobró la vista, y seguía a Jesús en el camino.	**43** Inmediatamente recobró la vista y le seguía, glorificando a Dios. Y todo el pueblo al ver esto dio alabanza a Dios.
	*10:51 O: **Maestro**. *10:52 Otra trad., **te ha sanado**.	*18:42 Otra trad., **te ha sanado**.

Nota 126: En el camino hacia Jerusalén, Jesús y otros cruzan el Jordán y llegan a Jericó, donde sana a dos ciegos. Mateo, el apóstol, está presente y ve que son dos, mientras que Marcos y Lucas mencionan solo al más famoso, Bar-(hijo de)-Timeo. Ya que Marcos y Mateo dicen que Jesús está "saliendo" de Jericó, y Lucas dice "acercarse", no sabemos si esa diferencia se debe a que los ciegos pidieron ser curados al llegar Jesús pero fueron sanados a la mañana al salir; o a que Jesús sale del Jericó antiguo y entra a la ciudad nueva que Herodes el Grande edificó a alguna distancia de la otra.

§ 127. Jesús y Zaqueo, y la parábola de las minas

Mateo	Marcos	Lucas 19:1-28	Juan
		1 Habiendo entrado Jesús en Jericó, pasaba por la ciudad. **2** Y	

he aquí, un hombre llamado Zaqueo, que era un principal de los publicanos y era rico,
3 procuraba ver quién era Jesús; pero no podía a causa de la multitud, porque era pequeño de estatura. **4** Entonces corrió delante y subió a un árbol sicómoro para verle,
pues había de pasar por allí. **5** Cuando Jesús llegó a aquel lugar, alzando la vista le vio y le dijo: "Zaqueo, date prisa, desciende; porque hoy es necesario que me quede en tu casa".

6 Entonces él descendió aprisa y le recibió gozoso. **7** Al ver esto, todos murmuraban diciendo que había entrado a alojarse en la casa de un hombre pecador. **8** Entonces Zaqueo, puesto en pie, dijo al Señor: "He aquí, Señor, la mitad de mis bienes doy a los pobres; y si en algo he defraudado a alguno, se lo devuelvo cuadruplicado".

9 Jesús le dijo: "Hoy ha venido la salvación a esta casa, por cuanto él también es hijo de Abraham. **10** Porque el Hijo del Hombre ha venido a buscar y a salvar lo que se había perdido".

11 Oyendo ellos estas cosas, prosiguió Jesús y dijo una parábola, por cuanto estaba

Mateo	Marcos	Lucas 19:1-28	Juan
		cerca de Jerusalén y porque ellos pensaban que inmediata-	

mente habría de ser manifestado el reino de Dios. **12** Dijo, pues: "Cierto hombre de
noble estirpe partió a un país lejano para recibir un reino y volver. **13** Entonces llamó a
diez siervos suyos y les dio diez minas,* diciéndoles: 'Negociad hasta que yo venga'.
14 "Pero sus ciudadanos le aborrecían, y enviaron tras él una embajada, diciendo: 'No
queremos que éste reine sobre nosotros'.
15 "Aconteció que cuando él volvió después de haber tomado el reino, mandó llamar
ante sí a aquellos siervos a los cuales había dado el dinero, para saber lo que habían negociado.*
16 Vino el primero y dijo: 'Señor, tu mina ha producido diez minas'. **17** Y él
le dijo: 'Muy bien, buen siervo; puesto que en lo poco has sido fiel, tendrás autoridad
sobre diez ciudades'. **18** Vino el segundo y dijo: 'Señor, tu mina ha hecho cinco minas'.
19 También a éste le dijo: 'Tú también estarás sobre cinco ciudades'. **20** Y vino otro y
dijo: 'Señor, he aquí tu mina, la cual he guardado en un pañuelo. **21** Porque tuve miedo
de ti, que eres hombre severo, que tomas lo que no pusiste y cosechas lo que no sembraste'.
22 Entonces él le dijo: '¡Mal siervo, por tu boca te juzgo! Sabías que yo soy
hombre severo, que tomo lo que no puse y cosecho lo que no sembré. **23** ¿Por qué,
pues, no pusiste mi dinero en el banco, para que al venir yo lo cobrara junto con los
intereses?' **24** Y dijo a los que estaban presentes: 'Quitadle la mina y dadla al que tiene
diez minas'. **25** Ellos le dijeron: 'Señor, él ya tiene diez minas'. **26** Él respondió:* 'Pues
yo os digo que a todo el que tiene, le será dado; pero al que no tiene, aun lo que tiene le
será quitado. **27** Pero, en cuanto a aquellos enemigos míos que no querían que yo
reinara sobre ellos, traedlos acá y degolladlos en mi presencia' ".
28 Después de decir esto, iba delante subiendo a Jerusalén.

*19:13 La mina era una moneda de oro que equivalía a 100 denarios; el denario representaba el salario de un día para un obrero o soldado. *19:15 Algunos mss. antiguos tienen **lo que cada uno había negociado**. *19:26 Casi todos los mss. antiguos omiten **Él respondió**, pero se sobrentiende.

Nota 127: Otra experiencia de Jesús en Jericó tiene que ver con Zaqueo, "un principal de los publicanos". Es rico en dinero pero pobrísimo en la estima de otros judíos, por ser lo que ellos creen ser un cobrador de impuestos que actuaba sin escrúpulos a favor de un gobierno extranjero opresor. Por eso suelen clasificar a los publicanos con los "pecadores" como lo más vil de la sociedad humana (Luc. 7:34 en **§ 47**). De consiguiente, nadie ayudaría a que Zaqueo estuviese en un sitio para poder ver pasar al Señor, por cuya razón corre y sube a un sicómoro. Al encontrarse con Jesús la vida de Zaqueo se transforma.

Jesús pronuncia la parábola de las minas para advertir a sus amigos que él no establece su reino de inmediato, va a ir lejos primero, mientras tanto ellos tienen responsabilidades que atender y los galardones serán de acuerdo con su fidelidad.

PARTE XI

ÚLTIMO MINISTERIO DE JESÚS EN JERUSALÉN

(MAPA VI)

Cubre desde el viernes anterior a la Pascua hasta el martes de la semana de la pasión, en la primavera (hemisferio norte) del año 30 d. de J.C. (o posiblemente el año 29 si la fiesta de Juan 5:1 no es una Pascua).

§ 128. Jesús llega a Betania

Mateo	Marcos	Lucas	Juan 11:55—12:1, 9-11
			55 Ya estaba próxima la Pascua de los

judíos, y muchos subieron de esa región a Jerusalén antes de la Pascua para purificarse.
56 Buscaban a Jesús y se decían unos a otros, estando en el templo: "¿Qué os parece? ¿Que tal vez ni venga a la fiesta?"

57 Los principales sacerdotes y los fariseos habían dado órdenes de que si alguno supiese dónde estaba, lo informara para que le tomaran preso.

1 Seis días antes de la Pascua, llegó Jesús a Betania, donde estaba Lázaro,* a quien Jesús resucitó de entre los muertos.

9 Entonces mucha gente de los judíos se enteró de que él estaba allí; y fueron, no sólo por causa de Jesús, sino también para ver a Lázaro, a quien él había resucitado de entre
los muertos. **10** Pero los principales sacerdotes resolvieron matar también a Lázaro,
11 porque por causa de él muchos de los judíos se apartaban y creían en Jesús.

*12:1 Algunos mss. antiguos incluyen **quien había estado muerto**.

Nota 128: Mucha de la gente sabe de la popularidad de Jesús entre el pueblo y la animosidad de parte de los dirigentes religiosos, y se preguntan si él se atreverá a llegar para la Pascua. Pero él se presenta en Betania, a unos tres kilómetros del templo, y pronto la "gente se enteró de que él estaba". ¡Los principales sacerdotes (mayormente saduceos que no creen que haya resurrección) quieren matar también a Lázaro, cuyo único crimen es estar vivo después de haber muerto!

§ 129. La entrada triunfal de Jesús a Jerusalén

Mateo 21:1-11, 14-17	Marcos 11:1-11	Lucas 19:29-44	Juan 12:12-19
1 Cuando se acercaron a	**1** Cuando llegaron cerca de	**29** Y aconteció que llegando cerca de	**12** Al día siguiente, cuando oyeron que Jesús venía a

Mateo 21:1-11, 14-17

Jerusalén y llegaron
a Betfagé,
junto al monte
de los
Olivos, entonces
Jesús envió a dos
discípulos,
2 diciéndoles: "Id a
la aldea que está
frente a vosotros,
y en
seguida hallaréis una
asna atada, y un bo-
rriquillo con ella.
Desatadla y traéd-
melos.
3 Si al-
guien os dice algo,
decidle: 'El
Señor* los necesita, y
luego los enviará' ".

4 Todo esto aconte-
ció para cumplir lo
dicho por el profeta,
cuando dijo:
5 *Decid a la hija de*
*Sion:**
"He aquí tu Rey
viene a ti,
manso y sentado
sobre una asna
y sobre un borri-
quillo,
hijo de bestia de
*carga".**

Marcos 11:1-11

Jerusalén, junto
a Betfagé y Betania,
frente al monte
de los
Olivos,
Jesús envió a dos
de sus discípulos
2 y les dijo: "Id a
la aldea que está
frente a vosotros, y
cuando hayáis
entrado allí, en
seguida hallaréis
atado un bo-
rriquillo
sobre el cual ningún
hombre ha montado.
Desatadlo y
traedlo. **3** Y si al-
guien os dice:
'¿Por qué hacéis
eso?',
decidle: 'El
Señor lo necesita, y
luego lo enviará
aquí otra vez' ".

Lucas 19:29-44

Betfagé y Betania,
al monte
que se llama de los
Olivos,
envió a dos
discípulos,
30 diciendo: "Id a
la aldea de
frente, y
cuando
entréis en ella,
hallaréis
atado un bo-
rriquillo,
en el cual ningún
hombre ha montado
jamás. Desatadlo y
traedlo. **31** Si al-
guien os pregunta:
'¿Por qué lo desa-
táis?', le responde-
réis así: 'Porque el
Señor lo necesita' ".

Juan 12:12-19

Jerusalén,

{**14b** como está
escrito:
15 *No temas, hija de*
Sion.
¡He aquí tu Rey
viene,
sentado sobre una
*cría de asna!**

16 Sus discípulos no
entendieron estas co-
sas al principio. Pero
cuando Jesús fue
glorificado, entonces

Mateo 21:1-11, 14-17	Marcos 11:1-11	Lucas 19:29-44	Juan 12:12-19
			se acordaron de que estas cosas estaban escritas acerca de él, y que estas cosas le hicieron a él.}
6 Los discípulos	**4** Ellos	**32** Los que habían sido enviados	{**14a** Habiendo
fueron e hicieron como Jesús les mandó. **7** Trajeron el asna y el borriquillo	fueron y hallaron el borriquillo atado a la puerta, afuera, en la esquina de dos calles; y lo desataron.	fueron y hallaron como había dicho.	encontrado Jesús un borriquillo,
		33 Cuando desataban el borriquillo, sus dueños	
	5 Algunos de los que estaban allí les dijeron: "¿Qué hacéis desatando al borriquillo?"	les dijeron: "¿Por qué desatáis el borriquillo?"	
	6 Ellos les dijeron tal como Jesús les había dicho, y les dejaron ir.	**34** Y ellos dijeron: "Porque el Señor lo necesita".	
y pusieron sobre ellos sus mantos, y se sentó encima de ellos.	**7** Trajeron el borriquillo a Jesús y echaron sobre él sus mantos, y se sentó sobre él.	**35** Trajeron el borriquillo a Jesús, y echando sobre él sus mantos, hicieron que Jesús montara encima.	montó sobre él,}
		36 Y mientras él avanzaba,	
8 La mayor parte de la multitud	**8** Muchos		**12b** la gran multitud que había venido a la fiesta
tendió sus mantos en el camino, mientras otros cortaban ramas de los árboles y las tendían por el camino.	tendieron sus mantos por el camino, y otros cortaban ramas de los árboles.*	tendían sus mantos por el camino.	**13** tomó ramas de palmera y salió a recibirle,
		37 Cuando ya llegaba él cerca de la bajada del monte de	

Mateo 21:1-11, 14-17	Marcos 11:1-11	Lucas 19:29-44	Juan 12:12-19
9 Las multitudes que iban delante de él y las que le seguían	**9** Los que iban delante de él y las que le seguían	los Olivos, toda la multitud de los discípulos, gozándose, comenzó a alabar a Dios a gran voz por todas las maravillas que habían visto.	y le
aclamaban diciendo: “¡Hosanna* al Hijo de David! *¡Bendito el que viene en el nombre del Señor!**	aclamaban: *“¡Hosanna!** *¡Bendito el que viene en el nombre del Señor!**	**38** Ellos decían: *“¡Bendito el rey que viene en el nombre del Señor!**	aclamaban a gritos: *“¡Hosanna! ¡Bendito el que viene en el nombre del Señor, el Rey de Israel!”**
	10 ¡Bendito el reino venidero de nuestro padre David!		
¡Hosanna en las alturas!”	¡Hosanna en las alturas!”	¡Paz en el cielo, y gloria en las alturas!”	
			17 La gente que estaba con él daba testimonio de cuando llamó a Lázaro del sepulcro y le resucitó de entre los muertos. **18** Por esto también la multitud salió a recibirle, porque oyeron que él había hecho esta señal. **19** Entonces los fariseos dijeron entre sí: “Ved que nada ganáis. ¡He aquí el mundo va tras él!”
		39 Entonces, algunos de los fariseos	

de entre la multitud le dijeron: “Maestro, reprende a tus discípulos”.

40 Él respondió diciéndoles: “Os digo que si éstos callan, las piedras gritarán”.*

41 Cuando llegó cerca, al ver la ciudad, lloró por ella **42** diciendo: “¡Oh, si conocieses tú también, por lo menos en éste tu día, lo que conduce a tu paz! Pero ahora está encubierto a tus ojos. **43** Porque vendrán sobre ti días en que tus enemigos te rodearán con baluarte y te pondrán sitio, y por todos lados te apretarán. **44** Te derribarán a tierra, y a

Mateo 21:1-11, 14-17	Marcos 11:1-11	Lucas 19:29-44	Juan 12:12-19
10 Cuando él entró en Jerusalén, toda la ciudad se conmovió diciendo: "¿Quién es éste?"	**11** Entró Jesús en Jerusalén, en el templo,	tus hijos dentro de ti. No dejaréan en ti piedra sobre piedra, por cuanto no conociste el tiempo de tu visitación".	

11 Y las multitudes decían: "Este es Jesús el profeta, de Nazaret de Galilea".
14 Entonces ciegos y cojos vinieron a él en el templo, y él los sanó. **15** Pero los principales sacerdotes y los escribas se indignaron cuando vieron las maravillas que él hizo, y a los muchachos que le aclamaban en el templo diciendo: "¡Hosanna al Hijo de David!"
16 Y le dijeron: "¿Oyes lo que dicen éstos?"
Jesús les dijo: "Sí. ¿Nunca leísteis: *De la boca de los niños y de los que maman preparaste la alabanza*?"*

Mateo	Marcos	Lucas	Juan
17 Los dejó y salió fuera de la ciudad a Betania, y se alojó allí.	y habiendo mirado todo en derredor, como la hora ya era tarde, salió para Betania con los doce.		
*21:3 Otra trad., **El Señor de ellos**. *21:5 Isa. 62:11. *21:5 Zac. 9:9. *21:9 Adaptación de una voz hebrea que significa **salva por favor**. *21:9 Ver Sal. 118:25, 26. *21:16 Sal. 8:2 (LXX).	*11:8 Algunos mss. antiguos incluyen **y los tendían por el camino**. *11:9 Adaptación de una voz hebrea que significa **salva por favor**. *11:9 Sal. 118:25, 26.	*19:38 Sal. 118:25, 26. *19:40 Comp. Hab. 2:11.	*12:13 Sal. 118:25, 26. *12:15 Zac. 9:9.

Nota 129: En **§ 129-139** tenemos lo que el Salvador hace y dice el domingo, el lunes y el martes; así termina su ministerio público, excepto el poco contacto que tiene durante el proceso del juicio. Después del martes todas sus enseñanzas se dirigirán a sus discípulos.

El día domingo, para pasar de Betania a la ciudad santa, Jesús hace un reto formal a los dirigentes de Jerusalén, que por tanto tiempo se han opuesto a sus afirmaciones. Deliberadamente hace algo que afirma que es el Mesías, entrando a la ciudad sobre un asno (Zac. 9:9) como el centro de una procesión pública, como haría un antiguo rey judío en misión pacífica. El pueblo, en número crecido por los peregrinos galileos que suben de Jericó con ramas de palmera, aclama a Jesús como rey mesiánico con su "hosanna" (Sal. 118:25, 26). Al ver a Jesús rodeado de admiradores, los dirigentes se quejan, pero no se atreven a apresarlo. Al atardecer él regresa a Betania.

§ 130. Maldición de la higuera, y limpiamiento del templo

Mateo 21:12, 13, 18, 19a

{**18** Volviendo a la ciudad por la mañana, tuvo hambre. **19** Al ver una higuera en el camino, fue a ella; pero no encontró nada en ella sino sólo hojas, y le dijo: "Nunca jamás brote fruto de ti".}

12 Entró Jesús en el templo* y echó fuera a todos los que vendían y compraban en el templo. Volcó las mesas de los cambistas y las sillas de los que vendían palomas,

13 y les dijo: "Escrito está: *Mi casa será llamada casa de oración*,* pero vosotros la habéis hecho cueva de ladrones".*

*21:12 Algunos mss. antiguos incluyen **de Dios**. *21:13 Isa. 56:7. *21:13 Ver Jer. 7:11.

Marcos 11:12-18

12 Al día siguiente, cuando salieron de Betania, tuvo hambre. **13** Y viendo desde lejos una higuera que tenía hojas, se acercó para ver si hallara en ella algo. Cuando fue a ella, no encontró nada sino hojas, porque no era tiempo de higos.
14 Entonces Jesús dijo a la higuera: "¡Nunca jamás coma nadie de tu fruto!" Y lo oyeron sus discípulos.
15 Llegaron a Jerusalén, y Jesús entró en el templo. Y comenzó a echar fuera a los que vendían y a los que compraban en el templo. Volcó las mesas de los cambistas y las sillas de los que vendían palomas,
16 y no consentía que nadie cruzase por el templo llevando utensilio alguno.
17 Y enseñaba diciendo: "¿No está escrito que *mi casa será llamada casa de oración para todas las naciones*?* Pero vosotros la habéis hecho cueva de ladrones".*
18 Lo oyeron los principales sacerdotes y los escribas, y buscaban cómo matarle; porque le tenían miedo, pues todo el pueblo estaba maravillado de su doctrina.

*11:17 Isa. 56:7. *11:17 Ver Jer. 7:11.

Lucas 19:45-48

45 Cuando entró en el templo, comenzó a echar fuera a los que vendían,*

46 diciéndoles: "Escrito está: *Mi casa es casa de oración*,* pero vosotros la habéis hecho cueva de ladrones".*
47 Enseñaba cada día en el templo, pero los principales sacerdotes y los escribas y los principales del pueblo procuraban matarle.
48 Pero no hallaban manera de hacerle algo, porque el pueblo le escuchaba con mucha atención.

*19:45 Algunos mss. antiguos añaden **y compraban en él**. *19:46 Isa. 56:7. *19:46 Ver Jer. 7:11.

Nota 130: El lunes el Señor regresa desde Betania a Jerusalén, donde muestra su autoridad sobre la naturaleza y sobre los hombres. Jesús tiene hambre y una higuera promete más que otras plantas, pero no produce. Al maldecirla el Maestro da una parábola en acción, la que sus seguidores tendrán a la vista mucho tiempo después que Jesús ya no esté con ellos. También muestra su autoridad mesiánica, volviendo a limpiar el templo de los mercaderes, como lo hizo ya hace tres años (**§ 31**). Como antes, los dirigentes que han autorizado el comercio están furiosos, pero temen apresarlo; "pues todo el pueblo estaba maravillado de su doctrina" (Mar. 11:18).

§ 131. Anuncio de la glorificación del Hijo del Hombre

Mateo	Marcos	Lucas	Juan 12:20-50

20 Había ciertos
griegos entre los que
habían subido a ado-
rar en la fiesta. **21** Ellos se acercaron a Felipe, que era de Betsaida de Galilea, y le roga-
ban diciendo: "Señor, quisiéramos ver a Jesús".
22 Felipe fue y se lo dijo a Andrés. Andrés y Felipe se lo dijeron a Jesús. **23** Y Jesús
les respondió diciendo: "Ha llegado la hora para que el Hijo del Hombre sea glorificado.
24 De cierto, de cierto os digo que a menos que el grano de trigo caiga en la tierra y
muera, queda solo; pero si muere, lleva mucho fruto. **25** El que ama su vida, la pierde;
pero el que odia su vida en este mundo, para vida eterna la guardará. **26** Si alguno me
sirve, sígame; y donde yo estoy, allí también estará mi servidor. Si alguno me sirve, el
Padre le honrará.
27 "Ahora está turbada mi alma. ¿Qué diré: 'Padre, sálvame de esta hora'? ¡Al con-
trario, para esto he llegado a esta hora! **28** Padre, glorifica tu nombre".
Entonces vino una voz del cielo: "¡Ya lo he glorificado y lo glorificaré otra vez!"
29 La multitud que estaba presente y escuchó, decía que había sido un trueno. Otros
decían: "¡Un ángel le ha hablado!"
30 Jesús respondió y dijo: "No ha venido esta voz por causa mía, sino por causa vues-
tra. **31** Ahora es el juicio de este mundo. Ahora será echado fuera el príncipe de este
mundo. **32** Y yo, cuando sea levantado* de la tierra, atraeré a todos a mí mismo".
33 Esto decía dando a entender* de qué muerte había de morir. **34** Entonces la gente le
respondió: "Nosotros hemos oído que, según la ley, el Cristo permanece para siempre.
¿Y cómo es que tú dices: 'Es necesario que el Hijo del Hombre sea levantado'? ¿Quién
es este Hijo del Hombre?"
35 Entonces Jesús les dijo: "Aún por un poco de tiempo está la luz entre vosotros. Andad
mientras tenéis la luz, para que no os sorprendan las tinieblas. Porque el que anda en tinieblas
no sabe a dónde va. **36** Mientras tenéis la luz, creed en la luz, para que seáis hijos de luz".
Estas cosas habló Jesús, y al apartarse, se escondió de ellos.
37 Pero a pesar de haber hecho tantas señales delante de ellos, no creían en él; **38** para
que se cumpliese la palabra del profeta Isaías que dijo: *Señor, ¿quién ha creído a nues-
tro mensaje? ¿A quién se ha revelado el brazo del Señor?** **39** Por eso no podían creer,
porque Isaías dijo en otra ocasión:

40 *Él ha cegado los ojos de ellos*
y endureció su corazón,
para que no vean con los ojos
ni entiendan con el corazón,
*ni se conviertan, y yo los sane.**

Mateo	Marcos	Lucas	Juan 12:20-50
			41 Estas cosas dijo Isaías porque vio su gloria y habló acerca

de él.

42 No obstante, aun de entre los dirigentes, muchos creyeron en él, pero por causa de los fariseos no lo confesaban, para no ser expulsados de la sinagoga. **43** Porque amaron la gloria de los hombres más que la gloria de Dios.

44 Pero Jesús alzó la voz y dijo: "El que cree en mí, no cree en mí, sino en el que me envió; **45** y el que me ve a mí, ve al que me envió. **46** Yo he venido al mundo como luz, para que todo aquel que cree en mí no permanezca en las tinieblas. **47** Si alguien oye mis palabras y no las guarda, yo no le juzgo; porque yo no vine para juzgar al mundo, sino para salvar al mundo. **48** El que me desecha y no recibe mis palabras tiene quien le juzgue: La palabra que he hablado le juzgará en el día final. **49** Porque yo no hablé por mí mismo; sino que el Padre que me envió, él me ha dado mandamiento de qué he de decir y de qué he de hablar. **50** Y sé que su mandamiento es vida eterna. Así que, lo que yo hablo, lo hablo tal y como el Padre me ha hablado".

---

*12:32 O: **si soy levantado**; ver 3:14. *12:33 O: **decía señalando**. *12:38 Isa. 53:1 (LXX); comp. también Rom. 10:16. *12:40 Los mss. más antiguos dicen **y los sanaré**; ver Isa. 6:10 (LXX).

Nota 131: También ese lunes unos griegos (sean de raza o de cultura) llegan a la fiesta de la Pascua. Pueden ser ya prosélitos o, algo que es más probable, son lo que podríamos llamar "oyentes" de la religión judía, que concurren a los diferentes ritos pero no se someten a todos los requisitos impuestos por los judíos; se los conoce también como "temerosos de Dios" (Hech. 10:2; 16:14). Se acercan a Felipe, quien es de Galilea y tiene nombre griego. No están seguros de poder acercarse al Señor. El texto no indica si Jesús los recibe o no, aunque suponemos que sí.

Jesús afirma una vez más su misión de llegar a la cruz y la expresa con la frase "a menos que el grano de trigo caiga en la tierra y muera". La lucha pasa, pues él sabe que si muere llevará mucho fruto. Otra vez se oye la voz de Dios (**§ 24** y **85**), esta vez por todos los presentes.

§ 132. La higuera se seca★

Mateo 21:19b-22	Lucas	Marcos 11:19-26	Juan
		19 Y al llegar la noche, Jesús y los suyos salieron* de la ciudad.	
		20 Por la mañana, pasando por allí vieron	
19b Pronto se secó la higuera, **20** y los discípulos, al verlo, se maravillaron diciendo: "¿Cómo se secó tan pronto la higuera?"		que la higuera se había secado desde las raíces.	
		21 Entonces Pedro, acordándose, le dijo: "Rabí,* he aquí la higuera que maldijiste se ha secado".	

★ **En § 132 el orden de Marcos y Lucas se ha invertido por facilidad de diagramación.**

Mateo 21:19b-22

21 Jesús respondió
y les dijo: "De cierto
os digo que si tenéis
fe y no dudáis, no sólo haréis esto de
la higuera, sino
que si decís a este monte: 'Quítate y arró-
jate al mar',
así será.
22 Todo
lo que pidáis en oración, creyendo,
lo recibiréis".

Lucas

Marcos 11:19-26

22 Respondiendo
Jesús les dijo:
"Tened*
fe en Dios.
23 De cierto os digo que cualquiera
que diga a este monte: 'Quítate y arrójate
al mar', y que no dude en su corazón, sino
que crea que será hecho lo que dice, le será
hecho. 24 Por esta razón os digo que todo
por lo cual oráis y pedís, creed
que lo habéis recibido,* y os será hecho.
25, 26* Y cuando os pongáis de pie para
orar, si tenéis algo contra alguien, perdo-
nadle, para que vuestro Padre que está en
los cielos también os perdone a vosotros
vuestras ofensas".

*11:19 Lit., **salían**; algunos mss. antiguos tienen el verbo en singular; la frase se traduciría **Él** (Jesús) **salió**. *11:21 O: **Maestro**. *11:22 Algunos mss. antiguos dicen **Si tenéis fe**. *11:24 Algunos mss. antiguos dicen **recibís**; otros, **recibiréis**. *11:26 Algunos mss. antiguos incluyen: [26]**Porque si vosotros no perdonáis, tampoco vuestro Padre que está en los cielos os perdonará vuestras ofensas**; texto similar a Mat. 6:15.

Juan

Nota 132: El martes en la mañana, al volver a Jerusalén, Pedro comenta que la higuera se ha secado. Jesús responde: "Tened fe en Dios" (Mar. 11:22), y reitera la importancia de la fe y del perdón. Él mismo va a necesitar de las dos cosas en este día, que es de mucha controversia. Tenemos más detalles de éste (**§ 132-142**) que de ningún otro día de su ministerio (**§ 61-66**).

§ 133. Confrontación directa con el Sanedrín

Mateo 21:23—22:14

23 Él llegó
al templo, y mientras
estaba enseñando, se acer-
caron a él los principales
sacerdotes y
los ancianos del pueblo, y le
decían:
"¿Con qué autoridad haces
estas cosas? ¿Quién
te dio esta autoridad?"

Marcos 11:27—12:12

27 Volvieron a Jerusalén.
Luego, mientras él andaba
por el templo,
vinie-
ron a él los principales
sacerdotes, los escribas y
los ancianos, 28 y le
decían:
"¿Con qué autoridad haces
estas cosas? ¿O quién
te dio la autoridad para
hacer estas cosas?"

Lucas 20:1-19

1 Aconteció un día que
estando Jesús enseñando al
pueblo en el templo y anun-
ciando el evangelio, se le
acercaron los principales
sacerdotes y los escribas
con los ancianos, 2 y le
hablaron diciendo: "Dinos,
¿con qué autoridad haces
estas cosas? ¿O quién es el
que te dio esta autoridad?"

Mateo 21:23—22:14	Marcos 11:27—12:12	Lucas 20:1-19
24 Entonces respondió Jesús y les dijo: "Yo también os haré una pregunta; y si me respondéis, yo también os diré con qué autoridad hago estas cosas.	**29** Entonces Jesús les dijo: "Yo os haré una pregunta. Respondedme, y yo os diré con qué autoridad hago estas cosas:	**3** Entonces respondió y les dijo: "Yo también os haré una pregunta. Respondedme:
25 ¿De dónde era el bautismo de Juan? ¿Del cielo o de los hombres?"	**30** El bautismo de Juan, ¿era del cielo o de los hombres? Respondedme".	**4** El bautismo de Juan, ¿era del cielo o de los hombres?"
Entonces ellos razonaban entre sí, diciendo: "Si decimos 'del cielo', nos dirá: '¿Por qué, pues, no le creísteis?' **26** Y si decimos 'de los hombres...', tememos al pueblo, porque todos tienen a Juan por profeta".	**31** Entonces ellos razonaban entre sí diciendo: "Si decimos 'del cielo', dirá: '¿Por qué, pues, no le creísteis?' **32** Pero si decimos 'de los hombres...' " Temían al pueblo, porque todos consideraban que verdaderamente Juan era profeta".	**5** Ellos razonaban entre sí diciendo: "Si decimos 'del cielo', dirá: '¿Por qué, pues, no le creísteis?' **6** Y si decimos 'de los hombres...', todo el pueblo nos apedreará, porque están convencidos de que Juan era profeta".
27 Respondieron a Jesús y dijeron: "No sabemos".	**33** Entonces respondiendo a Jesús dijeron: "No sabemos".	**7** Respondieron, pues, que no sabían de dónde era.
Y él les dijo: "Tampoco yo os digo con qué autoridad hago estas cosas.	Y Jesús* les dijo: "Tampoco yo os digo con qué autoridad hago estas cosas".	**8** Entonces Jesús les dijo: "Tampoco yo os digo con qué autoridad hago estas cosas".
28 "¿Pero, qué os parece? Un hombre tenía dos hijos. Se acercó al primero y le		

dijo: 'Hijo, vé hoy a trabajar en la viña'. **29** Él contestó y dijo: 'No quiero'. Pero después,
cambió de parecer y fue. **30** Al acercarse al otro, le dijo lo mismo; y él respondió dicien-
do: '¡Sí, señor, yo voy!' Y no fue. **31** ¿Cuál de los dos hizo la voluntad de su padre?"

Ellos dijeron: "El primero".

Y Jesús les dijo: "De cierto os digo que los publicanos y las prostitutas entran delante
de vosotros en el reino de Dios. **32** Porque Juan vino a vosotros en el camino de justicia,
y no le creísteis; pero los publicanos y las prostitutas le creyeron. Y aunque vosotros lo

Mateo	Marcos	Lucas
visteis, después no cambiasteis de parecer para creerle.		
33 "Oíd otra parábola: 'Había un hombre, dueño de un campo, quien plantó una viña. La rodeó	**1** Entonces comenzó a hablarles en parábolas: "Un hombre plantó una viña. La rodeó	**9** Entonces comenzó a decir al pueblo esta parábola: "Cierto hombre plantó una viña,

Mateo 21:23—22:14

con una cerca, cavó en ella
un lagar, edificó una torre,*
la arrendó a unos labradores
y se fue lejos. **34** Pero cuan-
do se acercó el
tiempo de la cosecha, envió
sus siervos a los labradores
para recibir
sus frutos. **35** Y
los labradores, tomando
a sus siervos, a uno hirie-
ron, a otro mataron y a otro
apedrearon.
36 Él envió de nuevo otros
siervos, en mayor número
que los primeros, y les hi-
cieron lo mismo.
37 "Por último,
les envió a su hijo,
diciendo: 'Tendrán
respeto a mi hijo'. **38** Pero
al ver al hijo, los labradores
dijeron entre sí:
'Este es el heredero. Venid,
matémosle y tomemos pose-
sión de su herencia'. **39** Le
prendieron, le echaron fuera
de la viña y le mataron.
40 Ahora bien, cuando ven-
ga el señor* de la viña,
¿qué hará con aquellos la-
bradores?"
41 Le dijeron: "A los mal-
vados los destruirá sin mise-
ricordia, y arrendará su viña
a otros labradores, quienes le
pagarán el fruto a su tiempo".

Marcos 11:27—12:12

con una cerca, cavó
un lagar, edificó una torre,*
la arrendó a unos labradores
y se fue lejos.
2 A su debido
tiempo en-
vió un siervo a los labra-
dores, para recibir de los
labradores una parte del
fruto de la viña. **3** Pero
ellos lo tomaron,
lo hirie-
ron
y le enviaron
con las manos vacías.
4 Volvió a enviarles otro
siervo,
pero a ése le hirie-
ron en la cabeza y le
afrentaron. **5** Y envió otro,
y a éste lo mataron. Envió
a muchos otros, pero ellos
herían
a unos y mataban a otros.
6 "Teniendo todavía un
hijo suyo amado, por últi-
mo, también lo envió a
ellos diciendo: 'Tendrán
respeto a mi hijo'. **7** Pero
aquellos labradores
dijeron entre sí:
'Este es el heredero. Venid,
matémosle, y la heredad
será nuestra'. **8** Y le
prendieron, lo mataron y le
echaron fuera de la viña.
9 "¿Qué, pues, hará el
señor* de la viña?
Vendrá, des-
truirá a los labradores
y dará la viña
a otros.

Lucas 20:1-19

la arrendó a unos labradores
y se fue lejos por mucho
tiempo. **10** A su debido
tiempo en-
vió un siervo a los labra-
dores para que le diesen
del fruto de la viña. Pero
los labradores
le golpea-
ron
y le enviaron
con las manos vacías. **11** Y
volvió a enviar otro
siervo,
pero también a éste, gol-
peándole y afrentándole, le
enviaron con las manos va-
cías. **12** Volvió a enviar
un tercer siervo, pero tam-
bién a éste echaron, herido.
13 "Entonces el señor* de
la viña dijo: '¿Qué haré?
Enviaré a mi hijo
amado; quizás* a éste le
tendrán respeto'. **14** Pero
los labradores, al verle,
razonaron entre sí diciendo:
'Este es el heredero.
Matémosle,* para que la
heredad sea nuestra'.
15 Y echándole
fuera de la viña, le mataron.
"¿Qué, pues, les hará
el señor* de la viña?
16 Vendrá y des-
truirá a estos labradores
y dará su viña
a otros".

Mateo 21:23—22:14

42 Jesús les
dijo: "¿Nunca habéis leído
en las Escrituras?
La piedra que desecharon
los edificadores,
ésta fue hecha cabeza del
ángulo.
De parte del Señor suce-
dió esto,
y es maravilloso en nues-
*tros ojos.**
43 Por esta razón os digo
que el reino de Dios será
quitado de vosotros y será
dado a un pueblo que pro-
ducirá los frutos del reino.
44 El que caiga so-
bre esta piedra será que-
brantado, y desmenuzará a
cualquiera sobre quien ella
caiga".*
45 Al oír sus parábolas,
los principales sacerdotes y
los fariseos
entendieron que
él hablaba de ellos. **46** Pero
buscando cómo echarle
mano, temieron al
pueblo; porque le tenía por
profeta.
1 Jesús respondió y les
volvió a hablar en parábolas
diciendo: **2** "El reino de los
cielos es semejante a un rey

Marcos 11:27—12:12

10 ¿No habéis leído
esta Escritura:
La piedra que desecharon
los edificadores,
ésta fue hecha cabeza del
ángulo.
11 *De parte del Señor suce-*
dió esto,
y es maravilloso en nues-
*tros ojos?"**

{**12b** porque sabían
que en aquella parábo-
la se había referido a ellos.}
12a Ellos procuraban pren-
derle, pero temían a la
multitud,
Y dejándole, se fueron.

Lucas 20:1-19

Cuando ellos lo oyeron,
dijeron: "¡Nunca suceda tal
cosa!"
17 Pero él, mirándolos, les
dijo: "¿Qué, pues, es esto
que está escrito:
La piedra que desecharon
los edificadores,
ésta fue hecha cabeza del
*ángulo?**

18 Cualquiera que caiga so-
bre aquella piedra será que-
brantado, y desmenuzará a
cualquiera sobre quien ella
caiga".
19a En aquella hora
los principales sacerdotes y
los escribas **19c** porque
entendieron que contra ellos
había dicho esta parábola;
{**19b** procuraban echarle
mano,} **19d** pero temieron al
pueblo.

que celebró el banquete de bodas para su hijo. **3** Envió a sus siervos para llamar a los
que habían sido invitados a las bodas, pero no querían venir. **4** Volvió a enviar otros
siervos, diciendo: 'Decid a los invitados: —He aquí, he preparado mi comida; mis toros
y animales engordados han sido matados, y todo está preparado. Venid a las bodas—'.
5 Pero ellos no le hicieron caso y se fueron, uno a su campo, otro a su negocio; **6** y los
otros tomaron a sus siervos, los afrentaron y los mataron. **7** El rey* se enojó, y enviando
sus tropas mató a aquellos asesinos y prendió fuego a su ciudad. **8** Entonces dijo a sus
siervos: 'El banquete, a la verdad, está preparado, pero los invitados no eran dignos.

Mateo 21:23—22:14

9 Id, pues, a las encruci-
jadas de los caminos y lla-
mad al banquete de bodas a
cuantos halléis". **10** Aquellos siervos salieron por los caminos y reunieron a todos los que hallaron, tanto buenos como malos; y el banquete de bodas estuvo lleno de convidados.

11 "Pero cuando entró el rey para ver a los convidados y vio allí a un hombre que no llevaba ropa de bodas, **12** le dijo: 'Amigo, ¿cómo entraste aquí, sin llevar ropa de bodas?' Pero él quedó mudo. **13** Entonces el rey dijo a los que servían: 'Atadle los pies y las manos y echadle en las tinieblas de afuera'. Allí habrá llanto y crujir de dientes;
14 porque muchos son los llamados, pero pocos los escogidos".

Marcos 11:27—12:12

Lucas 20:1-19

---

*21:33 Ver Isa. 5:1, 2. *21:40 Otra trad., **dueño**. *21:42 Sal. 118:22, 23. *21:44 Algunos mss. antiguos no incluyen v. 44; comp. Luc. 20:18. *22:7 Algunos mss. antiguos dicen **Aquel rey, al escucharlo, se enojó, y...**

*11:33 Algunos mss. antiguos dicen **Y respondiendo Jesús les...** *12:1 Ver Isa. 5:1, 2. *12:9 Otra trad., **dueño**. *12:11 Sal. 118:22, 23.

*20:13, 15 O: **dueño**. *20:13 Algunos mss. antiguos tienen **quizás cuando vean a...** *20:14 Algunos mss. antiguos tienen **venid, matémosle**. *20:17 Sal. 118:22, 23.

Nota 133: En el tiempo de Cristo fue común poner a prueba la sabiduría de un maestro haciéndole preguntas difíciles. No solo en este día sino antes (**§ 49, 96-101**) lo han atacado así, y Jesús lo acepta y responde animosamente. Molestos y enojados, se juntan los principales sacerdotes (mayormente saduceos) y los ancianos (mayormente fariseos) para poner en aprieto a Jesús ante el entusiasmo del pueblo, preguntándole quién le dio la autoridad para hacer lo que hace. A su vez el Señor les pregunta sobre la autoridad de Juan el Bautista, y ellos caen en su propia trampa. Jesús los confunde más con otras tres parábolas: de los dos hijos, de los labradores malvados y del banquete de bodas.

§ 134. Trampa a Jesús en relación con el pago de tributos

Mateo 22:15-22

15 Entonces se fueron los fariseos y consultaron cómo podrían enredarle en alguna palabra.

16 Después enviaron a él discípulos de ellos, junto con los herodianos, diciendo: "Maestro, sabemos que eres hombre de verdad, que enseñas el camino de Dios con verdad y

Marcos 12:13-17

13 Entonces enviaron a él algunos de los fariseos y de los herodianos para que le sorprendiesen en alguna palabra.

14a Y viniendo le dijeron: "Maestro, sabemos que eres hombre de verdad y que no te cuidas de nadie; {**14c** sino que con verdad enseñas el camino de Dios}

Lucas 20:20-26

20 Entonces acechándole, enviaron espías que simulasen ser justos, a fin de sorprenderle en sus palabras, y así entregarle al poder y autoridad del procurador. **21a** Estos le preguntaron diciendo: "Maestro, sabemos que dices y enseñas bien, {**21c** sino que enseñas el camino de Dios con verdad.}

Mateo 22:15-22

que no te cuidas de nadie;
porque no miras la
apariencia de los hombres.
17 Dinos, pues, ¿qué te pa-
rece? ¿Es lícito dar tributo
al César, o no?"

18 Pero Jesús,
entendiendo la malicia de
ellos, les dijo: "¿Por qué me
probáis, hipócritas?
19 Mostradme la moneda
del tributo".
Ellos le presentaron un
denario.* **20** Entonces él les
dijo: "¿De quién es esta
imagen y esta inscripción?"

21 Le dijeron: "Del César".
Entonces él les dijo:
"Por tanto, dad al César lo
que es del César, y a Dios
lo que es de Dios".

22 Al oír esto,
se maravillaron;
y dejándole, se
fueron.

*22:19 Una moneda acuñada por el emperador romano; equivalía al salario de un día para un obrero o soldado.

Marcos 12:13-17

14b porque no miras la
apariencia de los hombres,

¿Es lícito dar tributo
al César, o no? ¿Daremos o
no daremos?"
15 Entonces él, como
entendió la hipocresía de
ellos, les dijo: "¿Por qué me
probáis?
Traedme un denario* para
que lo vea".
16 Se lo trajeron,
y él les
dijo: "¿De quién es esta
imagen y esta inscripción?"

Le dijeron: "Del César".
17 Entonces Jesús les dijo:
"Dad al César lo
que es del César, y a Dios
lo que es de Dios".

Y se maravillaban
de él.

*12:15 Una moneda acuñada por el emperador romano; equivalía al salario de un día para un obrero o soldado.

Lucas 20:20-26

21b y que no haces distin-
ción entre personas,

22 ¿Nos es lícito dar tributo
al César, o no?"

23 Pero él,
entendiendo la astucia de
ellos, les dijo:*

24 "Mostradme un denario.*

¿De quién es la
imagen y la inscripción que
tiene?"
Y ellos dijeron: "Del César".
25 Entonces les dijo:
"Pues dad al César lo
que es del César y a Dios
lo que es de Dios".
26 Y no pudieron sorpren-
derle en ninguna palabra
delante del pueblo. Más
bien callaron, maravillados
de su respuesta.

*20:23 Algunos mss. antiguos tienen **...dijo: ¿Por qué me probáis? [24]Mostradme...** *20:24 Una moneda acuñada por el emperador romano; equivalía al salario de un día para un obrero o soldado.

Nota 134: Los fariseos son judíos nacionalistas pero pacíficos y muy religiosos; los herodianos son políticos partidarios de los Herodes y de la colaboración con Roma; pero contra Jesús pueden juntarse para preguntar sobre el pago de los impuestos romanos. Si el Señor dice que no, los herodianos pueden acusarlo de sedicioso; si dice que sí, pierde el favor del pueblo. Jesús pide ver una moneda romana y, a la vez, sale de la trampa y da una lección valiosa sobre la relación entre el Estado y la Iglesia.

§ 135. *Los saduceos preguntan acerca de la resurrección*

Mateo 22:23-33

23 Aquel día se le acercaron unos saduceos, quienes dicen que no hay resurrección, y le preguntaron diciendo: **24** "Maestro, Moisés dijo: *Si alguno muere sin tener hijos, su hermano se casará con su mujer y levantará descendencia a su hermano.** **25** Había, pues, siete hermanos entre nosotros. El primero tomó mujer y murió, y como no tenía descendencia, dejó su mujer a su hermano. **26** De la misma manera sucedió también con el segundo y el tercero, hasta los siete.

27 Después de todos, murió también la mujer. **28** En la resurrección, puesto que todos la tuvieron, ¿de cuál de los siete será mujer?"

29 Entonces respondió Jesús y les dijo: "Erráis porque no conocéis las Escrituras, ni tampoco el poder de Dios;

30 porque en la resurrección no se casan ni se dan en casamiento, sino

Marcos 12:18-27

18 Entonces vinieron a él unos saduceos, quienes dicen que no hay resurrección, y le preguntaron diciendo: **19** "Maestro, Moisés nos escribió que *si el hermano de alguno muere y deja mujer y no deja hijos, su hermano tome la mujer y levante descendencia a su hermano.** **20** Había siete hermanos. El primero tomó mujer, y murió sin dejar descendencia. **21** La tomó el segundo y murió sin dejar descendencia. El tercero, de la misma manera. **22** Así los siete no dejaron descendencia.* Después de todos, murió también la mujer. **23** En la resurrección, cuando resuciten, puesto que los siete la tuvieron por mujer, ¿de cuál de ellos será mujer?"

24 Entonces Jesús les dijo:* "¿No es por esto que erráis, porque no conocéis las Escrituras ni tampoco el poder de Dios?

25 Porque cuando resuciten de entre los muertos, no se casarán ni se darán en casamiento, sino

Lucas 20:27-40

27 Se acercaron algunos de los saduceos, que niegan que haya resurrección, y le preguntaron **28** diciendo: "Maestro, Moisés nos escribió: *Si el hermano de alguno muere dejando mujer, y él no deja hijos, su hermano tome la mujer y levante descendencia a su hermano.** **29** Había, pues, siete hermanos. El primero tomó mujer, y murió sin dejar hijos. **30** También el segundo.* **31** Y la tomó el tercero, y de la misma manera también todos los siete, y murieron sin tener hijos. **32** Por último, murió también la mujer. **33** En la resurrección, puesto que los siete la tuvieron por mujer, ¿de cuál de ellos será mujer?"

34 Entonces respondiendo Jesús les dijo:

"Los hijos de este mundo se casan y se dan en casamiento. **35** Pero los que son tenidos por dignos de alcanzar aquel mundo venidero y la resurrección de los muertos no se casan, ni se dan en casamiento. **36** Porque ya no pueden morir, pues

Mateo 22:23-33
que son como los ángeles*
que están en el cielo.

31 Y acerca de la resu-
rrección de los muertos, ¿no
habéis leído
lo que os fue dicho
por Dios?
32 *Yo soy el Dios de
Abraham, el Dios de Isaac
y el Dios de Jacob*.*
Dios no es Dios de muer-
tos, sino de vivos".

33 Al oír esto, las multitu-
des estaban atónitas de su
doctrina.

---

*22:24 Deut. 25:5. *22:30 Algunos mss. antiguos dicen **ángeles de Dios**. *22:32 Éxo. 3:6, 15, 16.

Marcos 12:18-27
que son como los ángeles
que están en los cielos.

26 Y con respecto a si resu-
citan los muertos, ¿no
habéis leído en el libro de
Moisés, cómo le habló
Dios desde la zarza dicien-
do: *Yo soy el Dios de
Abraham, el Dios de Isaac
y el Dios de Jacob*?"*
27 Dios no es Dios de muer-
tos, sino de vivos. Vosotros
erráis mucho".

---

*12:19 Gén. 38:8; Deut. 25:5. *12:22 Algunos mss. antiguos tienen **Así la tomaron los siete y no dejaron...** *12:24 Algunos mss. antiguos dicen **Y respondiendo Jesús les dijo**. *12:26 Éxo. 3:2, 6.

Lucas 20:27-40
son como los ángeles,
y son
también hijos de Dios, sien-
do hijos de la resurrección.*
37 Y con respecto a que los
muertos han de resucitar,
también
Moisés lo mostró en el rela-
to de la zarza, cuando llama
*al Señor, Dios de
Abraham, Dios de Isaac
y Dios de Jacob*".* **38** Pues
Dios no es Dios de muer-
tos, sino de vivos; porque
para él todos viven.
39 Le respondieron algu-
nos de los escribas, dicien-
do: "Maestro, bien has di-
cho".
40 Y no se atrevieron a
preguntarle más.

---

*20:28 Deut. 25:5; comp. Gén. 38:8. *20:30 Algunos mss. tienen **la tomó, y éste también murió sin dejar hijos**. *20:36 Es decir, por haber participado de la resurrección. *20:37 Éxo. 3:2, 6, 15, 16.

Nota 135: Los saduceos aceptan como inspirados solo los cinco libros de Moisés y no creen en la resurrección de los muertos. Solían presentar a sus contrarios, los fariseos, preguntas sobre segundos y terceros matrimonios para intentar demostrar sus teorías. Así preguntan a Jesús, quien les muestra que en un libro que ellos aceptan, Éxodo (3:6), se supone una vida después de la muerte. Unos escribas (fariseos) se alegran por la respuesta del Maestro a los saduceos.

§ 136. Pregunta sobre el gran mandamiento★

Mateo 22:34-40
34 Entonces los fa-
riseos, al oír que
había hecho callar a
los saduceos, se reunieron de común
acuerdo. **35** Uno de ellos, intérprete de la
ley, preguntó para probarle: **36** "Maestro,
¿cuál es el gran mandamiento de la ley?"

Lucas

Marcos 12:28-34
28 Se le acercó uno
de los escribas al oír-
les discutir; y dán-
dose cuenta de que Jesús había respondido
bien,
le preguntó:
"¿Cuál es el primer mandamiento de todos?"

Juan

★ **En § 136 el orden de Marcos y Lucas se ha invertido por facilidad de diagramación.**

Mateo 22:34-40
37 Jesús le dijo:
"Amarás al Señor tu Dios con todo tu co-
razón y con toda tu alma y con toda tu
mente.* **38** Este es el grande y el primer*
mandamiento. **39** Y el segundo es seme-
jante a él: *Amarás a tu prójimo como a ti*
mismo.* **40** De estos dos mandamientos
dependen toda la Ley y los Profetas".

*22:37 Deut. 6:5 *22:38 Algunos mss. antiguos dicen **el primer y el gran mandamiento**. *22:39 Lev. 19:18.

Lucas

Marcos 12:28-34
29 Jesús le respon-
dió: "El primero es:
Escucha, Israel: El
Señor nuestro Dios, el Señor uno es. **30** *Y*
amarás al Señor tu Dios con todo tu co-
razón, con toda tu alma, con toda tu mente
y con todas tus fuerzas.*
31 El segundo es éste:
Amarás a tu prójimo como a ti
mismo.*
No hay otro
mandamiento mayor que estos dos".
32 Entonces el escriba le dijo: "Bien,
Maestro. Has dicho la verdad: *Dios es uno,*
y no hay otro aparte de él;* **33** *y amarle*
con todo el corazón, con todo el entendi-
miento,* *y con todas las fuerzas*,* y *amar*
al prójimo como a sí mismo,* vale más
que todos los holocaustos y sacrificios".
34 Y viendo Jesús que había respondido
sabiamente, le dijo: "No estás lejos del
reino de Dios".
Ya nadie se atrevía a hacerle más pregun-
tas.

*12:30 Algunos mss. antiguos añaden **éste es el principal mandamiento**; la cita es de Deut. 6:4, 5. *12:31, 33 Lev. 19:18. *12:32 Deut. 4:35; Isa. 45:21. *12:33 Algunos mss. antiguos incluyen **y toda el alma**. *12:33 Deut. 6:4, 5.

Juan

Nota 136: Una vez antes (**§ 103**) este tema surgió de una pregunta hecha por un especialista en la ley, y esta vez es Jesús quien en uno de los atrios del templo contesta con un resumen de los Mandamientos. Ante una felicitación por el escriba, Jesús le responde con "No estás lejos del reino de Dios" (Mar. 12:34).

§ 137. El Cristo es hijo y Señor de David

Mateo 22:41-46
41 Habiéndose reunido los
fariseos,
Jesús les preguntó **42** di-
ciendo: "¿Qué pensáis acer-
ca del Cristo? ¿De quién es
hijo?"
Le dijeron: "De David".

Marcos 12:35-37a
35 Mientras estaba
enseñando en el templo,
Jesús respondiendo decía:
"¿Cómo es que dicen los
escribas que el Cristo es
hijo
de David?

Lucas 20:41-44
41 Él les dijo:
"¿Cómo dicen que
el Cristo es
hijo
de David?

Mateo 22:41-46

43 Él les dijo: "Entonces, ¿cómo es que David, mediante el Espíritu, le llama Señor? Pues dice:

44 *Dijo el Señor a mi Señor:*
'Siéntate a mi diestra,
hasta que ponga a tus enemigos
*debajo de tus pies'.**

45 Pues, si David le llama 'Señor', ¿cómo es su hijo?"

46 Nadie le podía responder palabra, ni nadie se atrevió desde aquel día a preguntarle más.

*22:44 Sal. 110:1.

Marcos 12:35-37a

36 David mismo dijo mediante el Espíritu Santo:

Dijo el Señor a mi Señor:
'Siéntate a mi diestra,
hasta que ponga a tus enemigos
*debajo de tus pies'.**

37a David mismo le llama 'Señor'; ¿cómo es, pues, su hijo?"

*12:36 Sal. 110:1.

Lucas 20:41-44

42 Porque el mismo David dice en el libro de los Salmos:

Dijo el Señor a mi Señor:
'Siéntate a mi diestra,
43 *hasta que ponga a tus enemigos*
*por estrado de tus pies'.**

44 Así que David le llama 'Señor'; ¿cómo es, pues, su hijo?"

*20:43 Sal. 110:1.

Nota 137: Jesús sigue enseñando en los atrios del templo ese día martes en medio de las controversias mayormente con los fariseos, quienes son más numerosos y más apreciados por el pueblo que los saduceos. Jesús ha contestado las preguntas dirigidas a él; ahora él hace una pregunta: "¿Qué pensáis acerca del Cristo?" (Mesías) (Mat. 22:42). Cita el Salmo 110, el que ellos (como también él) consideran mesiánico, y lo usa para mostrar que el Mesías como "Señor" es superior a David. Esto para contestar a la queja de ellos de que él "pretende" ser Hijo de Dios y así superior a David. Y "nadie le podía responder palabra" (Mat. 22:46).

§ 138. Último discurso público: denuncia a los escribas y fariseos

Mateo 23:1-39

1 Entonces habló Jesús a la multitud y a sus discípulos, 2 diciendo: "Los escribas y los fariseos están sentados en la cátedra de Moisés.
3 Así que, todo lo que os digan* hacedlo y guardadlo; pero no hagáis según sus obras, porque ellos dicen y no hacen. 4 Atan cargas pesadas y difíciles de llevar, y

Marcos 12:37b-40

37b Y la gran multitud le escuchaba con gusto.
38 Y en su enseñanza decía: "Guardaos de los escribas,

Lucas 20:45-47

45 Cuando todo el pueblo le escuchaba, dijo a sus discípulos:
46 "Guardaos de los escribas,

Mateo 23:1-39

las ponen sobre los hombros de los hombres; pero ellos mismos no las quieren mover ni aun con el dedo. **5** Más bien, hacen todas sus obras para ser vistos por los hombres. Ellos ensanchan sus filacterias* y alargan los flecos de sus mantos.

6 Aman los primeros asientos en los banquetes y las primeras sillas en las sinagogas, **7** las salutaciones en las plazas y el ser llamados por los hombres: Rabí, Rabí.*

8 "Pero vosotros, no seáis llamados Rabí;* porque uno solo es vuestro Maestro,* y todos vosotros sois hermanos. **9** Y no llaméis a nadie vuestro Padre en la tierra, porque vuestro Padre que está en los cielos es uno solo. **10** Ni os llaméis Guía,* porque vuestro Guía es uno solo, el Cristo. **11** Pero el que es mayor entre vosotros será vuestro siervo; **12** porque el que se enaltece será humillado, y el que se humilla será enaltecido.

13 "¡Ay de vosotros, escribas y fariseos, hipócritas! Porque cerráis el reino de los cielos delante de los hombres. Pues vosotros no entráis, ni dejáis entrar a los que están entrando.

14*

Marcos 12:37b-40

a quienes les gusta andar con ropas largas que aman las salutaciones en las plazas, **39** las primeras sillas en las sinagogas y los primeros asientos en los banquetes.

40 Estos, que devoran las casas de las viudas y como pretexto hacen largas oraciones, recibirán mayor condenación".

Lucas 20:45-47

a quienes les gusta andar con ropas largas, que aman las salutaciones en las plazas, las primeras sillas en las sinagogas y los primeros asientos en los banquetes.

47 Estos, que devoran las casas de las viudas y como pretexto hacen largas oraciones, recibirán mayor condenación.

Mateo 23:1-39	Marcos 12:37b-40	Lucas 20:45-47

15 "¡Ay de vosotros, escri-
bas y fariseos, hipócritas!
Porque recorréis mar y tierra
para hacer un solo prosélito; y cuando lo lográis, le hacéis un hijo del infierno* dos veces
más que vosotros.
16 "¡Ay de vosotros, guías ciegos! Pues decís: 'Si uno jura por el santuario, no significa
nada; pero si jura por el oro del santuario, queda bajo obligación.' **17** ¡Necios y ciegos!
¿Cuál es más importante: el oro o el santuario que santifica al oro? **18** O decís: 'Si uno jura
por el altar, no significa nada; pero si jura por la ofrenda que está sobre el altar, queda bajo
obligación'. **19** ¡Ciegos!* ¿Cuál es más importante: la ofrenda o el altar que santifica a la
ofrenda? **20** Por tanto, el que jura por el altar, jura por el altar y por todo lo que está sobre él.
21 Y el que jura por el santuario, jura por el santuario y por aquel que habita en él. **22** Y el
que jura por el cielo, jura por el trono de Dios y por aquel que está sentado sobre él.
23 "¡Ay de vosotros, escribas y fariseos, hipócritas! Porque entregáis el diezmo de la men-
ta, del eneldo y del comino; pero habéis omitido lo más importante de la ley, a saber, el jui-
cio, la misericordia y la fe. Era necesario hacer estas cosas sin omitir aquéllas. **24** ¡Guías
ciegos, que coláis el mosquito pero tragáis el camello!
25 "¡Ay de vosotros, escribas y fariseos, hipócritas! Porque limpiáis lo de afuera del vaso o
del plato, pero por dentro están llenos de robo y de desenfreno. **26** ¡Fariseo ciego! ¡Limpia
primero el interior del vaso* para que también el exterior se haga limpio!
27 "¡Ay de vosotros, escribas y fariseos, hipócritas! Porque sois semejantes a sepulcros
blanqueados que, a la verdad, se muestran hermosos por fuera; pero por dentro están llenos
de huesos de muertos y de toda impureza. **28** Así también vosotros, a la verdad, por fuera os
mostráis justos a los hombres; pero por dentro estáis llenos de hipocresía e iniquidad.
29 "¡Ay de vosotros, escribas y fariseos, hipócritas! Porque edificáis los sepulcros de los
profetas y adornáis los monumentos de los justos, **30** y decís: 'Si hubiéramos vivido en los
días de nuestros padres, no habríamos sido sus cómplices en la sangre de los profetas'.
31 Así dais testimonio contra vosotros mismos de que sois hijos de aquellos que mataron a
los profetas. **32** ¡Colmad también vosotros la medida de vuestros padres!
33 "¡Serpientes! ¡Generación de víboras! ¿Cómo os escaparéis de la condenación del infier-
no?* **34** Por tanto, mirad; yo os envío profetas, sabios y escribas; y de ellos, a unos mataréis
y crucificaréis, y a otros azotaréis en vuestras sinagogas y perseguiréis de ciudad en ciudad,
35 de manera que venga sobre vosotros toda la sangre justa que se ha derramado sobre la tie-
rra, desde la sangre del justo Abel hasta la sangre de Zacarías hijo de Berequías, a quien ma-
tasteis entre el santuario y el altar. **36** De cierto os digo, que todo esto recaerá sobre esta ge-
neración.
37 "¡Jerusalén, Jerusalén, que matas a los profetas y apedreas a los que te son enviados!
¡Cuántas veces quise juntar a tus hijos, así como la gallina junta sus pollitos debajo de sus
alas, y no quisiste! **38** He aquí, vuestra casa os es dejada desierta, **39** porque os digo que des-
de ahora no me veréis más hasta que digáis: *¡Bendito el que viene en el nombre del Señor!*"*

---

*23:3 Algunos mss. antiguos incluyen **que guardéis**. *23:5 Ver Éxo. 13:9; Núm. 15:38-40; Deut. 6:8; 11:18. *23:7, 8 O: **Maestro**. *23:8 Algunos mss. antiguos incluyen **el Cristo**; comp. v. 10. *23:10 Otras trads., **Maestro** o **Líder**. *23:14 Algunos mss. antiguos incluyen después del v. 12 o después del v. 13: [14]**¡Ay de vosotros, escribas y fariseos, hipócritas! Porque devoráis las casas de viudas y como pretexto hacéis largas oraciones. ¡Por esto recibiréis mayor condenación!"**; texto similar a Mar. 12:40 y Luc. 20:47. *23:15, 33 Gr., **Gehena**. *23:19 Algunos mss. antiguos dicen **Necios y ciegos**. *23:26 Algunos mss. antiguos incluyen **y del plato**; comp. v. 25. *23:39 Sal 118:26.

Nota 138: En un sentido los fariseos, como parte mayoritaria de los escribas, representan lo mejor del judaísmo, pero han llegado a dar énfasis a lo exterior en vez de la esencia de la fe. Jesús ha tenido problemas con ellos desde el comienzo de su ministerio, y ya hace algunos meses (**§ 107**) tuvo que enfrentarse seriamente con ellos. Ahora todavía en los atrios del templo de ese día martes tan cargado de eventos y finalizando su ministerio público antes de ser muerto, tiene que denunciar fuertemente a quienes quieren creer que son los verdaderos protectores de la causa de Dios. Parecen pensar que "los fines justifican los medios". El Maestro dice de ellos: "Todo lo que os digan hacedlo y guardadlo; pero no hagáis según sus obras, porque ellos dicen y no hacen" (Mat. 23:3). Luego, salen de sus labios, más acostumbrados a frases bondadosas, palabras duras que denuncian; pero Jesús termina en llanto por la ciudad impenitente, con lo cual pone fin a su ministerio ante el pueblo.

§ 139. Ofrenda de la viuda pobre★

Marcos 12:41-44	**Mateo**	**Lucas 21:1-4**	**Juan**
41 Estando Jesús sentado frente al arca del tesoro, observaba cómo el pueblo echaba dinero en el arca. Muchos ricos echaban mucho, **42** y una viuda pobre vino y echó dos blancas, que equivalen a un cuadrante.* **43** Él llamó a sus discípulos y les dijo: "De cierto os digo que esta viuda pobre echó más que todos los que echaron en el arca. **44** Porque todos han echado de su abundancia; pero ésta, de su pobreza, echó todo lo que tenía, todo su sustento".		**1** Alzando la mirada, Jesús vio a los ricos que echaban sus ofrendas en el arca del tesoro. **2** Vio también a una viuda pobre que echaba allí dos blancas.* **3** Entonces dijo: "De cierto os digo que esta viuda pobre echó más que todos. **4** Porque todos éstos de su abundancia echaron a las ofrendas;* pero ésta, de su pobreza, echó todo el sustento que tenía".	
*12:42 **Blancas** y **cuadrantes** eran monedas pequeñas de cobre de valor mínimo.		*21:2 **Blancas** y **cuadrantes** eran monedas pequeñas de cobre de valor mínimo. *21:4 Algunos mss. antiguos añaden **de Dios**.	

Nota 139: Cansado después de varias horas difíciles, Jesús está sentado en el atrio de las mujeres, donde todo judío puede estar y donde están las arcas en que se echan las ofrendas para el templo. Observa cómo muchos echan grandes sumas, lo que está bueno. Pero una viuda pobre echa dos moneditas de las cuales tendría que haber más de cien para equivaler el pago de un obrero corriente por el trabajo de un día. Jesús lo comenta con encomio a sus discípulos, pues Dios no mira tanto cuánto se da como cuánto queda después de dar.

Jesús, entonces, abandona el atrio del templo y nunca más regresa.

★ En § 139 el orden de Mateo y Marcos se ha invertido por facilidad de diagramación.

PARTE XII

JESÚS CON LOS DOCE ANTES DE LA CRUZ

(MAPA VI)

Desde el atardecer del martes hasta el jueves en la noche (desde el anochecer ese día es viernes, según el concepto judío) de la semana de la pasión, probablemente en el año 30 d. de J.C., Jesús intensifica el esfuerzo por preparar, para el impacto de su muerte, a sus discípulos (algo que ellos verán como una tremenda tragedia y desaliento) y para que, después de su partida, continúen con su obra.

§ 140. Sermón en el monte de los Olivos

(Mat. 24:1—25:46; Mar. 13:1-37; Luc. 21:5-38)

§ 140.1 Ocasión de la profecía acerca de la destrucción del templo

Mateo 24:1, 2

1 Cuando Jesús salió y se iba del templo, se le acercaron sus discípulos para mostrarle los edificios del templo. **2** Y él respondiendo les dijo: "¿No veis todo esto? De cierto os digo que aquí no quedará piedra sobre piedra que no sea derribada".

Marcos 13:1, 2

1 Cuando él salía del templo, uno de sus discípulos dijo: "Maestro, ¡mira qué piedras y qué edificios!" **2** Y Jesús le dijo:* "¿Veis estos grandes edificios? Aquí no quedará piedra sobre piedra que no sea derribada".

*13:2 Algunos mss. antiguos dicen **Y respondiendo Jesús les dijo**.

Lucas 21:5, 6

5 Hablando algunos acerca del templo decían que estaba adornado con hermosas piedras y con ofrendas votivas,* él dijo: **6** "En cuanto a estas cosas que veis, vendrán días cuando no quedará piedra sobre piedra que no sea derribada".

*21:5 Lit., **anatema**; o sea, **separado**, a veces por consagración, a veces por condenación; aquí equivale a **consagrado**.

Nota 140.1: Jesús y sus discípulos dejan el templo ese martes al atardecer, talvez en camino a Betania; y van al monte de los Olivos, frente al templo al otro lado del arroyo. Es primavera en el hemisferio norte y está cerca la noche de luna llena. De paso miran las piedras inmensas de los cimientos del templo, edificio cuya reconstrucción está aún sin terminar. Aunque el ambiente del país es relativamente tranquilo, el Señor dice que "no quedará piedra sobre piedra que no sea derribada". El templo terminará de construirse en el año 64 d. de J.C. y en el 70 será destruido por los romanos por causa de una revuelta seria de los judíos.

§ 140.2 Preguntas acerca de la Segunda Venida y del fin del mundo

Mateo 24:3-14

3 Estando él sentado en el
monte de los Olivos,
sus discípulos
se acercaron a él
aparte, y le dijeron:
"Dinos, ¿cuándo sucede-
rán estas cosas? ¿Y qué se-
ñal habrá de tu venida y del
fin del mundo?"*

4 Respondió Jesús y les
dijo: "Mirad que nadie
os engañe; **5** porque muchos
vendrán en mi nombre
diciendo: 'Yo soy el Cristo',
y engañarán a
muchos.
6 Oiréis de
guerras y de rumores de
guerras. Mirad que
no os turbéis, porque
es necesario que esto
acontezca; pero todavía
no es el fin.
7 Porque se le-
vantará nación contra na-
ción y reino contra reino.
Habrá hambre y terremo-
tos por todas partes.

8 Pues todas estas cosas
son principio de dolores.

9 "Entonces
os entregarán

a tribulación

Marcos 13:3-13

3 Estando él sentado en el
monte de los Olivos frente
al templo, Pedro, Jacobo,
Juan y Andrés
le preguntaban aparte:
4 "Dinos, ¿cuándo sucede-
rán estas cosas? ¿Y qué se-
ñal habrá cuando todas
estas cosas estén por cum-
plirse?"
5 Jesús comenzó a
decirles: "Mirad que nadie
os engañe. **6** Muchos
vendrán en mi nombre
diciendo: 'Yo soy',
y engañarán a
muchos.
7 Pero cuando oigáis de
guerras y de rumores de
guerras,
no os turbéis.
Es necesario que así
suceda, pero todavía
no es el fin.
8 Porque se le-
vantará nación contra na-
ción y reino contra reino.
Habrá terremo-
tos por todas partes. Habrá
hambres.*

Estos
son principio de dolores.
9 "Pero vosotros, mirad
por vosotros mismos. Por-
que os entregarán en los
concilios, y seréis azotados
en las sinagogas. Por mi
causa seréis lle-
vados delante de goberna-
dores y de reyes,

Lucas 21:7-19

7 Entonces
le preguntaron diciendo:
"Maestro, ¿cuándo será
esto? ¿Qué se-
ñal habrá cuando
estas cosas estén por suce-
der?"
8 Entonces él
dijo: "Mirad que no seáis
engañados, porque vendrán
muchos en mi nombre,
diciendo: 'Yo soy', y 'El
tiempo está cerca'.*
No vayáis en pos de
ellos. **9** Y cuando oigáis de
guerras
y de revoluciones,
no os atemoricéis. Porque
es necesario que estas cosas
acontezcan primero, pero el
fin no será de inmediato".
10 Entonces dijo: "Se le-
vantará nación contra na-
ción y reino contra reino.
11 Habrá grandes terremo-
tos, hambres y pestilencias
en varios lugares. Habrá te-
rror y grandes señales del
cielo. **12** Pero antes de estas
cosas os echarán mano y os
perseguirán.

Os entregarán

a las sinagogas y os meterán
en las cárceles, y seréis lle-
vados delante de los reyes y
gobernantes

Mateo 24:3-14	**Marcos 13:3-13**	**Lucas 21:7-19**
y os matarán,		por causa de mi nombre. **13** Esto os servirá para dar testimonio.
	para testimonio a ellos. **11** Cuando os lleven para entregaros, no os preocupéis por lo que hayáis de decir.* Más bien, hablad lo que os sea dado en aquella hora; porque no sois vosotros los que habláis, sino el Espíritu Santo.	**14** Decidid, pues, en vuestros corazones no pensar de antemano cómo habéis de responder.
		15 Porque yo os daré boca y sabiduría, a la cual no podrán resistir ni contradecir todos los que se os opongan.
y seréis aborrecidos por todas las naciones por causa de mi nombre.	{**13a** Y seréis aborrecidos de todos por causa de mi nombre}	{**17** Seréis aborrecidos por todos a causa de mi nombre,}
10 Entonces muchos tropezarán; y se traicionarán unos a otros, y se aborrecerán unos a otros. **11** Muchos falsos profetas se levantarán y engañarán a muchos;		
	12 El hermano entregará a muerte a su hermano, y el padre a su hijo. Se levantarán los hijos contra sus padres y los harán morir.	**16** Y seréis entregados aun por vuestros padres, hermanos, parientes y amigos; y harán morir a algunos de vosotros. **18** pero ni un solo cabello de vuestra cabeza perecerá.
12 y por haberse multiplicado la maldad, se enfriará el amor de muchos. **13** Pero el que persevere hasta el fin, éste será salvo.	**13b** Pero el que persevere hasta el fin, éste será salvo.	**19** Por vuestra perseverancia* ganaréis vuestras almas".
14 Y este evangelio del reino será predicado en todo el mundo para testimonio a todas las naciones,* y luego vendrá el fin".	{**10** Es necesario que primero el evangelio sea predicado a todas las naciones".*}	

*24:3 Lit., **de la edad**. *24:14 Otras trads., **razas**; o, **grupos étnicos**.

*13:8 Algunos mss. antiguos dicen **y alborotos**. *13: 10 Otras trads. **razas**; o, **grupos étnicos**. *13:11 Algunos mss. dicen **ni lo penséis**.

*21:8 Otra trad., **ha llegado**. *21:19 O: **paciencia**

Nota 140.2: Los discípulos no logran comprender lo que sucede y preguntan. Jesús los previene contra los engañadores y cristos (mesías) falsos, y les advierte acerca de los sufrimientos que tendrán. Y agrega: "Por vuestra perseverancia ganaréis vuestras almas" (Luc. 21:19).

§ 140.3 Señales antes de la destrucción de Jerusalén

Mateo 24:15-22	Marcos 13:14-20	Lucas 21:20-24
		20 "Cuando veáis a Jerusalén sitiada por ejércitos, sabed entonces que ha llegado su destrucción.
15 "Por tanto, cuando veáis establecida en el lugar santo la abominación desoladora,* de la cual habló el profeta Daniel" (el que lee, entienda), **16** "entonces los que estén en Judea huyan a los montes. **17** El que esté en la azotea no descienda para sacar algo de su casa, **18** y el que esté en el campo no vuelva atrás a tomar su manto.	**14** "Pero cuando veáis que la abominación desoladora* se ha establecido donde no debe estar" (el que lee, entienda), "entonces los que estén en Judea huyan a los montes. **15** El que esté en la azotea no descienda ni entre para sacar algo de su casa, **16** y el que esté en el campo no vuelva atrás para tomar su manto.	**21** Entonces, los que estén en Judea, huyan a los montes; los que estén en medio de la ciudad,* salgan; y los que estén en los campos, no entren en ella. **22** Porque éstos son días de venganza, para que se cumplan todas las cosas que están escritas.
19 ¡Ay de las mujeres que estén encintas y de las que críen en aquellos días!	**17** ¡Ay de las que estén encintas y de las que críen en aquellos días!	**23** ¡Ay de las que estén encintas y de las que críen en aquellos días! Porque habrá grande calamidad sobre la tierra e ira sobre este pueblo. **24** Caerán a filo de espada y serán llevados cautivos a todas las naciones. Jerusalén será pisoteada por los gentiles* hasta que se cumplan los tiempos de los gentiles".*
20 Orad, pues, que vuestra huida no sea en invierno ni en sábado; **21** porque entonces	**18** Orad, pues, que* no acontezca en invierno. **19** Porque aquellos días	

Mateo 24:15-22	Marcos 13:14-20	Lucas 21:20-24
habrá gran tribulación como no ha habido desde el principio del mundo hasta ahora, ni habrá jamás. **22** Si aquellos días no fuesen acortados, no se salvaría nadie;* pero por causa de los escogidos, aquellos días serán acortados”.	serán de tribulación como nunca ha habido desde el principio de la creación que Dios creó, hasta ahora, ni habrá jamás. **20** Si el Señor no hubiese acortado aquellos días, no se salvaría nadie;* pero por causa de los escogidos que él eligió, él ha acortado aquellos días”.	
*24:15 Ver Dan. 9:27; 11:31; 12:11. *24:22 Lit., **no se hubiera salvado ninguna carne**.	*14 Algunos mss. antiguos incluyen **de que habló el profeta Daniel**; comp. Dan. 9:27; 11:31; 12:11 y Mat. 24:15. *13:18 Algunos mss. antiguos añaden **vuestra ida**. *13:20 Lit., **no se hubiera salvado ninguna carne**.	*21:21 Lit., **en medio de ella**. *21:24 O: **las naciones**.

Nota 140.3: No siempre es fácil comprender a cuál fase del porvenir corresponden los detalles dados aquí por nuestro Señor. Por cierto, él no quiere que estemos más interesados en descifrar el futuro que en predicar el evangelio y estar preparados (Hech. 1:7, 8). Con base en lo que dice Cristo, en general los cristianos huirán de Jerusalén cuando los romanos sitien la ciudad unos cuarenta años después.

§ 140.4 Los falsos profetas y la Segunda Venida

Mateo 24:23-41	Marcos 13:21-32	Lucas 21:25-33
23 “Entonces, si alguien os dice: ‘Mirad, aquí está el Cristo’, o ‘Está acá’, no le creáis. **24** Porque se levantarán falsos cristos y falsos profetas, y harán grandes señales y maravillas de tal manera que engañarán, de ser posible, aun a los escogidos. **25** ¡Mirad! Os lo he dicho de antemano. **26** Así que, si os dicen: ‘Mirad, está en el desierto’, no salgáis; o ‘Mirad, está en las habitaciones interiores’, no lo creáis. **27** Porque así como el relámpago sale del oriente y	**21** “Entonces, si alguien os dice: ‘He aquí, aquí está el Cristo’, o ‘He allí, allí está’, no le creáis. **22** Porque se levantarán falsos cristos y falsos profetas, y harán señales y maravillas para engañar, de ser posible, a los escogidos. **23** Pero vosotros, ¡mirad! Os lo he dicho todo de antemano.	

Mateo 24:23-41	**Marcos 13:21-32**	**Lucas 21:25-33**
se muestra hasta el occidente, así será la venida del Hijo del Hombre. **28** Porque donde esté el cadáver, allí se juntarán los buitres.*		
29 "Pero inmediatamente después de la tribulación de aquellos días,	**24** "Entonces en aquellos días, después de aquella tribulación,	**25** "Entonces
el sol se oscurecerá, y la luna no dará su resplandor. Las estrellas caerán del cielo	el sol se oscurecerá, y la luna no dará su resplandor. **25** Las estrellas caerán del cielo,	habrá señales en el sol, en la luna y en las estrellas.
		Y en la tierra habrá angustia de las naciones por la confusión ante el rugido del mar y del oleaje. **26** Los hombres se desmayarán a causa del terror y de la expectación de las cosas que sobrevendrán al mundo habitado, porque los poderes
y los poderes de los cielos serán sacudidos.*	y los poderes que están en los cielos serán sacudidos.*	de los cielos serán sacudidos.*
30 Entonces se manifestará la señal del Hijo del Hombre en el cielo, y en ese tiempo harán duelo todas las tribus de la tierra, y	**26** Entonces	**27** "Entonces
verán *al Hijo del Hombre viniendo sobre las nubes del cielo** con poder y gran gloria.	verán *al Hijo del Hombre viniendo en las nubes** con gran poder y gloria.	verán *al Hijo del Hombre viniendo en una nube*,* con poder y gran gloria.
31 Él enviará a sus ángeles con un gran sonar de trompeta, y ellos reunirán a los escogidos de él de los cuatro vientos, desde un extremo del cielo hasta el otro.	**27** Después enviará a sus ángeles y reunirá a sus escogidos de los cuatro vientos, desde el extremo de la tierra hasta el extremo del cielo.	
		28 Cuando estas cosas comiencen a suceder, mirad y levantad vuestras cabezas; porque vuestra redención está cerca.

Mateo 24:23-41
32 "De la higuera apren-
ded la parábola:

Cuando su rama ya está
tierna y brotan sus hojas,
sabéis que el verano
está cerca. **33** Así también
vosotros, cuando veáis to-
das estas cosas, sabed
que está cerca, a las puertas.

34 De cierto os digo que no
pasará esta generación*
hasta que todas estas cosas
sucedan. **35** El cielo y la
tierra pasarán, pero mis pa-
labras no pasarán.
36 "Pero acerca de aquel
día y hora, nadie sa-
be; ni siquiera los ángeles
de los cielos, ni aun el
Hijo,* sino sólo el Padre.
37 Porque como en los días
de Noé, así será la venida
del Hijo del Hombre.
38 Pues como en aquellos* días antes del diluvio estaban comiendo y bebiendo, casán-
dose y dándose en casamiento hasta el día en que Noé entró en el arca, **39** y no se die-
ron cuenta hasta que vino el diluvio y se los llevó a todos, así será también la venida del
Hijo del Hombre. **40** En aquel entonces estarán dos en el campo; el uno será tomado, y
el otro será dejado. **41** Dos
mujeres estarán moliendo
en un molino; la una será
tomada, y la otra dejada".

Marcos 13:21-32
28 "De la higuera apren-
ded la parábola:

Cuando su rama ya está
tierna y brotan sus hojas,
sabéis que el verano
está cerca. **29** Así también
vosotros, cuando veáis que
suceden estas cosas, sabed
que está cerca, a las puertas.

30 De cierto os digo que no
pasará esta generación*
hasta que todas estas cosas
sucedan. **31** El cielo y la
tierra pasarán, pero mis pa-
labras no pasarán.
32 "Pero acerca de aquel
día o de la hora, nadie sa-
be; ni siquiera los ángeles
en el cielo, ni aun el
Hijo, sino sólo el Padre".

Lucas 21:25-33
29 Y les dijo una
parábola: "Mirad la higuera
y todos los árboles.
30 Cuando veis que ya bro-
tan, vosotros
entendéis que el verano ya
está cerca. **31** Así también
vosotros, cuando veáis que
suceden estas cosas, sabed
que
el reino de Dios está cerca.
32 De cierto os digo que no
pasará esta generación*
hasta que todo
suceda. **33** El cielo y la
tierra pasarán, pero mis pa-
labras no pasarán".

---

*24:28 Otra trad., **las águilas**. *24:29 Comp. Isa. 13:10 34:4; Eze. 32:7, 8; Joel 2:10, 31; 3:15. *24:30 Ver Dan. 7:13, 14. *24:34 Otra trad., **esta raza**. *24:36 Algunos mss. antiguos no incluyen **ni aun el Hijo**; comp. Mar. 13:32. *24:38 Algunos mss. antiguos dicen **en los días**.

*13:25 Comp. Isa. 13:10; 34:4; Eze. 32:7, 8; Joel 2:10, 31; 3:15. *13:26 Dan. 7:13, 14. *13:30 Otra trad., **esta raza**.

*21:26 Comp. Isa. 13:10 34:4; Eze. 32:7, 8; Joel 2:10, 31; 3:15. *21:27 Dan. 7:13; comp. Mat. 26:64 y Apoc. 1:7. *21:32 Otra trad., **esta raza**.

Nota 140.4: Jesús dice que habrá falsos profetas pero que cuando él venga, no habrá duda en cuanto a la verdad. Con la parábola de la higuera explica que habrá indicios de la llegada del final; y con la ilustración de la vida de Noé, indica que vendrá cuando menos se espera.

§ 140.5 Jesús insta a que estén preparados

Mateo 24:42—25:30	**Marcos 13:33-37**	**Lucas 21:34-36**
42 "Velad, pues,	**33** "Mirad y velad,*	**34** "Mirad por vosotros, que vuestros corazones no estén cargados de glotonería, de embriaguez y de las preocupaciones de esta vida, y que aquel día venga sobre vosotros de repente como una trampa; **35** porque vendrá sobre todos los que habitan sobre la superficie de toda la tierra. **36** Velad, pues, en todo tiempo, orando que tengáis fuerzas* para escapar de todas estas cosas que han de suceder, y de estar en pie delante del Hijo del Hombre".
porque no sabéis en qué día viene vuestro Señor.	porque no sabéis cuándo será el tiempo. **34** Será como el hombre que al salir de viaje dejó su casa y dio autoridad a sus siervos, a cada uno su obra, y al portero mandó que velase. **35** Velad, pues, porque no sabéis cuándo vendrá el Señor de la casa, sea a la tarde, a la medianoche, al canto del gallo o a la mañana; **36** no sea que cuando vuelva de repente os halle durmiendo.	
43 Pero sabed esto: Si el dueño de casa hubiera sabido a qué hora habría de venir el ladrón, habría velado y no habría permitido que forzaran la entrada a su casa. **44** Por tanto, estad preparados también vosotros, porque a la hora que no pensáis, vendrá el Hijo del Hombre.	**37** Lo que a vosotros digo, a todos digo: ¡Velad!"	

Mateo 24:42—25:30	**Marcos 13:33-37**	**Lucas 21:34-36**
45 "Quién, pues, es el siervo fiel y prudente, a quien su señor le puso sobre los		

criados de su casa, para que les diera alimentos a tiempo? **46** Bienaventurado será aquel
siervo a quien, cuando su señor venga, le encuentre haciéndolo así. **47** De cierto os digo
que le pondrá sobre todos sus bienes. **48** Pero si aquel siervo malvado dice en su corazón: 'Mi señor tarda'; **49** y si comienza a golpear a sus consiervos, y si come y bebe con
los borrachos, **50** el señor de aquel siervo vendrá en el día que no espera y a la hora que
no sabe, **51** y le castigará duramente* y le asignará lugar con los hipócritas. Allí habrá
llanto y crujir de dientes.

1 "Entonces, el reino de los cielos será semejante a diez vírgenes que tomaron sus lámparas y salieron a recibir al novio. **2** Cinco de ellas eran insenstas, y cinco prudentes.
3 Cuando las insensatas tomaron sus lámparas, no tomaron consigo aceite; **4** pero las
prudentes tomaron aceite en sus vasijas, juntamente con sus lámparas. **5** Y como tardaba
el novio, todas cabecearon y se quedaron dormidas. **6** A la medianoche se oyó gritar:
'¡He aquí el novio! ¡Salid a recibirle!' **7** Entonces, todas aquellas vírgenes se levantaron
y alistaron sus lámparas. **8** Y las insensatas dijeron a las prudentes: 'Dadnos de vuestro
aceite, porque nuestras lámparas se apagan'. **9** Pero las prudentes respondieron diciendo:
'No, no sea que nos falte a nosotras y a vosotras; id, más bien, a los vendedores y comprad para vosotras mismas'. **10** Mientras ellas iban para comprar, llegó el novio; y las
preparadas entraron con él a la boda, y se cerró la puerta. **11** Después vinieron también
las otras vírgenes diciendo: '¡Señor, señor, ábrenos!' **12** Pero él respondiendo dijo: 'De
cierto os digo que no os conozco'. **13** Velad, pues, porque no sabéis ni el día ni la hora.*

14 "Porque el reino de los cielos* será semejante a un hombre que al emprender un viaje largo, llamó a sus siervos y les entregó sus bienes. **15** A uno dio cinco talentos,* a otro
dos, y a otro, uno. A cada uno dio conforme a su capacidad y se fue lejos. **16** Inmediatamente,* el que había recibido cinco talentos se fue, negoció con ellos y ganó otros cinco
talentos. **17** De la misma manera, el que había recibido dos ganó también otros dos.
18 Pero el que había recibido uno fue y cavó en la tierra, y escondió el dinero de su señor.

19 "Después de mucho tiempo, vino el señor de aquellos siervos y arregló cuentas con
ellos. **20** Cuando se presentó el que había recibido cinco talentos, trajo otros cinco talentos y dijo: 'Señor, me entregaste cinco talentos; he aquí he ganado* otros cinco talentos'. **21** Su señor le dijo: 'Bien, siervo bueno y fiel. Sobre poco has sido fiel, sobre mucho te pondré. Entra en el gozo de tu señor'. **22** Y cuando se presentó el que había recibido dos talentos, dijo: 'Señor, me entregaste dos talentos; he aquí he ganado* otros dos
talentos'. **23** Su señor le dijo: 'Bien, siervo bueno y fiel. Sobre poco has sido fiel, sobre
mucho te pondré. Entra en el gozo de tu señor'. **24** Pero cuando se presentó el que había
recibido un talento, dijo: "Señor, yo te conozco que eres un hombre duro, que cosechas
donde no sembraste y recoges donde no esparciste. **25** Y como tuve miedo, fui y escondí
tu talento en la tierra. Aquí tienes lo que es tuyo'. **26** Su señor respondió y le dijo:
'¡Siervo malo y perezoso! ¿Sabías que cosecho donde no sembré y recojo donde no esparcí? **27** Por lo tanto, debías haber entregado mi dinero a los banqueros, y al venir yo,
habría recibido lo que es mío con los intereses. **28** Por tanto, quitadle el talento y dadlo
al que tiene diez talentos. **29** Porque a todo el que tiene le será dado, y tendrá en abundancia; pero al que no tiene, aun lo que tiene le será quitado. **30** Al siervo inútil echadlo

Mateo 24:42—25:30

en las tinieblas de afuera'. Allí habrá llanto y crujir de dientes".

*24:51 Otra trad., **le hará trizas.** *25:13 Algunos mss. tardíos añaden **en que el Hijo del Hombre ha de venir**. *25:14 Como sujeto de verbo, esta frase se sobrentiende de v. 1. *25:15 El talento equivalía aprox. a 34 kilos de plata y representaba 6.000 dracmas; aquí, una cantidad enorme de dinero. *25:16 Algunos mss. antiguos reubican la palabra **inmediatamente** para decir **e inmediatamente se fue lejos. El que había recibido...** *25:20, 22 Algunos mss. antiguos incluyen **sobre ellos.**

Marcos 13:33-37

*13:33 Algunos mss. antiguos incluyen **y orad**.

Lucas 21:34-36

*21:36 Algunos mss. antiguos tienen **seáis tenidos por dignos de escapar...**

Nota 140.5: Ahora Jesús vuelve de asuntos del fin de todo a problemas más inmediatos. "Mirad y velad, porque no sabéis cuándo será el tiempo" (Mar. 13:33). Con una exhortación dada en Marcos y Lucas (y la parábola del portero en Marcos), y luego en Mateo las parábolas del dueño de casa con el ladrón, del siervo fiel y el malvado, de las diez vírgenes, y de los talentos recalca su mensaje de estar siempre listos para la Segunda Venida.

§ 140.6 Parábola de las ovejas y los cabritos

Mateo 25:31-46 | **Marcos** | **Lucas 21:37, 38** | **Juan**

31 "Cuando el Hijo
del Hombre venga en
su gloria y todos los
ángeles* con él, entonces se sentará sobre el
trono de su gloria; **32** y todas las naciones se-
rán reunidas delante de él. Él separará los unos de los otros, como cuando el pastor separa
las ovejas de los cabritos; **33** y pondrá las ovejas a su derecha, y los cabritos a su izquierda.
34 "Entonces el Rey dirá a los de su derecha: '¡Venid, benditos de mi Padre! Heredad el
reino que ha sido preparado para vosotros desde la fundación del mundo. **35** Porque tuve
hambre, y me disteis de comer; tuve sed, y me disteis de beber; fui forastero, y me reci-
bisteis; **36** estuve desnudo, y me vestisteis; enfermo, y me visitasteis; estuve en la cárcel,
y vinisteis a mí'. **37** Entonces los justos le responderán diciendo: 'Señor, ¿cuándo te vi-
mos hambriento y te sustentamos, o sediento y te dimos de beber? **38** ¿Cuándo te vimos
forastero y te recibimos, o desnudo y te vestimos? **39** ¿Cuándo te vimos enfermo, o en la
cárcel, y fuimos a ti?' **40** Y respondiendo el Rey les dirá: 'De cierto os digo que en cuan-
to lo hicisteis a uno de estos mis hermanos más pequeños, a mí me lo hicisteis'.
41 "Entonces dirá también a los de su izquierda: 'Apartaos de mí, malditos, al fuego
eterno preparado para el diablo y sus ángeles. **42** Porque tuve hambre, y no me disteis
de comer; tuve sed, y no me disteis de beber; **43** fui forastero, y no me recibisteis; es-
tuve desnudo, y no me vestisteis; enfermo y en la cárcel, y no me visitasteis'. **44** Enton-
ces le responderán: 'Señor, ¿cuándo te vimos hambriento, o sediento, o forastero, o des-
nudo, o enfermo, o en la cárcel, y no te servimos?' **45** Entonces les responderá diciendo:
'De cierto os digo, que en cuanto no lo hicisteis a uno de estos más pequeños, tampo-

Mateo 25:31-46

co lo hicisteis a mí'.
46 Entonces irán és-
tos al tormento eter-
no, y los justos a la vida eterna".

Marcos

Lucas 21:37, 38

37 Pasaba los días enseñando en el tem-
plo, y saliendo al anochecer permanecía en
el monte que se llama de los Olivos. **38** Y
todo el pueblo venía a él desde temprano
para oírle en el templo.

Juan

*25:31 Algunos mss. antiguos dicen **los santos ángeles**.

Nota 140.6: Con una explicación vívida del juicio final, Jesús no solo se presenta como Rey, sino que recalca la importancia del trato que se dé "a uno de estos mis hermanos más pequeños". Los propios discípulos a veces van a ser esos "hermanos más pequeños" y van a sufrir las calamidades mencionadas, pero ¡recordad!: "los justos a la vida eterna" (ver Dan. 12:2).

§ 141. Jesús predice que su muerte ocurrirá en dos días más

Mateo 26:1-5

1 Aconteció que, cuando
Jesús terminó todas estas
palabras, dijo a sus discípu-
los: **2** "Sabéis que después
de dos días se celebra la
Pascua,
y el Hijo del Hombre
va a ser entregado para ser
crucificado".
3 Entonces los principales
sacerdotes*
y los ancianos del pueblo se
reunieron en el palacio del
sumo sacerdote, que se lla-
maba Caifás, **4** y consulta-
ron entre sí para prender a
Jesús por engaño y matarle.
5 Pero decían: "No lo haga-
mos en la fiesta, para que
no se haga alboroto en el
pueblo".

*26:3 Algunos mss. antiguos incluyen **y los escribas**.

Marcos 14:1, 2

1 Dos días después era la
Pascua y la fiesta de los
panes sin levadura.
Y los principales
sacerdotes y los escribas
estaban buscando cómo
prenderle
por engaño y matarle,
2 pues decían: "No
en la fiesta, de modo que
no se haga alboroto en el
pueblo".

Lucas 22:1, 2

1 Estaba próximo el día de
la fiesta de los panes sin le-
vadura, que se llama la
Pascua.
2 Los principales
sacerdotes y los escribas
estaban buscando cómo
eliminarle,
pues temían al pueblo.

Nota 141: Ese martes al atardecer (ya el comienzo del miércoles judío) probablemente Jesús y sus discípulos siguen desde el monte de los Olivos hasta Betania para cenar y pasar la noche. Jesús sabe lo que le aguarda "después de dos días" (Mat. 26:2), es decir, el viernes. Mientras tanto los dirigentes judíos se apresuran a reunirse en Jerusalén para ver cómo "prender a Jesús por engaño y matarle" (v. 4). Durante el día han sufrido una gran derrota frente a las acusaciones de Cristo y deben tener mucha cautela, ya que el pueblo tiene a Jesús en alta estima, en especial los numerosos galileos que han llegado para la celebración de la Pascua.

§ 142. María de Betania unge a Jesús★

Mateo 26:6-13	**Marcos 14:3-9**	**Juan 12:2-8**
6 Estando Jesús en Betania, en casa de Simón el leproso,	**3** Estando él en Betania sentado a la mesa en casa de Simón el leproso,	**2** Le hicieron allí una cena. Marta servía, y Lázaro era uno de los que estaban sentados a la mesa con él.
7 vino a él una mujer trayendo un frasco de alabastro con perfume de gran precio, y	vino una mujer que tenía un frasco de alabastro con perfume de nardo puro de gran precio. Y quebrando el frasco de alabastro,	**3** Entonces María, habiendo traído una libra* de perfume de nardo puro de mucho valor,
lo derramó sobre la cabeza de Jesús mientras estaba sentado a la mesa.	lo derramó sobre la cabeza de Jesús.	ungió los pies de Jesús y los limpió con sus cabellos. Y la casa se llenó con el olor del perfume.
8 Al verlo, sus discípulos	**4** Pero había allí algunos	**4** Pero uno de sus discípulos, Judas Iscariote,* el que estaba por entregarle,
se indignaron y dijeron: "¿Para qué este desperdicio?	que se indignaron entre sí y dijeron:* "¿Para qué se ha hecho este desperdicio de perfume?	dijo:
9 Porque esto podría haberse vendido a un gran precio y haberse dado a los pobres.	**5** Porque podría haberse vendido este perfume por más de trescientos denarios* y haberse dado a los pobres.	**5** "¿Por qué no fue vendido este perfume por trescientos denarios* y dado a los pobres?"
	Y murmuraban contra ella,	**6** Pero dijo esto, no porque le importaban los pobres, sino porque era ladrón, y teniendo la bolsa a su cargo sustraía de lo que

★ **En § 142 no aparece la columna de Lucas por facilidad de diagramación.**

Mateo 26:6-13

10 Como
Jesús se dio cuenta, les dijo:
"¿Por qué molestáis a la mujer? Pues ha hecho una buena obra conmigo.

11 Porque siempre tenéis a los pobres con vosotros,
pero a mí no siempre me tenéis. **12** Porque al derramar este perfume sobre mi cuerpo, ella lo hizo
para prepararme para la sepultura. **13** De cierto os digo que dondequiera que este evangelio sea predicado en todo el mundo, también será contado lo que esta mujer ha hecho, para memoria de ella".

Marcos 14:3-9

6 pero Jesús dijo: "Dejadla. ¿Por qué la molestáis? Ella ha hecho una buena obra conmigo.

7 Porque siempre tenéis a los pobres con vosotros, y cuando queréis les podéis hacer bien; pero a mí no siempre me tenéis.

8 Ella
ha hecho lo que podía, porque se ha anticipado a ungir mi cuerpo para la sepultura. **9** De
cierto os digo que dondequiera que sea predicado este evangelio en todo el mundo, también lo que ésta ha hecho será contado para memoria de ella".

*14:4 Algunos mss. antiguos no incluyen **y dijeron**. *14:5 El denario era una moneda romana que equivalía al salario de un día para un obrero; aquí un total equivalente al salario de un año.

Juan 12:2-8

se echaba en ella. **7** Entonces Jesús dijo: "Déjala.

Para el día de mi sepultura ha guardado esto.
8 Porque a los pobres siempre los tenéis con vosotros,
pero a mí, no siempre me tenéis".

*12:3 La libra romana de 12 onzas equivalía aprox. a 340 gramos. *12:4 Algunos mss. antiguos incluyen **hijo de Simón**. *12:5 El denario era una moneda romana que equivalía al salario de un día para un obrero; ver Mat. 20:2.

Nota 142: Se supone que Simón fue uno de los muchos que recibió sanidad por la intervención del Señor. Su vecino Lázaro, recién levantado de la tumba, está presente; y Marta en forma característica está sirviendo. María, también en forma característica, muestra su interés de otro modo. Al derramar sobre Jesús un ungüento de un valor comercial de ocho meses de jornal de un obrero, ¿tendría María una comprensión de que ésta sería su última oportunidad de expresarle en vida su gratitud? A lo menos el Señor lo comprende así, y la defiende contra las quejas de varios, especialmente las de Judas Iscariote. Hay dos cosas en estos pasajes en que hay diferencia de parecer entre los estudiosos de la Biblia:

1) Al decir Juan 12:1 (**§ 128**): "Seis días antes de la Pascua llegó Jesús a Betania", algunos creen que esta cena se realizó la semana anterior después de terminar el sábado al anochecer. Sin embargo, Juan no dice que la cena ocurre esa noche, y Jesús (Mat. 26:2) aquí dice explícitamente que "después de dos días se celebra la Pascua" (**§ 141**).
2) Algo de mayor importancia: Lucas 7:36-50 (**§ 59**) cuenta del lavamiento de los pies de Jesús

con las lágrimas de una despreciada pecadora arrepentida en la casa de Simón el fariseo, en Galilea, a lo menos un año antes. Pero Marcos, Mateo y Juan aquí cuentan de una digna María de Betania (**§ 104**), cuyos hermano y hermana se sienten en casa en el hogar de otro Simón, el que ha sido leproso. El nombre Simón (o Simeón) es muy común en la Biblia, como lo es María. En el relato anterior la queja era por el trato que Jesús aceptaba de una persona de tan mala reputación; en este es por la extravagancia del regalo. A la primera el Señor le aseguró el perdón; en este caso le asegura honor perpetuo. También ahora se relaciona el ungimiento con la muerte cercana; antes no había dicho nada de eso. Algunos doctos también identifican a María de Magdala (en Galilea) como la misma persona, basado en lo que dice Marcos 16:9: "de la cual había echado siete demonios". No vemos una razón adecuada para confundir a las tres personas.

§ 143. Acuerdo entre el Iscariote y los principales sacerdotes

Mateo 26:14-16	**Marcos 14:10, 11**	**Lucas 22:3-6**
14 Entonces, uno de los doce, que se llamaba Judas Iscariote, fue a los principales sacerdotes	**10** Entonces Judas Iscariote, uno de los doce, fue a los principales sacerdotes para entregárselo.	**3** Entonces Satanás entró en Judas, llamado Iscariote, el cual era uno del número de los doce. **4** El fue y habló con los principales sacerdotes y con los magistrados acerca de cómo entregarle.
15 y les dijo: "¿Qué me queréis dar? Y yo os lo entregaré".	**11** Ellos, al oírlo, se alegraron y prometieron darle dinero.	**5** Estos se alegraron y acordaron darle dinero.
Ellos le asignaron treinta piezas de plata;* **16** y desde entonces él buscaba la oportunidad para entregarle.	Y él buscaba cómo entregarle en un momento oportuno.	**6** Él estuvo de acuerdo y buscaba la oportunidad para entregarle sin que la gente lo advirtiera.

*26:15 Ver Éxo. 21:32; Zac. 11:12. Posiblemente se refiere al siclo de plata para uso en el templo; comp. Jer. 32:9, 10.

Nota 143: Este hombre de Queriot, en Judá, parece ser el único de los doce apóstoles que no es de Galilea. Al igual que muchos del grupo, esperaba que Jesús estableciese su reino venciendo a los romanos. Pero el Señor no lo ha hecho, con lo que pierde (según Judas) varias oportunidades de conseguir el apoyo del pueblo. Ahora Jesús lo ha reprendido por haberse quejado contra el gasto del ungüento que María utilizó. Así esa misma noche o al día siguiente acude a los dirigentes religiosos y, por dinero (Zac. 11:12), hace un trato con ellos para entregar a su Maestro en algún lugar donde el pueblo no pueda reaccionar. ¡Treinta piezas de plata! El precio de un esclavo (Éxo. 21:32), o talvez el valor de hasta cuatro o cinco meses de trabajo de un jornalero.

§ 144. Preparación para comer la Pascua

Mateo 26:17-19

17 El primer día de la fies-
ta de los panes sin levadura,
los discípulos se acercaron a
Jesús diciendo: "¿Dónde
quieres que te ha-
gamos los preparativos para
comer la Pascua?"
18 Él dijo: "Id a
la ciudad,
a cierto
hombre,
y decidle: 'El Maestro
dice: —Mi tiempo está
cerca; en tu casa voy a cele-
brar la Pascua con mis dis-
cípulos—' ".
19 Los discípulos
hicieron como Jesús les
mandó
y prepararon la Pascua.

Marcos 14:12-16

12 El primer día de la fies-
ta de los panes sin levadu-
ra, cuando sacrificaban el
cordero de la Pascua,
sus discípulos
le dijeron: "¿Dónde
quieres que vayamos y ha-
gamos los preparativos para
que comas la Pascua?"
13 Él envió a dos de sus
discípulos y les dijo: "Id a
la ciudad,
y os saldrá al encuentro un
hombre llevando un cántaro
de agua. Seguidle;
14 y donde entre,
decid al dueño de
casa: 'El Maestro dice:
—¿Dónde está mi habita-
ción donde he de comer
la Pascua con mis discípu-
los?—'. **15** Y él os mostra-
rá un gran aposento alto*
ya dispuesto y preparado.
Preparad allí para nosotros".
16 Salieron sus discípulos,
entraron en la ciudad,
hallaron como les había di-
cho y prepararon la Pascua.

*14:15 O sea, **una sala grande del piso superior**.

Lucas 22:7-13

7 Llegó el día
de los panes sin levadura,
en el cual era necesario sa-
crificar la víctima pascual.
8 Jesús envió a Pedro y a
Juan, diciendo: "Id, prepa-
radnos la Pascua para que
comamos".
9 Ellos
le preguntaron: "¿Dónde
quieres que
la preparemos?"
10 Él les dijo: "He aquí,
cuando entréis en la ciudad,
os saldrá al encuentro un
hombre llevando un cántaro
de agua. Seguidle hasta la
casa a donde entre.
11 Decidle al dueño de la
casa: 'El Maestro te dice:
—¿Dónde está la habita-
ción en la que he de comer
la Pascua con mis discípu-
los?—'. **12** Y él os mostra-
rá un gran aposento alto,*
ya dispuesto.
Preparad allí".
13 Fueron, pues, y
hallaron como les había di-
cho; y prepararon la Pascua.

*22:12 O sea, **una sala grande del piso superior**.

Nota 144: Al parecer, Jesús y sus discípulos descansan el día miércoles en una parte fuera de Jerusalén (Mat. 26:18 dice: "Id a la ciudad"), talvez en Betania. Por supuesto, desde el jueves en la tarde hasta su muerte va a haber horas tensas en extremo, tanto para él como para sus amigos.

Juan, quien está familiarizado con la ciudad (Juan 18:15), y Pedro son encargados para hacer los arreglos para la cena pascual: conseguir un cordero, hacerlo matar por un sacerdote en el templo, ver que la carne se ase, reunir el pan sin levadura, el vino, las hierbas amargas. A causa del peligro involucrado, Jesús solo indica que sigan "a un hombre llevando un cántaro de agua" (Mar. 14:13). Por lo general, el agua es llevada por una mujer. ¿El conocimiento de Jesús del lugar alistado es milagroso, o podría él mismo haber hecho arreglos de antemano? ¿Sería ésta la sala donde después se reuniera el grupo de creyentes (Hech. 1:13; 12:12)? La fecha es el 14 de Nisán (Éxo. 12:6 ss.; Lev. 23:5 ss.), un Día de Preparación.

§ 145. Jesús come la Pascua con los discípulos

Mateo 26:20	**Marcos 14:17**	**Lucas 22:14-16, 24-30**
20 Al tardecer, él estaba sentado a la mesa con los doce,	**17** Al atardecer fue con los doce;	**14** Cuando llegó la hora, se sentó a la mesa, y con él los apóstoles. **15** Y les dijo: "¡Cuánto he deseado comer con vosotros esta Pascua antes de padecer! **16** Porque

os digo que no comeré más de ella hasta que se cumpla en el reino de Dios".

24 Hubo entre ellos una disputa acerca de quién de ellos parecía ser el más importante. **25** Entonces él les dijo: "Los reyes de las naciones se enseñorean de ellas, y los que tienen autoridad sobre ellas son llamados bienhechores. **26** Pero entre vosotros no será así. Más bien, el que entre vosotros sea el importante, sea como el más nuevo; y el que es dirigente, como el que sirve. **27** Porque, ¿cuál es el más importante: el que se sienta a la mesa, o el que sirve? ¿No es el que se sienta a la mesa? Sin embargo, yo estoy en medio de vosotros como el que sirve.

28 "Y vosotros sois los que habéis permanecido conmigo en mis pruebas. **29** Yo, pues, dispongo para vosotros un reino, como mi Padre lo dispuso para mí; **30** para que comáis y bebáis en mi mesa en mi reino, y os sentéis sobre tronos para juzgar a las doce tribus de Israel".

Nota 145: Ahora están en Jerusalén después de la puesta del sol, del jueves nuestro pero al comienzo del viernes judío. Tal como en la mayoría de los núcleos familiares de la ciudad, van a celebrar con una cena que es a la vez religiosa y patriótica: recordando la liberación que hizo Dios al sacar a su pueblo de la esclavitud egipcia y el nacimiento de dicho pueblo como nación.

Como en tantas otras ocasiones, aquí los celebrantes solo en parte tienen una actitud debida. No captan la seriedad de la situación, y hay "entre ellos una disputa acerca de quién parecía ser el más importante" (Luc. 22:24). No es la primera vez que los apóstoles muestran su esperanza de ocupar puestos importantes en el reino mesiánico de su Maestro (Juan 6:15, 66 ss. y Mat. 14:22 en **§ 73**; Mar. 9:33 ss. en **§ 90** y Mar. 10:35 ss. en **§ 125**). En general, los apóstoles son leales a Jesús; pero su espíritu de rivalidad y su ambición personal son evidentes

§ 146. Jesús lava los pies de sus discípulos

Mateo	**Marcos**	**Lucas**	**Juan 13:1-20**
			1 Antes de la fiesta de la Pascua, sabiendo Jesús que había

llegado su hora para pasar de este mundo al Padre, como había amado a los suyos que

Mateo	Marcos	Lucas	Juan 13:1-20
			estaban en el mundo, los amó hasta el fin.

2 Durante la cena, como el diablo ya había puesto en el corazón de Judas hijo de
Simón Iscariote que le entregase, 3 y sabiendo Jesús que el Padre había puesto todas las
cosas en sus manos y que él había salido de Dios y a Dios iba, 4 se levantó de la cena;
se quitó el manto, y tomando una toalla, se ciñó con ella. 5 Luego echó agua en una va-
sija y comenzó a lavar los pies de los discípulos y a secarlos con la toalla con que estaba
ceñido. 6 Entonces llegó a Simón Pedro, y éste le dijo: "Señor, ¿tú me lavas los pies a
mí?"

7 Respondió Jesús y le dijo: "Lo que yo hago, tú no lo entiendes ahora, pero lo comprenderás después".

8 Pedro le dijo: "¡Jamás me lavarás los pies!"

Jesús le respondió: "Si no te lavo, no tienes parte conmigo".

9 Le dijo Simón Pedro: "Señor, entonces, no sólo mis pies, sino también las manos y la cabeza".

10 Le dijo Jesús: "El que se ha lavado no tiene necesidad de lavarse más que los pies, pues está todo limpio. Ya vosotros estáis limpios, aunque no todos".

11 Porque sabía quién le entregaba, por eso dijo: "No todos estáis limpios". **12** Así
que, después de haberles lavado los pies, tomó su manto, se volvió a sentar a la mesa y
les dijo: "¿Entendéis lo que os he hecho? **13** Vosotros me llamáis Maestro y Señor; y
decís bien, porque lo soy. **14** Pues bien, si yo, el Señor y el Maestro, lavé vuestros pies,
también vosotros debéis lavaros los pies los unos a los otros. **15** Porque ejemplo os he
dado, para que así como yo os hice, vosotros también hagáis. **16** De cierto, de cierto os
digo que el siervo no es mayor que su señor, ni tampoco el apóstol* es mayor que el que
le envió. **17** Si sabéis estas cosas, bienaventurados sois si las hacéis. **18** No hablo así de
todos vosotros. Yo sé a quiénes he elegido; pero para que se cumpla la Escritura: *El que
come pan conmigo* levantó contra mí su talón.** **19** Desde ahora os lo digo, antes de
que suceda, para que cuando suceda, creáis que Yo Soy. **20** De cierto, de cierto os digo
que el que recibe al que yo envío, a mí me recibe; y el que a mí me recibe, recibe al que
me envió".

*13:16 Otra trad., **enviado**. *13:18 Algunos mss. antiguos dicen **come mi pan**. *13:18 Sal. 41:9.

Nota 146: Como parte de las actividades de esa noche, el Maestro hace un trabajo de sirviente lo que se constituye, para sus discípulos, en una valiosa lección de humildad. Probablemente todos se bañaron antes en preparación para una ocasión tan importante; pero, en ausencia de un criado, algún joven debe quitarles a los huéspedes sus sandalias y lavarles sus pies polvorientos. ¡Pero cómo podría hacer eso un futuro "Ministro de Estado" para los que quizás ocupen un puesto menor! En cambio, Jesús, sabiendo quién es él (v. 3), no necesita aparentar. Solo el impetuoso Pedro pone resistencia al acto, pero ¡no ofrece tomar el lugar de su Señor en la tarea! Un hombre orgulloso puede ser salvado solo por un Dios servicial.

Luego Jesús les explica el significado de su acción y, con tristeza, hace una referencia indirecta al traidor que, como los otros, acaba de aceptar el servicio cariñoso dado por su Maestro.

§ 147. Jesús alude a Judas Iscariote como el traidor

Mateo 26:21-25	Marcos 14:18-21	Lucas 22:21-23	Juan 13:21-30
			21 Después de haber dicho esto,
21 y mientras comían,	**18** y cuando estaban sentados a la mesa comiendo, Jesús		Jesús se conmovió en espíritu y testificó
dijo: "De cierto os digo que uno de vosotros	dijo: "De cierto os digo que uno de vosotros, el que come conmigo,		diciendo: "De cierto, de cierto os digo que uno de vosotros
me va a entregar".	me va a entregar".		me ha de entregar".
22 Entristecidos en gran manera, comenzaron a preguntarle, uno por uno: "¿Acaso seré yo, Señor?"	**19** Entonces comenzaron a entristecerse y a decirle uno tras otro: "¿Acaso seré yo?"*	{**23** Entonces ellos comenzaron a preguntarse entre sí cuál de ellos sería el que habría de hacer esto.}	**22** Entonces los discípulos se miraban unos a otros, dudando de quién hablaba.
			23 Uno de sus discípulos, a quien Jesús amaba, estaba a la mesa recostado junto a Jesús. **24** A él Simón Pedro le hizo señas para que preguntase quién era aquel de quien hablaba. **25** Entonces él, recostándose sobre el pecho de Jesús, le dijo: "Señor, ¿quién es?"
23 Entonces respondiendo él dijo:	**20** Él les dijo:*		**26** Jesús contestó:
		21 "No obstante, he aquí la mano del que me entrega está conmigo en la mesa.	
"El que mete la mano conmigo en el plato, éste me entregará.	"Es uno de los doce, el que moja el pan conmigo en el plato.		"Es aquel para quien yo mojo el bocado y se lo doy".*
			Y mojando el boca-

Mateo 26:21-25

24 A la verdad, el Hijo del Hombre va, tal como está escrito de él.* Pero ¡ay de aquel hombre por quien es entregado el Hijo del Hombre! Bueno le fuera a aquel hombre no haber nacido".
25 Y respondiendo Judas, el que le entregaba, dijo: "¿Acaso seré yo, Maestro?"
Le dijo: "Tú lo has dicho".

*26:24 P. ej., en Sal. 41:9.

Marcos 14:18-21

21 A la verdad, el Hijo del Hombre va, tal como está escrito de él.* Pero ¡ay de aquel hombre por quien es entregado el Hijo del Hombre! Bueno le fuera a aquel hombre no haber nacido".

*14:19 Algunos mss. antiguos añaden **Y el otro, ¿Acaso seré yo?** *14:20 Algunos mss. antiguos dicen **Y respondiendo les dijo**.
*14:21 P. ej., en Sal. 41:9.

Lucas 22:21-23

22 A la verdad, el Hijo del Hombre va según lo que está determinado, pero ¡ay de aquel hombre por quien es entregado!"

Juan 13:21-30

do, lo tomó y* se lo dio a Judas hijo de Simón Iscariote.
27 Después del bocado, Satanás entró en él.

Entonces le dijo Jesús: "Lo que estás haciendo, hazlo pronto".
28 Ninguno de los que estaban a la mesa entendió para qué le dijo esto; 29 porque
algunos pensaban, puesto que Judas tenía la bolsa, que Jesús le decía: "Compra lo que necesitamos para la fiesta", o que diese algo a los pobres.
30 Cuando tomó el bocado, él salió en seguida; y ya era de noche.

*13:26 Algunos mss. antiguos dicen **Es aquel a quien, cuando yo moje el pan, se lo doy**. *13:26 Algunos mss. antiguos no incluyen **lo tomó y**.

Nota 147: Reclinado ante la mesa, como es la costumbre judía al comer, Jesús sigue hablando con sus discípulos sobre lo que va a suceder. Es interesante observar que, pese a sus discusiones sobre puestos, nadie sospecha del otro al escuchar: "Uno de vosotros me va a entregar" (Mat. 26:21) con una referencia a Salmo 41:9. Más bien, preguntan: "Acaso seré yo, Señor" (v. 22), al parecer suponiendo que alguien por error daría base para una acción de los dirigentes judíos. Aun cuando Judas Iscariote sale, piensan que como tesorero es para comprar algo para los días siguientes de la fiesta de la Pascua; no lo sospechan. ¿Que alguien aceptase comer con otro (así sellando un pacto) y someter los pies para ser lavados por un Maestro, y a la vez ser traidor? ¡Ni pensarlo! Pero así es, y de modo tanto físico como espiritual es "de noche" (Juan 13:30). No es la primera vez que Satanás toma control de Judas (Luc. 22:3 en **§ 143**).

En cinco lugares Juan (13:23; 19:26; 20:2; 21:7, 20) se refiere a sí mismo como "a quien Jesús amaba". Nunca se menciona de otro modo. No dice que Jesús no ama a otros, sino que lo ama a él. Talvez podría haber añadido: "¡A pesar de todo! ¡Qué maravilla!" Recordamos que el Maestro ha dado a Jacobo y a Juan el apodo de "Boanerges" (hijos del trueno) (Mar. 3:17 en **§ 53**). Sin duda que era por su mal genio, como vemos en Lucas 9:54 (**§ 95**). Después Juan llega a ser conocido como "el apóstol del amor".

§ 148. Los discípulos prometen fidelidad al Maestro

Mateo 26:31-35	**Marcos 14:27-31**	**Lucas 22:31-38**	**Juan 13:31-38**

31 Cuando Judas
había salido, dijo Je-
sús: "Ahora es glo-
rificado el Hijo del Hombre, y Dios es glorificado en él. **32** Si Dios es glorificado en él,
también Dios le glorificará en sí mismo. Y pronto le glorificará. **33** Hijitos, todavía sigo
un poco con vosotros. Me buscaréis, pero como dije a los judíos: 'A donde yo voy vo-
sotros no podéis ir',* así os digo a vosotros ahora.
34 "Un mandamiento nuevo os doy: que os améis los unos a los otros. Como os he
amado, amaos también vosotros los unos a los otros. **35** En esto conocerán todos que
sois mis discípulos, si tenéis amor los unos por los otros".
36 Simón Pedro le dijo: "Señor, ¿a dónde vas?"
Le respondió Jesús: "A donde yo voy, no me puedes seguir ahora; pero me seguirás
más tarde".
37 Le dijo Pedro: "Señor, ¿por qué no te puedo seguir ahora? ¡Mi vida pondré por ti!"

38 Jesús le respondió: "¿Tu vida pondrás por mí?

31 Entonces Jesús les dijo: "Todos vosotros os escandalizaréis de mí esta noche, porque está escrito: *Heriré al Pastor, y las ovejas del rebaño serán dispersadas*.*
32 Pero después de haber resucitado, iré delante de vosotros a Galilea".
33 Respondiéndole Pedro dijo: "Aunque todos se escandalicen de ti, yo nunca me escandalizaré".

27 Entonces Jesús les dijo: "Todos os escandalizaréis de mí;* porque está escrito : *Heriré al Pastor, y serán dispersadas las ovejas*.*
28 Pero después de haber resucitado, iré delante de vosotros a Galilea".
29 Entonces Pedro le dijo: "Aunque todos sean escandalizados, yo no".

31 "Simón, Si-

Mateo 26:31-35	Marcos 14:27-31	Lucas 22:31-38	Juan 13:31-38
		Simón,* he aquí Satanás os ha pedido para zarandearos como a trigo. **32** Pero yo he rogado por ti, que tu fe no te falle. Y tú, cuando hayas vuelto, confirma a tus hermanos". **33** Él le dijo: "Señor, estoy listo para ir contigo aun a la cárcel y a la muerte".	
34 Jesús le dijo: "De cierto te digo que esta noche, antes que el gallo cante, tú me negarás tres veces".	**30** Jesús le dijo: "De cierto te digo que hoy, en esta noche, antes que el gallo haya cantado dos veces, tú me negarás tres veces".	**34** Pero él dijo: "Pedro, te digo que el gallo no cantará hoy antes que tú hayas negado tres veces que me conoces".	De cierto, de cierto te digo que no cantará el gallo antes que me hayas negado tres veces".
35 Pedro le dijo: "Aunque me sea necesario morir contigo, jamás te negaré". Y todos los discípulos dijeron lo mismo.	**31** Pero él decía con mayor insistencia: "Aunque me sea necesario morir contigo, jamás te negaré". También todos decían lo mismo.		

35 Y les dijo a ellos: "Cuando os
envié sin bolsa, sin alforja y sin calzado,* ¿os faltó algo?"
Ellos dijeron: "Nada".
36 Entonces les dijo: "Pues ahora, el que tiene bolsa, tómela; y también la alforja. Y el que no tiene espada, venda su manto y compre una. **37** Porque os digo que es necesario que se cumpla en mí aquello que está escrito: *Y fue contado con los malhechores*.* Porque lo que está escrito de mí tiene cumplimiento".
38 Entonces ellos dijeron: "Señor, he aquí dos espadas".
Y él dijo: "Basta".

*26:31 Zac. 13:7.

*14:27 Algunos mss. antiguos incluyen **esta noche**. *14:27 Zac. 13:7.

*22:31 Algunos mss. antiguos tienen **Dijo también el Señor: Simón, Simón,...** *22:35 Comp. 9:3; 10:4; Mar. 6:8, 9. *22:37 Isa. 53:12; comp. Luc. 12:50.

*13:33 Ver 7:34.

Nota 148: El orden de los acontecimientos de esa noche memorable no es claro; note que hemos invertido el orden que presentan los Evangelios por lo que parece es el orden cronológico (**§ 148** y **149**); pero lo importante no es el orden, sino los hechos. Ya se han asombrado con la noticia de que uno de ellos lo va a entregar, y ahora él añade: "Todos vosotros os escandalizaréis de mí esta noche" (Mat. 26:31), y les cita Zacarías 13:7. Luego agrega: "después de haber resucitado, iré delante de vosotros a Galilea" (v. 32). Pero sus mentes confundidas no lo captan.

Pedro, siempre listo para hablar, dice en efecto: "No hablo por los demás, pero en cuanto a mí, 'yo nunca me escandalizaré' " (v. 33). Obsérvese que en Lucas 22:31 Jesús lo llama "Simón", el nombre de antes; pero en v. 34 lo llama "Pedro", pues aun el hombre nuevo, la roca, va a fallar gravemente, tanto que antes del amanecer negará tres veces a su Maestro.

No sabemos si Pedro ha tenido por costumbre llevar una espada, algo prohibido para los judíos, o si esta noche la lleva debido a la situación tan tensa. Va a comprobar su lealtad a Cristo aunque le signifique la muerte.

§ 149. Jesús instituye la cena conmemorativa★

Mateo 26:26-29	**Marcos 14:22-25**	**Lucas 22:17-20**	**1 Corintios 11:23b-25**
			23b el Señor Jesús,
26 Mientras ellos	**22** Mientras ellos	{**19** Entonces	la noche en que fue
comían, Jesús tomó	comían, Jesús tomó	tomó	entregado, tomó
pan y lo bendijo;	pan y lo bendijo;	pan, y habiendo da-	pan; **24** y habiendo
lo partió	lo partió,	do gracias, lo partió	dado gracias, lo par-
y lo dio a sus discí-	les dio	y les dio	tió
pulos, y dijo:	y dijo:	diciendo:	y dijo:
"Tomad; comed.	"Tomad;		"Tomad, comed.*
Esto es mi cuerpo".	esto es mi cuerpo".	"Esto es mi cuerpo*	Esto es mi cuerpo
		que por vosotros es	que por vosotros es
		dado. Haced esto	partido.* Haced esto
		en memoria de mí".	en memoria de mí."
		20 Asimismo, des-	**25** Asimismo, tomó
		pués de haber cena-	también la copa des-
27 Tomando la	**23** Tomando la	do, tomó también la	pués de haber cena-
copa, y habiendo	copa, y habiendo	copa	do,
dado gracias, les dio	dado gracias, les		
	dio; y bebieron to-		
di-	dos de ella. **24** Y él		
ciendo: "Bebed de	les dijo:	y dijo:	y dijo:
ella todos; **28** porque			
esto es mi sangre	"Esto es mi sangre	"Esta copa es	"Esta copa es
del pacto,*	del pacto,*	el nuevo pacto en mi	el nuevo pacto en mi
		sangre, que por vo-	sangre.
la cual es derramada	la cual es derramada	sotros se derrama".}	
para el perdón de pe-			
cados para muchos.	a favor de muchos.		
			Haced esto todas las
			veces que la bebáis

★ **En § 149 se incluye el pasaje de 1 Corintios como una referencia.**

Mateo 26:26-29	Marcos 14:22-25	Lucas 22:17-20	1 Corintios 11:23b-25
			en memoria de mí”.
		17 Luego tomó una copa, y habiendo dado gracias, dijo: “Tomad esto y repartidlo entre vosotros,	
29 Pero os digo que desde ahora no beberé más de este fruto de la vid, hasta aquel día cuando lo beba nuevo* con vosotros en el reino de mi Padre”.	**25** De cierto os digo que no beberé más del fruto de la vid, hasta aquel día cuando lo beba nuevo* en el reino de Dios”.	**18** porque os digo que desde ahora* no beberé más del fruto de la vid hasta que venga el reino de Dios”.	
*26:28 Algunos mss. antiguos dicen **del nuevo pacto**. *26:29 Adjetivo; aparentemente se refiere al **fruto de la vid**, o sea, al **vino nuevo**.	*14:24 Algunos mss. antiguos dicen **mi sangre del nuevo pacto**; Comp. Mat. 22:20. *14:25 Adjetivo; aparentemente se refiere al **fruto de la vid**, o sea, al **vino nuevo**.	*22:18 Algunos mss. antiguos omiten **desde ahora**. *22:19 Algunos mss. no incluyen desde aquí hasta el final del v. 20.	*11:24 Algunos de los mss. más antiguos no incluyen **Tomad; comed**. *11:24 Algunos mss. antiguos no incluyen **partido**, de modo que dicen **Este mi cuerpo es para vosotros**.

Nota 149: Los dos elementos de la cena del Señor, instituida en esta noche, son comida y bebida como las que ya se han utilizado en la cena pascual. Pero Jesús les ha dado un nuevo, y más profundo, significado. Varias veces el Señor ha hablado de su muerte: hace casi un año en el monte de la transfiguración (Luc. 9:31 en **§ 85**) y de nuevo pasados algunos días (Mat. 17:22s en **§ 88**); unos meses después aseveró que “el buen pastor pone su vida por las ovejas” (Juan 10:11 en **§ 102**), y unas pocas semanas antes de esta noche expresó: “el Hijo del Hombre no vino para ser servido, sino para servir y para dar su vida en rescate por muchos” (Mat. 20:28 en **§ 126**). Ahora dice que el vino de la Cena representa “mi sangre del pacto, la cual es derramada para el perdón de pecados para muchos” (Mat. 26:28). Es decir, su muerte es una necesidad redentora (Ef. 1:7; comp. Éxo. 24:8; Jer. 31:31).

Lucas (22:19) y Pablo indican que los creyentes deben seguir practicándolo “en memoria de mí”. Vemos por lo que dice Pablo (1 Cor. 11:17-20) que llega a ser práctica de las iglesias: “cuando os reunís como iglesia”, como recordatorio de “la muerte del Señor, hasta que él venga”. Sin embargo, para venir de nuevo tiene que irse, por lo cual les dice: “os digo que no beberé más del fruto de la vid, hasta aquel día cuando lo beba nuevo en el reino de Dios” (Mar. 14:25).

§ 150. Enseñanzas en el aposento alto

Mateo	Marcos	Lucas	Juan 14:1-31
			1 “No se turbe vuestro corazón. Creéis en Dios;

creed también en mí. **2** En la casa de mi Padre muchas moradas hay. De otra manera, os lo hubiera dicho. Voy, pues, a preparar lugar para vosotros.* **3** Y si voy y os preparo lugar, vendré otra vez y os tomaré conmigo; para que donde yo esté, vosotros también estéis. **4** Y sabéis a dónde voy, y sabéis el camino”.*

Mateo	Marcos	Lucas	Juan 14:1-31
			5 Le dijo Tomás: “Señor, no sabemos a dónde vas; ¿cómo

podemos saber el camino?”
6 Jesús le dijo: “Yo soy el camino, la verdad y la vida; nadie viene al Padre, sino por mí.
7 Si me habéis conocido a mí, también conoceréis a mi Padre;* y desde ahora le conocéis y
le habéis visto”.
8 Le dijo Felipe: “Señor, muéstranos el Padre, y nos basta”.
9 Jesús le dijo: “Tanto tiempo he estado con vosotros, Felipe, ¿y no me has conocido? El
que me ha visto, ha visto al Padre. ¿Cómo, pues, dices tú: ‘Muéstranos el Padre’? **10** ¿No
crees que yo soy en el Padre y el Padre en mí? Las palabras que yo os hablo, no las hablo
de mí mismo; sino que el Padre que mora en mí hace sus obras. **11** Creedme que yo soy en
el Padre, y el Padre en mí; de otra manera, creed* por las mismas obras.
12 “De cierto, de cierto os digo que el que cree en mí, él también hará las obras que yo
hago. Y mayores que éstas hará, porque yo voy al Padre. **13** Y todo lo que pidáis* en mi
nombre, eso haré, para que el Padre sea glorificado en el Hijo. **14** Si me *pedís alguna cosa
en mi nombre, yo la haré.
15 “Si me amáis, guardaréis* mis mandamientos. **16** Y yo rogaré al Padre y os dará otro
Consolador,* para que esté con vosotros para siempre. **17** Este es el Espíritu de verdad, a
quien el mundo no puede recibir, porque no lo ve ni lo conoce. Vosotros lo conocéis, por-
que permanece con vosotros y está en vosotros. **18** No os dejaré huérfanos; volveré a voso-
tros. **19** Todavía un poquito, y el mundo no me verá más; pero vosotros me veréis. Porque
yo vivo, también vosotros viviréis. **20** En aquel día vosotros conoceréis que yo soy en mi
Padre, y vosotros en mí, y yo en vosotros. **21** El que tiene mis mandamientos y los guarda,
él es quien me ama. Y el que me ama será amado por mi Padre, y yo lo amaré y me mani-
festaré a él”.
22 Le dijo Judas, no el Iscariote: “Señor, ¿cómo es que te has de manifestar a nosotros y
no al mundo?”
23 Respondió Jesús y le dijo: “Si alguno me ama, mi palabra guardará. Y mi Padre lo
amará, y vendremos a él y haremos nuestra morada con él. **24** El que no me ama no guarda
mis palabras. Y la palabra que escucháis no es mía, sino del Padre que me envió.
25 “Estas cosas os he hablado mientras todavía estoy con vosotros. **26** Pero el Consola-
dor,* el Espíritu Santo, que el Padre enviará en mi nombre, él os enseñará todas las cosas y
os hará recordar todo lo que yo os he dicho.
27 “La paz os dejo, mi paz os doy. No como el mundo la da, yo os la doy. No se turbe
vuestro corazón, ni tenga miedo. **28** Oísteis que yo os dije: ‘Voy y vuelvo a vosotros’. Si
me amarais, os gozaríais de que voy al Padre, porque el Padre es mayor que yo.
29 “Ahora os lo he dicho antes que suceda, para que cuando suceda, creáis. **30** Ya no hablaré
mucho con vosotros, porque viene el príncipe de este mundo y él no tiene nada en mí. **31** Pe-
ro para que el mundo conozca que yo amo al Padre y como el Padre me mandó, así hago.
“Levantaos. ¡Vamos de aquí!”

*14:2 Otra trad., **Si así no fuera, ¿os habría dicho que voy para preparar lugar para vosotros?** *14:4 Los mss. más antiguos dicen **Ya sabéis el camino a dónde voy**. *14:7 Algunos mss. antiguos dicen **Si me hubiérais conocido a mí, también habríais conocido a mi Padre**. *14:11 Algunos mss. antiguos dicen **creedme**. *14:13 Algunos textos tardíos incluyen **al Padre**. *14:14 Algunos mss. antiguos no incluyen **me**. *14:15 Algunos mss. antiguos dicen **guardad**. *14:16, 26 Lit., **Paracleto**; o sea, el que es llamado para estar al lado de uno para ayudar. Otras trads.: **Ayudador**, **Consejero**, **Abogado Defensor**, **Auxiliador**, **Intercesor** o **Confortador**.

Nota 150: Las diversas referencias a la traición por uno de ellos, la dispersión de todos, la negación por Pedro y el no participar más por parte de él de la copa con los discípulos los deja completamente turbados. Es posible que hayan cantado "el himno" (Mar. 14:26; etc., que hemos puesto en **§ 153**) ahora y que la conversación relatada en este pasaje por Juan haya ocurrido estando ellos de pie a punto de salir. Jesús trata de suavizar la situación por la que sus discípulos pasan, llamándolos a la fe y a la confianza en él. Demuestra más preocupación por lo que les sucederá a ellos durante las próximas horas que por lo que él mismo experimentará.

Todos los Evangelios dan mucho espacio a los sucesos de esta última noche, pero el de Juan da muchos detalles, especialmente en los capítulos 14—17, que los otros no tratan. En esos detalles se revela mucho de la mente y el corazón del Maestro.

Pero es mejor irse; pues Judas Iscariote podría llegar ahí en cualquier momento con una guardia de parte del sumo sacerdote, y Jesús tiene otros asuntos que atender antes de someterse a esa experiencia. Por eso dice: "¡Levantaos, vamos!... está cerca el que me entrega".

§ 151. Enseñanzas en el camino al Getsemaní

Mateo	**Marcos**	**Lucas**	**Juan 15:1—16:33**
			1 "Yo soy la vid verdadera, y mi Padre es el labrador.

2 Toda rama que en mí no está llevando fruto, la quita; y toda rama que está llevando
fruto, la limpia para que lleve más fruto. **3** Ya vosotros estáis limpios por la palabra que
os he hablado.
4 "Permaneced en mí, y yo en vosotros. Como la rama no puede llevar fruto por sí so-
la, si no permanece en la vid, así tampoco vosotros, si no permanecéis en mí. **5** Yo soy
la vid, vosotros las ramas. El que permanece en mí y yo en él, éste lleva mucho fruto.
Pero separados de mí, nada podéis hacer. **6** Si alguien no permanece en mí, es echado
fuera como rama, y se seca. Y las recogen y las echan en el fuego, y son quemadas.
7 "Si permanecéis en mí, y mis palabras permanecen en vosotros, pedid lo que queráis,
y os será hecho. **8** En esto es glorificado mi Padre: en que llevéis mucho fruto y seáis
mis discípulos. **9** Como el Padre me amó, también yo os he amado; permaneced en mi
amor. **10** Si guardáis mis mandamientos, permaneceréis en mi amor; como yo también
he guardado los mandamientos de mi Padre y permanezco en su amor.
11 "Estas cosas os he hablado para que mi gozo esté en vosotros y vuestro gozo sea
completo. **12** Este es mi mandamiento: que os améis los unos a los otros, como yo os he
amado. **13** Nadie tiene mayor amor que éste, que uno ponga su vida por sus amigos.
14 Vosotros sois mis amigos, si hacéis lo que yo os mando. **15** Ya no os llamo más sier-
vos, porque el siervo no sabe lo que hace su señor. Pero os he llamado amigos, porque
os he dado a conocer todas las cosas que oí de mi Padre.
16 "Vosotros no me elegisteis a mí; más bien, yo os elegí a vosotros, y os he puesto
para que vayáis y llevéis fruto, y para que vuestro fruto permanezca; a fin de que todo lo
que pidáis al Padre en mi nombre él os lo dé. **17** Esto os mando: que os améis unos a
otros.
18 "Si el mundo os aborrece, sabed que a mí me ha aborrecido antes que a vosotros.
19 Si fuerais del mundo, el mundo amaría lo suyo. Pero ya no sois del mundo, sino que
yo os elegí del mundo; por eso el mundo os aborrece. **20** Acordaos de la palabra que yo
os he dicho: 'El siervo no es mayor que su señor'.* Si a mí me han perseguido, también

Mateo	Marcos	Lucas	Juan 15:1—16:33
			a vosotros os perseguirán. Si han guardado mi palabra,

también guardarán la vuestra. **21** Pero todo esto os harán por causa de mi nombre, por-
que no conocen al que me envió. **22** Si yo no hubiera venido ni les hubiera hablado, no
tendrían pecado; pero ahora no tienen excusa por su pecado. **23** El que me aborrece,
también aborrece a mi Padre. **24** Si yo no hubiese hecho entre ellos obras como ningún
otro ha hecho, no tendrían pecado. Y ahora las han visto, y también han aborrecido tanto
a mí como a mi Padre. **25** Pero esto sucedió para cumplir la palabra que está escrita en
la ley de ellos: *Sin causa me aborrecieron*.*

26 "Pero cuando venga el Consolador,* el Espíritu de verdad que yo os enviaré de par-
te del Padre, el cual procede del Padre, él dará testimonio de mí. **27** Además, vosotros
también testificaréis, porque habéis estado conmigo desde el principio.

1 "Os he dicho esto para que no os escandalicéis. **2** Os expulsarán de las sinagogas, y
aun viene la hora cuando cualquiera que os mate pensará que rinde servicio a Dios.
3 Esto harán,* porque no conocen ni al Padre ni a mí. **4** Sin embargo, os he dicho estas
cosas, para que cuando venga su hora, os acordéis de ellas,* que yo os las dije.

"Sin embargo, no os dije esto al principio, porque yo estaba con vosotros. **5** Pero ahora
voy al que me envió, y ninguno de vosotros me pregunta: '¿A dónde vas?' **6** Más bien,
porque os he dicho esto, vuestro corazón se ha llenado de tristeza. **7** Pero yo os digo la
verdad: Os conviene que yo me vaya; porque si no me voy, el Consolador* no vendrá a
vosotros. Y si yo voy, os lo enviaré.

8 "Cuando él venga, convencerá al mundo de pecado, de justicia y de juicio. **9** En
cuanto a pecado, porque no creen en mí; **10** en cuanto a justicia, porque me voy al Pa-
dre, y no me veréis más; **11** y en cuanto a juicio, porque el príncipe de este mundo ha
sido juzgado.

12 "Todavía tengo que deciros muchas cosas, pero ahora no las podéis sobrellevar.
13 Y cuando venga el Espíritu de verdad, él os guiará a toda la verdad; pues no hablará
por sí solo, sino que hablará todo lo que oiga y os hará saber las cosas que han de venir.
14 Él me glorificará, porque recibirá de lo mío y os lo hará saber. **15** Todo lo que tiene
el Padre es mío. Por esta razón dije que recibirá de lo mío y os lo hará saber.

16 "Un poquito, y no me veréis; de nuevo un poquito, y me veréis".*

17 Entonces algunos de sus discípulos se dijeron unos a otros: "¿Qué significa esto que
nos dice: 'Un poquito, y no me veréis; de nuevo un poquito, y me veréis' y 'porque voy
al Padre'?" **18** Decían, pues: "¿Qué significa esto que dice: 'un poquito'? No entende-
mos lo que está diciendo' ".

19 Jesús comprendió que le querían preguntar y les dijo: "¿Preguntáis entre vosotros
de esto que dije: 'Un poquito, y no me veréis; y de nuevo un poquito, y me veréis'?
20 De cierto, de cierto os digo que vosotros lloraréis y lamentaréis; pero el mundo se
alegrará. Vosotros tendréis angustia, pero vuestra angustia se convertirá en gozo. **21** La
mujer, cuando da a luz, tiene angustia, porque ha llegado su hora. Pero después que ha
dado a luz un niño, ya no se acuerda del dolor, por el gozo de que ha nacido un hombre
en el mundo. **22** También vosotros, por cierto, tenéis angustia ahora; pero yo os veré
otra vez. Se gozará mucho vuestro corazón, y nadie os quitará vuestro gozo. **23** En aquel
día no me preguntaréis nada. De cierto, de cierto os digo que todo cuanto pidáis al Padre

Mateo	Marcos	Lucas	Juan 15:1—16:33
			en mi nombre, él os lo dará. **24** Hasta ahora no habéis pe-

dido nada en mi nombre. Pedid y recibiréis, para que vuestro gozo sea completo.
25 "Os he hablado de estas cosas en figuras; pero viene la hora cuando ya no os hablaré más en figuras, sino claramente os anunciaré acerca del Padre. **26** En aquel día pediréis en mi nombre, y no os digo que yo rogaré al Padre por vosotros, **27** pues el Padre mismo os ama, porque vosotros me habéis amado y habéis creído que yo he salido de la presencia de Dios. **28** Yo salí de la presencia del Padre y he venido al mundo; otra vez dejo el mundo y voy al Padre".

29 Le dijeron sus discípulos: "He aquí, ahora hablas claramente y no hablas en ninguna figura. **30** Ahora entendemos que sabes todas las cosas, y no necesitas que nadie te pregunte. En esto creemos que has salido de Dios".

31 Jesús les respondió: "¿Ahora creéis? **32** He aquí la hora viene, y ha llegado ya, en que seréis esparcidos cada uno por su lado y me dejaréis solo. Pero no estoy solo, porque el Padre está conmigo. **33** Os he hablado de estas cosas para que en mí tengáis paz. En el mundo tendréis aflicción, pero ¡tened valor; yo he vencido al mundo!"

*15:20 Ver 13:16. *15:25 Sal. 35:19; 69:4. *15:26; 16:7 Lit., **Paracleto**; ver nota sobre 14:16. *16:3 Algunos mss. antiguos tienen **os harán**. *16:4 Algunos mss. antiguos dicen **para que cuando venga la hora, os acordéis que yo os dije**. *16:16 Algunos mss. añaden **porque yo voy al Padre**, como en vv. 10 y 17.

Nota 151: A los capítulos 14—17 se les ha llamado "El corazón de Cristo". En ninguna parte presenta el Maestro su alma más clara y completamente como lo hace en los capítulos 15 y 16 con la alegoría de la vid y la enseñanza referente al Espíritu Santo.

Parece que los once discípulos se quedan muy cerca de su Señor durante su caminata de medianoche al bajar por las calles de la ciudad, cruzar el arroyo Quedrón y subir al Getsemaní, un olivar donde en diversas oportunidades Jesús se ha juntado con sus seguidores. Quizás de vez en cuando se detienen agrupados para escuchar mejor lo que dice, pero no le hacen preguntas. Sin embargo, como hemos dicho (**§ 150**), es posible que realmente no hayan salido todavía de la sala de la reunión, sino que estén de pie mientras Jesús explica más.

El Maestro les habla de "la vid verdadera" cuyas ramas son para producir fruto. Si no lo producen, son cortadas (tal como ha sucedido con Judas Iscariote); y si producen, de todos modos deben ser podadas, un proceso que bien puede ser doloroso aunque esencial.

El Padre Nuestro, que Jesús les enseñó ya hace tiempo, no termina con "en el nombre de Jesús". Todavía él no era el divino Intercesor y Sumo Sacerdote del mimo modo como lo será después de hacer el sacrificio supremo por los pecados del mundo. Ahora sí, "vuestro fruto permanezca, a fin de que todo lo que pidáis al Padre en mi nombre él os lo dé". El amor los unos a los otros es comprobación de la unidad con Cristo.

Otro tema del discurso es la realidad de que el mundo, en general, es hostil a la causa de Cristo y a los que sirven a esa causa. "Esto harán, porque no conocen ni al Padre ni a mí" (16:3). Sin embargo, los creyentes contarán con la ayuda del Consolador (el Paracleto), el llamado para estar al lado con el propósito de ayudar. Luego el Cristo conquistará la cruz; "¡tened valor; yo he vencido al mundo!" (16:33).

§ 152. Oración de Jesús por sus discípulos

Mateo	Marcos	Lucas	Juan 17:1-26

1 Jesús habló de es-
tas cosas, y levantan-
do los ojos al cielo,
dijo: “Padre, la hora ha llegado. Glorifica a tu Hijo para que el Hijo* te glorifique a ti,
2 así como le diste autoridad sobre todo hombre,* para que* dé vida eterna a todos los
que le has dado. **3** Y ésta es la vida eterna: que te conozcan a ti, el único Dios verdadero,
y a Jesucristo a quien tú has enviado. **4** Yo te he glorificado en la tierra, habiendo acaba-
do la obra que me has dado que hiciera. **5** Ahora pues, Padre, glorifícame tú en tu misma
presencia, con la gloria que yo tenía en tu presencia antes que existiera el mundo.

6 “He manifestado tu nombre a los hombres que del mundo me diste. Tuyos eran, y me
los diste; y han guardado tu palabra. **7** Ahora han conocido que todo lo que me has dado
procede de ti; **8** porque les he dado las palabras que me diste, y ellos las recibieron; y co-
nocieron verdaderamente que provengo de ti, y creyeron que tú me enviaste.

9 “Yo ruego por ellos. No ruego por el mundo, sino por los que me has dado; porque
tuyos son. **10** Todo lo mío es tuyo, y todo lo tuyo es mío; y he sido glorificado en ellos.
11 Ya no estoy más en el mundo; pero ellos están en el mundo, y yo voy a ti. Padre santo,
guárdalos en tu nombre que me has dado,* para que sean uno, * así como nosotros lo so-
mos. **12** Cuando yo estaba con ellos,* yo los guardaba en tu nombre que me has dado.*
Y los cuidé, y ninguno de ellos se perdió excepto el hijo de perdición, para que se cum-
pliese la Escritura.* **13** Pero ahora voy a ti y hablo esto en el mundo, para que tengan mi
gozo completo en sí mismos.

14 “Yo les he dado tu palabra, y el mundo los aborreció; porque no son del mundo, co-
mo tampoco yo soy del mundo. **15** No ruego que los quites del mundo, sino que los guar-
des del maligno. **16** No son del mundo, como tampoco yo soy del mundo. **17** Santifícalos
en la verdad; tu palabra es verdad. **18** Así como tú me enviaste al mundo, también yo los
he enviado al mundo. **19** Por ellos yo me santifico a mí mismo, para que ellos también
sean santificados en la verdad.

20 “Pero no ruego solamente por éstos, sino también por los que han de creer en mí por
medio de la palabra de ellos; **21** para que todos sean uno,* así como tú, oh Padre, en mí y
yo en ti, que también ellos lo sean* en nosotros; para que el mundo crea que tú me en-
viaste. **22** Yo les he dado la gloria que tú me has dado, para que sean uno,* así como
también nosotros somos uno.* **23** Yo en ellos y tú en mí, para que sean perfectamente
unidos;* para que el mundo conozca que tú me has enviado y que los has amado, como
también a mí me has amado.

24 “Padre, quiero que donde yo esté, también estén conmigo aquellos que me has dado,
para que vean mi gloria que me has dado, porque me has amado desde antes de la funda-
ción del mundo. **25** Padre justo, el mundo no te ha conocido, pero yo te he conocido, y
éstos han conocido que tú me enviaste. **26** Yo les he dado a conocer tu nombre y se lo da-
ré a conocer todavía, para que el amor con que me has amado esté en ellos, y yo en ellos”.

---

*17:1 Algunos mss. antiguos tienen **tu Hijo**. *17:2 Lit., **carne**. *17: 2 Algunos mss. antiguos incluyen **tu Hijo**. *17:11 Algunos mss. antiguos dicen **Padre santo, a los que me has dado, guárdalos en tu nombre**. *17:11, 21, 22 Lit., **una misma cosa**. *17:12 Algunos mss. antiguos incluyen **en el mundo**. *17:12 Algunos mss. antiguos dicen **ellos, a los que me has dado, yo los guardaba en tu nombre**. *17:12 Comp. Sal. 41:9; 109:4, 5, 7, 8. *17:21 Algunos mss. antiguos tienen **ellos sean una cosa en...** *17:23 Lit., **sean perfeccionados hasta ser una sola cosa**.

Nota 152: Sea en el Aposento Alto o en el camino a Getsemaní, Jesús termina lo que tiene que hablar con sus discípulos y se vuelve a hablar con su Padre. "Levantando los ojos al cielo", como Hijo presenta a Dios tanto un informe sobre la labor cumplida por él como una intercesión a favor de sus seguidores. Primero, pide una sola cosa para sí mismo: "Glorifica a tu Hijo" (v. 1 y 5), y eso tendrá relación con su muerte cercana (ver Juan 12:27, 28; 13:31, 32 en **§ 131** y **148**) y el propósito cumbre de su encarnación: "fuimos reconciliados con Dios por la muerte de su Hijo... seremos salvos por su vida" (Rom. 5:10). Pero unas ocho veces aquí menciona lo que ha hecho para cumplir la tarea que el Padre le ha dado, y la mayoría tiene que ver con los discípulos. Intercede por ellos y también por aquellos que llegarán a creer después, incluyéndonos a nosotros. En todo está la sumisión a su Padre y la dedicación a su misión.

§ 153. Oración en el Getsemaní

Mateo 26:30, 36-46	**Marcos 14:26, 32-42**	**Lucas 22:39-46**	**Juan 18:1**
30 Y después de cantar un himno, salieron	**26** Y después de cantar un himno,* salieron	**39** Después de salir,	**1** Habiendo dicho estas cosas, Jesús salió con sus discípulos para el otro lado del arroyo de Quedrón,*
		se fue, como solía,	
al monte de los Olivos.	al monte de los Olivos.	al monte de los Olivos;	donde había un huerto en el cual entró Jesús con sus discípulos.
		y sus discípulos también le siguieron.	
36 Entonces llegó Jesús con ellos a un lugar que se llama Getsemaní, y dijo a los discípulos: "Sentaos aquí, hasta que yo vaya allá y ore".	**32** Llegaron al lugar que se llama Getsemaní, y dijo a sus discípulos: "Sentaos aquí, mientras yo oro".	**40** Cuando llegó al lugar, les dijo:	
37 Tomó consigo a Pedro y a los dos hijos de Zebedeo, y comenzó a entristecerse y a angustiarse. **38** Entonces les dijo: "Mi alma está muy triste, hasta la muerte. Quedaos aquí y velad conmigo".	**33** Tomó consigo a Pedro, a Jacobo y a Juan, y comenzó a entristecerse y a angustiarse. **34** Y les dijo: "Mi alma está muy triste, hasta la muerte. Quedaos aquí y velad".		
		"Orad que no entréis en tentación".	
39 Pasando un poco más adelante,	**35** Pasando un poco adelante,	**41** Y él se apartó de ellos a una	

Mateo 26:30, 36-46	Marcos 14:26, 32-42	Lucas 22:39-46	Juan 18:1
		distancia como de un tiro de piedra, y puesto de rodillas	
se postró sobre su rostro, orando y diciendo: "Padre mío, de ser posible, pase de mí esta copa.	se postraba en tierra y oraba que de ser posible, pasase de él aquella hora. **36** Decía: "¡Abba, Padre, todo es posible para ti! ¡Aparta de mí esta copa!	oraba **42** diciendo: "Padre, si quieres, aparta de mí esta copa;	
Pero, no sea como yo quiero, sino como tú".	Pero no lo que yo quiero, sino lo que tú quieres".	pero no se haga mi voluntad, sino la tuya".	
		[**43** Entonces le apareció un ángel del cielo para fortalecerle. **44** Y angustiado, oraba con mayor intensidad, de modo que su sudor era como grandes gotas de sangre que caían hasta la tierra.]*	
40 Volvió a sus discípulos y los halló durmiendo, y dijo a Pedro:	**37** Volvió y los halló durmiendo, y le dijo a Pedro: "Simón,	**45** Cuando se levantó de orar y volvió a sus discípulos, los halló dormidos por causa de la tristeza. **46** Y les dijo:	
"¿Así que no habéis podido velar ni una sola hora conmigo?	¿duermes? ¿No has podido velar una sola hora?	"¿Por qué dormís?	
41 Velad y orad, para que no entréis en tentación. El espíritu, a la verdad, está dispuesto; pero la carne es débil".	**38** Velad y orad, para que no entréis en tentación. El espíritu, a la verdad, está dispuesto; pero la carne es débil".	Levantaos y orad, para que no entréis en tentación".	

Mateo 26:30, 36-46	Marcos 14:26, 32-42	Lucas 22:39-46	Juan 18:1
42 Por segunda vez se apartó y oró diciendo: "Padre mío, si no puede pasar de mí esta copa sin que yo la beba, hágase tu voluntad".	**39** De nuevo se apartó y oró diciendo las mismas palabras.		
43 Cuando volvió otra vez, los halló durmiendo, porque los ojos de ellos estaban cargados de sueño.	**40** Cuando volvió otra vez, los halló durmiendo, porque los ojos de ellos estaban muy cargados de sueño. Y no sabían qué responderle.		
44 Dejándolos, se apartó de nuevo y oró por tercera vez, repitiendo las mismas palabras. **45** Entonces volvió a sus discípulos y les dijo: "¿Todavía estáis durmiendo y descansando?* He aquí la hora está cerca, y el Hijo del Hombre va a ser entregado en manos de pecadores. **46** ¡Levantaos, vamos! He aquí está cerca el que me entrega".	**41** Volvió por tercera vez y les dijo: "¿Todavía estáis durmiendo y descansando?* Basta ya. La hora ha venido. He aquí, el Hijo del Hombre es entregado en manos de los pecadores. **42** ¡Levantaos, vamos! He aquí, está cerca el que me entrega".		

*26:30 Según las costumbres de la Pascua, de cantar uno o más de los Salmos 113—118. *26:45 Otra trad., **Dormid ya y descansad el tiempo que queda**.

*14:26 Según las costumbres de la Pascua, de cantar uno o más de los Salmos 113—118. *14:41 Otra trad., **Dormid ya y descansad el tiempo que queda**.

*22:44 Muchos mss. antiguos omiten los vv. 43 y 44; en otros aparecen después de Mat. 26:39.

*18:1 O: **Cedrón**.

Nota 153: Ya que los primeros tres Evangelios no presentan lo que está en Juan 14—17, solo dicen: "después de cantar un himno, salieron al monte de los Olivos" (Mat. 26:30). El himno, según la costumbre judía, sería uno o más de los Salmos 113—118. El Getsemaní es un jardín-olivar en el inicio de la subida del arroyo Quedrón hacia el monte de los Olivos, un lugar a donde

Jesús solía ir (Luc. 22:39). Es la madrugada del día viernes.

Se ha hecho la pregunta de cómo Jesús puede ser tan confiado y valiente frente a la muerte mientras está en el Aposento Alto y, solo un rato después, en Getsemaní mostrar humanidad y temor. Pero recordemos que él también es humano; "hecho semejante a sus hermanos, a fin de ser un sumo sacerdote misericordioso y fiel" (Heb. 2:17). Además, la valentía no se ve tanto en la ausencia del temor, sino en el cumplimiento del deber a pesar del temor.

A veces nosotros no podemos escapar de situaciones peligrosas; pero, como dirá después, él tiene a sus órdenes "más de doce legiones de ángeles" (Mat. 26:53). También como humano todavía ahora sería posible, durante la noche, salir de Jerusalén y en algunas horas estar fuera de la jurisdicción de Pilato y de la fuerte influencia de los principales sacerdotes. Quizás para él, como para sus discípulos, "la carne es débil" (Mat. 26:41); pero la voluntad de él es responder a la tarea que el Padre le ha dado: "no se haga mi voluntad, sino la tuya" (Luc. 22:42). Esa voluntad es, como lo dijera Isaías 53:6: "Jehovah cargó en él el pecado de todos nosotros". Como consecuencia, "al que no conoció pecado, por nosotros Dios le hizo pecado, para que nosotros fuéramos hechos justicia de Dios en él" (2 Cor. 5:21).

Mientras tanto, sus amigos íntimos, agobiados por el cansancio y la gran tristeza, se quedan dormidos. Realmente se despiertan solo cuando su Maestro les señala el acercamiento del Iscariote con una compañía para prenderlo.

PARTE XIII

PRENDIMIENTO, PROCESO, CRUCIFIXIÓN Y SEPULTURA DE JESÚS

(MAPA VI)

Desde la madrugada del viernes hasta el sábado en la tarde de la semana de la pasión, en el año 30 d. de J.C. (talvez un año antes).

§ 154. Jesús es traicionado, detenido y luego abandonado

Mateo 26:47-56	**Marcos 14:43-52**	**Lucas 22:47-53**	**Juan 18:2-12**
			2 También Judas, el que le entregaba, conocía aquel lugar, porque Jesús solía reunirse allí con sus discípulos. **3** Entonces
47 Mientras él aún hablaba, vino Judas, que era uno de los doce, y con él mucha gente con espadas y palos, de parte de los principales sacerdotes y de los ancianos del pueblo.	**43** En seguida, mientras él aún hablaba, llegó Judas, uno de los doce, y con él una multitud con espadas y palos, de parte de los principales sacerdotes, de los escribas y de los ancianos.	**47** Mientras él aún hablaba, he aquí vino una multitud. El que se llamaba Judas, uno de los doce, venía delante de ellos	Judas, tomando una compañía de soldados romanos y guardias de los principales sacerdotes y de los fariseos, fue allí con antorchas, lámparas y armas.
48 El que le entregaba les había dado señal diciendo: "Al que yo bese, ése es. Prendedle".	**44** El que le entregaba les había dado señal diciendo: "Al que yo bese, ése es. Prendedle y llevadle con seguridad".		
49 De inmediato se acercó a Jesús y dijo: "¡Te saludo, Rabí!"* Y le besó.	**45** Cuando llegó, de inmediato se acercó a él y dijo: "¡Rabí!"* Y le besó.	y se acercó a Jesús para besarle.	

Mateo 26:47-56	Marcos 14:43-52	Lucas 22:47-53	Juan 18:2-12
			4 Pero Jesús, sabiendo todas las cosas que le habían de

acontecer, se adelantó y les dijo: "¿A quién buscáis?"
5 Le contestaron: "A Jesús de Nazaret".
Les dijo Jesús: "Yo Soy".
Estaba también con ellos Judas, el que le entregaba. **6** Cuando les dijo, "Yo Soy", volvieron atrás y cayeron a tierra. **7** Les preguntó, pues, de nuevo: "¿A quién buscáis?"
Ellos dijeron: "A Jesús de Nazaret".
8 Jesús respondió: "Os dije que Yo Soy. Pues si a mí me buscáis, dejad ir a éstos".

			9 Esto hizo para que se cumpliese la palabra que él dijo: "De los que me diste, ninguno de ellos perdí".*
50 Pero Jesús le dijo:		**48** Entonces Jesús le dijo: "Judas, ¿con un beso entregas al Hijo del Hombre?"	
"Amigo, haz lo que viniste a hacer".*			
Entonces ellos se acercaron, echaron mano a Jesús y le prendieron.	**46** Entonces ellos le echaron mano y le prendieron;		
		49 Al ver los que estaban con él lo que había de ocurrir, le dijeron: "Señor, ¿heriremos a espada?"	
51 Y he aquí uno de los que estaban con Jesús extendió su mano, sacó su espada, y golpeando a un siervo del sumo sacerdote le cortó la oreja.	**47** pero uno de los que estaban allí, sacando su espada, hirió al siervo del sumo sacerdote y le cortó la oreja.	**50** Y uno de ellos hirió a un siervo del sumo sacerdote y le cortó la oreja derecha.	**10** Entonces Simón Pedro, que tenía una espada, la sacó, hirió al siervo del sumo sacerdote y le cortó la oreja derecha. Y el siervo se llamaba Malco.
52 Entonces Jesús le dijo:	**48** Jesús respondió y les dijo:	**51** Entonces respondiendo Jesús dijo: "¡Basta de esto!" Y tocando su ore-	

Mateo 26:47-56	Marcos 14:43-52	Lucas 22:47-53	Juan 18:2-12
"Vuelve tu espada a su lugar, porque todos los que toman espada, a espada perecerán.		ja, le sanó.	**11** Entonces Jesús dijo a Pedro: "Mete tu espada en la vaina.
53 ¿O piensas que no puedo invocar a mi Padre y que él no me daría ahora mismo* más de doce legiones de ángeles? **54** Entonces, ¿cómo se cumplirían las Escrituras* de que es necesario que suceda de esta manera?"			
			¿No he de beber la copa que el Padre me ha dado?"
55 En ese momento Jesús dijo a la multitud:		**52** Entonces Jesús dijo a los principales sacerdotes, los magistrados del templo y los ancianos que habían venido contra él:	
"¿Como contra un asaltante habéis salido con espadas y palos para prenderme? Cada día me sentaba* enseñando en el templo, y no me prendisteis.	"¿Como contra un asaltante habéis salido con espadas y palos para prenderme? **49** Cada día yo estaba delante de vosotros enseñando en el templo, y no me prendisteis.	"¿Como contra un asaltante habéis salido con espadas y palos? **53** Habiendo estado con vosotros cada día en el templo, no extendisteis la mano contra mí. Pero ésta es vuestra hora y la del poder de las tinieblas".	
56 Pero todo esto ha ocurrido para que se cumplan las Escrituras de los profetas".	Pero así es, para que se cumplan las Escrituras".		
			12 Entonces la com-

Mateo 26:47-56	Marcos 14:43-52	Lucas 22:47-53	Juan 18:2-12
			pañía de soldados, el comandante y los guardias de los judíos prendieron a Jesús y le ataron.
Entonces todos los discípulos le abandonaron y huyeron.	**50** Entonces todos los suyos le abandonaron y huyeron. **51** Pero cierto joven, habiendo cubierto su cuerpo desnudo con una sábana, le seguía; y le prendieron. **52** Pero él, dejando la sábana, huyó* desnudo.		
*26:49 O: **Maestro**. *26:50 Otras trads., **¿A qué vienes?** o **¡A lo que has llegado!** *26:53 Algunos mss. antiguos reubican la expresión **ahora mismo** para decir, **O piensas que no puedo rogar ahora mismo a mi Padre...** *26:54 P. ej., Sal. 22 e Isa. 53. *26:55 Algunos mss. antiguos incluyen **ante vosotros**.	*14:45 O: **Maestro;** algunos mss. antiguos dicen **Rabí, Rabí**. *14:52 Algunos mss. antiguos incluyen **de ellos**.		*18:9 Ver 17:12.

Nota 154: Algunos han conjeturado que el joven de Marcos 14:51 es Marcos mismo, quien ha estado acostado cuando la compañía llega a su casa buscando a Jesús. Luego salta de la cama, tira algo alrededor de sí y corre para avisar al Maestro. No se da cuenta de que los oficiales tienen como guía a Judas quien también sabe donde encontrar a Jesús.

Así de pronto llega el Iscariote con "una multitud con espadas y palos, de parte de los principales sacerdotes" (Mar. 14:43). Además de los guardias de los judíos, hay un destacamento de soldados romanos, probablemente por si hay resistencia en el arresto. Aunque es tiempo de luna llena, puede haber nubes y sombra entre los árboles. Así Judas, como se había convenido, besa a Jesús; y lo hace con efusión, quizás en una mano como suele saludar un discípulo a su maestro.

Los primeros tres Evangelios no identifican al discípulo que hiere con una espada a un siervo del sumo sacerdote; pero Juan, escribiendo años después de la muerte de Pedro, lo señala y también nombra al herido. Jesús sana la oreja cortada, y Pedro se escapa junto con los otros discípulos.

Las fuerzas judías cumplen su cometido con algo de temor. Talvez muchos de ellos sean los mismos que meses antes no cumplieron la orden de arrestar a Jesús diciendo: "¡Nunca habló hombre alguno así!" (Juan 7:46 en **§ 96**).

§ 155. Jesús es interrogado por Anás

Mateo	Marcos	Lucas	Juan 18:13, 14, 19-23
			13 Luego le llevaron primero ante Anás, porque era el suegro

de Caifás, el sumo sacerdote de aquel año. **14** Caifás era el que había dado consejo a los judíos de que convenía que un hombre muriese por el pueblo.*

19 El sumo sacerdote preguntó a Jesús acerca de sus discípulos y de su doctrina. **20** Jesús le respondió: "Yo he hablado abiertamente al mundo. Siempre he enseñado en la sinagoga y en el templo, donde se reúnen todos los judíos. Nada he hablado en secreto. **21** ¿Por qué me preguntas a mí? Pregúntales a los que han oído lo que yo les he hablado. He aquí, ellos saben lo que yo dije".

22 Cuando dijo esto, uno de los guardias que estaba allí le dio una bofetada a Jesús, diciéndole: "¿Así respondes al sumo sacerdote?"

23 Jesús le contestó: "Si he hablado mal, da testimonio del mal; pero si bien, ¿por qué me golpeas?"

*18:14 Ver 11:50.

Nota 155: El proceso judicial judío y los sucesos relacionados con él se tratan en **§ 155-163**.

Durante el tiempo del dominio romano en Israel, el sumo sacerdote judío es nombrado por los romanos solo por un año y no hasta la muerte, como era el sistema hebreo. Anás ocupó el puesto siete años seguidos como lo hizo un hijo suyo. Corrientemente lo ocupa su yerno, Caifás. Después cuatro hijos más serán nombrados. Así Anás ejerce mucha autoridad, y es ante él a quien ahora llevan detenido al Señor Jesús. Allí, aún de madrugada, se le hace el primero de los tres procesos judiciales judíos antes de entregarlo a la autoridad romana para sentenciarlo. Casi no se puede llamarles procesos judiciales, pues los principales sacerdotes son a la vez acusadores y jueces. Estas autoridades han sobornado a un discípulo (Judas Iscariote) para apresar a Jesús, y el presidente del tribunal, Caifás, ya hace varios días pronunció su juicio (Juan 11:50 en **§ 119**) a favor de la sentencia de muerte.

§ 156. Jesús es condenado por Caifás y el Sanedrín

Mateo 26:57, 59-68	Marcos 14:53, 55-65	Lucas 22:54a, 63-65	Juan 18:24
57 Los que habían prendido a Jesús le llevaron ante Caifás, el sumo sacerdote, donde los escribas y los ancianos se habían reunido.	**53** Llevaron a Jesús ante el sumo sacerdote; y se reunieron con él todos los principales sacerdotes, los ancianos y los escribas.	**54a** Le prendieron, le llevaron y le hicieron entrar en la casa del sumo sacerdote.	**24** Entonces Anás le envió atado a Caifás, el sumo sacerdote.

Mateo 26:57, 59-68	Marcos 14:53, 55-65	Lucas 22:54a, 63-65	Juan 18:24
59 Los principales sacerdotes, los ancianos y todo el Sanedrín* buscaban falso testimonio contra Jesús, para que le entregaran a muerte.	55 Los principales sacerdotes y todo el Sanedrín* buscaban testimonio contra Jesús, para entregarle a muerte;		
60 Pero no lo hallaron, a pesar de que se presentaron muchos testigos falsos.	pero no lo hallaban. 56 Porque muchos daban falso testimonio contra Jesús, pero sus testimonios no concordaban.		
Por fin se presentaron dos,* 61 y dijeron: "Este dijo: 'Puedo derribar el templo de Dios y edificarlo en tres días' ".*	57 Entonces se levantaron unos, y dieron falso testimonio contra él diciendo: 58 "Nosotros le oímos decir: 'Yo derribaré este templo que ha sido hecho con manos, y en tres días edificaré otro hecho sin manos' ".*		
	59 Pero ni aun así concordaba el testimonio de ellos.		
62 Se levantó el sumo sacerdote y le dijo: "¿No respondes nada? ¿Qué testifican éstos contra ti?"	60 Entonces el sumo sacerdote se levantó en medio y preguntó a Jesús diciendo: "¿No respondes nada? ¿Qué testifican éstos contra ti?"		
63 Pero Jesús callaba.	61 Pero él callaba y no respondió nada.		
Y el sumo sacerdote le dijo: "¡Te conjuro por el Dios viviente que nos digas si tú eres	Otra vez el sumo sacerdote le preguntó y le dijo: "¿Eres tú		

Mateo 26:57, 59-68

el Cristo, el Hijo de
Dios!"
64 Jesús le dijo:
"Tú lo has dicho.
Además os digo: De
aquí en adelante
veréis *al Hijo del*
Hombre sentado a
la diestra del Poder
y viniendo en las
nubes del cielo".*
65 Entonces el su-
mo sacerdote rasgó
su vestidura dicien-
do: "¡Ha blasfema-
do! ¿Qué más nece-
sidad tenemos de
testigos? He aquí,
ahora mismo, voso-
tros habéis oído la
blasfemia. **66** ¿Qué
os parece?"
Y ellos respondien-
do dijeron: "¡Es
reo de muerte!"
67 Entonces le
escupie-
ron en la cara y
le dieron de puñeta-
zos, y otros le dieron
bofetadas,
68 diciendo:
"¡Profetízanos, Cris-
to! ¿Quién es el que
te golpeó?"

---

*26:59 O sea, **la corte suprema** de los judíos. *26:60 Algunos mss. antiguos dicen **dos testigos falsos**. *26:61 Comp. Juan 2:19. *26:64 Sal. 110:1; Dan. 7:13.

Marcos 14:53, 55-65

el Cristo, el Hijo
del Bendito?"
62 Jesús le dijo:
"Yo Soy.
Y además,
veréis al Hijo del
Hombre sentado a
*la diestra del Poder**
y viniendo con las
nubes del cielo".*
63 Entonces el su-
mo sacerdote rasgó
su vestidura y dijo:
"¿Qué más nece-
sidad tenemos de
testigos?
64 Voso-
tros habéis oído la
blasfemia. ¿Qué os
parece?"
Y todos ellos le
condenaron como
reo de muerte.
65 Algunos co-
menzaron a escupir-
le, a cubrirle la cara
y a darle de bofeta-
das,
diciendo:
"¡Profetiza!"
También
los guardias le reci-
bieron a bofetadas.

---

*14:55 O sea, **la corte suprema** de los judíos. *14:58 Comp. Juan 2:19. *14:62 Algunos mss. antiguos dicen **la diestra del poder de Dios**; comp. Sal. 110:1. *14:62 Dan. 7:13.

Lucas 22:54a, 63-65

63 Los hombres
que tenían bajo cus-
todia a Jesús se bur-
laban de él y le gol-
peaban. **64** Y cu-
briéndole* le pre-
guntaban diciendo:
"¡Profetiza!
¿Quién es el que
te golpeó?"
65 Y le decían
otras muchas cosas,
injuriándole.

---

*22:64 Algunos mss. antiguos incluyen **le golpeaban en la cara y...**

Juan 18:24

Nota 156: De la casa de Anás, Jesús es llevado atado a la casa del titular, Caifás, donde están ya reunidos cuando todavía es de noche "todos los principales sacerdotes, los ancianos y los escribas" (Mar. 14:53). Los saduceos y los fariseos se juntan contra Jesús, por razones diferentes: los saduceos porque lo miran como peligro para sus puestos, y los fariseos porque él no comparte el énfasis muy rígido en las tradiciones religiosas de ellos. Lo hostigan y presentan testigos falsos. Dos de éstos recuerdan que, hace tres años, Jesús dijo: "Destruid este templo, y en tres días lo levantaré" (Juan 2:19 en **§ 31**), pero ellos lo citan como "Yo derribaré este templo que ha sido hecho con manos, y en tres días edificaré otro hecho sin manos". No solo le citan mal, sino que dejan de lado lo que el Señor quería decir.

Caifás pone al Maestro bajo juramento para que declare si es o no es "el Cristo, el Hijo de Dios" (Mat. 26:63). Jesús acepta e indirectamente declara ser "el Hijo del Hombre" (v. 64; ver Sal. 110:1; Dan. 7:13), aunque sabe que una defensa en ese ambiente hostil es inútil. El indigno titular del sumo sacerdocio condena a la muerte al verdadero sumo sacerdote cuyo sacrificio personal significará que el puesto terrenal ya no hará falta.

§ 157. Pedro niega tres veces a su Señor

Mateo 26:58, 69-75	**Marcos 14:54, 66-72**	**Lucas 22:54b-62**	**Juan 18:15-18, 25-27**
58 Y Pedro le seguía de lejos	**54** Y Pedro le siguió de lejos	**54b** Y Pedro le seguía de lejos.	**15** Simón Pedro y otro discípulo seguían a Jesús. Este discípulo era conocido del sumo sacerdote y entró
hasta el patio de la casa del sumo sacerdote.	hasta dentro del patio del sumo sacerdote,		con Jesús al patio del sumo sacerdote; **16** pero Pedro se quedó fuera, a la puerta. Y salió el otro discípulo que era conocido del sumo sacerdote, habló a la portera y llevó a Pedro adentro.
Habiéndose metido adentro,			
		55 Cuando encendieron fuego en medio del patio y se sentaron alrededor,	{**18** Y los siervos y los guardias estaban de pie, pues habían encendido unas brasas porque hacía frío; y se calentaban.
estaba sentado con los guardias	y estaba sentado con los guardias y se calentaba ante el fuego.	Pedro también se sentó entre ellos.	Pedro también estaba de pie con ellos, calentándose.}
para ver cómo terminaba aquello.			
69 Pedro estaba sentado afuera en el	**66** Estando Pedro abajo en el	**56** Entonces	**17** Entonces

Mateo 26:58, 69-75	Marcos 14:54, 66-72	Lucas 22:54b-62	Juan 18:15-18, 25-27
patio, y se le acercó	patio, vino		
una criada	una de las criadas del sumo sacerdote.	una criada,	la criada portera
	67 Cuando vio a Pedro calentándose, se fijó en él y le	al verle sentado junto a la lumbre, le miró fijamente y	
diciendo: "¡Tú también estabas con Jesús el galileo!"	dijo: "¡Tú también estabas con Jesús de Nazaret!"	dijo: "¡Este estaba con él!"	dijo a Pedro: "¿Tú no serás también de los discípulos de ese hombre?"
70 Pero él negó delante de todos diciendo: "No sé lo que dices".	**68** Pero él negó diciendo: "No lo conozco, ni sé lo que dices".	**57** Pero él negó diciendo: "Mujer, no le conozco".	Él dijo: "No lo soy".
71 Pero cuando él salió a la puerta,	Y salió afuera a la entrada, y el gallo cantó.*		**25** Estaba, pues, Pedro de pie calentándose,
otra criada le vio y	**69** Cuando la criada le vio, comenzó otra vez a	**58** Un poco después, al verle otro,	
dijo a los que estaban allí:	decir a los que estaban allí: "Este es uno de ellos".	le dijo: "¡Tú también eres de ellos!"	y le dijeron: "¿Tú no serás también de sus discípulos?"
"Este estaba con Jesús de Nazaret".			
72 Y otra vez negó con juramento: "Yo no conozco al hombre".	**70** Pero él negó otra vez.	Y Pedro dijo: "Hombre, no lo soy".	Él negó y dijo: "No lo soy".
73 Y poco después se acercaron los que estaban por allí y	Poco después, los que estaban allí	**59** Como una hora después, otro	**26** Uno de los siervos del sumo sacerdote, pariente de aquel a quien Pedro le había cortado la oreja, le dijo:
dijeron a Pedro: "Verdaderamente, tú también eres de ellos, porque aun tu modo de hablar te descu-	decían otra vez a Pedro: "Verdaderamente tú eres uno de ellos, porque	insistía diciendo: "Verdaderamente, también éste estaba con él, porque	"¿No te vi yo en el huerto con él?"

Mateo 26:58, 69-75	Marcos 14:54, 66-72	Lucas 22:54b-62	Juan 18:15-18, 25-27
bre".	eres galileo".*	es galileo". **60** Y Pedro dijo: "¡Hombre, no sé lo que dices!"	
74 Entonces comenzó a maldecir y a jurar: "¡No conozco al hombre!"	**71** Pero él comenzó a maldecir y a jurar: "¡No conozco a este hombre de quien habláis!"		**27** Pedro negó otra vez,
En seguida	**72** Y en seguida	Y de inmediato, estando él aún hablando, el gallo	y en seguida
cantó el gallo,	cantó el gallo por segunda vez,*	cantó. **61** Entonces el Señor se volvió y miró a Pedro,	cantó el gallo.
75 y Pedro se acordó de la palabra de Jesús que le había dicho: "Antes que cante el gallo, me negarás tres veces".*	y Pedro se acordó de la palabra, como Jesús le había dicho: "Antes que cante el gallo dos veces, me negarás tres veces".	y Pedro se acordó de la palabra del Señor como le había dicho: "Antes que el gallo cante hoy, me negarás tres veces".*	
Y saliendo fuera, lloró amargamente.	Y pensando en esto,* lloraba.	**62** Y saliendo fuera, Pedro lloró amargamente.	
*26:75 Ver v. 34.	*14:68 Algunos mss. antiguos no incluyen **y el gallo cantó**; comp. Mat. 26:71 y Luc. 22:57. *14:70 Algunos mss. antiguos incluyen **y tu manera de hablar es semejante a la de ellos**. *14:72 Algunos mss. antiguos no incluyen **por segunda vez**; comp. Mat. 26:74; Luc. 22:60. *14:72 Otra trad., **Y tirándose, comenzó a llorar**; ver 14:30.	*22:61 Comp. 22:34.	

Nota 157: Es más fácil tener arrojo en un momento tenso que en una situación prolongada. El Pedro que se atreve a usar su espada prohibida en el jardín y después osa seguir aunque "de lejos hasta dentro del patio del sumo sacerdote" (Mar. 14:54) (algo que entre los demás discípulos solo Juan hace), sin embargo, ahora actúa diferente. En el atrio de la residencia del sumo sacerdote, calentándose al fuego del enemigo, por tres ocasiones en el espacio de una hora niega conocer a Jesús, tal como su Señor le ha dicho (Mar. 14:30 en **§ 148**). Luego, ocurren dos cosas: "el gallo cantó. Entonces el Señor se volvió y miró a Pedro" (Luc. 22:61). Es suficiente; "saliendo fuera, Pedro lloró amargamente" (v. 62). Su bravata se ha marchitado.

§ 158. Jesús es condenado formalmente por el Sanedrín

Mateo 27:1
1 Al amanecer,
todos los principales sa-
cerdotes y los ancianos del
pueblo tomaron consejo
contra Jesús
para entregarle a
muerte.

Marcos 15:1a
1a Y luego, muy de maña-
na, cuando los principales
sacerdotes ya habían con-
sultado con los ancianos,
con los escribas y con todo
el Sanedrín,

Lucas 22:66-71
66 Cuando amaneció, se
juntaron los ancianos del
pueblo, los principales sa-
cerdotes y
los escribas,
y le llevaron al
Sanedrín de ellos. **67** Y le
dijeron: "Si tú eres el Cris-
to, ¡dínoslo!"
Pero él les dijo: "Si os lo
dijera, no lo creeríais.
68 Además, si yo os pregun-
tara, no me responderíais.*
69 Pero de ahora en ade-
lante, *el Hijo del Hombre
estará sentado a la diestra
del poder de Dios"*.*
70 Le dijeron todos: "Enton-
ces, ¿eres tú Hijo de Dios?"
Y él les dijo: "Vosotros
decís que Yo Soy".
71 Entonces ellos dijeron:
"¿Qué más necesidad tene-
mos de testimonio? Porque
nosotros mismos lo hemos
oído de su boca".

*22:68 Algunos mss. antiguos añaden **ni me soltaríais**. *22:69 Sal. 110:1; comp. Hech. 7:56.

Nota 158: Ya que es ilegal que el Sanedrín pronuncie sentencia antes del amanecer, al llegar el alba el concilio vuelve a reunirse para dar a su juicio una apariencia de legalidad, pero lo hacen con apuro a fin de que los muchos partidarios de Jesús no se den cuenta de lo que está pasando hasta que ya sea un hecho consumado.

Aquí hay varios aspectos de cuestionable legalidad, según las leyes judías de la época. Hace más de quince años que Anás dejó el sumo sacerdocio, por lo cual no le asiste ningún derecho a interrogar al acusado. Caifás no tiene derecho a reunir al Sanedrín de noche, ni en sesión formal ni en consulta no formal. El Sanedrín tiene su sala y no puede reunirse legalmente en la casa de Caifás y tomar un voto sobre culpabilidad. Una pena de muerte no debe llevarse a cabo en el mismo día de la sentencia, ni debe una causa oírse el día antes de un sábado, ni en un día festivo. Tampoco presentan testigos; solo tratan de exigir que Jesús se incrimine. Él les dice quién es, algo tan grandioso que de otra boca sería blasfemia, y ellos lo condenan como blasfemo. El odio puede más que la justicia.

§ 159. Remordimiento y suicidio de Judas Iscariote★

Mateo 27:3-10

3 Entonces Judas, el que le había entregado, al ver que era condenado, sintió remordimiento y devolvió las treinta piezas de plata* a los principales sacerdotes y a los ancianos, **4** diciendo: "Yo he pecado entregando sangre inocente".

Pero ellos dijeron: "¿Qué nos importa a nosotros? ¡Es asunto tuyo!"

5 Entonces él, arrojando las piezas de plata dentro del santuario, se apartó, se fue y se ahorcó. **6** Los principales sacerdotes, tomando las piezas de plata, dijeron: "No es lícito ponerlas en el tesoro de las ofrendas, porque es precio de sangre".

7 Y habiendo tomado acuerdo, compraron con ellas el campo del Alfarero, para sepultura de los extranjeros.

8 Por eso aquel campo se llama Campo de Sangre, hasta el día de hoy. **9** Entonces se cumplió lo que fue dicho por el profeta Jeremías, cuando dijo: *Y tomaron las treinta piezas de plata, precio del apreciado, según el precio fijado por los hijos de Israel;* ***10*** *y las dieron para el campo del Alfarero, como me ordenó el Señor.**

*27:3 Ver Éxo. 21:32; Zac. 11:12. Posiblemente se refiere al siclo de plata para uso en el templo; comp. Jer. 32:9, 10.
*27:10 Zac. 11:12, 13; Jer. 32:6-9; 18:2, 3.

Marcos

Hechos 1:18, 19

18 (Este, pues, adquirió un campo con el pago de su iniquidad, y cayendo de cabeza, se reventó por en medio, y todas sus entrañas se derramaron. **19** Y esto llegó a ser conocido por todos los habitantes de Jerusalén, de tal manera que aquel campo fue llamado en su lengua Acéldama, que quiere decir Campo de Sangre.)*

*1:19 Ver Mat. 27:3-10.

Juan

Nota 159: Al parecer, todos los discípulos de Jesús han esperado que él establezca un reino de justicia terrenal, en el cual ellos ocuparían puestos importantes. Pero todos menos Judas Iscariote,

★**En § 159 se incluye el pasaje de Hechos como una referencia.**

aunque con muchas fallas, han permanecido leales. Este Judas, en cambio, gozando de la confianza de los demás como para ser nombrado tesorero del grupo, no ha resistido la tentación de sacar dinero de la bolsa para sus fines personales (**§ 142**). Que el Maestro lo haya reprendido a él y no a María por el "derroche" del perfume ya hace algunos días, lo dejó enfadado. Durante la última cena se dio cuenta de que Jesús sabía lo que estaba en sus planes desleales. Con todo, quizás sea posible (como algunos opinan) que Judas haya pensado que así le forzaría la mano al Señor para mostrar su poderío y realizar su reino. Entonces, después de la traición en el jardín, viendo que Jesús es condenado, siente remordimiento y trata de devolver las "treinta piezas de plata", y las arroja al mismo patio de los sacerdotes en el templo. Nos preguntamos: Si Judas hubiese regresado arrepentido ante Jesús, hasta el mismo pie de la cruz, ¿su Maestro lo habría perdonado? No dudamos de la respuesta. Entonces, ¿cuál fue el error más grave del traidor: el traicionar o el no arrepentirse? El Iscariote escoge el suicidio.

§ 160. Jesús ante Pilato

Mateo 27:2, 11-14	**Marcos 15:1b-5**	**Lucas 23:1-5**	**Juan 18:28-38**
2 Y después de atarlo, le llevaron y le entregaron al procurador Pilato.	**1b** le llevaron y le entregaron a Pilato.	**1** Entonces, levantándose toda la multitud de ellos, le llevaron a Pilato.	**28** Llevaron a Jesús de Caifás al Pretorio. Era al amanecer. Pero ellos no entraron al Pretorio para no contaminarse y para así poder comer la Pascua.
			29 Por tanto, Pilato salió fuera a ellos y dijo: "¿Qué acusación traéis contra este hombre?"
			30 Le respondieron y dijeron: "Si éste no fuera malhechor, no te lo habríamos entregado".
		2 Y comenzaron a acusarle diciendo: "Hemos hallado a éste que agita a nuestra nación, prohíbe dar tributo al César y dice que él es el Cristo, un rey".	

Mateo 27:2, 11-14	**Marcos 15:1b-5**	**Lucas 23:1-5**	**Juan 18:28-38**
11 Jesús estuvo de pie en presencia del procurador, y el procurador le preguntó diciendo: "¿Eres tú el rey de los judíos?" Jesús le dijo: "Tú lo dices".	**2** Y Pilato le preguntó: "¿Eres tú el rey de los judíos?" Y respondiendo le dijo: "Tú lo dices".	**3** Entonces Pilato le preguntó diciendo: "¿Eres tú el rey de los judíos?" Respondiendo le dijo: "Tú lo dices".	
12 Y siendo acusado por los principales sacerdotes y por los ancianos, no respondió nada.	**3** Los principales sacerdotes le acusaban de muchas cosas.		
13 Entonces Pilato le dijo: "¿No oyes cuántas cosas testifican contra ti?" **14** Él no le respondió ni una palabra, de manera que el procurador se maravillaba mucho.	**4** Pero Pilato le preguntaba de nuevo diciendo: "¿No respondes nada? Mira de cuántas cosas te acusan". **5** Pero Jesús aun con eso no respondió nada, de modo que Pilato se maravillaba.		
			31 Entonces Pilato les dijo: "Tomadle vosotros y juzgadle según vuestra ley".

Los judíos le dijeron: "A nosotros no nos es lícito dar muerte a nadie".
32 Así sucedió para que se cumpliera la palabra de Jesús, que dijo señalando con qué clase de muerte había de morir.* **33** Entonces Pilato entró otra vez al Pretorio, llamó a Jesús y le dijo: "¿Eres tú el rey de los judíos?"
34 Jesús le respondió: "¿Preguntas tú esto de ti mismo, o porque otros te lo han dicho de mí?"
35 Pilato respondió: "¿Acaso soy yo judío? Tu propia nación y los principales sacerdotes te entregaron a mí. ¿Qué has hecho?"
36 Contestó Jesús: "Mi reino no es de este mundo. Si mi reino fuera de este mundo, mis servidores pelearían para que yo no fuera entregado a los judíos. Ahora, pues, mi reino no es de aquí".
37 Entonces Pilato le dijo: "¿Así que tú eres rey?"
Jesús respondió: "Tú dices que soy rey. Para esto yo he nacido y para esto he venido al mundo: para dar testimonio a la verdad. Todo aquel que es de la verdad oye mi voz".

			38 Le dijo Pilato: "¿Qué es la verdad?" Habiendo dicho esto, salió de nuevo a

Mateo 27:2, 11-14	Marcos 15:1b-5	Lucas 23:1-5	Juan 18:28-38
		4 Pilato dijo a los principales sacerdotes y a la multitud:	los judíos y les dijo:
		"No hallo ningún delito* en este hombre".	"Yo no hallo ningún delito* en él".
		5 Pero ellos insistieron diciendo "Alborota al pueblo, enseñando por toda Judea, comenzando desde galilea, hasta aquí".	
		*23:4 O sea, **delito digno de muerte**.	*18:32 Ver 12:32, 33. *18:38 O sea, **delito digno de muerte**.

Nota 160: A la hora del alba los dirigentes judíos conducen a Jesús ante el procurador romano Poncio Pilato. Normalmente Pilato vive en Cesarea, en la costa, pero llega a Jerusalén en tiempos de grandes concurrencias de gente, tal como la fiesta de la Pascua. Así está a mano si hay disturbios; y éstos son frecuentes en tales circunstancias, pues los judíos se resienten de la opresión romana. Durante los cuatro años que Pilato ya ha sido la autoridad máxima en Judea, Samaria e Idumea, varias veces ha chocado con los judíos (un caso en Luc. 13:1 en **§ 109**), y a lo menos una vez ha sido reprendido por sus superiores en Roma. Sabe que, si él no puede mantener la tranquilidad, el puesto le será quitado. Así, en efecto, sucede unos seis años después, cuando es llamado a Roma a responder a acusaciones, y no regresa.

El Sanedrín ha condenado a Jesús por su "blasfemia" de decir que es Hijo de Dios; pero ese argumento no le interesaría al representante de Roma, por cuya razón dicen que es agitador de "la nación, prohíbe dar tributo al César y dice que él es el Cristo, un rey" (Luc. 23:2): tres cargos que, al ser ciertos, serían de importancia. Pilato correctamente estima que las acusaciones son falsas. ¿Pero cómo evitar una confrontación mayor con los dirigentes judíos?

§ 161. Jesús ante Herodes Antipas, el Tetrarca

Mateo	Marcos	Lucas 23:6-12	Juan
		6 Entonces Pilato, al oírlo,* preguntó si el hombre era gali-	

leo. **7** Y al saber que era de la jurisdicción de Herodes, lo remitió a Herodes, quien tam-
bién estaba en Jerusalén en aquellos días. **8** Herodes, viendo a Jesús, se alegró mucho;
porque hacía mucho tiempo que deseaba verle, pues había oído muchas cosas de él y te-
nía esperanzas de que le vería hacer algún milagro.* **9** Herodes le preguntaba con mu-
chas palabras, pero Jesús no le respondió nada. **10** Estaban allí los principales sacerdotes
y los escribas, acusándole con vehemencia. **11** Pero Herodes y su corte, después de me-
nospreciarle y burlarse de él, le vistieron con ropa espléndida. Y volvió a enviarle a Pi-

Mateo	Marcos	Lucas 23:6-12	Juan
		lato. **12** Aquel mismo día se hicieron amigos Pilato y Herodes, porque antes habían estado enemistados.	

*23:6 Algunos mss. antiguos tienen **al oír que era de Galilea**. *23:8 O: **alguna señal**.

Nota 161: Al escuchar hablar de Galilea, Pilato piensa ver una salida de su dilema. Si Jesús es galileo, ¿por qué no dejar que Herodes Antipas, tetrarca de Galilea, oiga el caso, ya que él anda en Jerusalén para la fiesta? Así con alivio envía a Jesús para comparecer ante Herodes. Este, que mandó degollar a Juan el Bautista y temía que Cristo fuese Juan resucitado (**§ 71**), ahora tiene gusto en recibir a Jesús, esperando ver de él "algún milagro".

Pero el Señor no hace milagros para satisfacer la curiosidad de nadie y sabe que lo que él diga no va a lograr ningún resultado. Por lo tanto, no le responde. Herodes y su corte se burlan de Jesús y de lo que ellos llaman "su pretensión de ser rey" vistiéndolo de ropas reales. Lo vuelve a enviar a Pilato.

Un resultado positivo del gesto de Pilato al enviar al Señor a Herodes es que la enemistad entre los dos gobernantes se termina.

§ 162. Jesús ante Pilato por segunda vez

Mateo 27:15-26	Marcos 15:6-15	Lucas 23:13-25	Juan 18:39—19:16a
		13 Entonces Pilato convocó a los principales sacerdotes, a los magistrados y al pueblo, **14** y les dijo: "Me habéis presentado a éste como persona que desvía al pueblo. He aquí, yo le he interrogado delante de vosotros, y no he hallado ningún delito* en este hombre, de todo aquello que le acusáis. **15** Tampoco Herodes, porque él nos lo remitió;* y he aquí no ha hecho ninguna cosa digna de muerte. **16** Así que, le soltaré después de castigarle".	
15 En la fiesta, el procurador acostumbraba soltar al pueblo un preso, el que quisieran. **16** Tenían en aquel entonces un preso famoso que se llamaba Barrabás.*	**6** En la fiesta Pilato solía soltarles un preso, el que pidiesen. **7** Y había uno que se llamaba Barrabás, preso con los rebeldes que habían cometido homicidio en la insurrección.	**17*** {**19** Este había sido echado en la cárcel por sedición en la ciudad y por un homicidio.}	**39a** "Pero vosotros tenéis la costumbre de que os suelte un preso en la Pascua. {**40b** Y Barrabás era un asaltante.}

Mateo 27:15-26	Marcos 15:6-15	Lucas 23:13-25	Juan 18:39—19:16a
	8 La multitud se levantó y comenzó a pedir que les hiciese como acostumbraba.		
17 Estando ellos reunidos, Pilato les dijo: "¿A cuál queréis que os suelte? ¿A Barrabás* o a Jesús, llamado el Cristo?"	**9** Entonces Pilato les respondió diciendo: "¿Queréis que os suelte al rey de los judíos?"		**39b** ¿Queréis, pues, que os suelte al rey de los judíos?"
18 Porque sabía que por envidia le habían entregado.	**10** Porque sabía que por envidia le habían entregado los principales sacerdotes.		
19 Mientras él estaba sentado en el tribunal, su esposa le mandó a decir: "No tengas nada que ver con ese justo, porque hoy he sufrido muchas cosas en sueños por causa de él".			
20 Entonces los principales sacerdotes y los ancianos persuadieron a las multitudes que pidieran a Barrabás y que dieran muerte a Jesús. **21** Y respondiendo el procurador les dijo: "¿A cuál de los dos queréis que os suelte?"	**11** Pero los principales sacerdotes incitaron a la multitud para que les soltase más bien a Barrabás.		
Ellos dijeron: "¡A Barrabás!"		**18** Pero toda la multitud dio voces a una, diciendo: "¡Fuera con éste! ¡Suéltanos a Barrabás!"	**40a** Entonces todos gritaron de nuevo diciendo: "¡No a éste, sino a Barrabás!"

Mateo 27:15-26

22 Pilato les di-
jo: "¿Qué, pues,
haré
con Jesús, llamado
el Cristo?"

Todos dijeron:
"¡Sea crucificado!"
23 Y el procurador
les dijo: "Pues, ¿qué
mal ha hecho?"
Pero ellos gritaban
aun más fuerte di-
ciendo: "¡Sea cruci-
ficado!"

24 Y cuando Pilato
se dio cuenta de que
no se lograba nada,
sino que sólo se ha-
cía más alboroto,
to-
mó agua y se lavó

Marcos 15:6-15

12 De nuevo inter-
vino Pilato y les de-
cía: "¿Qué, pues,
queréis que haga
con el que llamáis
'el rey de los ju-
díos'?"
13 De nuevo grita-
ron: "¡Crucifícale!"
14 Entonces Pilato
les dijo: "Pues, ¿qué
mal ha hecho?"
Pero lanzaron gritos
aun más fuertes:
"¡Crucifícale!"

Lucas 23:13-25

20 Entonces Pila-
to les habló otra
vez, queriendo sol-
tar a Jesús. **21** Pero
ellos volvieron a
dar voces, diciendo:
"¡Crucifícale! ¡Cru-
cifícale!"
22 Él les dijo por
tercera vez: "¿Pues
qué mal ha hecho
éste? Ningún delito
de muerte he halla-
do en él. Le casti-
garé entonces, y le
soltaré".
23 Pero ellos in-
sistían a grandes
voces, pidiendo que
fuese crucificado. Y
sus voces* prevale-
cieron.
24 Entonces Pilato
juzgó que
se hiciese lo que
ellos pedían.

Juan 18:39—19:16a

Mateo 27:15-26	Marcos 15:6-15	Lucas 23:13-25	Juan 18:39—19:16a
las manos delante de la multitud, diciendo: "¡Yo soy inocente de la sangre de éste!* ¡Será asunto vuestro!" **25** Respondió todo el pueblo y dijo: "¡Su sangre sea sobre nosotros y sobre nuestros hijos!" **26** Entonces			
les soltó a Barrabás;	**15** Entonces Pilato, queriendo satisfacer al pueblo, les soltó a Barrabás	**25** Les soltó a aquel que había sido echado en la cárcel por sedición y homicidio, a quien ellos habían pedido,	
			1 Entonces Pilato tomó a Jesús y le azotó. **2** Los solda-

dos entretejieron una corona de espinas y se la pusieron sobre la cabeza. Le vistieron
con un manto de púrpura, **3** y venían hacia él* y le decían: "¡Viva el rey de los judíos!"
Y le daban de bofetadas. **4** Pilato salió otra vez y les dijo: "He aquí, os lo traigo fuera,
para que sepáis que no hallo ningún delito* en él".
5 Entonces Jesús salió llevando la corona de espinas y el manto de púrpura. Y Pilato
les dijo: "¡He aquí el hombre!"
6 Cuando le vieron los principales sacerdotes y los guardias, gritaron diciendo: "¡Cru-
cifícale! ¡Crucifícale!"
Les dijo Pilato: "Tomadlo vosotros y crucificadle, porque yo no hallo ningún delito*
en él".
7 Los judíos le respondieron: "Nosotros tenemos una ley, y según nuestra ley él debe
morir, porque se hizo a sí mismo Hijo de Dios".
8 Cuando Pilato oyó esta palabra, tuvo aun más miedo. **9** Entró en el Pretorio otra vez
y dijo a Jesús: "¿De dónde eres tú?"
Pero Jesús no le dio respuesta. **10** Entonces le dijo Pilato: "¿A mí no me hablas? ¿No
sabes que tengo autoridad para soltarte y tengo autoridad para crucificarte?"
11 Respondió Jesús: "No tendrías ninguna autoridad contra mí, si no te fuera dada de
arriba. Por esto, el que me entregó a ti tiene mayor pecado".
12 Desde entonces Pilato procuraba soltarle. Pero los judíos gritaron diciendo: "Si
sueltas a éste, no eres amigo del César. Todo aquel que se hace rey se opone al César".
13 Cuando Pilato oyó estas palabras, llevó a Jesús afuera y se sentó en el tribunal, en
el lugar llamado El Enlosado, y en hebreo Gabata. **14** Era el día de la Preparación de la

Mateo 27:15-26	Marcos 15:6-15	Lucas 23:13-25	Juan 18:39—19:16a
			Pascua, y como la hora sexta.* Entonces dijo a los judíos: "He aquí vuestro rey". **15** Pero ellos gritaron diciendo: "¡Fuera! ¡Fuera! ¡Crucifícale!" Pilato les dijo: "¿He de crucificar a vuestro rey?" Respondieron los principales sacerdotes: "¡No tenemos más rey que el César!" **16** Y con esto
y después de haber azotado a Jesús, le entregó para que fuese crucificado.	y entregó a Jesús, después de azotarle, para que fuese crucificado.	y entregó a Jesús a la voluntad de ellos.	entonces lo entregó a ellos para que fuese crucificado.
*27:16, 17 Algunos mss. antiguos dicen **Jesús Barrabás**. *27:24 Algunos mss. antiguos dicen **de este justo**.		*23:14 O sea, **delito digno de muerte**. *23:15 Algunos mss. antiguos tienen **porque os remití a él**. *23:17 Algunos mss. antiguos incluyen: [17]**Pues tenía necesidad de soltarles uno en cada fiesta**; texto similar a Mat. 27:15 y Mar. 15:6. *23:23 Algunos mss. antiguos dicen **las voces de ellos y de los principales sacerdotes**.	*19:3 Algunos mss. tardíos no incluyen **y venían hacia él**. *19:4, 6 O sea, **delito digno de muerte**. *19:14 O sea, **como a las 12:00 horas de mediodía** (si es según el sistema de tiempo judío); o, **como a las 6:00 a.m.** (si es según el sistema romano).

Nota 162: Con un sentido de frustración Pilato ve regresar los guardas con su preso famoso. Es temprano, y todavía no ha salido el sol sobre el monte de los Olivos. Está convencido de la inocencia de Jesús en cuanto a las acusaciones traídas; y trata sin éxito de razonar con los dirigentes judíos, quienes ávidamente buscan la destrucción del Maestro venido de Dios que no se doblega delante de ellos, ni se ajusta a sus moldes.

Sin duda, muchos entre la multitud que se ha congregado ante el palacio de Pilato favorecen a Jesús. Quizás son algunos de ellos los que piden que el gobernador cumpla su acostumbrado gesto de buena voluntad de soltar en la Pascua a algún preso que pida la gente. Sin embargo, los sacerdotes y sus partidarios ganan la partida pidiendo que se les suelte a Barrabás, quien está en "la cárcel por sedición" (el mismo cargo de que los judíos ahora acusan a Jesús) "y por un homicidio" (Luc. 23:19). Barrabás parece ser para el pueblo una clase de héroe nacional, quien ha luchado contra los romanos; y en su revuelta ha asaltado y dado muerte.

Es interesante observar que en algunos manuscritos antiguos Barrabás es llamado "Jesús Barrabás" (ver nota con Mat. 27:16, 17). "Barrabás" no es nombre, sino una identificación familiar; pues "Bar" en arameo significa "hijo" (como también en Barjesús, Bartolomé y Bartimeo); y "Abba" es "padre" o "Rabí, maestro" (ver Rom. 8:15).

La preocupación expresada por la esposa de Pilato añade al dilema del procurador; pero su temor, de cómo una fuerte confrontación con los dirigentes judíos afectaría su propio porvenir, puede más que su sentido de justicia. Así se lava las manos (Deut. 21:6-9) y ordena la crucifixión.

Juan (19:14) ubica el enjuiciamiento en "el día de la Preparación de la Pascua, y como la hora sexta". Esto ha confundido a muchos estudiosos de la Biblia, pues ya la noche anterior comieron la cena pascual, y Marcos (15:25) indica que la crucifixión es en "la hora tercera". Creemos que la mejor explicación de la primera dificultad es que Juan se refiere a la preparación para el sábado pascual. En cuanto a la hora es probable que Juan, escribiendo muchos años después y desde Asia Menor (ahora Turquía) lejos de Israel, usa el horario griego y romano en que el día empieza a la medianoche, tal como lo hacemos nosotros hoy. En cambio los otros evangelistas utilizan el sistema judío en que el día empieza al anochecer. Así es "como la sexta hora" de Juan sería como a la salida del sol, y "la hora tercera" de Marcos sería como a las nueve de la mañana. La condena como a las seis y su ejecución como a las nueve. La mención de horario que hace Juan en 1:39 y 4:6, 52 (**§ 28, 35** y **38**) cuadra bien con esta idea, como lo hace también "Al anochecer de aquel día" (20:19 en **§ 179**), cuando en el uso judío el anochecer empieza un nuevo día y no "aquel día".

§ 163. Los soldados romanos se burlan de Jesús★

Mateo 27:27-30

27 Entonces los soldados del procurador llevaron a Jesús al Pretorio y reunieron a toda la compañía alrededor de él.
28 Después de desnudarle, le echaron encima un manto de escarlata.* **29** Habiendo entretejido una corona de espinas, se la pusieron sobre su cabeza, y en su mano derecha pusieron una caña. Se arrodillaron delante de él y se burlaron de él, diciendo: "¡Viva, rey de los judíos!"
30 Y escupiendo en él, tomaron la caña y le golpeaban la cabeza.

*27:27: Es decir, con ropa que simboliza realeza.

Lucas

Marcos 15:16-19

16 Entonces los soldados le llevaron dentro del atrio, que es el Pretorio, y convocaron a toda la compañía.
17 Le vistieron de púrpura;* y habiendo entretejido una corona de espinas, se la pusieron
18 y comenzaron a aclamarle: "¡Viva, rey de los judíos!"
19 También le golpeaban la cabeza con una caña, le escupían y puestos de rodillas le rendían homenaje.

*15:17 Es decir, con ropa que simboliza realeza.

Juan

Nota 163: Al igual que los guardias de los sacerdotes (**§ 156**) y los de Herodes (**§ 161**), los soldados de Pilato hacen burla de lo que ellos creen ser su pretensión de ser un rey, echándole "encima un manto de escarlata" (Mat. 27:28), talvez el mismo que usaron en el patio de Herodes. Le colocan "una corona", pero "de espinas" (v. 29), y ponen en su mano derecha una caña como si fuese un cetro, y se hincan delante de él. Luego con esa caña le pegan "en la cabeza" (v. 30) y lo

★ **En § 163 el orden de Marcos y Lucas se ha invertido por facilidad de diagramación.**

escupen. Todo eso encima de los muchos latigazos que recibe nuestro Señor, crueles latigazos que a veces de por sí causan la muerte.

Una ropa de escarlata o de púrpura es indicio de un lujo tal como solo un rey o una persona muy rica puede ostentar. La tinta de ese color es muy escasa, y así cara, pues proviene de una glándula pequeña de un cierto molusco marino.

§ 164. Jesús lleva la cruz al Gólgota

Mateo 27:31-34	**Marcos 15:20-23**	**Lucas 23:26-33a**	**Juan 19:16b-18a**
31 Cuando se hubieron burlado de él, le quitaron el manto, le pusieron sus propios vestidos y le llevaron para crucificarle.	**20** Cuando se hubieron burlado de él, le quitaron el manto de púrpura y le pusieron su propia ropa. Entonces le sacaron para crucificarle.		**16b** Tomaron pues a Jesús,* **17** y él salió llevando su cruz
32 Mientras salían, hallaron a un hombre de Cirene llamado Simón.	**21** Obligaron a uno que pasaba viniendo del campo, a un cierto Simón de Cirene, padre de Alejandro y de Rufo,	**26** Y ellos, al llevarle, tomaron a un tal Simón de Cirene, que venía del campo,	
A éste le obligaron a cargar la cruz de Jesús.	a que cargara la cruz de Jesús.	y le pusieron encima la cruz para que la llevase tras Jesús. **27** Le seguía una gran multitud del pueblo y de muje-	

res, las cuales lloraban y se lamentaban por él. **28** Pero Jesús, volviéndose hacia ellas, les dijo: "Hijas de Jerusalén, no lloréis por mí, sino llorad por vosotras mismas y por vuestros hijos. **29** Porque he aquí vendrán días en que dirán: 'Bienaventuradas las estériles, los vientres que no concibieron y los pechos que no criaron'. **30** Entonces comenzarán a decir a las montañas: *'¡Caed sobre nosotros!' y a las colinas: '¡Cubridnos!'** **31** Porque si con el árbol verde hacen estas cosas, ¿qué se hará con el seco?"

		32 Llevaban también a otros dos, que eran malhechores, para ser ejecutados con él.	
33 Cuando llegaron al lugar que se llama Gólgota, que significa lugar de	**22** Y le llevaron al lugar llamado Gólgota, que traducido es lugar de	**33a** Cuando llegaron al lugar que se llama de	hacia el lugar que se llama de

Mateo 27:31-34	Marcos 15:20-23	Lucas 23:26-33a	Juan 19:16b-18a
la Calavera,	la Calavera.	la Calavera,	la Calavera, y en hebreo Gólgota.
34 le dieron a beber vino mezclado con ajenjo; pero cuando lo probó, no lo quiso beber.	**23** Le dieron* vino mezclado con mirra, pero él no lo tomó.		
		le crucificaron allí,	**18** Allí le crucificaron,
	*15:23 Algunos mss. antiguos dicen **dieron a beber**.	*23:30 Ose. 10:8; comp. Apoc. 6:16.	*19:16 Algunos mss. antiguos añaden **y le llevaron**.

Nota 164: Habiéndole quitado el manto real y puesto su propia ropa, encaminan a Jesús hacia el lugar del suplicio. Como es norma, tiene que llevar su propia cruz. Pero la falta de sueño, las energías gastadas, los muchos golpes que abrían las espaldas, la pérdida de sangre, la ingratitud y la hostilidad de quienes él quiere ayudar es demasiado para la humanidad de Jesucristo, y no puede seguir llevando su cruz. Entonces, los oficiales ordenan que lleve la cruz un hombre que viene llegando del campo. Ese hombre es identificado como Simón oriundo de Cirene, en el norte de África, de quien dos hijos llegan a ser muy conocidos en los círculos cristianos en que escribe Marcos (15:21).

Lucas nos cuenta de cómo un gran número, especialmente de mujeres, lamentan al ver a Jesús en tal estado y lo expresan pese a la prohibición legal de mostrar simpatía por un condenado. Él les dice que no lloren por él y que van a experimentar peores cosas, quizás hablando del sitio y la destrucción de Jerusalén que habrá en cuarenta años. Al llegar al Gólgota (o Calvario según el idioma latín), le ofrecen una bebida que debe adormecer en algo el dolor, pero Jesús no quiere beberla.

La crucifixión era el medio de ejecución más cruel, más doloroso, más humillante y más duradero que se conocía en tiempos antiguos. Parece que fue iniciado por los fenicios y "perfeccionado" por los romanos. Era un sistema prohibido para un ciudadano romano, pero usado para castigar a los peores de los pueblos subyugados y, en especial, para aquellos que se atrevían a oponerse al poderío de Roma. Muchas veces un crucificado quedaba colgado en un lugar prominente de un camino principal hasta dos días, como aviso de lo que pasaba con los rebeldes, hasta que el hambre, la sed, la fiebre y el dolor trajesen el alivio de la muerte. En este caso Pilato se sorprende de que Jesús haya muerto después de solo seis horas (Mar. 15:44).

§ 165. Las primeras tres horas en la cruz

Mateo 27:35-44	Marcos 15:24-32	Lucas 23:33b-43	Juan 19:18b-27
35 Después de crucificarle,	**24** Y le crucificaron,		{**23** Cuando los soldados crucificaron a Jesús, tomaron los vestidos de él e hicieron cuatro partes, una para cada soldado.
repartieron sus vestidos,* echando suertes.*	y repartieron sus vestidos, echando suertes sobre ellas para ver qué	{**34b** Y partiendo sus vestidos, echaron suertes.*}	

Mateo 27:35-44	Marcos 15:24-32	Lucas 23:33b-43	Juan 19:18b-27
	qué se llevaría cada uno.		Además, tomaron la túnica, pero la túnica no tenía costura; era tejida de arriba abajo. **24** Por esto dijeron uno a otro: "No la partamos; más bien echemos suertes sobre ella, para ver de quién será". Esto sucedió para que se cumpliera la Escritura que dice: *Repartieron entre* *sí mis vestidos* *y sobre mi vestidura* *echaron suertes*.* Y así lo hicieron los soldados.}
	25 Era la hora tercera* cuando le crucificaron.		
36 Y sentados, le guardaban allí.			
37 Pusieron sobre su cabeza su acusación escrita: ESTE ES JESÚS, EL REY DE LOS JUDÍOS.	**26** El título de su acusación estaba escrito: EL REY DE LOS JUDÍOS.	{**38** Había también sobre él un título escrito* que decía: ESTE ES EL REY DE LOS JUDÍOS.}	**19** Pilato escribió y puso sobre la cruz un letrero en el cual fue escrito: JESÚS DE NAZARET, REY DE LOS JUDÍOS. **20** Entonces muchos de los judíos leyeron este letrero, porque el lugar donde Jesús fue crucificado estaba cerca de la ciudad, y el letrero estaba escrito en hebreo, en latín y en griego. **21** Los principales sacerdotes de los judíos le decían a

Mateo 27:35-44

38 Entonces crucifi-
caron con él a dos
ladrones, uno
a la derecha y
otro a la izquierda.

39 Los que
pasaban le insulta-
ban, meneando sus
cabezas **40** y dicien-
do: "Tú que
derribas el templo y
en tres días lo edifi-
cas, ¡sálvate a ti
mismo, si eres Hijo
de Dios, y desciende
de la cruz!"
41 De igual manera,
aun los principales
sacerdotes junto con
los escribas y los
ancianos se burlaban
de él, y decían:
42 "A otros salvó; a
sí mismo no se pue-
de salvar. ¿Es rey de
Israel?*
¡Que
descienda ahora de
la cruz, y
creeremos en él!
43 Ha confiado en
Dios. Que lo libre

Marcos 15:24-32

27 Y con él crucifi-
caron a dos
ladrones, uno
a su derecha y
otro a su izquierda.

28*, **29** Y los que
pasaban le insulta-
ban, meneando sus
cabezas y dicien-
do: "¡Ah! Tú que
derribas el templo y
lo edificas en tres
días, **30** ¡sálvate a ti
mismo
y desciende
de la cruz!"
31 De igual manera,
burlándose de él en-
tre ellos mismos, los
principales sacer-
dotes junto con los
escribas decían:
"A otros salvó; a
sí mismo no se pue-
de salvar.
32 ¡Que el Cristo,
el rey de Israel,
descienda ahora de
la cruz para que
veamos y creamos!"

Lucas 23:33b-43

33b y a los
malhechores: el uno
a la derecha y el
otro a la izquierda.

34a Y Jesús decía:
"Padre, perdónalos,
porque no saben lo
que hacen".*

35 El pueblo esta-
ba de pie mirando,
y aun los gober-
nantes
se burlaban
de él, diciendo:
"A otros salvó.
Sálvese a sí mismo,
si es el Cristo, el
escogido de Dios".

Juan 19:18b-27
Pilato: "No escribas:
'Rey de los judíos',
sino: 'Este dijo:
—Soy rey de los
judíos—' ". **22** Pilato
respondió:
"Lo que he escrito,
he escrito".
{**18b** y con él
a otros dos,
uno a cada
lado,
y Jesús estaba
en medio.}

Mateo 27:35-44	Marcos 15:24-32	Lucas 23:33b-43	Juan 19:18b-27
ahora si le quiere, porque dijo: ‘Soy Hijo de Dios’ ”.			
		36 También los soldados le escarnecían, acercándose, ofreciéndole vinagre **37** y diciéndole: “Si tú eres el rey de los judíos, sálvate a ti mismo”.	
44 También los ladrones que estaban crucificados con él le injuriaban de la misma manera.	También los que estaban crucificados con él le injuriaban.	**39** Uno de los malhechores que estaban colgados le injuriaba diciendo: “¿No eres tú el Cristo?* ¡Sálvate a ti mismo y a nosotros!”	
		40 Respondiendo el otro, le reprendió diciendo: “¿Ni siquiera temes tú a Dios, estando en la misma condenación? **41** Nosotros, a la verdad, padecemos con razón, porque estamos recibiendo lo que merecieron nuestros hechos; pero éste no hizo ningún mal”. **42** Y le dijo: “Jesús,* acuérdate de mí cuando vengas en tu reino”. **43** Entonces Jesús le dijo: “De cierto te digo que hoy estarás conmigo en el paraíso”.	
			25 Junto a la cruz de Jesús estaban su madre, la hermana

Mateo 27:35-44	Marcos 15:24-32	Lucas 23:33b-43	Juan 19:18b-27
			de su madre, María esposa de Cleofas y María Magdalena. **26** Cuando Jesús vio a su madre y al discípulo a quien amaba, de pie junto a ella, dijo a su madre: "Mujer, he ahí tu hijo". **27** Después dijo al discípulo: "He ahí tu madre". Y desde aquella hora el discípulo la recibió en su casa.
*27:35 Ver Sal. 22:18. *27:35 Algunos mss. antiguos incluyen **para cumplir lo que fue dicho por el profeta: "Repartieron mis vestidos entre sí y echaron suertes sobre mi ropa"**; comp. Juan 19:24. *27:42 Algunos mss. antiguos dicen **Si es rey de Israel, que descienda ahora de la cruz...**	*15:25 O sea, **como a las 9:00 a.m.** *15:28 Algunos mss. antiguos incluyen: [28]**Y se cumplió la Escritura que dice: Y fue contado con los inicuos**; texto similar a Mat. 27:38; Luc. 23:33; Isa. 53:12 (LXX).	*23:34 Comp. Isa. 53:12; varios mss. antiguos no incluyen esta parte del v. 34. *23:34 Ver Sal. 22:18. *23:38 Algunos mss. antiguos añaden **con letras griegas, latinas y hebreas**; comp. Juan 19:20. *23:39 Algunos mss. antiguos tienen **Si tú eres el Cristo,...** *23:42 Algunos mss. antiguos dicen **Y dijo a Jesús: Acuérdate...**	*19:24 Sal. 22:18.

Nota 165: La primera mitad de la estancia de nuestro Señor en la cruz es desde mediados de la mañana hasta el mediodía. Durante este tiempo él emite tres de las "Siete Palabras de la Cruz", las que indican su preocupación por otros: 1) La oración por sus enemigos (Luc. 23:34), 2) la promesa al malhechor arrepentido (Luc. 23:43) y 3) el encargo a su madre y al discípulo Juan (Juan 19:26, 27). Para una explicación del parentesco entre Juan y Jesús ver en **§ 125**. Puede ser que la responsabilidad de Juan para con su tía no sea permanente, pues los hermanos de Jesús después se reúnen con los creyentes junto con su madre (Hech. 1:14). Pero por ahora los hermanos no aparecen, pues probablemente aún no creen en él (Juan 7:5 en **§ 94**) y quizás tendrían miedo de ser implicados con él. Es posible que ni estaban presentes en Jerusalén.

Pilato mandó poner una inscripción sobre la cruz indicando la causa de la ejecución y en ella llamaba a Jesús "Rey de los Judíos", quizás para irritar a los dirigentes judíos.

¡Oh la nobleza y la bajeza del corazón humano! Aquí se ve con claridad lo segundo: El pueblo, los soldados, los otros dos crucificados y hasta los dirigentes religiosos se burlan de él con expresiones como: "A otros salvó; a sí mismo no se puede salvar" (Mar. 15:31). Sin embargo, uno de los otros crucificados cambia de parecer y confiesa su fe en un Cristo moribundo, y recibe una promesa de vida en el paraíso. No fue la presencia de Jesús sobre una cruz lo que impresionaba al malhechor arrepentido, ni al centurión romano (Luc. 23:47), sino la actitud del Salvador mientras estaba allí.

§ 166. Las tres horas de oscuridad

Mateo 27:45-50	Marcos 15:33-37	Lucas 23:44, 45a, 46	Juan 19:28-30
45 Desde la sexta hora* descendió oscuridad sobre toda la tierra hasta la hora nove- na.*	**33** Cuando llegó la hora sexta,* descendió oscuridad sobre toda la tierra, hasta la hora nove- na.*	**44** Cuando era co- mo la hora sexta,* descendió oscuridad sobre la tierra hasta la hora nove- na.* **45a** El sol se oscureció,	
46 Como a la hora novena* Jesús exclamó a gran voz diciendo: "*¡Elí, Elí! ¿Lama sabac- tani?*" —que signifi- ca: *Dios mío, Dios mío, ¿por qué me has desamparado?**—. **47** Cuando algunos de los que estaban allí le oyeron, decían: "Este hom- bre llama a Elías".	**34** Y en la hora novena Jesús exclamó a gran voz, diciendo: "*¡Eloi, Eloi! ¿Lama sabac- tani?*"* —que tra- ducido quiere decir: *Dios mío, Dios mío, ¿por qué me has desamparado?*—. **35** Al oírle, algunos de los que estaban allí decían: "He aquí, llama a Elías".		
			28 Después de esto, sabiendo Jesús que ya todo se había consumado, para que se cumpliera la Escritura, dijo: "Tengo sed".* **29** Había allí una vasija llena de vina- gre. Entonces
48 Y de inmediato uno de ellos corrió, tomó una esponja, la llenó de vinagre, y poniéndola en una caña, le daba de beber. **49** Pero otros decían: "Deja, veamos si viene Elías a salvarlo".	**36** Corrió uno y empapó una esponja en vinagre, la puso en una caña y le dio a beber, diciendo: "Dejad, veamos si viene Elías a bajarle".		pusieron en un hisopo una esponja empapada en vina- gre y se la acercaron a la boca.
			30 Cuando Jesús

Mateo 27:45-50	Marcos 15:33-37	Lucas 23:44, 45a, 46	Juan 19:28-30
			recibió el vinagre,
50 Pero Jesús clamó otra vez a gran voz	**37** Pero Jesús, dando un fuerte grito,	**46** Entonces Jesús, gritando a gran voz,	
			dijo: "¡Consumado es!"
		dijo: "*Padre, ¡en tus manos encomiendo mi espíritu!*"*	
	expiró.	Y habiendo dicho esto, expiró.	Y habiendo inclinado la cabeza,
y entregó el espíritu.			entregó el espíritu.
*27:45 O sea, **como al mediodía**. *27:45, 46 O sea, **como a las 3:00 p.m.** *27:46 Sal. 22:1.	*15:33 O sea, **como al mediodía**. *15:33 O sea, **como a las 3:00 p.m.** *15:34 Sal. 22:1.	*23:44 O sea, **como a mediodía**. *23:44 O sea, **como a las 3:00 p.m.** *23:46 Sal. 31:5; comp. Hech. 7:59	*19:28 Ver Sal. 22:15; 69:21

Nota 166: Desde el mediodía hasta mediados de la tarde de este terrible viernes desciende "oscuridad sobre toda la tierra" (Luc. 23:44), como si la misma naturaleza se entristeciera por lo que está ocurriendo.

Durante este lapso creemos que nuestro Señor pronunció las últimas cuatro "palabras de la cruz", las que (a diferencia de las primeras tres) se refieren a él mismo: 1) El grito de desolación (Mar. 15:34; Mat. 27:46), 2) el grito de angustia física por la sed (Juan 19:28), 3) el grito de victoria (Juan 19:30) y 4) el grito de aceptación (Luc. 23:46, ver Sal. 31:5).

Varios de los acontecimientos en la cruz tienen que ver con lo escrito en el Salmo 22. Para expresar su sentido de soledad, Jesús cita el primer versículo del Salmo: "¡Elí, Elí ...!" (en hebreo bíblico, según Mateo), o "¡Eloi, Eloi!..." (en el arameo hablado corrientemente, según Marcos). Al decir nuestro Señor "Consumado es", parece ser un eco de lo último del Salmo: "Vendrán y anunciarán su justicia a un pueblo que ha de nacer: '¡Él hizo esto!' " Las burlas, los insultos, la horadación de las manos y los pies, la sed, la desarticulación de los huesos, la repartición de su ropa, todo fue predicho en este Salmo.

Así padece "una vez para siempre por los pecados, el justo por los injustos, para llevarnos a Dios" (1 Ped. 3:18).

§ 167. Fenómenos que ocurren durante la muerte de Jesús

Mateo 27:51-56	Marcos 15:38-41	Lucas 23:45b, 47-49
51 Y he aquí, el velo del templo se rasgó en dos, de arriba abajo.	**38** Y el velo del templo se rasgó en dos, de arriba abajo.	**45b** y el velo del templo se rasgó por en medio.
La tierra tembló, y las rocas se partieron. **52** Se abrieron los sepulcros, y muchos cuerpos de hombres santos que habían muerto se levan-		

Mateo 27:51-56	Marcos 15:38-41	Lucas 23:45b, 47-49
taron; **53** y salidos de los sepulcros después de la resurrección de él, fueron a la santa ciudad y aparecieron a muchos.		
54 Y cuando el centurión y los que con él guardaban a Jesús vieron el terremoto y las cosas que habían sucedido, temieron en gran manera y dijeron: "¡Verdaderamente éste era Hijo de Dios!"	**39** El centurión que estaba de pie delante de él, cuando vio que había muerto* de esta manera, dijo: "¡Verdaderamente este hombre era Hijo de Dios!"	**47** Y cuando el centurión vio lo que había acontecido, dio gloria a Dios, diciendo: "¡Verdaderamente este hombre era justo!"
		48 Y toda la multitud que estaba presente en este espectáculo, al ver lo que había acontecido, volvía golpeándose el pecho. **49** Pero todos sus conocidos, y las mujeres que le habían seguido desde Galilea, se quedaron lejos, mirando estas cosas.
55 Estaban allí muchas mujeres mirando desde lejos. Ellas habían seguido a Jesús desde Galilea, sirviéndole.	**40a** También estaban allí algunas mujeres, mirando desde lejos. {**41a** Cuando Jesús estaba en Galilea, éstas le seguían y le servían.}	
56 Entre ellas se encontraban María Magdalena, María la madre de Jacobo y de José, y la madre de los hijos de Zebedeo.	**40b** Entre ellas se encontraban María Magdalena, María la madre de Jacobo el Menor y de José, y Salomé. **41b** También había muchas otras que habían subido con él a Jerusalén.	

*15:39 Lit., **había expirado**.

Nota 167: Además de la oscuridad en esta tarde memorable, hay otros fenómenos: el terremoto y el rompimiento del velo entre el lugar santo y el lugar santísimo del templo, es decir, entre el lugar donde pueden entrar los sacerdotes y el interior al cual solo puede entrar el sumo sacerdote, y él únicamente en el día anual de la Expiación (en octubre). El velo se rasga "en dos, de arriba abajo". Así la entrada al lugar santísimo queda abierta por aquel que "entró una vez para siempre" (Heb. 9:12).

Se abren los sepulcros, y se levantan "después de la resurrección de él" muchos hombres santos que habían fallecido. El centurión romano, a cargo de la crucifixión, opina: "¡Verdaderamente éste era Hijo de Dios!" (Mat. 27:54).

De lejos unos amigos contemplan la escena dolorosa, entre ellos algunas mujeres que "habían seguido a Jesús desde Galilea, sirviéndole" (Mat. 27:55; ver **§ 60**). Entre ellas están María Magdalena, María madre de los apóstoles Jacobo y José (o Tadeo), y Salomé esposa de Zebedeo y madre de los apóstoles Jacobo y Juan. No se menciona a María madre de Jesús, pues es probable que Juan ya haya querido alejar a su tía de un espectáculo tan horrendo en el que su Hijo es el centro. Como profetizó Simeón años antes a María (Luc. 2:35 en **§ 13**), una espada traspasa su misma alma.

§ 168. El cuerpo de Jesús es colocado en el sepulcro

Mateo 27:57-60	**Marcos 15:42-46**	**Lucas 23:50-54**	**Juan 19:31-42**
			31 Entonces los judíos, por cuanto era el día de la Pre-

paración, y para que los cuerpos no quedasen en la cruz en el sábado (pues era el Gran Sábado), rogaron a Pilato que se les quebrasen las piernas y fuesen quitados. **32** Luego los soldados fueron y quebraron las piernas al primero, y después al otro que había sido crucificado con él. **33** Pero cuando llegaron a Jesús, como le vieron ya muerto, no le quebraron las piernas; **34** pero uno de los soldados le abrió el costado con una lanza, y salió al instante sangre y agua.

35 El que lo ha visto ha dado testimonio, y su testimonio es verdadero. Él sabe que dice la verdad, para que vosotros también creáis. **36** Porque estas cosas sucedieron así para que se cumpliese la Escritura que dice: *Ninguno de sus huesos será quebrado.**

Mateo	Marcos	Lucas	Juan
			37 También otra Escritura dice: *Mirarán al que traspasaron.**
57 Al atardecer,	**42** Cuando ya atardecía, siendo el día de la Preparación, es decir, la víspera del sábado,		
vino un hombre rico de Arimatea llamado José,	**43** llegó José de Arimatea, miembro ilustre del concilio,	**50** He aquí, había un hombre llamado José, el cual era miembro del concilio, y un hombre bueno y justo. **51** Este no había consentido con el consejo ni con los hechos de ellos. Él era de Arimatea, ciudad de los judíos,	**38** Después de esto, José de Arimatea,
quien también había sido discípulo de Jesús.	quien también esperaba el reino de Dios,	y también esperaba el reino de Dios.	que era discípulo de Jesús, aunque en secreto por miedo a los judíos,
58 Este se presentó a Pilato	y entró osadamente a Pilato	**52** Este se acercó a Pilato	pidió a Pilato que le

Mateo 27:57-60	**Marcos 15:42-46**	**Lucas 23:50-54**	**Juan 19:31-42**
y pidió el cuerpo de Jesús.	y le pidió el cuerpo de Jesús.	y le pidió el cuerpo de Jesús.	permitiese quitar el cuerpo de Jesús.
	44 Pilato se sorprendió de que ya hubiese muerto. Y llamando al centurión, le preguntó si ya había muerto.* **45** Una vez informado por el centurión,		
Entonces Pilato mandó que se le diese.*	concedió el cuerpo a José.		Pilato se lo permitió.
59 José tomó el cuerpo,	**46** Comprando una sábana y bajándole de la cruz,	**53** Después de bajarle de la cruz,	Por tanto, él fue y llevó su cuerpo.* **39** También Nicodemo, que al principio había venido a Jesús de noche, fue llevando un compuesto de mirra y áloes, como cien libras.* **40** Tomaron, pues, el cuerpo de Jesús y
lo envolvió en una sábana limpia	José lo envolvió en la sábana	lo envolvió en una sábana de lino	lo envolvieron en lienzos con las especias, de acuerdo con la costumbre judía de sepultar. **41** En el lugar donde había sido crucificado había un huerto, y en el huerto
60 y lo puso en su sepulcro nuevo, que había labrado en la peña.	y lo puso en un sepulcro que había sido cavado en una peña.	y le puso en un sepulcro cavado en una peña, en el cual nadie había sido puesto todavía.	había un sepulcro nuevo, en el cual todavía no se había puesto a nadie.
		54 Era el día de la Preparación, y estaba por comenzar el sábado.	**42** Allí, pues, por causa del día de la Preparación de los judíos y porque aquel sepulcro estaba

Mateo 27:57-60

Luego hizo rodar una gran piedra a la entrada del sepulcro, y se fue.

*27:58 Algunos mss. antiguos incluyen **el cuerpo**.

Marcos 15:42-46

Luego hizo rodar una piedra a la entrada del sepulcro.

*15:44 Algunos mss. antiguos dicen **si hacía mucho tiempo que se había muerto**.

Lucas 23:50-54

Juan 19:31-42

cerca, pusieron a Jesús.

*19:36 Éxo. 12:46; Núm. 9:12; Sal. 34:20. *19:37 Zac. 12:10. *19:38 Algunos mss. antiguos dicen **el cuerpo de Jesús**. *19:39 O sea, aprox. 34 kilos, ya que la libra romana de 12 onzas equivalía aprox. a 340 gramos.

Nota 168: Este viernes en la tarde, por respeto a los sentimientos judíos referente a los muertos (Deut. 21:23) y la necesidad de sepultarlos antes de llegar el sábado (al anochecer), los soldados quiebran las piernas de los dos asaltantes y, sin duda, penetran sus órganos vitales con una lanza para apresurar su muerte. Puesto que Jesús ha muerto ya, no le quiebran las piernas, pero sí se le abre el costado para estar seguros de que ha fallecido.

José de Arimatea y Nicodemo, miembros del Sanedrín que condenó al Maestro, según parece no se atrevieron a oponerse a la condena (o no estaban presentes); pero ahora osan presentarse ante Pilato pidiendo el cuerpo para darle una sepultura honrosa, y Pilato se lo otorga. Arreglan el cadáver rápidamente y lo colocan en el sepulcro de José antes que termine la luz del día (ver Deut. 21:22, 23). Cualquier otra disposición tendrá que esperar hasta después del sábado, aunque para ello las mujeres preparan especias aromáticas y perfumes.

El sepulcro de José se había cavado de la peña en una ladera de una colina cerca del lugar de la crucifixión de Jesús. Es de un tamaño que se puede entrar, con espacio para varios muertos. Pero el cuerpo del Señor es el primero que se coloca allí, pues en él "nadie había sido puesto todavía" (Luc. 23:53).

§ 169. La vigilia de las mujeres ante el sepulcro de Jesús

Mateo 27:61-66

61 Estaban allí María Magdalena y la otra María,

sentadas delante del sepulcro.

62 Al día siguiente, esto es, después de la Preparación, los principales sacer-

Marcos 15:47

47 María Magdalena y María la madre de José

miraban dónde le ponían.

Lucas 23:55, 56a, c

55 Las mujeres que habían venido con él de Galilea,

también le siguieron

y vieron el sepulcro y cómo fue puesto el cuerpo. **56** Entonces regresaron

Mateo 27:61-66

dotes y los fariseos se reunieron ante Pilato, **63** diciendo: "Señor, nos acordamos que mientras aún vivía, aquel engañador dijo: 'Después de tres días resucitaré'. **64** Manda, pues, que se asegure el sepulcro hasta el tercer día, no sea que sus discípulos vengan* y roben el cadáver, y digan al pueblo: 'Ha resucitado de los muertos'. Y el último fraude será peor que el primero".

65 Pilato les dijo: "Tenéis tropas de guardia. Id y aseguradlo como sabéis hacerlo".

66 Ellos fueron, y habiendo sellado la piedra, aseguraron el sepulcro con la guardia.

*27:64 Algunos mss. antiguos incluyen **de noche**.

Marcos 15:47

Lucas 23:55, 56 a, c

56c y reposaron el sábado, conforme al mandamiento.*

*23:56 Ver Éxo. 20:10.

Nota 169: Las mujeres continúan su preocupación por el sepulcro, pero descansan el sábado el cual empieza a las seis de la tarde (ver Éxo. 12:16; 20:8-11). Entonces los dirigentes judíos recuerdan lo que los discípulos de Jesús han olvidado: que el Señor ha prometido que volverá a vivir (Mat. 16:21; 17:9, 23; 20:19; 26:32 en **§ 83, 86, 88, 125** y **148**). A fin de asegurar que nadie se robe el cuerpo y diga que Jesús ha resucitado, los principales acuden a Pilato pidiendo una guardia para el sepulcro. El gobernador la autoriza, talvez la misma que había acudido al Getsemaní para respaldar a los oficiales judíos (Juan 18:12 en **§ 154**). Soldados y sellos quizás protejan contra los hombres, ¡pero no pueden nada contra Dios!

PARTE XIV

RESURRECCIÓN, APARICIONES Y ASCENSIÓN DE JESÚS

(MAPA VII)

Todos estos acontecimientos ocurren en un período de cuarenta días, comenzando el domingo después de la muerte de Cristo. Es marzo o abril probablemente del año 30 d. de J.C.

§ 170. Las mujeres se preparan para ir al sepulcro

Mateo 28:1	**Marcos 16:1**	**Lucas 23:56b**
1 Después del sábado, al amanecer del primer día de la semana, vinieron María Magdalena y la otra María	**1** Cuando pasó el sábado, María Magdalena, María madre de Jacobo, y Salomé compraron especias aromáticas para ir a ungirle.	**56b** y prepararon especias aromáticas y perfumes,
para ver el sepulcro.		

Nota 170: Al terminar el sábado, tres de las mujeres aprovechan el crepúsculo para salir a comprar especias aromáticas a fin de estar listas para ungir a su Maestro difunto a la mañana siguiente. Son las mismas que el viernes se quedaron contemplando al crucificado: María Magdalena, María madre de Jacobo el menor y Tadeo, y Salomé madre de Jacobo y Juan (Mar. 15:40 en **§ 167**). El hecho de que van a preparar mejor el cadáver para su sepultura (lo que no lograron terminar el viernes por el apuro) confirma que ellas no han comprendido, o creído, lo que Jesús había dicho sobre su resurrección. Se ponen de acuerdo para ir temprano al sepulcro el primer día de la semana, pero ahora se informan de dónde y cómo quedó.

Observamos que el respeto por la santidad del sábado (ver Éxo. 20:10) es tanto que los amigos de Jesús no hacen nada en ese día para suplir lo que ha quedado por hacer después de la crucifixión.

§ 171. Resurrección de Jesús

Mateo 28:2-4	**Marcos**	**Lucas**	**Juan**
2 Y he aquí, hubo un gran terremoto; porque el ángel del Señor descendió del cielo, y al llegar removió la piedra y se sentó sobre ella. **3** Su aspecto era como un relámpago, y su vestidura era blanca como la nieve. **4** Los guardias temblaron por miedo de él y quedaron como muertos.			

Nota 171: De nuevo tiembla fuertemente la tierra, "porque el ángel del Señor descendió del cielo, y al llegar removió la piedra" que servía de puerta para el sepulcro. Es interesante que ninguno de los Evangelios describe la resurrección misma, la que es el milagro más grande de la historia. ¿Fue durante, antes o después de la remoción de la piedra? Por cierto, el Cristo resucitado, que después atraviesa una puerta cerrada (Juan 20:19 en **§ 179**), no necesita que la piedra se quite para poder salir. ¡El sepulcro abierto hace falta para mostrar que Jesús ya no está allí!

Con todo, los soldados no son capaces de lograr que el sepulcro quede sellado y "temblaron por miedo", tanto por el fenómeno como por el castigo que sin duda les vendrá por no haber podido cumplir su cometido.

Hay estudiosos de la Biblia que prefieren creer que nuestro Señor fue crucificado el día jueves para poder así fijar la estancia de Jesús en el sepulcro "tres días y tres noches" (Mat. 12:40 en **§ 63**). También, Marcos 8:31 (**§ 83**) y 10:34 (**§ 125**) hablan de "después de tres días". Pero los pasajes paralelos en Mateo (16:21 y 20:19) y en Lucas (9:22 y 18:33) tienen "al tercer día". En el uso judío y de otros pueblos significa igual, tal como solemos hoy decir "de hoy en ocho días" cuando en realidad son siete como, digamos, de domingo a domingo. Cualquier parte de un día es un día. Vemos que ellos lo entendían así, pues el ángel dice a las mujeres: "que sea crucificado, y resucite al tercer día", y los dos caminantes a Emaús hablan de que "hoy es el tercer día" (Luc. 24:7, 21). Además, los dirigentes del Sanedrín dicen a Pilato que "aquel engañador dijo: 'Después de tres días resucitaré' ", por lo cual piden que se asegure el sepulcro hasta el tercer día (Luc. 23:63 ss. en **§ 169**). Así, concluimos que el Salvador está en el sepulcro un corto tiempo del viernes (antes que el anochecer traiga el sábado), todo el sábado y unas doce horas del primer día de la semana.

§ 172. Visita de las mujeres al sepulcro para ungir el cuerpo de Jesús

Mateo 28:5-8	**Marcos 16:2-8**	**Lucas 24:1-8**	**Juan 20:1, 2**
	2 Muy de mañana, el primer día de la semana,	**1** Y el primer día de la semana, muy de mañana,	**1** El primer día de la semana, muy de madrugada, siendo aún oscuro, María Magdalena fue al sepulcro y vio que la piedra había sido quitada del sepulcro. **2** Entonces corrió y fue a Simón Pedro y al otro discípulo a quien amaba Jesús, y les dijo: "Han sacado al Señor del sepulcro y no sabemos dónde le han puesto".
	fueron al sepulcro apenas salido el sol,	fueron al sepulcro	
		llevando las especias aromáticas que habían preparado.*	

Mateo 28:5-8	Marcos 16:2-8	Lucas 24:1-8	Juan 20:1, 2
	3 y decían una a otra: "¿Quién nos removerá la piedra de la entrada del sepulcro?"		
	4 Pero cuando miraron, vieron que la piedra ya había sido removida, a pesar de que era muy grande.	**2** Y hallaron removida la piedra del sepulcro;	
	5 Y cuando entraron en el sepulcro,	**3** pero al entrar,	
		no hallaron el cuerpo de Jesús.	
	vieron a un joven sentado al lado derecho, vestido de una larga ropa blanca, y	**4** Aconteció que estando perplejas por esto, he aquí se pusieron de pie junto a ellas dos varones con vestiduras resplandecientes.	
	se asustaron.	**5** Como ellas les tuvieron temor y bajaron la cara a tierra, ellos les dijeron:	
5 Y respondiendo el ángel dijo a las mujeres: "No temáis vosotras, porque sé	**6** Pero él les dijo: "No os asustéis.		
que buscáis a Jesús, quien fue crucificado.	Buscáis a Jesús de Nazaret, quien fue crucificado.	"¿Por qué buscáis entre los muertos al que vive?	
6 No está aquí, porque ha resucitado,	¡Ha resucitado! No está aquí.	**6** No está aquí; más bien, ha resucitado.	
así como dijo.		Acordaos de lo que os habló cuando estaba aún en Galilea, **7** como dijo: "Es necesario que el Hijo del Hombre sea entregado en manos de hombres pecadores, y que sea crucificado y resucite al	

Mateo 28:5-8	Marcos 16:2-8	Lucas 24:1-8	Juan 20:1, 2
		tercer día".*	
Venid, ved el lugar donde estaba puesto.* **7** E id de prisa y decid a sus discípulos que ha resucitado de entre los muertos. He aquí va delante de vosotros a Galilea. Allí le veréis. He aquí os lo he dicho".	He aquí el lugar donde le pusieron. **7** Pero id, decid a sus discípulos, y a Pedro, que él va delante de vosotros a Galilea. Allí le veréis, como os dijo".		
		8 Entonces ellas se acordaron de sus palabras,	
8 Entonces ellas salieron a toda prisa del sepulcro con temor y gran gozo, y corrieron a dar las nuevas a sus discípulos.*	**8** Ellas salieron y huyeron del sepulcro, porque temblaban y estaban presas de espanto. Y no dijeron nada a nadie, porque tenían miedo.*		
*28:6 Algunos mss. antiguos incluyen **el Señor**. *28:8 Algunos mss. antiguos incluyen **Y mientras iban para contárselo a sus discípulos, he aquí, Jesús...**	*16:8 Los mss. más antiguos terminan el Evangelio aquí.	*24:1 Algunos mss. antiguos añaden **y algunas otras mujeres fueron con ellas**. *24:7 Comp. 9:22.	

Nota 172: Parece que María Magdalena llega al sepulcro antes que sus compañeras, pues se dice: "siendo aún oscuro" (Juan 20:1); mientras que la llegada de las otras es "apenas salido el sol" (Mar. 16:2). La Magdalena ve que el sepulcro está abierto y, alarmada, corre a dar aviso de ello a Pedro y a Juan. Estos, al parecer, no pasaron el fin de semana juntos con los otro nueve apóstoles; Juan probablemente ha estado con su madre y su tía María, madre de Jesús.

Luego llegan las otras mujeres, preocupadas de cómo van a poder remover la piedra de la entrada al sepulcro; talvez no han sabido que el gobierno le ha puesto un sello que prohíbe entrar. Los soldados no están, pues han huido. Al ver abierto el sepulcro, entran y quedan perplejas al no hallar el cuerpo. Pero se ponen de pie dos ángeles con ropas blancas y resplandecientes. Marcos menciona solo a uno, talvez al vocero, quien les dice: "No os asustéis... ¡Ha resucitado!... id, decid a sus discípulos" (Mar. 16:6 ss.). Luego, "con temor y gran gozo" corren "a dar las nuevas a sus discípulos" (Mat. 28:8). Una parte del mensaje es que sus seguidores íntimos deben reunirse con Jesús en Galilea, tal como él les había dicho en el aposento alto hacía menos de tres días (**§ 148**).

§ 173. Las mujeres informan a los apóstoles★

Mateo

Lucas 24:9-12

9 y volviendo del
sepulcro, anuncia-
ron todas estas
cosas a los once y a todos los demás.
10 Las que dijeron estas cosas a los após-
toles eran María Magdalena, Juana, María
madre de Jacobo, y las demás mujeres que
estaban con ellas. **11** Pero sus palabras les
parecían a ellos locura, y no las creyeron.
12 Sin embargo, Pedro se levantó
y corrió
al se-
pulcro.
Cuando miró adentro,
vio los lienzos solos*
y se fue a casa, asombrado
de lo que había sucedido.

*24:12 Algunos mss. antiguos tienen **lienzos puestos solos**.

Marcos

Juan 20:3-10

3 Salieron, pues, Pedro y el otro discípulo
e iban al sepulcro. **4** Y los dos corrían jun-
tos, pero el otro discípulo corrió más rápi-
damente que Pedro y llegó primero al se-
pulcro. **5** Y cuando se inclinó, vio que los
lienzos habían quedado allí; sin embargo,
no entró.
6 Entonces llegó Simón Pedro siguién-
dole, y entró en el sepulcro. Y
vio los lienzos que habían quedado, **7** y el
sudario que había estado sobre su cabeza,
no puesto con los lienzos, sino doblado en
un lugar aparte. **8** Entonces entró también
el otro discípulo que había llegado primero
al sepulcro, y vio y creyó. **9** Pues aún no
entendían la Escritura, que le era necesario
resucitar de entre los muertos. **10** Entonces
los discípulos volvieron a los suyos.

Nota 173: No sabemos si María Magdalena, después de avisar a Pedro y Juan, regresa al sepulcro a tiempo a escuchar el mensaje del ángel e ir con las otras mujeres con el mensaje celestial; pero lo dudamos. Lucas la nombra como una de las mensajeras, pero no dice que todas han ido juntas.

Mientras tanto Juan, más joven, llega primero al sepulcro; pero Pedro, más atrevido, entra primero, y luego le sigue el otro. Al ver los lienzos y el sudario en su puesto, comprenden que el cuerpo no ha sido robado por algún enemigo, y Juan empieza a vislumbrar la verdad de la resurrección; "vio y creyó". Y se apresuran a juntarse con "los suyos" (Juan 20:8, 10).

★ **En § 173 el orden de Marcos y Lucas se ha invertido por facilidad de diagramación.**

§ 174. Aparición de Jesús a María Magdalena

Mateo | **Marcos 16:9-11** | **Lucas** | **Juan 20:11-18**

Marcos 16:9-11

9 [*Una vez resucitado Jesús, muy de mañana en el primer día de la semana, apareció primeramente a María Magdalena, de la cual había echado siete demonios.

Juan 20:11-18

11 Pero María Magdalena estaba llorando fuera del sepulcro. Mientras lloraba, se inclinó para mirar dentro del sepulcro **12** y vio a dos ángeles con vestiduras blancas que estaban sentados, el uno a la cabecera y el otro a los pies, donde había sido puesto el cuerpo de Jesús. **13** Y ellos le dijeron: "Mujer, ¿por qué lloras?"

Les dijo: "Porque se han llevado a mi Señor, y no sé dónde le han puesto".

14 Habiendo dicho esto, se volvió hacia atrás y vio a Jesús de pie; pero no se daba cuenta de que era Jesús.

15 Jesús le dijo: "Mujer, ¿por qué lloras? ¿A quién buscas?"

Ella, pensando que él era el jardinero, le dijo: "Señor, si tú lo has llevado, dime dónde lo has puesto, y yo lo llevaré".

16 Jesús le dijo: "María..."

Volviéndose ella, le dijo en hebreo: "¡Raboni!" —que quiere decir Maestro—.

17 Jesús le dijo: "Suéltame,* porque aún no he subido al Padre.* Pero vé a mis hermanos y diles: 'Yo subo a mi Padre y a vuestro Padre, a mi Dios y a vuestro Dios' ".

Marcos

10 Ella fue y lo anunció a los que habían estado con él, que estaban tristes y lloraban.

11 Pero cuando ellos oyeron que estaba vivo y que había sido visto por ella, no lo creyeron.

Juan

18 María Magdalena fue a dar las nuevas a los discípulos:

"¡He visto al Señor!"*

También les contó que él le había dicho estas cosas.

*16:9 El corchete incluye los vv. 9-20, ver § 185, p. 291.

*20:17 Lit., **Deja de asirte de mí**; otra trad., **no me toques** *20:17 Algunos mss. dicen **a mi Padre**. *20:18 Algunos mss. antiguos dicen **de que había visto al Señor**.

Nota 174: La Magdalena no puede correr tan rápidamente como Pedro y Juan; y cuando ella llega al sepulcro desde donde les ha avisado, los dos apóstoles han estado y se han ido. "Mientras lloraba, se inclinó para mirar dentro del sepulcro y vio a dos ángeles". Apenas iniciada una conversación con ellos, se vuelve y ve a quien ella cree ser el jardinero. Le pregunta sobre el cuerpo ausente. Al decir él: "María...", ella lo reconoce como Jesús mismo y lo abraza, talvez de rodillas con sus brazos alrededor de los pies de él. El Señor le dice que lo suelte y que vaya a ser la primera testigo de la realidad de la resurrección.

A los discípulos, afligidos por la muerte de su Señor y por el aparente robo del cuerpo, les es difícil creer lo que ella les dice.

Se relatan cinco apariciones de Jesús que ocurren en el día de la resurrección y cinco apariciones subsiguientes que suceden durante los cuarenta días. Las cinco de este día son: 1) a María Magdalena (relatada por Marcos y Juan), 2) a las otras mujeres (por Mateo), 3) a los dos en el camino a Emaús (por Marcos y Lucas), 4) a Simón Pedro (en Luc. 24:34), y 5) a los diez apóstoles excepto Tomás (por Marcos y Lucas).

§ 175. Aparición de Jesús a las otras mujeres

Mateo 28:9, 10	Marcos	Lucas	Juan
9 Y he aquí, Jesús les salió al encuentro, diciendo: "¡Os saludo!'			

Y acercándose ellas, abrazaron sus pies y le adoraron. **10** Entonces Jesús les dijo: "No temáis. Id, dad las nuevas a mis hermanos, para que vayan a Galilea. Allí me verán".

Nota 175: Mientras las otras mujeres van en camino para dar la nueva que les compartieron los ángeles, Jesús mismo les sale al encuentro y les confirma el mismo mensaje. En adoración le abrazan los pies.

§ 176. Los principales sacerdotes son informados de lo sucedido

Mateo 28:11-15	Marcos	Lucas	Juan
11 Entre tanto que ellas iban, he aquí algunos de la guardia			

fueron a la ciudad y dieron aviso a los principales sacerdotes de todas las cosas que habían acontecido. **12** Ellos se reunieron en consejo con los ancianos, y tomando mucho dinero se lo dieron a los soldados, **13** diciendo: "Decid: 'Sus discípulos vinieron de noche y lo robaron mientras nosotros dormíamos'. **14** Y si esto llega a oídos del procurador, nosotros le persuadiremos y os evitaremos problemas".

15 Ellos tomaron el dinero e hicieron como habían sido instruidos. Y este dicho se ha divulgado entre los judíos hasta el día de hoy.

Nota 176: ¿Cómo van a explicar lo sucedido los soldados encargados de cuidar el sepulcro? Al final van a tener que dar cuenta, y algunos informan de ello a los principales sacerdotes. Estos, en vez de castigarlos por incumplimiento, ¡los sobornan a fin de que digan que no cumplieron! Y prometen arreglárselo si Pilato llega a saber. ¿Será que los sacerdotes creen más de lo que quieren creer, mientras que los amigos de Jesús creen menos de lo que quieren creer? Mateo agrega que la explicación falsa "se ha divulgado entre los judíos hasta el día de hoy", unos treinta años después. También, durante varios siglos algunos escritos judíos dirían que los discípulos robaron el cadáver y luego insistieron en que Jesús había resucitado.

§ 177. Aparición de Jesús a dos discípulos en el camino a Emaús

Mateo	Marcos 16:12, 13	Lucas 24:13-32	Juan

Lucas 24:13-32

13 He aquí, el mismo día dos de ellos iban a una aldea llamada Emaús, que estaba a sesenta estadios* de Jerusalén. **14** Iban hablando entre sí de todas aquellas cosas que habían acontecido. **15** Sucedió que, mientras iban conversando y discutiendo el uno con el otro, el mismo Jesús se acercó e iba con ellos. **16** Pero sus ojos estaban velados, de manera que no le reconocieron. **17** Entonces les dijo: "Qué son estas cosas que discutís entre vosotros mientras camináis?"

Marcos 16:12, 13

12 Después apareció en otra forma a dos de ellos que iban caminando hacia el campo.

Se detuvieron con semblante triste.* **18** Y respondiendo uno de ellos, que se llamaba Cleofas, le dijo: "¿Eres tú el único forastero en Jerusalén que no sabes las cosas que han acontecido en estos días?"

19 Entonces él dijo: "¿Qué cosas?"

Y ellos dijeron: "De Jesús de Nazaret, que era un hombre profeta, poderoso en obras y en palabra delante de Dios y de todo el pueblo; **20** y de cómo le entregaron los principales sacerdotes y nuestros dirigentes para ser condenado a muerte, y de cómo le crucificaron. **21** Nosotros esperábamos que él era el que habría de redimir a Israel. Ahora, a todo esto se añade el hecho de que hoy es el tercer día desde que esto aconteció.
22 Además, unas mujeres de los nuestros nos han asombrado: Fueron muy temprano al sepulcro, **23** y al no hallar su cuerpo, regresaron diciendo que habían visto visión de ángeles, los cuales les dijeron que él está vivo. **24** Algunos de los nuestros fueron al sepulcro y hallaron como las mujeres habían dicho, pero a él no le vieron".

25 Entonces él les dijo: "¡Oh insensatos y tardos de corazón para creer todo lo que los profetas han dicho! **26** ¿No era necesario que el Cristo padeciese estas cosas y que entrara en su gloria?"

27 Y comenzando desde Moisés y todos los Profetas, les interpretaba en todas las Escrituras lo que decían de él. **28** Así llegaron a la aldea a donde iban, y él hizo como que iba más adelante. **29** Pero ellos le insistieron diciendo: "Quédate con nosotros, porque es tarde, y el día ya ha declinado".

Entró, pues, para quedarse con ellos. **30** Y aconteció que estando sentado con ellos a la mesa, tomó el pan, lo bendijo y les dio. **31** Entonces fueron abiertos los ojos de ellos, y le reconocieron. Pero él desapareció de su vista. **32** Y se decían el uno al otro: "¿No ardía nuestro corazón en nosotros cuando nos hablaba en el camino y nos abría las Escrituras?"

Marcos

13 Ellos fueron y lo anunciaron a los demás, pero tampoco a ellos les creyeron.

---

*23:13 O sea, como 11 km., teniendo cada estadio aprox. 180 m. *23:17 Algunos mss. antiguos tienen **y estáis tan tristes**; puede ser parte de la pregunta o una afirmación aparte.

Nota 177: Parece que los dos discípulos (no apóstoles), después del terrible viernes, pasan el sábado en Jerusalén. Empiezan su regreso de unos once kilómetros a la aldea de Emaús el primer día de la semana después que María Magdalena, junto con Pedro y Juan, han traído el mensaje inquietante de que el sepulcro de Jesús está vacío, y el relato increíble de otras de que un ángel les dijo que Jesús vive; pero salen antes que las mujeres informen que han visto al mismo Señor. Su desaliento se nota al decir ellos: "Jesús... ERA un hombre profeta, y luego: ESPERÁBAMOS que él era..."; parece que ya no esperan. Pero al escuchar al compañero no reconocido explicar las Escrituras y, especialmente después de la bendición tan característica del pan, su cansancio y su desilusión han desaparecido. Hay que compartir la noticia tan maravillosa: ¡Jesús ha resucitado! ¡Han estado con él! Aunque sea de noche parten de inmediato de regreso a Jerusalén.

§ 178. Informe de los dos discípulos a los apóstoles y aparición de Jesús a Simón Pedro*

1 Corintios 15:5a	Marcos	Lucas 24:33-35	Juan
5a que apareció a Pedro		**33** En la misma hora se levantaron y se volvieron a Jerusalén. Hallaron reunidos a los once y a los que estaban con ellos, **34** quienes decían: "¡Verdaderamente el Señor ha resucitado y ha aparecido a Simón!" **35** Entonces ellos contaron las cosas que les habían acontecido en el camino, y cómo se había dado a conocer a ellos al partir el pan.	

Nota 178: Como si tuviesen alas en los pies los dos ascienden a Jerusalén más rápidamente de lo que bajaron anteriormente en el mismo día. Al juntarse con los apóstoles, congregados con otros, encuentran que también Jesús ha aparecido a Pedro. Intercambian experiencias tan asombrosas que casi no se puede creer.

No se nos dice dónde o cómo el Señor se reúne con Pedro ni lo que tratan, pero sin duda Jesús lo anima a volver a tomar su lugar en el grupo apostólico.

§ 179. Aparición de Jesús a sus discípulos

Marcos 16:14	Lucas 24:36-43	Juan 20:19-25
		19 Al anochecer de aquel día, el primero de la semana,
	36 Mientras hablaban estas cosas,	y estando las puertas cerradas en el lugar donde los discípulos se reunían por miedo a los judíos,
14 Luego, apareció a los	Jesús	Jesús entró,

* **En § 178 se incluye el pasaje de 1 de Corintios como una referencia.**

Marcos 16:14

once cuando estaban senta-
dos a la mesa,

y les reprendió por su incre-
dulidad y dureza de cora-
zón, porque no habían creí-
do a los que le habían visto
resucitado.

Lucas 24:36-43

se puso en medio de
ellos y les dijo: "¡Paz a
vosotros"!*
37 Entonces ellos, aterro-
rizados y asombrados, pen-
saban que veían un espíritu.
38 Pero él les dijo: "¿Por
qué estáis turbados, y por
qué suben tales pensamien-
tos a vuestros corazones?
39 Mirad mis manos y mis
pies, que yo mismo soy.
Palpad y ved, pues un espí-
ritu no tiene carne ni huesos
como veis que yo tengo".

40 Al decir esto, les
mostró las manos y los
pies. **41** Y como
ellos aún no lo creían por
el gozo que tenían y porque
estaban asombrados, les
dijo: "¿Tenéis aquí algo de
comer?"
42 Entonces le dieron un
pedazo de pescado asado.*
43 Lo tomó y comió delan-
te de ellos.

Juan 20:19-25

se puso en medio de
ellos y les dijo: "¡Paz a
vosotros!"*

20 Habiendo dicho esto, les
mostró las manos
y el costado.

Los discípulos se re-
gocijaron cuando vieron al
Señor.
21 Entonces Jesús les dijo
otra vez: "¡Paz a vosotros! Como me ha enviado el Padre, así también yo os envío a
vosotros".
22 Habiendo dicho esto, sopló y les dijo: "Recibid el Espíritu Santo. **23** A los que re-
mitáis los pecados, les han sido remitidos; y a quienes se los retengáis, les han sido rete-
nidos".*
24 Pero Tomás, llamado Dídimo,* uno de los doce, no estaba con ellos cuando vino
Jesús. **25** Entonces los otros discípulos le decían: "¡Hemos visto al Señor!"
Pero él les dijo: "Si yo no veo en sus manos la marca de los clavos, y si no meto mi de-
do en la marca de los clavos
y si no meto mi mano en su

Marcos 16:14	Lucas 24:36-43	Juan 20:19-25
		costado, no creeré jamás".
	*24:36 Traducción de un saludo corriente en hebreo; p. ej., Gén. 43:23. *24:42 Algunos mss. antiguos añade **y miel de panal**. *24:44 Alusión a la Biblia hebrea (nuestro Antiguo Testamento) en sus tres partes.	*20:19 Traducción de un saludo corriente en hebreo; p. ej., en Gén. 43:23. *20:23 Otra trad., **A los que perdonéis los pecados, les son perdonados; y a quienes se los retengáis, les son retenidos**. *20:24 O sea, **Mellizo**.

Nota 179: ¿Dónde se reúnen los discípulos de Jesús? ¿Es el mismo lugar donde tres noches antes Jesús compartió la última cena (**§ 144**) y/o donde se juntarán después de la ascensión (Hech. 1:13) y/o la casa de la madre de Juan Marcos (Hech. 12:12)? Sea como sea, todos saben donde reunirse sin llamar la atención de los oficiales judíos. Por el temor tienen las puertas cerradas. Pero de repente, ¡Jesús está! ¿Traspasa el obstáculo, o sencillamente se hace visible pues ha estado con ellos todo el tiempo? ¿No había dicho antes: "Donde dos o tres están congregados en mi nombre, allí estoy yo en medio de ellos"? (Mat. 18:20 en **§ 92**)

"Paz a vosotros": *Shalom lejem* es un saludo muy común en hebreo, como se ve en Génesis 43:23. Pero no es mero saludo, ya que los discípulos se asustan al verlo. Para asegurarles que es él, les muestra señales de su humanidad: las marcas de los clavos en sus manos y pies; y también come "un pedazo de pescado asado". Entonces, ya saben: ¡Está vivo!

Después de la resurrección y antes de la ascensión el cuerpo de Jesús está en un estado entre carnal y puramente espiritual. Por ello puede traspasar puertas cerradas y, sin embargo, comer algo.

No sabemos por qué no está Tomás en el grupo ni por qué le cuesta creer en la realidad de la resurrección, si bien a los demás también les ha costado. Ninguno ha sido un "crédulo".

El Maestro da a sus seguidores una comisión: "Como me ha enviado el Padre, así también yo os envío a vosotros" (Juan 20:21), y les provee la presencia del Espíritu Santo. La tarea de remitir pecados ya lo había dicho antes en forma similar a Pedro (Mat. 16:19 en **§ 82**) y a los demás apóstoles (Mat. 18:18 en **§ 92**). Pero ellos no perdonarán los pecados por su propia autoridad; proclamarán una obra redentora ya efectuada en el cielo. Después, con términos distintos, habrá tres comisiones más en cuanto a la tarea de ellos en el mundo (**§ 182** y **184**).

§ 180. Aparición de Jesús a los discípulos, incluido Tomás★

Mateo	Marcos	1 Corintios 15:5b	Juan 20:26-30
		5b y después a los doce.	**26** Ocho días después sus discípulos estaban adentro otra

vez, y Tomás estaba con ellos. Y aunque las puertas estaban cerradas, Jesús entró, se puso en medio y dijo: "¡Paz a vosotros!"*

27 Luego dijo a Tomás: "Pon tu dedo aquí y mira mis manos; pon acá tu mano y métela en mi costado; y no seas incrédulo sino creyente".

28 Entonces Tomás respondió y le dijo: "¡Señor mío, y Dios mío!"

29 Jesús le dijo: "¿Porque me has visto, has creído?* ¡Bienaventurados los que no ven y creen!"

30 Por cierto Jesús hizo muchas otras señales en presencia de sus discípulos, las cuales no están escritas en este libro.

*20:26 Traducción de un saludo corriente en hebreo; p. ej., Gén. 43:23 *20:29 Algunos mss. tardíos incluyen **Tomás**.

★ **En § 180 se incluye el pasaje de 1 Corintios como una referencia.**

Nota 180: Los discípulos se quedan aún en Jerusalén, y de nuevo aparece el Señor en la sala donde se reúnen. Esta vez está Tomás. Nos fijamos que, a pesar de no estar visible en ese entonces, Jesús bien sabe lo que Tomás ha dicho acerca de no creer a menos que pueda tocar las heridas en el cuerpo del crucificado. Pues bien, ahora se le ofrece la oportunidad de tocarlas. No se nos dice si Tomás las toca o no, pero llega a creer y grita: "¡Señor mío, y Dios mío!" Reconoce a Jesús como Señor y Dios. Luego, nuestro Salvador pronuncia una bendición para aquellos, como para nosotros hoy en día, que han tenido la fe para poner su confianza en él sin una necesidad de palpar su cuerpo humano.

Al parecer, Juan piensa terminar aquí su escrito sobre la vida terrenal de Jesucristo, supliendo así algunas cosas importantes que los tres escritores previos no han incluido o recalcado, e indica el propósito de su obra (**§ 1**). Pero luego, bajo inspiración divina, agrega otros datos interesantes e instructivos en la parte del escrito que ahora llamamos el capítulo 21.

§ 181. Aparición de Jesús, junto al mar, a siete discípulos

Mateo	**Marcos**	**Lucas**	**Juan 21:1-25**
			1 Después de esto, Jesús se manifestó otra vez a sus discí-

pulos en el mar de Tiberias. Se manifestó de esta manera: **2** Estaban juntos Simón Pe-
dro, Tomás llamado Dídimo,* Natanael que era de Caná de Galilea, los hijos de Zebe-
deo y otros dos de sus discípulos. **3** Simón Pedro les dijo: "Voy a pescar".
Le dijeron: "Vamos nosotros también contigo".
Salieron y entraron en la barca, pero aquella noche no consiguieron nada. **4** Al amane-
cer, Jesús se presentó en la playa, aunque los discípulos no se daban cuenta de que era
Jesús. **5** Entonces Jesús les dijo: "Hijitos, ¿no tenéis nada de comer?"
Le contestaron: "No".
6 Él les dijo: "Echad la red al lado derecho de la barca, y hallaréis".
La echaron, pues, y ya no podían sacarla por la gran cantidad de peces. **7** Entonces
aquel discípulo a quien Jesús amaba dijo a Pedro: "¡Es el Señor!"
Cuando Simón Pedro oyó que era el Señor, se ciñó el manto, pues se lo había quitado,
y se tiró al mar. **8** Los otros discípulos llegaron con la barca, arrastrando la red con los
peces; porque no estaban lejos de tierra, sino como a doscientos codos.* **9** Cuando ba-
jaron a tierra, vieron brasas puestas, con pescado encima, y pan.
10 Jesús les dijo: "Traed de los pescados que ahora habéis pescado".
11 Entonces Simón Pedro subió y sacó a tierra la red llena de grandes pescados, 153 de
ellos; y aunque eran tantos, la red no se rompió. **12** Jesús les dijo: "Venid, comed".
Ninguno de los discípulos osaba preguntarle: "Tú, ¿quién eres?", pues sabían que era
el Señor. **13** Vino, entonces, Jesús y tomó el pan y les dio; y también hizo lo mismo con
el pescado. **14** Esta era ya la tercera vez que Jesús se manifestaba a sus discípulos des-
pués de haber resucitado de entre los muertos.
15 Cuando habían comido, Jesús dijo a Simón Pedro: "Simón hijo de Jonás, ¿me amas
tú más que éstos?"
Le dijo: "Sí, Señor; tú sabes que te amo".*
Jesús le dijo: "Apacienta mis corderos".
16 Le volvió a decir por segunda vez: "Simón hijo de Jonás, ¿me amas?"
Le contestó: "Sí, Señor; tú sabes que te amo".*
Jesús le dijo: "Pastorea mis ovejas".

Mateo	Marcos	Lucas	Juan 21:1-25
			17 Le dijo por tercera vez: "Simón hijo de Jonás, ¿me amas?"*

Pedro se entristeció de que le dijera por tercera vez: "¿Me amas?"* Y le dijo: "Señor, tú conoces todas las cosas. Tú sabes que te amo".*

Jesús le dijo: "Apacienta mis ovejas. **18** De cierto, de cierto te digo que cuando eras más joven, tú te ceñías e ibas a donde querías; pero cuando seas viejo, extenderás las manos, y te ceñirá otro y te llevará a donde no quieras".

19 Esto dijo señalando con qué muerte Pedro había de glorificar a Dios. Después de haber dicho esto le dijo: "Sígueme".

20 Pedro se dio vuelta y vio que les seguía el discípulo a quien Jesús amaba. Fue el mismo que se recostó sobre su pecho en la cena y le dijo: "Señor, ¿quién es el que te ha
de entregar?"* **21** Así que al verlo, Pedro le dijo a Jesús: "Señor, ¿y qué de éste?"

22 Jesús le dijo: "Si yo quiero que él quede hasta que yo venga, ¿qué tiene esto que ver contigo? Tú, sígueme".

23 Así que se difundió este dicho entre los hermanos de que aquel discípulo no habría de morir. Pero Jesús no le dijo que no moriría, sino: "Si yo quiero que él quede hasta que yo venga, ¿qué tiene que ver eso contigo?"

24 Este es el discípulo que da testimonio de estas cosas y las escribió. Y sabemos que su testimonio es verdadero.

25 Hay también muchas otras cosas que hizo Jesús que, si se escribieran una por una, pienso que no cabrían ni aun en el mundo los libros que se habrían de escribir.*

---

*21:2 O sea, **Mellizo** *21:8 O sea, casi 100 m., ya que el codo medía de 45 a 50 cm. *21:15, 16, 17 Otra trad., **quiero** 21:17 Otra trad., **quieres** *21:20 Ver 13:25 *21:25 Algunos mss. incluyen **Amén**.

Nota 181: No sabemos por qué los discípulos han demorado en ir a Galilea, donde su Señor los citó en persona antes de morir (Mat. 26:32 en **§ 148**) y después por medio de mensajeras (Mat. 28:7, 10 en **§ 172** y **175**). Pero puede ser que hayan necesitado tiempo para formular su concepto de un Cristo muerto y resucitado, y de afirmar el papel propio en la causa: Judas Iscariote ha fallado miserablemente, todos en un tiempo de peligro huyeron, Pedro hasta negó haber conocido a Jesús, y fue tan difícil que Tomás se convenciera. Cristo tiene paciencia con ellos y no los deja a su suerte; pero tienen que aprender a actuar sin la presencia física de él.

Tampoco sabemos cuándo acontece esta séptima aparición de Jesús al lado del mar; pero es después del día de la resurrección y antes de la ascensión, y debe estar cercana a la ocasión del encuentro en el monte de Galilea que el Señor ya les indicó.

El lago que antes se llamaba mar de Galilea, desde el tiempo de Herodes Antipas llega a llamarse "mar de Tiberias" en honor al emperador romano reinante (ver Juan 6:1 en **§ 72**). Recordemos que Juan escribe su Evangelio muchos años después de producirse los otros tres.

Siete discípulos, dos de los cuales no se nombran, están al lado del mar. Pedro propone ir a pescar, y los demás acuerdan ir con él. Se han sugerido diversas razones: 1) que Pedro, desanimado y temeroso de que ya no sirva para el apostolado, piensa regresar a su antiguo oficio; 2) que están escasos de dinero y piensan suplir esa necesidad por medio de la pesca; o 3) que es solo algo para hacer mientras llega el momento de reunirse con su Maestro.

Al igual que en una pesca memorable de antes (**§ 41**), la noche de trabajo no rinde nada; pero la instrucción de un carpintero da la clave. No lo han reconocido, pero la pesca maravillosa alerta a Juan, quien dice a Pedro: "¡Es el Señor!" Pedro, siempre impetuoso, se ciñe el manto encima de sus paños menores en que ha estado trabajando, y se echa al mar a fin de llegar donde su Señor lo más rápido posible. Los otros pescadores, más calmados, llegan con la red repleta de peces. Después de muchos años Juan todavía recuerda el gran número: 153.

En cuanto a la manera de Juan de referirse a sí mismo como "el discípulo a quien Jesús amaba" (vv. 7, 20) véase en **§ 147**.

El compañerismo en esta mañana, al participar del pescado y el pan, es especial, pero Jesús señala una tarea importante para ellos y particularmente para Simón Pedro. Sin duda, éste aún se siente avergonzado y humillado por haber negado a su Señor después de haber insistido tanto que jamás lo abandonaría (ver **§ 148**). ¿Sería capaz de ser un líder confiable? Al tratarlo Jesús usa su nombre antiguo "Simón" (ver Juan 1:42 en **§ 28**), como suele hacerlo. Le hace una pregunta penetrante: "¿Me amas tú más que éstos?" Como el apóstol Pablo dirá después (1 Cor. 13:13), el amor es elemento central en nuestra relación con Dios y con otros. Algunos han opinado que "más que éstos" se refiere al equipo pesquero o a sus actividades antes de su encuentro con Cristo, pero nos parece que refleja el recuerdo de cómo Pedro había insistido en su lealtad aunque otros fallen (Mat. 26:33 en **§ 148**). Pedro no responde a esa parte de la pregunta, pero afirma su amor; aunque usa una palabra diferente.

En el griego del Nuevo Testamento Jesús utiliza *agapao*, voz que aparece 143 veces y se refiere a la clase de amor basada en la admiración, lealtad y estima; es más intelectual que el *fileo* (25 veces en el NT) con que responde el discípulo: "tú sabes que te amo". Después de la negación que hubo en el tribunal, no se atreve a usar una palabra que implique ese grado de lealtad. *Fileo* expresa más sentimiento y emoción. La primera es más asunto de la cabeza; y la segunda, del corazón. Igual cosa ocurre con la segunda pregunta y su respuesta, pero en el tercer caso el Señor utiliza *fileo*, al igual que Pedro; y éste se siente incómodo, pues le da la impresión de que el Maestro cuestiona aun ese nivel de amor. Con todo Jesús reitera a Pedro, y a los otros que escuchan, la centralidad de su misión en el mundo. Tiene que ver con atender y alimentar al rebaño. Todavía es válido el llamado inicial: "Os haré pescadores de hombres" (Mat. 4:19 en **§ 41**) y el encargo que le hizo en el aposento alto: "Cuando hayas vuelto, confirma a tus hermanos" (Luc. 22:32 en **§ 148**). Y el ministerio posterior de Pedro lo va a verificar.

A la vez, Jesús asegura a Pedro que la promesa de "ir contigo aun a la cárcel y a la muerte" (**§ 148**) todavía será una realidad. Según la tradición, unos treinta años después Pedro es crucificado, y a petición de él se lo hacen cabeza hacia abajo. A la pregunta sobre lo que le aguarda a su compañero Juan, Jesús le responde que eso no le ataña; más bien: "Tú, sígueme".

El apóstol Juan termina su Evangelio diciendo que lo que ha anotado es solo una pequeñísima parte de lo que Jesús ha hecho. Y su palabra es corroborada por hermanos en la fe muy cerca de él y que talvez le han servido para escribir lo que él ha dictado.

§ 182. Jesús aparece a más de quinientas personas y les da una comisión*

Mateo 28:16-20	Marcos 16:15-18	1 Corintios 15:6
16 Pero los once discípulos se fueron a Galilea, al monte donde Jesús les había mandado. **17** Cuando le vieron, le adoraron; pero algu-		**6a** Luego apareció a más de quinientos hermanos a la vez

* **En § 182 se incluye el pasaje de 1 Corintios como una referencia.**

Mateo 28:16-20

nos dudaron.

18 Jesús se acercó a ellos y les habló diciendo: "Toda autoridad* me ha sido dada en el cielo y en la tierra. **19** Por tanto, id* y haced discípulos a todas las naciones,* bautizándoles* en el nombre del Padre, del Hijo y del Espíritu Santo, **20** y enseñándoles* que guarden todas las cosas que os he mandado. Y he aquí, yo estoy con vosotros todos los días, hasta el fin del mundo".*

*28:18 Otra trad., **potestad**. *28:19 Otra trad., **yendo**. *28:19 Otras trads., **razas**; o, **grupos étnicos**. *28:19 Otra trad., **bautizadles**. *28:20 Otra trad., **enseñadles**. *28:20 Lit., **la edad**; algunos mss. antiguos añaden **Amén**.

Marcos 16:15-18

15 Y les dijo: "Id por todo el mundo y predicad el evangelio a toda criatura. **16** El que cree y es bautizado será salvo; pero el que no cree será condenado. **17** Estas señales seguirán a los que creen: En mi nombre echarán fuera demonios, hablarán nuevas lenguas, **18** tomarán serpientes en las manos,* y si llegan a beber cosa venenosa, no les dañará. Sobre los enfermos pondrán sus manos, y sanarán".

*16:18 Algunos mss. antiguos no incluyen **en las manos**.

1 Corintios 15:6

Nota 182: Por el gran número congregado suponemos que la reunión de Cristo con "más de 500 hermanos a la vez" sería la que ha sido planeada desde antes de la crucifixión (§ **148** y **172**). También, él ha tenido más seguidores en Galilea que en Judea, y allí sería más fácil efectuar el encuentro sin atraer la atención de los enemigos e incrédulos.

El asombro de ver a Jesús resucitado es grande, en especial para aquellos que no lo han visto después de su muerte. Pero en medio del "¿Cómo puede ser?" hay espíritu de adoración. El corazón del discurso de Cristo es lo que comúnmente llamamos "La Gran Comisión", si bien es la segunda y más detallada de las cuatro comisiones que da el Señor después de su resurrección (ver en **§ 179**). Mateo da un resumen del mensaje destacando: 1) la autoridad universal de Jesús,

2) el encargo a sus seguidores de llevar el evangelio a todo el mundo y 3) la promesa de estar con ellos hasta el fin. Lo central de la comisión es "haced discípulos". ¿Dónde? En "todas las naciones". ¿Cómo? "Yendo". ¿De qué consiste? Comprometer a la gente como discípulo de Cristo, operación que consiste de dos fases: comienzo y continuación. ¿El comienzo? Es simbolizado por el bautismo, que representa el traspaso de una vida antigua a una nueva que es asentada en el Dios Triuno. ¿La continuación? Un proceso de enseñanza, que no tiene término, a los pies de Cristo, con el propósito no solo de saber sino de obedecer. Incluye el ciclo permanente con que los enseñados a su vez hacen discípulos a otros (comp. 2 Tim. 2:2).

§ 183. Aparición a Jacobo el hermano de Jesús★

Mateo	Marcos	Lucas	1 Corintios 15:7
			7 Luego apareció a Jacobo, y después a todos los apóstoles.

Nota 183: En general se piensa que el Jacobo mencionado aquí por Pablo es uno de los hijos de José y María y que es autor de la epístola de Santiago y hermano del autor de la epístola de Judas. Entonces sería hermano de Jesús de parte de madre. Antes Pablo ha mencionado "los hermanos del Señor" (9:5) como activos dirigentes de las iglesias. Son nombrados en Mateo 13:55 y en Marcos 6:3 (**§ 69**). Sabemos que seis meses antes que Jesús muriera "ni aun sus hermanos creían en él" (Juan 7:5 en **§ 94**), pero que unos cinco semanas después de la resurrección se reunen en oración juntos con su madre, los apóstoles y otros (Hech. 1:14).

No se nos dice si alguna vez el Señor después de su muerte se reúne con su familia o con su madre. En Juan 20:17 (**§ 174**) Jesús instruye a María Magdalena: "Ve a mis hermanos y diles...", pero el versículo siguiente indica que ella informa a los discípulos; supuestamente ella entiende que se refiere a ellos (comp. Mat. 28:10 en **§ 175**). Es posible que los hermanos carnales ni estuviesen en Jerusalén en esa fecha.

A lo menos Pablo nos informa que Jesús se apareció a Jacobo.

§ 184. Jesús aparece a los discípulos, y los vuelve a comisionar★★

Hechos 1:3-8	Marcos	Lucas 24:44-49	Juan
3 A éstos también se presentó vivo, después de haber padecido, con muchas pruebas convincentes. Durante cuarenta días se hacía visible a ellos y les hablaba acerca del reino de Dios.		**44** Y les dijo: "Estas son las palabras que os hablé, estando aún con vosotros: que era necesario que se cumpliesen todas es-	

★ **En § 183 se incluye el pasaje de 1 Corintios como una referencia.**

★★ **En § 184 se incluye el pasaje de Hechos como una referencia.**

Hechos 1:3-8	Marcos	Lucas 24:44-49	Juan

Lucas 24:44-49 (cont.)

tas cosas que están
escritas de mí en la
Ley de Moisés, en
los Profetas y en los Salmos".*
45 Entonces les abrió el entendimiento
para que comprendiesen las Escrituras,
46 y les dijo: "Así está escrito, y así fue
necesario* que el Cristo padeciese y re-
sucitase de los muertos al tercer día; **47** y
que en su nombre se predicase el arrepen-
timiento y* la remisión de pecados en to-
das las naciones, comenzando desde Jeru-
salén. **48** Y vosotros sois testigos de estas
cosas. **49** He aquí yo enviaré
el cumplimiento de la promesa
de mi Padre sobre vosotros.
Pero quedaos vosotros en la ciudad* hasta
que seáis investidos del poder de lo alto".

Hechos 1:3-8

4 Y estando juntos, les mandó
que no se fuesen de Jerusalén, sino que es-
perasen el cumplimiento de la promesa*
del Padre, "de la cual me oísteis hablar;
5 porque Juan, a la verdad, bautizó en*
agua,* pero vosotros serís bautizados en*
el Espíritu Santo después de no muchos
días".
6 Por tanto, los que estaban reunidos le
preguntaban diciendo: "Señor, ¿restituirás
el reino a Israel en este tiempo?"
7 Él les respondió: "A vosotros no os to-
ca saber ni los tiempos ni las ocasiones
que el Padre dispuso por su propia autori-
dad. **8** Pero
recibiréis poder cuando
el Espíritu Santo haya venido sobre voso-
tros, y me seréis testigos en Jerusalén, en
toda Judea, en Samaria y hasta lo último
de la tierra".

*1:4 P. ej., en Joel 2:28, 29; ver Juan 14:16, 26; 15:26. *1:5 Otra trad., **con**. *1:5 Ver Luc. 3:16.

*24:44 Alusión a la Biblia hebrea (nuestro Antiguo Testamento) en sus tres partes. *24:46 Varios mss. antiguos omiten **fue necesario**. *24:47 Varios mss. antiguos tienen **para**. *24:49 Algunos mss. antiguos incluyen **de Jerusalén**.

Nota 184: Los discípulos están de nuevo en Jerusalén, y el Señor vuelve a aparecerse delante de ellos. Talvez Pablo se refiere a esta reunión al decir: "después a todos los apóstoles" (1 Cor. 15:7 en **§ 183**). Si no fuera por los relatos en Mateo y Juan acerca de las actividades en Galilea, no sabríamos de esos encuentros; si bien Marcos (16:7) nos cuenta del encargo del ángel a las mujeres de que los discípulos fuesen allá. Les recuerda que todo está de acuerdo con las Escrituras (como en Ose. 6:2).

Suponemos que lo que está en Lucas y lo que está en Hechos aquí tratan de una misma reunión con Cristo, a pesar de la diferencia en los detalles. Por lo menos, son de la misma pluma, la del médico Lucas.

En los versículos aquí impresos tenemos la tercera y cuarta presentación de la comisión misionera que da nuestro Señor a sus seguidores: En Lucas, de acuerdo con las Escrituras del Antiguo Testamento, el mensaje es: "el arrepentimiento y la remisión de pecados", el campo de acción: "en todas las naciones comenzando desde Jerusalén", el método básico: "sois testigos de estas cosas", la fuente de la capacidad para hacerlo: "investidos del poder de lo alto". En Hechos reitera: la fuente de la capacidad: "recibiréis poder cuando el Espíritu Santo haya venido sobre vosotros", el método básico: "me seréis testigos", el campo de acción: "en Jerusalén, en toda Judea, en Samaria y hasta lo último de la tierra". En todo caso, se ha de comenzar donde uno está y seguir hacia fuera.

§ 185. Última aparición y ascensión de Jesús★

Marcos 16:19, 20	**Lucas 24:50-53**	**Hechos 1:9-12**
	50 Entonces él los llevó fuera hasta Betania,	
19 Después que les habló,		**9** Después de decir esto, y mientras ellos lo veían,
	y alzando sus manos les bendijo. **51** Aconteció que al bendecirlos, se fue de ellos,	
el Señor Jesús fue recibido arriba en el cielo y se sentó a la diestra de Dios.	y era llevado arriba al cielo.	él fue elevado;
		y una nube lo recibió ocultándole de sus ojos. **10** Y como ellos estaba fijando la vista en el cielo mientras él se iba, he aquí dos varones vestidos de blanco se presentaron junto a ellos, **11** y les dijeron: "Hombres galileos, ¿por qué os quedáis de pie mirando al cielo? Este Jesús, quien fue tomado de vosotros arriba al cielo, vendrá de la misma manera como lo habéis visto ir al cielo".
20 Y ellos salieron	**52** Después de haberle adorado, ellos regresaron a Jerusalén con gran gozo;	**12** Entonces volvieron a Jerusalén desde el monte que se llama de los Olivos, el cual está cerca de Jerusalén, camino de un sábado.*

★**En § 185 se incluye el pasaje de Hechos como una referencia.**

Marcos 16:19, 20

y predicaron en todas partes, actuando con ellos el Señor y confirmando la palabra con las señales que seguían.*]*

*16:20 Algunos mss. antiguos añaden **Amén**. *20 Algunos mss. antiguos no incluyen vv. 9-20. Además, algunos mss. antiguos incluyen, ya sea en adición a los vv. 9-20 o junto al texto en v. 9: **Pero sin demora ellas anunciaron a Pedro y a sus compañeros todos estos mandatos. Y después de esto Jesús mismo envió por medio de ellos desde el este hasta el oeste el santo e incorruptible mensaje de la salvación eterna. Amén**.

Lucas 24:50-53

53 y se hallaban continuamente en el templo, bendiciendo* a Dios.*

*24:53 Algunos mss. antiguos dicen **alabando y bendiciendo**. *24:53 Algunos mss. antiguos añaden **Amén**.

Hechos 1:9-12

*1:12 O sea, **como un kilómetro de distancia** (lo permitido para caminar el sábado)

Nota 185: Talvez partiendo del Aposento Alto, tan importante para el grupo antes y después de esta fecha, Jesús conduce a sus seguidores hacia Betania subiendo el monte de los Olivos. Desde allí él les da una bendición y sube a los cielos. Ellos se quedan mirando al cielo hasta que dos ángeles les hablan prometiendo que "vendrá de la misma manera como le habéis visto ir al cielo" (Hech. 1:11).

Ya se ha ido su Maestro otra vez, pero ahora no hay la pesadumbre que hubo cuarenta días antes en la fecha del entierro. Aún hay mucho que aprender, mucho que predicar y mucho que sufrir. Con el poder del Espíritu Santo que se manifestará en diez días más, ese grupo de personas de la clase popular iniciará una campaña casi imposible: el testificar en todas partes que un carpintero aldeano de una nación subyugada, rechazado por su propio pueblo y crucificado por el poderoso imperio romano, es el Señor y Juez del mundo y el Salvador de todos cuantos ponen en él su confianza.

GUÍA PARA ENCONTRAR UN PASAJE

Mateo

Capítulo y versículo	Sección	Pág.
1:1	1	3
1:2-17	3	7
1:18-25	9	14
2:1-12	14	18
2:13-18	15	19
2:19-23	16	20
3:1-6	21	23
3:7-10	22	25
3:11, 12	23	26
3:13-17	24	27
4:1-11	25	28
4:12	34	37
4:13-16	40	43
4:17	37	41
4:18-22	41	44
4:14-17	43	46
4:23-25	44	48
5:1-2	54.1	61
5:3-12	54.2	61
5:13-20	54.3	63
5:21-48	54.4	64
6:1-18	54.5	66
6:19-34	54.6	68
7:1-6	54.7	69
7:7-12	54.8	70
7:13—8:1	54.9	70
8:2-4	45	49
8:5-13	55	72
8:14-17	43	46
8:18, 23-27	65	90
8:19-22	93	139
8:28-34	66	92
9:1-8	46	50
9:9-13	47	52
9:14-17	48	53
9:18-26	67	94
9:27-34	68	97
9:35—11:1	70	99
11:2-19	57	74
11:20-30	58	76
12:1-8	50	56
12:9-14	51	57
12:15-21	52	59
12:22-37	61	79
12:38-45	62	81
12:46-50	63	81
13:1-3a	64.1	82
13:3b-23	64.2	83
13:24-30	64.4	87
13:31, 32	64.5	87
13:33-35	64.6	88
13:36-43	64.7	88
13:44	64.8	89
13:45, 46	64.9	89
13:47-50	64.10	90
13:51-53	64.11	90
13:54-58	69	98
14:1-12	71	103
14:13-21	72	107
14:22, 23	73	111
14:24-33	74	112
14:34-36	75	113
15:1-20	77	116
15:21-28	78	119
15:29-38	79	120
15:39—16:4	80	122
16:5-12	81	123
16:13-20	82	124

Capítulo y versículo	Sección	Pág.
16:21-26	83	126
16:27, 28	84	127
17:1-8	85	128
17:9-13	86	130
17:14-21	87	131
17:22, 23	88	133
17:24-27	89	134
18:1-5	90	135
18:6-14	91	136
18:15-35	92	138
19:1-12	122	174
19:13-15	123	176
19:16—20:16	124	176
20:17-28	125	180
20:29-34	126	182
21:1-11, 14-17	129	185
21:12, 13, 18, 19a	130	190
21:19b-22	132	192
21:23—22:14	133	193
22:15-22	134	197
22:23-33	135	199
22:34-40	136	200
22:41-46	137	201
23:1-39	138	202
24:1, 2	140.1	207
24:3-14	140.2	208
24:15-22	140.3	210
24:23-41	140.4	211
24:42—25:30	140.5	214
25:31-46	140.6	216

Capítulo y versículo	Sección	Pág.
26:1-5	141	217
26:6-13	142	218
26:14-16	143	220
26:17-19	144	221
26:20	145	222
26:21-25	147	224
26:26-29	149	228
26:30, 36-46	153	235
26:31-35	148	226
26:47-56	154	239
26:57, 59-68	156	243
26:58, 69-75	157	246
27:1	158	249
27:2, 11-14	160	251
27:3-10	159	250
27:15-26	162	254
27:27-30	163	259
27:31-34	164	260
27:35-44	165	261
27:45-50	166	266
27:51-56	167	267
27:57-60	168	269
27:61-66	169	271
28:1	170	273
28:2-4	171	273
28:5-8	172	274
28:9, 10	175	279
28:11-15	176	279
28:16-20	182	286

Marcos

Capítulo y versículo	Sección	Pág.	Capítulo y versículo	Sección	Pág.
1:1	1	3	8:27-30	82	124
1:2-6	21	23	8:31-37	83	126
1:7, 8	23	26	8:38—9:1	84	127
1:9-11	24	27	9:2-8	85	128
1:12, 13	25	28	9:9-13	86	130
1:14	34	37	9:14-29	87	131
1:14, 15	37	41	9:30-32	88	133
1:16-20	41	44	9:33a	89	134
1:21-28	42	45	9:33b-37	90	135
1:29-34	43	46	9:38-50	91	136
1:35-39	44	48	10:1-12	122	174
1:40-45	45	49	10:13-16	123	176
2:1-12	46	50	10:17-31	124	176
2:13-17	47	52	10:32-45	125	180
2:18-22	48	53	10:46-52	126	182
2:23-28	50	56	11:1-11	129	185
3:1-6	51	57	11:12-18	130	190
3:7-12	52	59	11:19-26	132	192
3:13-19a	53	60	11:27—12:12	133	193
3:19b-30	61	79	12:13-17	134	197
3:31-35	63	81	12:18-27	135	199
4:1, 2	64.1	82	12:28-34	136	200
4:3-25	64.2	83	12:35-37a	137	201
4:26-29	64.3	86	12:37b-40	138	202
4:30-32	64.5	87	12:41-44	139	205
4:33, 34	64.6	88	13:1, 2	140.1	207
4:35-41	65	90	13:3-13	140.2	208
5:1-20	66	92	13:14-20	140.3	210
5:21-43	67	94	13:21-32	140.4	211
6:1-6a	69	98	13:33-37	140.5	214
6:6b-13	70	99	14:1, 2	141	217
6:14-29	71	103	14:3-9	142	218
6:30-44	72	107	14:10, 11	143	220
6:45, 46	73	111	14:12-16	144	221
6:47-52	74	112	14:17	145	222
6:53-56	75	113	14:18-21	147	224
7:1-23	77	116	14:22-25	149	228
7:24-30	78	119	14:26, 32-42	153	235
7:31—8:9a	79	120	14:27-31	148	226
8:9b-12	80	122	14:43-52	154	239
8:13-26	81	123	14:53, 55-65	156	243

Lucas

Juan

Capítulo y versículo	Sección	Pág.
1:18	2	5
1:19-28	26	30
1:29-34	27	31
1:35-51	28	31
2:1-11	29	32
2:12	30	33
2:13-22	31	34
2:23—3:21	32	35
3:22-36	33	36
4:1-3	34	37
4:4-42	35	38
4:43-45	36	39
4:45-54	38	42
5:1-47	49	54
6:1-13	72	107
6:14, 15	73	111
6:16-21a	74	112
6:21b	75	113
6:22-71	76	114
7:1	77	116
7:2-9	94	140
7:10	95	141
7:11-52	96	143
7:53—8:11	97	145
8:12-20	98	146
8:21-59	99	146
9:1-41	100	148
10:1-21	101	150
10:22-39	111	161
10:40-42	112	163

Capítulo y versículo	Sección	Pág.
11:1-44	118	169
11:45-54	119	171
11:55—12:1, 9-11	128	185
12:2-8	142	218
12:12-19	129	185
12:20-50	131	191
13:1-20	146	222
13:21-30	147	224
13:31-38	148	226
14:1-31	150	229
15:1—16:33	151	231
17:1-26	152	234
18:1	153	235
18:2-12	154	239
18:13, 14, 19-23	155	243
18:15-18, 25-27	157	246
18:24	156	243
18:28-38	160	251
18:39—19:16a	162	254
19:16b-18a	164	260
19:18b-27	165	261
19:28-30	166	266
19:31-42	168	269
20:1, 2	172	274
20:3-10	173	277
20:11-18	174	278
20:19-25	179	281
20:26-30	180	283
20:31	1	3
21:1-25	181	284

ÍNDICE DE CITAS DEL ANTIGUO TESTAMENTO

Mateo

Capítulo y versículo	Citas del AT
1:23	Isa. 7:14; 8:8
2:6	Miq. 5:2 s.
2:15	Ose. 11:1
2:18	Jer. 31:15
3:3	Isa. 40:3
4:4	Deut. 8:3
4:6	Sal. 91:11 s.
4:7	Deut. 6:16
4:10	Deut. 6:13
4:15 s.	Isa. 9:1 s.
5:21	Éxo. 20:13; Deut. 5:17
5:27	Éxo. 20:14; Deut. 5:18
5:31	Deut. 24:1
5:33	Éxo. 20:7; Lev. 19:12; Núm. 30:2; Deut. 23:21
5:38	Éxo. 21:24; Lev. 24:20; Deut. 19:21
5:43	Lev. 19:18
8:17	Isa. 53:4
9:13	Ose. 6:6
10:35 s.	Miq. 7:6
11:10	Mal. 3:1
12:7	Ose. 6:6
12:18-21	Isa. 42:1-4
12:40	Jon. 1:17; 2:1
13:14 s.	Isa. 6:9 s.
13:35	Sal. 78:2
15:4	Éxo. 20:12; Deut. 5:16
15:8 s.	Isa. 29:13
18:16	Deut. 19:15
19:4 s.	Gén. 1:27; 2:24; 5:2
19:7	Deut. 24:1
19:18 s.	Éxo. 20:12-14; 21:17; Lev. 19:16; Deut. 5:16-20
21:5	Isa. 62:11; Zac. 9:9
21:9	Sal. 118:25 s.
21:13	Isa. 56:7; Jer. 7:11
21:16	Sal. 8:2
21:42	Sal. 118:22 s.
22:24	Deut. 25:5
22:32	Éxo. 3:6, 15 s.
22:37	Deut. 6:5
22:39	Lev. 19:18
22:44	Sal. 110:1
23:39	Sal. 118:26
24:15 ss.	Dan. 9:27; 11:31; 12:11
24:30	Dan. 7:13 s.
26:31	Zac. 13:7
26:64	Sal. 110:1; Dan. 7:13
27:9 s.	Zac. 11:12 s.
27:46	Sal. 22:1

Marcos

Capítulo y versículo	Cita del AT	Capítulo y versículo	Cita del AT
1:2 s.	Mal. 3:1; Isa. 40:3 Éxo. 23:20	12:2	Isa. 5:2
4:12	Isa. 6:9 s.	12:10 s.	Sal. 118:22 s.
7:6 s.	Isa. 29:13	12:19	Gén. 38:8; Deut. 25:5 s.
7:10	Éxo. 20:12; 21:17; Lev. 20:9; Deut. 5:16	12:26	Éxo. 3:6
9:48	Isa. 66:24	12:29-33	Deut. 6:4 ss.; Lev. 19:18; 1 Sam. 15:22
10:4	Deut. 24:1 ss.	12:36	Sal. 110:1
10:6-8	Gén. 1:27; 2:24; 5:2	13:26	Dan. 7:13 s.
10:19	Éxo. 20:12-17; Deut. 5:16-21	14:27	Zac. 13:7
11:9	Sal. 118:25 s.	14:34	Sal. 42:6
11:17	Isa. 56:7; Jer. 7:8	14:62	Dan. 7:13; Sal. 110:1
		15:34	Sal. 22:1

Lucas

Capítulo y versículo	Cita del AT	Capítulo y versículo	Cita del AT
2:23 s.	Éxo. 23:2, 12	19:38	Sal. 118:26
3:4-6	Isa. 40:3-5	19:46	Isa. 56:7; Jer. 7:11
4:4	Deut. 8:3	20:17	Sal. 118:22 s.
4:8	Deut. 6:13	20:28	Deut. 25:5 s.; Gén. 38:8 s.
4:10 s.	Sal. 91:11 s.	20:42 s.	Sal. 110:1
4:12	Deut. 6:16	21:27	Dan. 7:13
4:18 s.	Isa. 61:1 s.; 58:6	22:37	Isa. 53:12
7:27	Mal. 3:1	22:69	Sal. 110:1
8:10	Isa. 6:9 s.	23:30	Ose. 10:8
10:27	Deut. 6:5; Lev. 19:18	23:46	Sal. 31:5
18:20	Éxo. 20:12 ss.; Deut. 5:16 ss.		

Juan

Capítulo y versículo	Cita del AT	Capítulo y versículo	Cita del AT
1:23	Isa. 40:3	12:40	Isa. 6:9 s.
2:17	Sal. 69:9	13:18	Sal. 41:9
6:31	Éxo. 16:4; Sal. 78:24	15:25	Sal. 35:19; 69:4
6:45	Isa. 54:13	19:24	Sal. 22:18
12:13	Sal. 118:25 s.	19:36	Éxo. 12:46; Núm. 9:12; Sal. 34:20
12:16	Zac. 9:9	19:37	Zac. 12:10
12:38	Isa. 53:1		

ÍNDICE DE REFERENCIAS AL ANTIGUO TESTAMENTO

Mateo

Capítulo y versículo	Ref. al AT
1:2-17	Gén. 5:1 ss.; Núm. 1-3; 1 Crón. 1-9
2:2	Núm. 24:17
2:23	Jue. 13:5; Isa. 11:1
3:17	Sal. 2:7; Isa. 42:1
5:4	Isa. 61:2
5:5	Sal. 37:11
5:6	Isa. 55:1
5:8	Sal. 15:2 ss.
11:14	Mal. 4:4
12:3-5	Éxo. 29:32 s.; Núm. 28:9; 1 Sam. 21:6
12:42	1 Rey. 10:1
13:43	Dan. 12:3
16:4	Jon. 2:1 ss.
17:11	Mal. 4:5 s.
21:33	Isa. 5:1 ss.
21:44	Isa. 8:44
23:5 s.	Éxo. 13:9; Núm. 15:38-40; Deut. 6:8; 11:18
23:23	Lev. 27:30; Miq. 6:8
23:35	Gén. 4:8; 2 Crón. 24:20 s.
24:24	Deut. 13:1
24:29 s.	Isa. 13:9 s.; Dan. 8:10
24:37 s.	Gén. 6:11 ss.; 7:21 ss.
25:31 s.	Zac. 14:9
25:46	Dan. 12:2
26:28	Éxo. 24:8; Jer. 31:31
26:65	Lev. 24:16
27:24	Deut. 21:6 ss.
27:34	Sal. 69:21
27:35	Sal. 22:18

Marcos

Capítulo y versículo	Ref. al AT
1:11	Sal. 2:7; Isa. 42:1
1:44	Lev. 13:49; 14:1-32
2:24	Éxo. 20:10; Deut. 5:14; 23:25
2:25	1 Sam. 21:1-6; Lev. 24:5-9
4:29	Joel 3:13
6:18	Lev. 18:16; 20:21
8:18	Isa. 6:19 s.; Jer. 5:21; Eze. 12:2
9:7	Sal 2:7
9:12 s.	Mal. 4:5; 1 Rey. 17:1 ss.
9:49	Lev. 2:13
10:27	Gén. 18:14; Job 42:2
13:12	Miq. 7:6
13:14	Dan. 9:27
13:19	Dan. 12:1
13:24	Dan. 8:10; Ecl. 12:2
14:12	Éxo. 12:18-20
14:18	Sal. 41:9
14:24	Éxo. 24:8; Jer. 31:31
14:64	Lev. 24:16
15:24	Sal. 22:18

Lucas

Capítulo y versículo	Ref. al AT
1:8	1 Crón. 24:19;
	2 Crón. 23:8
1:15	Núm. 6:3; Jue. 13:4 s.
	1 Sam. 1:11
1:17	Mal. 3:1; 4:5 s.
1:19	Dan. 8:16; 9:21
1:31	Isa. 7:14
1:46 ss.	1 Sam. 2:1-10
1:50	Sal. 103:17
1:51	Sal. 118:15 s.
1:52	Job. 5:11
1:53	1 Sam. 2:5
1:59	Lev. 12:3
1:68	Sal. 72:18
1:71	Sal. 106:10
1:72 s.	Gén. 17:7; Sal. 105:8 ss.
1:76	Mal. 3:1
1:78	Mal. 4:2
1:79	Isa. 9:2
2:21	Gén. 17:12; Lev. 12:3
2:30	Isa. 52:10
2:32	Isa. 42:6; 49:6
2:41	Éxo. 23:14-17;
	Deut. 16:1-8
2:52	1 Sam. 2:26
3:4 ss.	Sal. 2:9; Isa. 42:1
3:23-38	1 Crón. 1:1-4, 24-28;
	2:1-15; 3:17;
	Rut. 4:18-22
4:25 ss.	1 Rey. 17:1, 8 s.; 18:1 s.
	2 Rey. 5:1 ss.
4:34	Sal. 16:10
5:14	Lev. 14:2 ss.
6:2	Éxo. 20:10; Deut. 5:14;
	23:25
6:3	Lev. 24:9; 1 Sam. 21:1-6
6:21	Isa. 61:2
7:22	Isa. 35:5 s.
10:12	Gén. 19:24
10:15	Isa. 14:13-15
11:29	Jon. 3:1-4
11:31	1 Rey. 10:1-10
11:32	Jon. 3:5 ss.
11:42	Lev. 27:30; Miq. 6:8
11:51	Gén. 4:8; 2 Crón. 24:20 s.
12:53	Miq. 7:6
13:14	Éxo. 20:8-11;
	Deut. 5:12-15
13:27	Sal. 6:8
13:29	Sal. 107:3; Isa. 49:12
17:12	Lev. 13:46
17:14	Lev. 13:49, 14:1-3
17:26	Gén. 6:11 ss.; 7:7, 21-23
17:28	Gén. 18:20 ss.; 19:24 ss.
19:8	Éxo. 22:1; Núm. 5:6 ss.
20:9	Isa. 5:1 ss.
20:18	Isa. 8:14 s.
20:38	Éxo. 3:6
21:22	Dan. 9:26 s.
21:25 s.	Dan. 8:10; Amós 8:9;
	Isa. 13:9 s.
23:56	Éxo. 12:16; 20:8-11;
	Deut. 5:12-15
24:46	Ose. 6:2

Juan

Capítulo y versículo	Ref. al AT	Capítulo y versículo	Ref. al AT
1:29, 36	Isa. 53:7	8:5	Lev. 20:10; Deut. 22:22 ss.
1:49	Sal. 2:7	8:17	Deut. 17:6; 19:15
1:51	Gén. 28:12	10:16	Eze. 37:22 ss.
3:14	Núm. 21:8 s.	10:34	Sal. 82:16
4:5	Jos. 24:32	16:22	Isa. 66:14
5:10	Éxo. 20:10; Deut. 5:14	19:24	Sal. 22:18
6:14	Deut. 18:15	19:29	Sal.69:21; Isa. 53:9
7:22	Gén. 17:10-14; Lev. 12:3	19:42	Deut. 21:22 s.
7:38	Isa. 55:1		
7:42	Miq. 5:2; Isa. 11:1; 2 Sam. 7:12		

MAPAS

Mapa I
PALESTINA EN LOS TIEMPOS DE JESÚS
Divisiones políticas
Parte oriental del Imperio Romano
A. Casi toda Palestina:
Herodes el Grande, 37—4 a. de J.C.
B. Dividida:
1. Judea, Idumea y Samaria:
Arquelao; 4 a. de J.C.—6 d. de J.C.
Gobernantes romanos: 6 d. de J.C. —
2. Galilea y Perea:
Herodes Antipas
4 a. de J.C.—39 d. de J.C.
3. Iturea y Traconite:
Herodes Felipe:
4 a. de J.C.—39 d. de J.C.
4. Decápolis:
Kilómetros 0 10 20 30 40
Millas 0 10 20 30
N
EL MAR GRANDE
(Mar Mediterráneo)
Sidón
SIRIA
Cesarea de Filipo
Tiro
GALILEA
ITUREA
3
Corazín
Tolemaida
Capernaúm
Magdala
Mar de Galilea
Gergesa
Caná
Tiberias
Séforis
Nazaret
Naín
2
Gadara
4
DECÁPOLIS
SAMARIA
Samaria
Sicar
Siquem
2
Río Jordán
1
Efraín
PEREA
Emaús
Jericó
Jerusalén
Betania
Belén
Macaerus
JUDEA
Mar Muerto
(Salado)
Gaza
IDUMEA
Masada
NABATEOS

Mapa II
NACIMIENTO Y NIÑEZ DE JESÚS
1. José y María en camino de Nazaret a Belén
2. Huida a Egipto +++++
3. Regreso a Nazaret
4. Viaje a Jerusalén a los doce años
5. Regreso a Nazaret - - - -
Kilómetros 0 10 20 30 40
Millas 0 10 20 30
N
Sidón
SIRIA
Tiro
Cesarea de Filipo
GALILEA
Capernaúm
Magdala
Mar de Galilea
Nazaret
Naín
SAMARIA
DECÁPOLIS
Samaria
Sicar
Siquem
Río Jordán
EL MAR GRANDE
(Mar Mediterráneo)
PEREA
Jericó
Emaús
Jerusalén
Betania
Belén
JUDEA
Macaerus
Mar Muerto
(Salado)
Gaza
Masada
IDUMEA
NABATEOS

Mapa III
PRINCIPIO
DEL MINISTERIO
PÚBLICO DE JESÚS
1. De Nazaret a su bautismo
2. La tentación en el desierto
3. Con Juan el Bautista
y primeros discípulos
4. Viaje a Caná
5. Viaje a Capernaúm
6. De Galilea a Jerusalén
7. De Jerusalén a Salim
8. De Salim a Sicar
9. De Sicar a Galilea
Kilómetros 0 10 20 30 40
Millas 0 10 20 30
N
EL MAR GRANDE
(Mar Mediterráneo)
Sidón
SIRIA
Cesarea
de Filipo
Tiro
GALILEA
Capernaúm
Caná
Magdala
Mar de Galilea
Nazaret
Naín
SAMARIA
Río Jordán
DECÁPOLIS
Salim
Samaria
Siquem
Sicar
PEREA
Jericó
Emaús
Jerusalén
Betania
Belén
JUDEA
Macaerus
Mar Muerto
(Salado)
Gaza
Masada
IDUMEA
NABATEOS

Mapa IV
GRAN MINISTERIO DE JESÚS EN GALILEA
1. En Galilea, a Caná
2. Rechazado en Nazaret, a Capernaúm +++++
3. De Capernaúm a Jerusalén
4. Regreso a Capernaúm y alrededores
5. Segundo viaje por Galilea
6. En Capernaúm, milagros
7. Última visita a Nazaret
8. Tercer viaje por Galilea
Tiro
Cesarea de Filipo
GALILEA
Capernaúm
Caná
Mar de Galilea
Nazaret
Naín
DECÁPOLIS
SAMARIA
N
EL MAR GRANDE
(Mar Mediterráneo)
Samaria
Sicar
Siquem
Río Jordán
PEREA
Jericó
Emaús
Jerusalén
Betania
Belén
JUDEA
Mar Muerto
(Salado)
Macaerus
Gaza
Kilómetros 0 10 20 30 40
Millas 0 10 20 30

Mapa V
PREPARACIÓN DE LOS DOCE Y MINISTERIO EN JUDEA Y PEREA
1. Al oriente de Galilea
2. Retiro al norte, en Tiro +++++
3. De Tiro a Decápolis
4. Transfiguración, Cesarea de Filipo
5. De nuevo en Capernaúm - - - -
6. A Judea por Samaria
7. Jesús en Jerusalén y Betania
8. Ministerio en Perea
9. Regreso a Betania
10. Nuevo viaje a Galilea
11. Regreso a Jericó y Jerusalén
N
EL MAR GRANDE
(Mar Mediterráneo)
Tiro
Cesarea de Filipo
GALILEA
Capernaúm
Magdala
Mar de Galilea
Caná
Nazaret
Naín
DECÁPOLIS
SAMARIA
Samaria
Sicar
Siquem
Río Jordán
PEREA
Jericó
Emaús
Jerusalén
Betania
Belén
JUDEA
Macaerus
Mar Muerto
(Salado)
Gaza
Kilómetros 0 10 20 30 40
Millas 0 10 20 30

NOTA: La Jerusalén conocida por Jesús de Nazaret ha sido destruida varias veces, empezando en el año 70 d. de J.C., además de otros cambios hechos durante los siglos. Como consecuencia es difícil marcar con precisión varios de los lugares mencionados en los Evangelios. Para el monte de los Olivos, el templo, el pretorio militar de Pilato y la casa de los Herodes podemos estar seguros sobre su ubicación. En otros casos indicamos los sitios tradicionales, si bien se han señalado posibles lugares para la crucifixión y la sepultura en el valle del Quedrón entre el templo y Getsemaní.

Mapa VII
DESPUÉS DE LA RESURRECCIÓN
1. Desde el sepulcro y el aposento alto hasta Emaús
2. Regreso a Jerusalén, reunión con los discípulos
3. Junto al mar de Galilea con los discípulos
4. Reunión con 500 en un monte de Galilea
5. Regreso a Jerusalén
6. Ascensión desde el monte de los Olivos ✗
N
EL MAR GRANDE
(Mar Mediterráneo)
Tiro
Cesarea de Filipo
GALILEA
Capernaúm
Caná
Magdala
Mar de Galilea
Nazaret
Naín
DECÁPOLIS
SAMARIA
Samaria
Sicar
Siquem
Río Jordán
PEREA
Jericó
Emaús
Mte. de los Olivos
Jerusalén
Betania
Belén
JUDEA
Mar Muerto
(Salado)
Macaerus
Gaza
Kilómetros 0 10 20 30 40
Millas 0 10 20 30